U0119447

蘭臺出版社

中國文化研究叢書第一輯2

總編纂 党明放

唐代陵廟模式研究

鄭茂良、陳濱 著

中國學術研究叢書系列

總編纂　党明放

中國文化研究叢書第一輯

党明放　　鄭茂良、陳　濱　肖愛玲　韋明鏵　許友根

艾永明　　　傅紹良　　　王　勇　李憲堂　雷　戈

《中國學術研究叢書》出版總序

党明放

國學，初指國立學校，明置中都國子學，掌國學諸生訓導政令。後改稱中都國子監，國子監設禮、樂、律、射、御、書、數等教學科目。

國學，廣義指中國歷代的文化傳承和學術記載，狹義指以儒學為主的中國傳統學說，根據文獻內容屬性，國學分經、史、子、集四類，各有義理之學、考據之學及辭章之學。

國學是以先秦經典及諸子百家為根基，涵蓋了兩漢經學、魏晉玄學、隋唐佛學、宋明理學、明清實學和同時期的先秦詩賦、漢賦、六朝駢文、唐詩宋詞元曲與明清小說等一脈特有而完整的文化學術體系，並存各派學說。

學術，指系統而專門的學問，是對客觀事物及其規律的學科化。學問，學識和問難，《周易》：「君子學以聚之，問以辯之。」而自成系統的觀點、主張和理論，即為學說，章炳麟《文略》：「學說以啟人思，文辭以增人感。」無論是學術、學問、學說，皆建立在以文化為主體之上。

「文化」一詞源於拉丁文 Colere，本義開發、開化。最早將其作為專門術語加以運用的是英國文化人類學創始人愛德華・泰勒（Edward. B. Tylor 1832—1917），他在《原始文化》書中寫道：「文化或文明是一個複雜的總體，它包括知識、信仰、藝術、道德、法律、風俗以及作為一個社會成員的個人通過學習獲得的任何其他的能力和習慣。」

　　人類社會可劃分為政治部分、文化部分和經濟部分。一個國家，有其政治制度、文化面貌和經濟結構；一個民族，有其政治關係、文化傳統和經濟生活。在人類社會發展進程中，文化是「源」，文明是「流」。文化存異，文明求同。

　　文化是產生於人類自身的一種社會現象。《周易》云：「觀乎天文，以察時變。觀乎人文，以化成天下。」東漢史學家荀悅《申鑒》云：「宣文教以章其化，立武備以秉其威。」南齊文學家王融〈曲水詩序〉云：「設神理以景俗，敷文化以柔遠。」

　　文化是人類的內在精神和這種內在精神的外在表現。文化具有多方的資源、特質、滯距，以及不同的選擇、衝突和創新。

　　文化分為物質文化、精神文化和制度文化。文化不僅在人類學、民族學、社會學、考古學，以及心理學中作為重要內涵，而且在政治學、歷史學、藝術學、經濟學、倫理學、教育學，以及文學、哲學、法學等領域的核心價值。

　　文化資源包括各種文化成果和形態。比如語言、文字、圖畫、概念、遺存、精神，以及組織、習俗等。其特性主要體現在文化資源的精神性、多樣性、層次性、區域性、集群性、共享性、變異性、稀缺性、潛在性以及遞增性。

　　歷史文化資源作為人類文化傳統和精神成就的載體，構成了一個獨立的文化主體，並具有獨特的個性和價值，可分為自然文化資源和社會文化資源，自然文化資源依靠文化提升品味，依靠時間形成魅力；社會文化資源包括人文景觀、歷史文化和民俗風情等。

　　民族文化資源具有獨特性、融合性和創新性，包括有形的文化資源和無形的精神文化資源，諸如：民俗節慶、遊藝文化、生活文化、禮儀文化、制度文化、工藝文化以及信仰文化等。

　　我國是一個多種宗教並存的國家，諸如佛教、道教、基督教、天主教以及伊斯蘭教等，在漫長的歷史發展進程中，各類宗教和宗教派別形成了寶貴的宗教文化資源。宗教文化具有很大的包容性，幾乎囊括了從哲學、思想、文學、藝術到建築、繪畫、雕塑等方面的所有內容，並且具有很大的旅遊需求和開發價值。

　　文化資源具有社會功能和產業功能。社會功能具有明顯的時代性、可變性、

擴張性、商品性、潛在性，以及滯後性，主要體現在促進文化傳播、加強文化積累、展現國民風貌、振奮民族精神、鼓舞民眾士氣和推動文明建設等方面。

　　文化是一個國家和民族的凝聚力、生命力和影響力的集中體現。人類文化的交往，一種是垂直式的，稱之為文化傳遞；一種是水平式的，稱之為文化傳播。垂直式的文化交往屬於文化積累，或稱文化擴散，能引發「量」的變化；水平式的文化交往屬於文化融合，或稱文化采借，能引發「質」的變化。一切文化最終將積澱為社會人群的內涵與價值觀，群體價值觀建築在利它，厚生，良善上，這族群的意識模式便影響了行為模式，有了利它，厚生為基礎的思維模式，文化出路便往利它，厚生，豐盛溫潤社會便因之形成。這個群體因有了優質文化而有了安定繁盛的社會，生活在其中的人們可以快樂幸福。

　　東漢王符《潛夫論》云：「天地之所貴者，人也；聖人之所尚者，義也；德義之所成者，智也；明智之所求者，學問也。」歷代學人為了文化進程，著手文獻整理，進行編纂，輯佚，審校，註釋，專研等，「存亡繼絕」整校出版文化傳承工作。

　　蘭臺出版社擬踵繼前人步伐，為推動時代文化巨輪貢獻萬人之力，對中國傳統文化略盡固本培元，守正創新，傳佈當代學界學人，對構建中國傳統文化研究的成果，將之整理各類叢書出版，除冀望將之藏諸名山，傳諸百代之外，也將為學人努力成果傳佈，影響更多人，建立更好的優質文化內涵。並將此整校編纂出版的重責大任，視其為出版者的神聖使命，期盼學界學人共襄盛舉！

　　蘭臺出版社社長盧瑞琴君致力於中國文化文獻著作的整理出版，首部擬策劃出版《中國學術研究叢書》，接續按研究主題分類，舉凡國家制度、歷史研究、經濟研究、文學研究、典籍史論，文獻輯佚、文體文論、地理資源、書法繪畫、哲學思想，倫理禮俗，律令監督，以及版本學、考古學、雕塑學、敦煌學、軍事學等領域，將分門別類，逐一出版。邀稿對象多為國內知名大學教授、社科機構研究員，以及相關研究領域裡的專家和學者的專業研究成果為主，或國家社會科學、文化部、教育部，以及省級社科基金項目的代表性科研成果，諸位教授主持國家社科基金重大招標項目，以及擔任部省級哲學、社會科學重大攻關項目首席專家，並且獲得不同層次、不同級別、不同等級的成果獎項為出版目標。

中國文化研究首部《中國學術研究叢書》的出版，將以此重要的研究成果，全新的文化視野，深邃厚重的歷史文化積澱和巽彩紛呈的傳統文化脈絡為出版稿約。

清人張潮《幽夢影》云：「著得一部新書，便是千秋大業；注得一部古書，允為萬世宏功。」人類著述之根本在於人文關懷。叢書所邀作者皆清遠其行，浩博其學；學以辯疑，文以決滯；所邀書稿皆宏富博大，窮源竟委；張弛有度，機辯有序。

文搜百代遺漏，嘉惠四方至學。《中國學術研究叢書》開啟宏觀視覺，追溯本紀之源，呈現豐贍有趣的文化圖景。雖非字字典要，然殊多博辯，堪為文軌，必將為世所寶。

瑞琴君問序於余，鄙人不才，輒就所知，手此一記，罔顧辭飾淺陋，可資通人借鑒焉。

王寅端月識於問字庵

作者係文化學者、蘭臺出版社駐北京總編輯、中國學術研究叢書總編纂

唐代陵廟模式研究序

党明放

上古時期，當靈魂不滅的觀念產生後，人類便奉行入土為安，使逝者魂氣升於天，形魄歸於地。

陵寢制度肇始於傳說中的唐堯虞舜。按照「事死如事生」、「陵墓若都邑」的禮制原則，陵寢規製代表著喪葬禮儀中的最高規格，陵廟規製體現著以忠孝為本的倫理思想和道德觀念。

在唐陵中，除昭宗和陵、哀帝溫陵分別位於河南偃師及山東菏澤外，其餘十八座皆分布在陝西渭河以北北山山脈各主峰南麓，稱唐十八陵，東西橫跨蒲城、富平、三原、涇陽、禮泉及乾縣，綿延三百華里，海拔750米至1200米之間，在地理位置上，唐十八陵恰好形成了一個以唐長安城為中心，平鋪於渭河之北呈102°的扇面形，山巒相望，群峰競秀，這種隔渭河與長安城相望的山陵布局，使得帝陵的博大、威嚴、肅穆得到充分的展現。

一

為帝王卜選陵址，稱龍脈文化。卜選原則是：尋龍、點穴、觀水、察砂。

尋龍，又稱「望勢」，即尋找陵墓所依靠的山脈。龍勢以山脈妖矯為貴，奔馳遠赴，曲伏有致。山勢須屈曲流動，須圓端體正，須均衡界定，須諧和有

情。非勢無以見龍之神，非形無以察穴之情。行龍之脈，山脊牽連。觀龍之來，則知氣之所行；觀穴之止，則知氣之所住；觀局之聚，則知氣之所鐘。來龍須高峙聳拔，尊貴端莊；須植被豐厚，霧靄繚繞；須纏護重重，迎送疊疊。

點穴，又稱「葬口」，是指地象中特異地帶交匯處的形勢。觀龍以勢，察穴以情，就是說，穴要點在來龍的「脈止」處。在穴的左右，水來的一邊稱作「天門」；水去的一邊稱作「地戶」。千尺為勢，百尺為形。勢來形止，形止氣蓄。

觀水，水為山之血脈。山隨水行，水隨山轉。水停駐之地，為沼為沚，為池為湖，此乃龍息之所。若在平原，水口多為河口；若在山區，水口多為山口。水依山而凝，山靠水而暢；山水相依，山無水則氣寒，水無山則氣散。山高水傾、山短水直、山通水割、山亂水分、山露水反，謂之山水「五兇」。

察砂，砂指墓穴周圍山丘土石之物，是構成負陰抱陽地理環境的基礎。墓穴左側之砂謂之龍砂，或稱上砂；墓穴右側之砂謂之虎砂，或稱下砂。堪輿學對此兩砂的基本要求是，左旗右鼓，左輔右弼，左纏右護。如果左右之砂如列城，前面之砂如拜舞，後面之砂如展翅，即為上乘之砂。

「砂」、「龍」皆指山體，穴前之山，近者稱案山，遠者稱朝山。朝山須峰連聳秀，如同眠弓；穴前左山為青龍，右山為白虎，前者為朱雀，後者為玄武。穴前案外之山，稱前應；穴後頂背之山，稱後照，或稱樂山、福儲峰。

在唐十八陵中，封土成陵（陵丘為方形覆斗式）者有高祖獻陵、敬宗莊陵、武宗端陵及僖宗靖陵；因山為陵（斬山做郭，穿石為藏，或稱崖墓）者有太宗昭陵、高宗乾陵、中宗定陵、睿宗橋陵、玄宗泰陵、肅宗建陵、代宗元陵、德宗崇陵、順宗豐陵、憲宗景陵、穆宗光陵、文宗章陵、宣宗貞陵及懿宗簡陵，多屬圓錐形孤山，山峰南北多為巨石陡坡，東西多為溝壑深谷。

二

唐陵陵園仿長安城格局設計，分內、外城，城牆四面各闢一門，四角建闕樓，四門外各列置石獅一對，南門外設神道，兩旁列置石刻，北門外列置仗馬及控馬人各三對，部分列置石虎。下宮，用以供奉皇帝皇后的靈魂起居，以及陵署令、丞、錄事、府、史、主衣、主輦、主樂、典事、掌固、陵戶等陵役人

員住所，位於陵園西南方向，因受地理和山形等因素制約，下宮去陵遠近不一：最近者章陵，下宮去陵三里；端陵，下宮去陵四里；獻陵、乾陵、定陵、橋陵、泰陵、建陵、元陵、崇陵、豐陵、光陵、莊陵及靖陵，下宮去陵皆為五里；簡陵，下宮去陵七里；貞陵，下宮去陵十里；最遠者昭陵，下宮去陵十八里。

因受山形地貌的影響，帝陵封域各不相同。昭陵、貞陵皆一百二十里；乾陵八十里；泰陵七十六里；其餘如定、橋、建、元、崇、豐、景、光、莊、章、端、簡、靖諸陵皆四十里；獻陵僅二十里。

在渭河之北，處於不同地理位置上的帝陵，因其地貌不同，導致神道長度與寬度各不相同，而神道的長度和寬度又直接影響著石刻與石刻之間的間隔距離。獻陵神道長 404 米、寬 37 米；乾陵神道長 649 米、寬 25 米；定陵神道長 623 米；橋陵神道長 625 米、寬 110 米；泰陵神道長 468 米，建陵神道長 861 米。

營建帝王陵寢是全國政治生活中的一件大事。在唐朝，除朝廷職能部門將作監外，使職尚有山陵使、山陵禮儀使、山陵鹵簿使、山陵橋道置頓使、按行山陵使等。

山陵使，大禮五使之一。始置於貞觀年間，多由司空，或太尉，或兵部尚書，或中書侍郎，或門下侍郎充任。皇帝生前的山陵使，就是統籌監造官，地位尊崇，但也容易獲罪，係高危使職。皇帝身後的山陵使，代表的是延續到新朝的權力格局，也是繼位皇帝對元臣的認可和敘用。山陵副使則由工部尚書，或戶部尚書充任，事畢離任。

山陵禮儀使，亦稱禮儀祠祭使。景雲元年（710）冬十月置，主要負責南郊或喪葬、陵廟儀典。初唐以宰相充任。中唐自德宗後，多以太常卿，或六部尚書，或侍郎充任，禮畢即停。

山陵鹵簿使，負責皇帝葬禮所用鹵簿、車駕、鼓吹、班劍，以及器服、儀仗、羽儀、轀輬、祖奠供帳、柩車、引披鐸翣、隨葬品、送葬車馬等。多由中書令、或戶部侍郎、或兵部尚書、或兵部侍郎充任。事畢離任。

山陵橋道置頓使，負責送葬所經道路的安全完善，承擔修繕道路並專掌此項工程財務的運算。多由京兆尹，或河南尹充任。事畢離任。

按行山陵使，主要代表皇室宗族對墓地陵寢的選址以及相應設施進行核查

與驗收。事畢離任。

三

　　唐陵皆坐北向南，陵園建築自南而北主要有：鵲臺、下宮、乳臺、神道和石刻、蕃酋殿、門闕、列戟廊、過殿式南門等。

　　唐陵神道上的石刻組合，自高宗乾陵始為定制。每座帝陵南門外側皆設石柱一對、翼馬一對、鴕鳥一對、仗馬及牽馬人各五對、石人十對、蕃酋石像若干、四門石獅各一對、北門仗馬及牽馬人三對。考古發現，數座帝陵北門尚有石虎。

　　石柱，或稱石望柱、神道柱、桓表、標或碣。陵前列置石柱始於戰國時期的燕昭王陵墓。東漢前多為木製，東漢時改木為石，其製以大版貫柱四出。最早用於交通標誌，置於亭郵、浮梁、城門及宮殿之前，又可作為界標使用。李賢註《後漢書‧山簡王焉傳》云：「墓前於道建石柱以為標，謂之神道。」自南朝之後用於帝王陵墓，主要是對帝陵起到標設作用。

　　唐自乾陵始，諸陵石柱形製相近，柱身皆為八棱形狀。柱頂由石獸變為寶珠。在柱座、柱身及柱頂臺盤相接處各浮雕仰覆蓮一周，柱身各棱面改垂直瓜棱紋為線刻蔓草花紋。

　　翼馬，即指傳說中「從西極，陟流沙」而來的「天馬」，也有學者認為是「龍馬」、「飛龍」。屈原〈離騷〉云：「為余駕飛龍兮，雜瑤象以為車。」相傳此馬產於馬成山，此山盛產金、玉。翼馬頭上有角，兩脅有翼，翼上刻有忍冬花紋，可憑借翅膀而天上人間。自晉以來，天馬被視為祥瑞的化身，以示明君盛世。陵墓前置翼馬始於唐乾陵，並於腹下雕刻雲紋柱。翼馬作為外交活動的產物，最終形成盛唐時期文化「一體兩翼」的格局。即以中國文化為「一體」，以西方國家文化及周邊民族文化為「兩翼」。

　　鴕鳥，初稱大雀，或鸞鳥，通高 2.70 米左右，重達 150 公斤，原產中、西亞和非洲氣候幹燥的沙漠地帶。鴕鳥作為異邦神鳥，有「見者天下安寧」、「至者國家安樂」之意。永徽元年（650）五月，唐高宗曾把吐火羅國進貢的鴕鳥獻於昭陵。他認為只有祥鳥才有資格供奉皇帝，充分體現出高宗對其父皇的仁孝。

　　馬，是速度和力量的象徵。仗馬象徵朝廷大朝會的儀衛。墓前最早列置石

馬當屬西漢霍去病墓。陵前列置石馬，可能始於東漢光武帝劉秀原陵。神道仗馬置數為十，可能與骨利幹遣使朝貢良馬百匹中的十驥傳說有關。北門置仗馬，猶如禁苑北門的飛騎。仗馬取數為六，似與漢魏以來「天子駕六」制度有關。

唐陵列置石人始於乾陵（之前的李弘恭陵亦有石人）。所體現的是宮廷儀規。自泰陵開始，石人有文武之分：文臣頭戴高山冠，身著廣袖大袍，手持笏板；武將頭戴鶡冠，身著裲襠，雙手拄劍。取數為二十，似與儀制有關。唐初，天子廟社門、宮殿門每門各列二十四戟。開元六年（718），改天子廟社門、宮殿門每門各列二十戟。二十當為最高皇宮儀衛。

獅子，古稱狻麑，或狻猊。獅子原產非洲和西亞，當地人視獅子為神獸。在古代神話中，埃及曾將獅子用作聖地的守衛。章和元年（87），安息國「遣使獻師子」，與當時佛教東傳有關。陵前置石獅以示皇權至上。自乾陵始，諸陵四門各置石獅一對，牡獅卷鬣，牝獅披鬣。石獅雄踞陵前，威視神道，給陵園增添了神聖、威嚴、凜然不可侵犯的氣氛，從而渲染帝陵的威勢和大唐帝國的強盛。

另外，乾陵神道尚有無字碑和述聖紀碑各一通。據考證，唐代帝陵向無立碑之禮，無字碑是祖，述聖紀碑是社。祖代表宗廟，又因無字碑居左，述聖紀碑居右，與古代「左祖右社」禮制相符。

在十四座山陵中，因地理環境和山形地貌的迥異，高大的陵體則產生出不同的視覺沖擊，使人們在腦海裏產生諸多浮想：

唐太宗昭陵位於陝西禮泉縣九嵕山，當你站在昭陵東北角向南眺望，山體酷似一隻體型龐大的臥虎，虎身貼於地面，虎頭朝向東南，虎的眼睛和鼻翼輪廓清晰，前腿平伸於東北方向，後腿微屈，虎臀高高隆起，給人以一種雄健有力的感覺，尾巴平迤於西北方向，又給人一種悠悠然而自得的美妙感覺。

唐高宗乾陵位於陝西乾縣梁山，當站在咸陽塬上向梁山眺望，乾陵宛如一位出浴的美人，靜靜地仰臥在茫茫蒼穹之下：梁山主峰是其頭顱，峰北的碧綠松林是其飄逸的秀髮，神道是其玉頸，東西對峙的山峰似其渾圓挺秀的雙乳，微凸的腹部和自然舒展的雙腿則於朦朧之中伸向廣袤無垠的八百里秦川，彌漫在陵區的山嵐則為古陵增添了神秘的色彩。

　　唐中宗定陵位於陝西富平縣鳳凰山，鳳凰山由三個東西排列的墨玉色石灰巖山峰組成。在峰之南，圍繞著一道半圓形的山梁，東西兩端各連一峰，中峰從山梁正中伸出，恰似鳳凰頭，左右兩峰東西對峙，猶如鳳凰展開的雙翼，從南往北遠眺，整個山形猶如一隻美麗的鳳凰在浩瀚無垠的原野上展翅翺翔。

　　唐肅宗建陵位於陝西禮泉縣武將山，周邊溝壑縱橫，北襯群山起伏疊嶂，形勢壯闊，南望沃野廣袤，漫無邊際。東與昭陵遙相對峙，西與乾陵隔川相望，居高臨下，氣勢壯觀。主峰酷似豎起的佛指。

　　唐德宗崇陵位於陝西省涇陽嵯峨山。嵯峨山古稱荊山，海拔 955 米。山有五峰，形似筆架。寢宮位於五峰山之中峰南麓山腰間，即九條龍（山脈）交匯之處，恰似一朵九瓣蓮花的中央，謂之蓮花穴。

　　唐順宗豐陵位於陝西富平縣金甕山，向北遠眺，山形酷似臥虎，頭西尾東，主峰恰似虎頭，左腿伸出，右腿及後腿微曲，形象逼真，造型自然。

四

　　廟號，指駕崩帝王被供奉在太廟中的稱呼。廟號起源於商朝。帝崩，即建廟祭祀，數代後，須毀去原廟而合於太廟祭祀，稱「祧」，三年一祫，五年一禘。對功業甚大的先王，會特別追謚廟號，以示永遠立廟祭祀之意。亡國之君，如果在改朝換代後淪落為臣的話，皆不設廟號和陵號。

　　謚號，是指用一兩個字對死者的一生做一個概括性的評價。相傳有周公謚法、春秋謚法。「謚者，行之跡；號者，功之表。」謚分上中下三等，上謚，即表揚類，如「文」，表示具有「經緯天地」的才能，或「道德博厚」、「勤學好問」的品德；「康」，表示「安樂撫民」；中謚，即同情類，如「湣」，表示「在國遭憂」、「在國逢難」；「懷」，表示「慈仁短折」等；下謚，即批評類，如「煬」，表示「好內遠禮」；「厲」，表示「暴慢無親」、「殺戮無辜」等。凡皇帝駕崩後，謚號皆由禮官議上，再昭告天下。大臣謚號皆由朝廷賜予。凡具有秩品的公卿及入品的夫人方可擁有謚號。

　　據文獻記載，唐朝皇帝謚號一至九字不等，如高祖謚曰大武皇帝、神堯皇帝；太宗謚曰文皇帝、文武聖皇帝；高宗謚曰天皇大帝；中宗謚曰孝和皇帝；

睿宗謚曰大聖真皇帝；玄宗謚曰至道大聖大明孝皇帝；肅宗謚曰文明武德大聖大宣孝皇帝；代宗李豫謚曰睿文孝皇帝；德宗李適謚曰神武孝皇帝；順宗謚曰至德大聖大安孝皇帝；憲宗謚曰昭文章武大聖至神孝皇帝；穆宗李恆謚曰睿聖文惠孝皇帝；敬宗謚曰睿武昭湣孝皇帝；文宗謚曰元聖昭獻孝皇帝；武宗謚曰至道昭肅孝皇帝，宣宗謚曰聖武獻文孝皇帝；懿宗謚曰昭聖恭惠孝皇帝；僖宗謚惠聖恭定孝皇帝；昭宗謚曰聖穆景文孝皇帝；哀帝謚曰昭宣光烈孝皇帝等。

　　天寶十三載（754）二月初七，玄宗祭祀太廟，上高祖謚號曰神堯大聖大光孝皇帝，上太宗謚號曰文武大聖大廣孝皇帝，上高宗謚號曰天皇大聖大弘孝皇帝，上中宗謚號曰孝和大聖大昭孝皇帝，上睿宗謚號曰玄真大聖大興孝皇帝。但無論幾字謚，謚末一字皆為「孝」字，堪稱歷代帝謚之典範。若干年後，再加玄宗謚曰至道大聖大明孝皇帝，肅宗謚曰文明武德大聖大宣孝皇帝，順宗謚曰至德弘道大聖大安孝皇帝，憲宗謚曰昭文章武大聖至神孝皇帝，宣宗謚曰元聖至明成武獻文睿智章仁神聰懿道大孝皇帝等。

　　陵號，是指歷代皇帝及皇后陵寢的名號。如高祖陵寢為獻陵，太宗陵寢為昭陵，玄宗陵寢為泰陵等。

　　將祖先墳墓加以修葺，冠以陵號，謂之追封祖陵。如李淵追尊其祖父李虎為景皇帝，廟號太祖，陵稱永康。追尊其父李昞為元皇帝，廟號世祖，陵稱興寧。太尉寧王李憲因推讓皇位之功，薨謚讓皇帝。入殮時，玄宗出御服一襲，並親手寫下二百三十餘言挽詞，命右監門將軍高力士親手謄抄，置於寧王靈前。出殯時，適逢雨雪，玄宗垂淚扶柩，並命慶王李潭（玄宗長子）率文武百官於泥濘中步送十里，號墓為惠陵。

五

　　陪葬，指王公大臣薨後，葬在帝陵陵區，或帝陵周邊附近。有的則是皇帝生前詔令陪葬。宗室及寵臣、重臣愈靠近帝陵，由此逐漸向外擴展，形成龐大的陪葬墓群。歷朝宗室和寵臣，視能陪葬帝陵為一種至高的榮耀。關於陪葬墓，文獻記載出入較大，如獻陵，《唐會要》、《文獻通考》、《關中陵墓誌》記為二十五座，《長安誌》、《三原縣誌》記為二十三座，考古勘探為九十三座。

這些陪葬墓分布在陵寢正東及東北，有高祖第六女房陵大長公主、高祖第十二子彭王李元則、高祖第十五子虢王李鳳、榮國公樊興等。泰陵，《唐會要》、《長安誌》、《文獻通考》、《關中陵墓誌》皆記為一座，考古發現一座，即宦官高力士墓。

祭祀，指獻酒食於神靈，以求消災祈福。祭祀是將人與人之間奉答酬報的關係推展到人與神之間。在帝王陵寢制度中，祭祀指廟祭，喪葬時指陵祭。作為祭典，廟祭與宗廟制度密切相關。

宗廟，指祖宗亡靈之所在，即先祖形貌所在，李賢註《後漢書》卷一載：「神主，以木為之，方尺二寸，穿中央，達四方。天子主長尺二寸，諸侯主長一尺。」虞祭時所立神主用桑木製作，練祭時所立神主用栗木。虞祭後，方可入祔太廟，而桑木神主則被埋入太廟殿北兩階之間。

天子七廟，本指四親廟、兩祧廟和始祖廟。「四親」指父、祖、曾祖、高祖；「兩祧」指天祖、烈祖。《禮記・王制》云：「天子七廟，三昭三穆，與大祖之廟而七……」意思是說，天子設七廟供奉祖先，太祖廟位居正中。三昭三穆，指始祖以下第一、三、五世居左，稱「昭」，第二、四、六世居右，稱「穆」。三昭三穆主要用來區分宗族內部的長幼次序及親疏遠近，以保百世不亂之序。同時，也是每個朝代興替衰落的重要標誌，廟在則國在，廟毀則國亡！

太廟作為古代皇族彰顯祖功崇德之所，夏稱世室，殷商稱重屋，周稱明堂，秦漢稱廟。據《五禮通考》載：「配享之典，國家所以報功而勸忠也。」及至後來，逐漸發展為經皇帝恩準，皇后和功臣的神位也可陪享太廟。

義寧二年（618）三月，隋帝楊侑進封李淵為相國，其立四廟於長安通義里。李淵即位後備法駕迎宣簡公、懿王、景皇帝、元皇帝神主祔於太廟，始享四室。之後，太宗改立六室，中宗立七室，玄宗立九室，宣宗立十一室。

唐初以來，陵廟例由太常寺職奉，開元末年，濮陽王李徹為宗正卿，請以宗正寺職奉陵廟。天寶中，張說次子、駙馬都尉張垍任太常卿，又以太常寺職奉陵廟。大曆二年（767）八月，太常卿、駙馬都尉姜慶初因監修建陵「誤毀連岡」，被代宗賜死。遂將陵廟敕交宗正寺職奉，直至唐末。

謁陵，指皇帝上陵行瞻仰和致祭之禮。有「親謁」和「巡陵」之分。謁陵的對象可以是本朝先祖，也可以是前朝先祖。愈遠的先祖，祭祀次數愈少，愈

近的先祖，祭祀次數愈多。貞觀十三年（639）正月初一，太宗謁拜獻陵。七廟子孫及諸侯百僚、蕃夷郡長，皆陪列於北司馬門內。太宗入陵，降輿納履，行至闕門處，悲號嗚咽。面西再拜，慟絕難興。禮畢，易服，入於寢宮，閱視高祖服御之物，匍匐床前悲哭欲絕，左右侍御者，莫不唏噓。禮畢，太宗出寢宮，步過司馬門，於泥濘中行走二百餘步。於是，風靜雪止，天色開霽。見者都以為太宗孝感之所致。為了顯示皇恩浩蕩，除免三原縣民一年租賦外，凡八十歲以上老人以及孝子賢孫、義夫節婦、鰥夫寡婦、身染疾病者，皆賜與不同之物。凡護衛獻陵陵邑的所有官員、衛士、齋員及三原令以下，各賜爵一級。

永徽六年（655）正月初一，高宗謁昭陵，行至闕門，降輦易服，行哭，捶胸踩地。禮畢，又改服，奉謁寢宮。高宗步入寢宮，再度慟哭，悲痛欲絕於地。進至東階，面西再拜，號慟久而難息。之後，即獻太牢之饌，引太尉長孫無忌、司空李勣等執爵進俎。至神座前，拜哭奠饌，閱視先帝先后衣服，拜辭行哭，出寢宮北門，乃乘御輦還宮。詔令免除禮泉縣民當年租賦，陵所護衛將軍、郎皆進爵一級，陵令、丞皆加階賜物。

開元十七年（729）十一月初十，玄宗拜謁五陵。首謁睿宗橋陵，玄宗至陵園西闕處下馬，望陵哀泣，步至神午門，捶胸頓足，號擗再拜，悲感左右。詔曰：「黃長軒臺，漢尊陵邑，名教之地，因心為則，宜進奉先縣職望班員，一同赤縣，所管萬三百戶，以供陵寢，即為永例。」十二日，奉謁定陵。十三日，奉謁獻陵。十六日，奉謁昭陵。初，玄宗立神遊殿前遙視，當步入寢宮，隱約聽見室內有咳嗽之聲，命在寢宮門外設奠，以祭陪陵功臣將相魏徵、蕭瑀、房玄齡數十人。十九日，奉謁乾陵。車駕還宮，大赦天下。諸陵各取側近六鄉百姓，以供養寢陵之役。黎民百姓當年地稅減半。

除皇帝親自謁陵外，可派遣公卿代謁，謂之受詔巡陵。公卿巡陵實為唐家之制。貞觀年間，太宗始以春、秋仲月（農曆二月、八月）派遣使者具鹵簿衣冠巡陵。武則天登基之後，遂行每年四季之月（農曆三月、六月、九月、十二月）及忌日、降誕日等節日，遣使往諸陵祭祀。景龍二年（708）三月，左臺御史唐紹上表曰：「望停四季及忌日、降誕日並節日起居陵使。但准二時巡陵。」中宗手敕答曰：「乾陵歲冬至、寒食以外使，二忌以內使朝奉。它陵如紹奏。」因乾陵葬中宗父母，即所謂親陵，故每年多次巡陵，其他各陵恢復春秋兩次巡陵。

祭祀音樂具有招魂作用。為了取悅於鬼神，還需伴以歌舞。朝廷掌管音樂機構，秦稱奉常，漢稱太常，漢以後改稱太常寺、太常禮樂官等。

唐朝雅樂分樂曲、樂舞和樂詞。樂律學家祖孝孫初製〈元和〉、〈順和〉、〈永和〉、〈肅和〉、〈雍和〉、〈壽和〉、〈太和〉、〈舒和〉、〈休和〉〈昭和〉、〈祴和〉、〈正和〉十二樂曲。玄宗時又增〈承和〉、〈豐和〉、〈宣和〉，謂之「三和」，與前並稱「十五和」。皇家舞隊最高規格為八佾，即八行八列，六十四人，等級高於孔廟的八行六列。

貞觀十四年（640），禮樂增設七廟樂之舞。太宗詔秘書監、弘文館學士顏師古等定皇祖弘農府君至高祖大武皇帝六廟樂章舞號。議定：李淵皇祖弘農府君、皇高祖宣簡公、皇曾祖懿王三廟，同享〈長發〉之舞。李淵祖父太祖景皇帝李虎廟樂，酌奏〈大基〉之舞，歌曰：「於赫元命，權輿帝文。天齊八柱，地半三分。宗廟觀德，笙鏞樂勛。封唐之兆，成天下君。」李淵父親世祖元皇帝李昞廟樂，酌奏〈大成〉之舞；高祖大武皇帝李淵廟樂，酌用〈大明〉之舞。同時，顏師古請奏〈光大〉之舞為文德皇后長孫氏廟樂，貞觀二十三年（649），太宗祔廟，罷停〈光大〉之舞，合享〈崇德〉之舞。

高宗時，親為祭祀自創樂章。咸亨四年（673）十一月十五日，所製樂章有：〈上元〉、〈二儀〉、〈三才〉、〈四時〉、〈五行〉、〈六律〉、〈七政〉、〈八風〉、〈九宮〉、〈十洲〉、〈得一〉、〈慶雲〉之曲，並詔太常寺樂工及諸祠享奏。其中，〈上元舞〉來自於立部伎中的〈上元樂〉。而立部伎的規模是舞者八十人。

太宗之後，廟舞歌樂如下：〈鈞天〉之舞為高宗廟樂，〈太和〉之舞一章為中宗廟樂，〈景雲〉之舞一章為睿宗廟樂，〈廣運〉之舞一章為玄宗廟樂，〈惟新〉之舞一章為肅宗廟樂，〈保大〉之舞一章為代宗廟樂，〈文明〉之舞一章為德宗廟樂，〈大順〉之舞一章為順宗廟樂，〈象德〉之舞一章為憲宗廟樂，〈和寧〉之舞一章為穆宗廟樂，〈大鈞〉之舞一章為敬宗廟樂，〈文成〉之舞一章為文宗廟樂，〈大定〉之舞一章為武宗廟樂，〈咸寧〉之舞一章為昭宗廟樂。

六

「關中勝跡，唐陵最著。」《唐代陵廟模式研究》作者鄭茂良、陳濱夫婦

係唐史、唐陵研究者，多年來，潛心治學，利用節假日遠赴河北、河南等地巡訪唐代祖陵及帝陵，忠實記錄每座陵寢石刻遺存現狀，尤其對關中唐十八陵，數度逐一穿越四門，行跡遍及荒原野嶺和崇山峻嶺之間。每穿越一陵，皆繪〈唐陵地表文物現狀示意圖〉及〈穿越唐陵四門軌跡圖〉。在唐陵考察史上，繪製〈穿越唐陵四門軌跡圖〉實屬創舉，作者借助現代高新科技軟件，數據居然精確到巡走里程和海拔高度，意在標示不同經緯度上的山陵封域（非原始所築四圍陵牆），以及石刻與陵山的空間關係。

　　《唐代陵廟模式研究》分為：先祖、皇帝、皇后、追謚皇帝、太子、公主及外戚陵廟七章。作者引經據典，系統地介紹了祖陵、帝陵（唐哀帝溫陵除外）、皇后陵、追尊帝陵、太子陵、公主陵及外戚陵，計五十六座陵廟廢立狀況，附錄部分為唐朝陵廟大事記，記事始於武德元年（618），迄於天祐五年（908），梳理文獻記載，逐日錄入，以饗唐代陵廟研究者和愛好者。

　　本書作者在每章節中，除對陵寢詳細介紹外，並以大量的文獻資料為依據，遴選與墓主相關的重大事件和人物的演化脈絡及演進過程，於每節末，均附作者巡訪行記，客觀而翔實，充實而生動。

　　夫抒性情而為著述，緣閱歷以作篇章。由於作者富有第一手唐陵實地考察資源，加上對相關文獻的細心研讀，以及對考古報告的熟知程度，所選研究角度和視點，涉獵遍及政治學、經濟學、社會學、禮儀學、倫理學、歷史學、地理學、風水學等領域。作者艱辛思慮，以非凡的文史功力，言人之所不能言，道人之所不能道。

　　《唐代陵廟模式研究》融史料性、知識性於一爐。作者懷著對唐代陵廟文化的一顆敬畏之心和追逐之心，於特定的歷史框架中所呈現出來的成果填補了我國唐代陵廟模式研究的空白，具有很高的學術價值。

　　慧眼觀陵山，秉筆寫陵廟。作者屬文其端，愚雖數次興至山陵，然遊目騁懷，收攬取獲，作者廣我多矣，教化育人，開卷且作如是觀。

2021 年 11 月 22 日識於問字庵

作者係文化學者、蘭臺出版社駐北京總編輯、中國學術研究叢書總編纂。

前　言

　　葬禮文化是中華文明傳承下來的一種特殊文化，在「事死如生」的傳統觀念影響下，葬禮往往成為一個家庭、一個政權不可忽視的重要事件。《周禮》中就分禮為吉、兇、軍、賓、嘉，其中喪葬禮儀的兇禮作為五禮之一，占有重要的位置。隨後經秦漢魏晉各朝的發展，至隋唐時期，在統治階級意識形態的影響下已形成一套完整的喪葬程式。人的社會地位決定了其死後喪葬儀式上的差異，這種差異本身即屬於政治範疇，也是社會生活的寫照。皇帝及其至親處於政治、社會的頂端，其葬禮為體現其優越性，尤其繁縟隆重，大致包括「入殮停靈」、「發引落葬」、「神主祔廟」三個階段。

　　「入殮停靈」由亡者初逝的招魂復魄開始，經過沐浴、含、襲、小斂、大斂、成服、小祥、大祥和譚祭等程式。譚祭之後，葬禮進入一個相對平靜的時期，除日常祭奠外，再無大型活動，待陵寢營建結束後，「發引落葬」的過程再將葬禮推向一個高潮。

　　「發引落葬」由啟祭（即開啟欑宮前舉行的祭祀儀式）開始，經過祖奠、遣奠、下葬、虞祭等程式。虞祭是送葬隊伍返回後舉行的祭祀，其目的就是迎回逝者靈魂並祔於神主之上。神主即牌位，此時用桑木製作，暫時安置在逝者原本停靈的場所。

　　「神主祔廟」即將逝者神主由停靈場所迎祔宗廟時所舉行的活動，意味著從今往後逝者的靈魂將在宗廟之中接受後代子嗣的祭祀。此後神主也將換成栗

木製作，而舊的桑木神主則被掩埋。

　　以上三個階段發生的場所分別是入殮停靈的宮殿、埋葬肉體的陵寢和靈魂依祔的宗廟，因停靈宮殿並非為葬禮專設而在本書失去研究意義，但陵寢和宗廟卻給後人留下許多歷史遺存和文獻記載，也為本書研究唐代陵廟文化奠定了基礎。隨著研究的不斷深入，筆者發現在唐代能將墓葬稱之為「陵」者，並非皇帝獨有，追封的先祖、皇后、追諡的皇帝、太子、個別外戚的墓葬也稱之為「陵」，甚至公主也有「號墓為陵」者。因逝者的身分不同，等級上的差異不但通過陵寢的不同規製體現，而且也存在於逝者靈魂所歸祔的宗廟之中，從而形成對應不同類型陵寢的各種宗廟形製，讓筆者有了給陵廟研究再冠以「模式」的動機。

　　本書將唐代陵廟分為〈先祖陵廟模式〉、〈皇帝陵廟模式〉、〈皇后陵廟模式〉、〈太子陵廟模式〉、〈公主陵廟模式〉和〈外戚陵廟模式〉等篇，依次介紹唐代為追封先祖、皇帝、皇后、追諡皇帝、太子和追諡太子、公主、外戚建置陵廟的情況。每節之後所附「行記」，記錄筆者在親朋同好陪同下徒步巡訪每座唐陵的過程。書後附錄〈唐代陵廟大事記〉，採用編年記述法，記載武德元年（618）至天祐四年（907）間，唐代圍繞陵寢、宗廟發生的相關事件，其資料來源：一為歷史文獻資料，二為存世碑刻、墓誌，三為現代考古勘探成果，力求讓讀者對唐代陵廟發展狀況有個清晰瞭解。

　　最後需說明，書中涉及筆者的一些感悟想法，其中一定有那種靈光一閃的悖言亂辭，意在引玉，敬祈方家斧正。

目　錄

第一章　先祖陵廟模式

　　唐代立國之後分四次追尊七位先祖為帝。其一，武德元年（618）六月六日，李淵即位不久即追諡高祖李熙為宣簡公，曾祖李天錫為懿王，祖父李虎為景皇帝、廟號太祖，生父李昺為元皇帝、廟號世祖。其二，上元元年（674）八月十五日，高宗追尊李熙和李天賜為宣皇帝和光皇帝，廟號分別為獻祖和懿祖。其三，乾封元年（666）三月十七日，高宗謁亳州老君廟，追尊老子為太上玄元皇帝。其四，天寶二年（743）三月廿八日，玄宗追尊皋陶為德明皇帝，涼武昭王李暠為興聖皇帝。

　　但唐朝在供奉七位先祖神主時，卻採用了不同形式。李熙、李天錫、李虎、李昺的神主均祔於太廟，而皋陶、李耳、李暠的神主則另外建廟，說明在唐人心目中對七位先祖有所區分。而這種區分同樣表現在陵寢營造上，大唐為李熙、李天賜、李虎和李昺分別營造建初陵、啟運陵、永康陵和興寧陵。而皋陶、李耳和李暠則未見為其營建陵寢的文獻記載。李暠雖陵號「建世」，但據《晉書》卷八十七〈涼武昭王傳〉記載：「（義熙）十三年，（李暠）薨，時年六十七。國人上諡曰武昭王，墓曰建世陵，廟號太祖。」

第一節　宣皇帝李熙之建初陵和光皇帝李天賜之啟運陵

建初、啟運陵簡介

　　建初陵、啟運陵的墓主分別為李熙、李天賜，《舊唐書》卷一〈高祖本紀〉載：「重耳生熙，為金門鎮將，領豪傑鎮武川，因家焉。儀鳳中，追尊宣皇帝。熙生天錫，仕魏為幢主。大統中，贈司空。儀鳳中，追尊光皇帝。」

　　武德元年（618），李淵追尊自己的祖父李虎為景皇帝、父親李昺為元皇帝，而高祖李熙、曾祖李天賜則分別追尊為宣簡公和懿王。公、王非帝，故不稱陵。上元元年（674），高宗李治追尊李熙為宣皇帝、李天賜為光皇帝，儀鳳二年（677）五月一日，追封李熙陵曰建昌陵，李天賜陵曰延光陵。從追封為帝到上陵號，間隔近三年，應是規劃、增建陵寢的時間。開元廿八年（740）七月，玄宗改二陵陵號分別為建初陵和啟運陵。

　　建初陵和啟運陵位於河北省隆堯縣王尹村北 200 米處，二陵同塋異穴，共用一條神道和石刻。李吉甫《元和郡縣誌》卷十七〈河北道二〉記載：

> 皇十三代祖宣皇帝建初陵，高四丈，周回八十丈；皇十二代祖光皇帝啟運陵，高四丈，周回六十步。二陵共塋，周回一百五十六步，在縣西南二十里。

　　唐昭慶縣，治今隆堯縣舊城村，位於王尹村東北方向 10 餘公里。另外，李淵獻陵封土高六丈，如此看來二陵的規模雖遜獻陵，也屬可觀。

建初陵啟運陵考古及文獻記載

　　2010 年 11 月 4 日—12 月 16 日，河北省文物研究所和隆堯縣文物保管所聯合對隆堯唐祖陵遺址進行勘探，發現隆堯唐祖陵外圍分為三圈，內垣為正方形，外垣為長方形，最外圈由若干夯土臺組成，南北 2030 米、東西 2204 米。兩陵南北排列，M1 封土基本無存，墓壙平面為長方形，東西 23 米、南北 25 米、深 5 米；墓道位於南部正中，長 20 米、寬 2 米；磚砌前、後墓室，前室帶左右側室，後室和東側室為穹隆頂，而前室和西側室情況不明。M2 位於 M1 東南約 10 米處，覆斗形封土，邊長 40 米、殘高 1.2—1.3 米；墓壙平面為長方形，東西 18 米、南北 25 米；墓道位於南部正中，長約 15 米；亦為多室墓。遺址內共

有十對石刻，包括石柱一對、翼馬一對、石馬兩對並各有一尊控馬人、石人三對、石獅一對，皆多有殘損。下宮位於陵園外垣前西南方向，其上明代建有天齊廟。陪葬墓位於陵園東南方向，曾出土〈唐故隴西李府君銘志文並序〉，墓主李倫，大中十二年（858）下葬，志文記載：「公承唐王之胤，建初皇帝之宗，邐迤相承，遍居陵側。」

據李蘭珂〈隆堯唐陵、〈光業寺碑〉與李唐祖籍〉（《文物》1988年第4期）記載：

> 石人原為三對六個，現東側南面缺失兩個。南面一對原距北面鞍馬17米，各對石人南北間距約12米。俱殘損嚴重。南面一對戎裝按劍，北面二對褒衣拱手執笏，為文武侍臣。……石獅一對。原距北面一對石人13.7米，現置於縣文物保管所內，除鼻部殘缺外，基本完好。獅均高1.5米……腦後毛髮捲曲自如（西側石獅為長披小卷，東側石獅為圓渦大卷）。

關於石獅文中又用尾註的方式著重說明：

> 石獅在民國年間曾被外國人（一說美國人，一說日本人）以高價買去，被群眾告發，當時隆平縣政府派保安隊追回，置於縣政府（今隆堯縣招待所）院內。文革期間，縣委幹部多人把石獅埋掉，才使其免遭粉身之禍。1980年縣文物保管所成立後，挖出運入所內，得以重見天日。

現今一尊石獅遷至河北省博物館展出。

武川鎮和六鎮之亂

北魏太武帝拓跋燾時期，為外禦柔然，拱衛京都平城（今山西大同東北），在長城沿線建立一系列軍鎮，其中自西而東設置的沃野、懷朔、武川、撫冥、柔玄、懷荒六個軍鎮最為重要，即為歷史上著名的「北方六鎮」。

《周書》卷一〈文帝本紀〉記載：

> 太祖文皇帝姓宇文氏，諱泰，字黑獺，代武川人也……天興初，徙

豪傑於代都，陵隨例遷武川焉。陵生系，系生韜，並以武略稱。韜生肱⋯⋯武成初，追尊曰德皇帝。太祖，德皇帝之少子也。

《隋書》卷一〈高祖本紀〉記載：

高祖文皇帝，姓楊氏，諱堅，弘農郡華陰人也⋯⋯鉉生元壽，後魏代為武川鎮司馬，子孫因家焉。元壽生太原太守惠嘏，嘏生平原太守烈，烈生寧遠將軍禎，禎生忠，忠即皇考也。皇考從周太祖起義關西，賜姓普六茹氏，位至柱國、大司空、隋國公。

《舊唐書》卷一〈高祖本紀〉記載：

暠生歆。歆生重耳，仕魏為弘農太守。重耳生熙，為金門鎮將，領豪傑鎮武川，因家焉⋯⋯熙生天錫，仕魏為幢主⋯⋯皇祖諱虎。

通過以上記載，不難看出，北周、隋、唐三朝的先祖皆因種種原因，先後遷徙到位於今內蒙古自治區武川縣附近的武川鎮。其中，北周先祖宇文陵遷至武川的時間為天興初年。天興是北魏道武帝拓跋珪的年號，398 年—404 年，歷時五年餘。至北魏孝明帝正光五年（524）「六鎮之亂」暴發的 120 餘年間，北周先祖宇文陵在武川已繁衍宇文系、宇文韜、宇文肱和宇文泰四代子嗣，隋代先祖楊元壽在武川也繁衍了楊惠嘏、楊烈、楊禎和楊忠四代子嗣，而唐代先祖李熙僅繁衍李天賜和李虎二代子嗣。據此推測，唐代先祖遷至武川的時間較晚。

六鎮本是北魏國防一道重要防線，在北魏國家的政治、軍事中享有崇高的地位，因此邊鎮軍民享有較高的待遇。但隨著北魏遷都洛陽，六鎮的政治、軍事意義降低，軍鎮軍民也逐步失去往日優厚的待遇。正光五年（524）三月，沃野鎮人破落汗拔陵聚眾造反，殺鎮將，號真王元年，拉開「六鎮之亂」的序幕。北魏雖多次進兵鎮壓，但未能將兵變平定，最後不得不求助宿敵柔然，才把兵變暫時鎮壓下去，但大片土地也陷落柔然，只能將六鎮兵民二十萬人分配在瀛、冀、定三州就食，北周、隋、唐三朝的先祖也在此時離開武川鎮，走向更為廣闊的歷史舞臺。

建義元年（528），萬俟醜奴自稱天子，國號大趙，年號神獸，定都於高平（今寧夏固原市原州區）。中大通二年（530），參與平定六鎮兵亂的武川鎮

軍主賀拔度拔三子賀拔嶽出兵關隴征討萬俟醜奴，北周太祖宇文泰和高祖李淵的祖父李虎隨軍出征。永熙三年（534），北魏孝武帝元修不滿高歡專權，遷都長安，隋文帝楊堅的父親楊忠隨行來到長安。至此，三位武川同鄉聚首長安，拉開改朝換代的大幕。

李唐祖籍之爭

《新唐書》、《舊唐書》皆載李淵先祖依次為皋陶→李耳→李暠→李歆→李重耳→李熙→李天賜→李虎→李昺，這些先祖基本可分成兩部分：皋陶、李耳、李暠、李歆、李重耳並非李淵真正的先祖，是為充門面強拉來的。李熙、李天賜、李虎、李昺才是李淵真正的先祖，為了將兩部分有機聯繫起來，或偷樑換柱、或虛構了一部分李重耳的事跡，此論點陳寅恪在《唐代政治史述論稿》上篇〈統治階級之氏族及其升降〉中有詳盡論述，不再贅述。

關於李熙，《冊府元龜》卷一〈帝王部・帝系〉記載：「（李重耳）生熙，起家金門鎮將，後以良家子鎮於武川，都督軍戎百姓之務，終於位，因遂家焉。」此記載能提供三條資訊：第一，李唐先祖的出身是非醫、非巫、非商賈、非百工的良家；第二，李熙為李唐先祖遷居武川鎮第一代，但從那裡遷來則語焉不詳；第三，李熙亡於武川，那麼隆堯的陵墓應是六鎮兵亂後遷葬。為什麼不能是死後歸葬故里呢？如果是歸葬，李熙先祖的墓葬應該也在隆堯，就算湮沒不存，立國後的大唐最起碼會給其以招魂葬的方式建立衣冠墓塚。

《資治通鑑》卷一百五十〈梁紀六〉記載：武帝普通六年（525）

> 柔然頭兵可汗大破破六韓拔陵，斬其將孔雀等。拔陵避柔然，南徙渡河。將軍李叔仁以拔陵稍逼，求援於廣陽王深，深帥眾赴之。賊前後降附者二十萬人，深與行臺元纂表「乞於恆州北別立郡縣，安置降戶，隨宜賑貸，息其亂心。」魏朝不從，詔黃門侍郎楊昱分處之冀、定、瀛三州就食。

既然是將六鎮降附者分別安置在冀、定、瀛三州就食，為何唐朝的兩座祖陵會遷葬在100多公里外的趙州？《魏書》卷八十〈賀拔勝傳〉記載，在六鎮之亂中，武川鎮將賀拔爾逗之子賀拔度拔率鄉中豪勇援懷朔鎮，殺賊王衛可瑰。說明在動亂中是有部分六鎮軍民站在北魏朝廷一方，作為武川鎮守軍的李唐先

祖很可能就持此立場，這點從李虎能深得賀拔度拔三子賀拔嶽信賴，隨其出兵關隴也能證明。所以說，作為被北魏政府信任的一部分，安排在瀛、冀、定三州附近監視防範叛亂軍民，也是一個合情合理的解釋。

建昌陵石麟之謎

元朝學者王惲《秋澗集》卷四十中收錄〈唐建昌陵石麟記〉，其文記載：

> 其石儀一十八事，儼然具在。內二石麟，身首蹄鬣，一與馬同，第題顛有觡突出，肉葳蕤其端，所謂示其武而不用者也。兩膊雲艷，光拂鬃鬣，尾上揭類牛而短。雖雨蘚模糊，雯華剝裂而製度精絕可愛⋯⋯

按現代考古結論來計算唐祖陵石刻數量，如將石馬和控馬人分別計算則是二十件、如合為一件計算則為十六件，王惲所言的十八件頗為蹊蹺。如王惲是將石馬和控馬人合在一起計算，翼馬之後再加一對石麟，數字倒是吻合。但看文中描述，石麟的形態和現今尚存的翼馬高度相似，再說只要當初安置了麒麟石刻，就算佚失，在現代考古發掘面前也應留下點蛛絲馬跡。故筆者認為，王惲文中所記石麟就是現今尚存的翼馬。事實上，今人壓根就不知唐人是怎麼樣稱呼石獸的，石麟、翼馬等稱謂並未見於唐時的文獻資料，皆由後人臆想。

附：建初、啟運陵行記

2019 年 3 月 27 日 6 點 58 分，筆者從北京西站乘 G651 次高鐵返回西安，借機在邢臺東站下車，去王尹村巡訪建初、啟運二陵。出站後向北步行 2 公里，在 324 省道邊的王家屯上公交，東北行十餘站，在十里亭下車，來前導航顯示在此可換乘公交到王尹村附近。但下車後詢問多人均言無車可供換乘，發愁之際見一輛出租車遠遠駛來，疾走攔下。司機就是隆堯當地人，20 來公里路程，半個小時即到。大約在 11 點 30 分到達王尹村，在村口一問唐祖陵，婦孺皆知，向北剛穿過村子，正在修繕的廣場和神道就呈現在眼前。

現今陵園雖在修繕，但依舊寂寥，地表之上僅見石刻由南至北依次為：

石柱一對：東列石柱地表之上殘存不足 1 米，西列石柱地表之上殘存約 1.5 米。翼馬一對：均殘缺頭部。石馬二對：第一對東列嘴部殘缺、無控馬人，西列嘴部殘缺、石馬北側存缺失頭部控馬人；第二對東列嘴部殘缺、石馬南側僅

存控馬人一段約50釐米的軀幹，西列頭部殘缺、石馬北側存缺失頭部的控馬人。翼馬、石馬胯下均雕飾有雄性生殖器官。

西列石柱西南側有殘缺石構件一堆，有殘碑、石牌坊構件等十餘件。神道北側存一堆唐磚唐瓦殘件，再北有一高不足 2 米、長滿灌木的土堆，從其位置判斷，應是考古調查時尚存的封土。

12 點左右從神道出來，原本還想去隆堯縣文物保管所看看那只石獅，但看到出租車司機面露難色，想其還有其他事情，只得咬牙返程。司機原本就是要回隆堯縣的，再送我回邢臺東站，兩不方便，故提議我在 324 省道邊的鄭家莊口坐 105 路公交返回王家屯。返程很順，趕上 13 點 58 分的 G659 次高鐵，於 17 點 31 分返回西安。

第二節　景皇帝李虎之永康陵

永康陵簡介

永康陵位於三原縣陵前鎮侯家村西南，堆土為陵。

墓主李虎（？—551），光皇帝李天錫之子，高祖李淵的祖父。中大通二年（530），李虎隨賀拔嶽出兵關隴征討萬俟醜奴，賀拔嶽以其為左廂大都督，賀拔嶽被侯莫陳悅暗害後，李虎奔荊州，勸說賀拔嶽之兄賀拔勝收嶽眾，勝不從。李虎聞宇文泰代嶽統眾，乃自荊州還。至閿鄉，為丞相高歡別將所獲，送洛陽。北魏孝武帝元修方謀取關中，得李虎拜衛將軍，出使就職於宇文泰。後魏時李虎官拜左僕射，封隴西郡公，賜姓大野氏，與周文帝宇文泰及太保李弼、大司馬獨孤信等八人受封柱國大將軍，史稱「八柱國」。大統十七年（551）五月卒。557 年北周受禪，追封為唐國公，諡曰襄。至隋文帝作相，復還李姓。武德初，追尊景皇帝，廟號太祖，陵曰永康。唐代太廟以太祖李虎、高祖李淵、太宗李世民為一祖二祧，萬世不遷。

永康陵文獻記載

1943 年，西北藝術文物考察團對永康陵進行過調查，之後何正璜撰寫〈唐陵考察日記〉（《何正璜文集》，陝西人民出版社，2006 年），記錄永康陵由南至北石刻保存情況為：

華表一對均已倒地，西側倒入深溝中。柱八棱，長 3.1 米，每邊寬約 0.3 米，形甚小，柱身刻花亦簡單，上蓋形式亦類晚唐所有。

石獸一對，東倒西立，唯立者已在懸崖，壽命亦將不久。石獸造型奇異，頭部類似駱駝，身長而細，前足有雲紋，且與獻陵及定陵、橋陵又各不同。

石馬兩對，均已倒毀，馬形矮小，類晚唐所有。

石翁仲三對，五倒一立，高僅 2 米，拙劣無足觀。

石獅一對相對立，均完整存在，造型古樸卓絕，週異於其他石刻，類六朝作品。兩獅均鬃毛、張口，其背部之雲紋披毛雕尤精美。獅高 2 米座兩層，上座長 1.7 米，寬 0.9 米。

1996 年秋、1997 年春，鞏啟明兩次考察永康陵後撰〈永康陵調查記〉（《文博》1998 年第 5 期），記載永康陵石刻保存情況如下。

神道南北長 205、寬 30 米，由南至北依次為：

石華表一對，八棱。東側已傾倒，石座、柱身、柱頭已分離；西側僅留石座和柱身，柱身殘高 2.80 米，柱身篆刻「唐永康之陵」五字。

獨角獸（天祿）一對，位於華表之北 29 米處，東西二件大小形狀相同。東側的已傾倒，四肢缺失，僅有獸身和頭部完好，石座亦缺失。西側身長 2.60、高 2 米，左後腿及尾殘。

第一對石馬、位於獨角獸之北 28 米處。東側石馬頭、尾、四肢殘，馬身完好；西側石馬，地面無存，群眾反映早年掩埋地下。

第二對石馬，位於第一對石馬之北 28 米處。東側石馬頭、腿殘、馬身完好，西側石馬缺失。

石人一對（應為三對石人的中間一對），位於第二對石馬之北 60 米處。東側石人，於 1960 年搬遷西安碑林博物館石刻室展出。高 2.23 米，頭戴高冠，挂劍武官形象。西側石人，頭和上身殘，腰部以下尚存，但大部埋入土中，從殘存部分看，亦係柱劍武官。

石蹲獅一對，位於石人之北 60 米處。東側石獅已殘損，僅留獅體殘石一塊。西側石獅於 1959 年搬遷西安碑林博物館石刻室展出，保存完好。

永康陵陪葬墓？

在三原縣陵前鎮東、東南方向現存五通唐代神道碑，證明此區域在唐代是一處王公大臣墓葬區。那麼這些墓葬是否為永康陵陪葬墓呢？有必要先介紹一下五通唐碑的情況。

在永康陵東約 4 公里的焦村，即 1973 年考古部門發掘的李虎之孫、淮安靖王李壽墓附近存有咸亨元年（670）五月二十四日所立「大唐故左武衛大將軍淄川公李府君（孝同）碑」和貞元廿年（804）十一月十三日所立「唐故劍州長史贈太僕少卿汝州刺史隴西李公（廣業）碑」。李孝同碑位於焦村東南方向、一東西路北側，李廣業碑位於焦村東北方向一果園中，兩碑相距約五六百米，基本處於一南北線上。李孝同（608—670），太祖李虎曾孫、淮安靖王李壽第三子，李廣業（680—730）則是李孝同孫、李璿之子。

新隆莊位於陵前鎮東約 2 公里，現存有乾封元年（666）十一月所立「大唐故柱國燕國公于君（志寧）碑」和聖曆三年（700）七月十二日所立「唐明堂令于大猷碑」。于志寧（588—665），貞觀九年（635），高祖李淵神主將祔太廟，當時群臣請以涼武昭王為始祖，獨于志寧以涼非王業所因提出反對意見。後為高宗朝宰相。于大猷（644—700）為其孫。于志寧碑位於村東果園裡，于大猷碑位於其西北方向，現今嵌入村子最東北角農戶的院牆內。戶主老漢祖籍四川，有川人的強脾氣，第一次去就吃了閉門羹，再去，見筆者癡迷才讓我如願以償。

三店村位於新隆莊東北 2 公里，在村南一南北路東側存有大曆五年（770）所立「大唐故金紫光祿大夫左金吾衛將軍贈揚州大都督臧府君（希晏）碑」。原本附近還有「唐故右武衛將軍贈工部尚書上柱國上蔡縣開國侯臧公（懷恪）神道碑」，顏真卿撰文並書丹，現藏西安碑林。臧懷恪（668—724），以智勇聞名，七子皆為當時名將，臧希晏（712—764）為其第四子。

另外，文獻記載陵前村東北 100 米處還有一通「大唐故越州都督于公（德芳）碑」，但筆者幾次實地尋找無果。

從神道碑碑文來看，尚無直接證據能夠證明永康陵有陪葬墓。除了李壽、李孝同、李廣業為李虎後嗣外，其他均為外姓氏家族墓葬。而且李壽墓誌記：「貞觀四年十二月寢疾薨於京城延福里第，春秋五十有四……粵以五年歲次辛卯十二月景戌朔十一日景申葬於雍州三原縣之萬壽原。」李孝同碑記：「總章

二年十二月,薨於京師永安之里第,春秋六十有二⋯⋯粵以咸亨元年歲次庚午五月廿四日,歸窆於靖王之舊塋。」李廣業碑記:「以開元十八年八月二日,終於劍州官舍,春秋五十有一。以其年十二月,遷祔於京兆府三原縣豐原鄉之北原先塋。」均無陪葬永康陵之語。

貞觀四年(630),李壽病故,那時大唐只有永康和興寧兩座祖陵,李壽為李昺之姪、李虎之孫,遠近親疏一目了然。從這點考慮,就算沒有文字證據證明,李壽應也能算是陪葬先祖。

甘肅清水李虎墓

道光五年(1825),在今甘肅省天水市清水縣縣城東 10 公里的白沙鎮魯灣村一座隋代古墓中出土一方墓誌,全稱「大隋使持節驃騎大將軍開府儀同三司慎政公上州刺史李府君之墓誌銘」,誌文云:「公諱虎字威猛,隴西成紀人也。昔高陽氏之苗,秦將軍之後矣。厥生樹下而因李姓焉,徙自隴西,遂稱令族⋯⋯」但未引起世人多少注意,直到 1997 年 10 月 29 日《人民政協報》第 4版發表〈唐代先祖李虎墓〉一文,才在學術界引起反響,讓原本就撲朔迷離的李唐先祖問題更加錯綜複雜。

墓誌尺寸不大,長、寬皆 38 釐米,誌文共二十三行,滿行二十三字,除去空格共四百七十五字。現將墓誌中的重要資訊摘錄如下:

> 公諱虎字威猛,隴西成紀人也⋯⋯徙自隴西,遂稱令族⋯⋯公即魏隴西行臺爵之孫,周隴東太守寶之世子也⋯⋯起家征,授儀同三司,並除秦州清水本郡太守⋯⋯尋遷授開府並封慎政縣開國公、上州諸軍事上州刺史⋯⋯公春秋七十有二,以建德六年(577)十月八日奄薨於京第,以大業二年(606)歲次丙寅正月望十八日癸酉葬於秦州清水縣內莎鄉□□里之原。

為方便記述,姑且將墓誌墓主稱之為清水李虎,永康陵墓主稱之為三原李虎。清水李虎墓誌所載資訊同史料記載的三原李虎相差甚遠,基本可以確定清水李虎同三原李虎應屬兩人。主要差別有:

其一,「字」不相同。清水李虎字「威猛」,三原李虎字「文彬」。古時男子二十冠而字、女子十五笄而字。不論男女,只有經過冠禮或笄禮,待成年

後才可取字，所取的字對每個人來說都將陪伴自己一生，不應在蓋棺定論的墓誌上出現錯誤。

其二，卒年不同。《資治通鑑》卷一六四〈梁紀二十〉記載：大統十七年（551）五月「魏隴西襄公李虎卒」，比清水李虎早逝二十六年。

其三，官職不同。清水李虎起家於征辟，歷任清水郡太守、上州刺史，爵慎政縣開國公。而三原李虎官至太尉，爵至柱國大將軍，官職全稱「使持節、太尉、柱國大將軍、大都督、尚書左僕射、隴右行臺、少師、隴西郡開國公」，如此顯赫的官職沒有理由不在墓誌中體現。

綜上所述，清水李虎係真正的隴西李氏旁支無疑，但絕非李唐先祖。

附：永康陵行記

2013 年 3 月 19 日，筆者第一次巡訪永康陵。一條東西向鄉間公路將陵區一分為二，陵塚位於路北，和三原其他三座唐陵一樣，都是堆土為陵，但永康陵規模較小。陵牆、闕臺遺址地面之上均不可見。地表現存的神道石刻位於路南，當日保存的情況從南至北依次為：

石柱一對：東列石柱存方形柱礎，兩段八棱形柱身撲倒在地；西列石柱斜依在土崖上，柱身依稀可見字跡，但已不可通讀，石柱北側 2 米處有石刻殘件，不可辨認原為何物。

石獸一對：東列石獸部分被埋，地面之上只可見腰臀部、後腿均殘；西列石獸立於土崖上，除左後腿殘缺外，其他完好。

石馬二對：第一對東列石馬大部分埋於地下，西列石馬佚失。第二對東列石馬只存軀幹撲倒在地，地表見石座；西列石馬佚失。

2013 年 10 月，網上曝出三原縣水利局修水渠時打碎永康陵石刻事件之後，大部分石刻被就地掩埋。2016 年 2 月 27 日，筆者再次來到永康陵，神道只見西側石獸，昂首平視前方，頭頂部較平中有獨角，雙耳緊貼頭部兩側，眼睛圓睜突起，鼻樑高直。前後肢上部側面浮雕花瓣狀或卷雲狀圖案。軀幹較長，腰背部平直，腹下有柱狀雲山造型。

第三節　元皇帝李昺之興寧陵

興寧陵簡介

興寧陵位於咸陽市渭城區後排村北側 500 米處。

墓主李昺（？—572），字明澤，李虎第三子。初仕西魏，封汝陽縣開國伯，拜通直散騎常侍、車騎大將軍，襲封隴西郡公，遷驃騎大將軍、開府儀同三司、侍中。北周建立後，襲封唐國公，授御正中大夫，出任柱國大將軍、少保、都督八州諸軍事、安州總管。建德元年（572）去世，葬咸陽，追贈太保，諡號仁。李淵登基後，追諡為元皇帝，廟號世祖，陵曰興寧。

獨孤信

北周、隋和唐三朝的先祖均是來自武川鎮的同鄉，因為同是來自武川鎮的獨孤信，使得同鄉成為了親戚。

獨孤信（502—557），本是雲中人，其祖以良家子自雲中鎮武川。六鎮之亂後獨孤信背井離鄉，輾轉各路軍閥之間。永熙三年（534），護送孝武帝元修西行長安。西魏大統十四年（548），拜柱國大將軍，為八柱國之一，遷尚書令。北周建立後，拜太保、大宗伯。大塚宰趙貴謀反伏誅後，以同謀罪被逼自盡，時年五十五。獨孤信長女嫁北周明帝宇文毓，薨後諡為明敬皇后；四女嫁李昺，生李淵，大唐立國後追封為元貞皇后；七女即幼女獨孤伽羅，嫁隋文帝楊堅，薨後諡號文獻皇后。如此以來，宇文毓、李昺和楊堅互為連襟，而獨孤家族三朝皆為外戚，自古以來，絕無僅有。

陝西歷史博物館藏有獨孤信煤精多面組印一枚，該印 1981 年出土於今安康市旬陽市東門外，呈八棱十八面體，高 4.5 釐米、寬 4.35 釐米，重 75.7 克。每面均為正方形，邊長 2 釐米，十八個正方形印面中，有十四面鐫刻印文，印文分別為「臣信上疏」、「臣信上節」、「臣信上表」、「臣信啟事」、「大司馬印」、「大都督印」、「刺使之印」、「柱國之印」、「獨孤信白書」、「信白箋」、「信啟事」、「耶敕」、「令」、「密」。除「耶敕」、「令」、「密」三個印面字體較大，筆劃較粗外，其餘各面字體大小和筆劃粗細大體一致。印文係楷書陰文，書法雅致，健勁挺拔，有濃厚的魏書風格。《周書》卷十六〈獨孤信傳〉記載，獨孤信在大統十四年（548），進位使持節、柱國大將軍、大都督、

大司馬、河內郡開國公，方具備此印中「大都督」、「刺使」、「大司馬」及「柱國」等官銜。又因北周建國之初，獨孤信遷太保、大宗伯、進封衛國公，但這些官職爵位，均未見於組印中，故推測此印的製作時間應在大統十四年（548）至北周成立（557）之間。

1953 年，獨孤信和其長子獨孤羅的墓誌出土於咸陽市渭城區底張灣。獨孤信墓誌出土時已無誌蓋，誌石長、寬均為 41 釐米，厚 7.4 釐米。誌文十六行，共計二百二十字，記述獨孤信的名號、家世、籍貫、生卒年、下葬時間、下葬地點、夫人及三個兒子的名號等。1959 年，獨孤信墓誌由陝西省博物館（今碑林博物館），劃撥至中國歷史博物館（今中國國家博物館）收藏。

附：興寧陵行記

2013 年 4 月 12 日 11 點 30 分，筆者從西安南郊出發，騎自行車沿朱宏路一直向北到北三環西拐，先去巡訪去年發現的漢長安城廚城門橋考古現場，再由草灘八路轉北過渭河，在窯店鎮吃午飯後沿 101 縣道向東，一路先後巡訪劉家溝村漢墓、三義村漢墓後到達興寧陵。興寧陵封土現呈圓錐形，高已不足 3 米。神道位於殘塚南側約 270 米處。看著綠油油已拔節的麥子，不忍踐踏，就站在路邊計數，有石獸二、石馬四、石獅二，共計八件石刻。之後下原繼續向東騎行至包茂高速渭河大橋，向南過橋後沿新建的渭河河堤路向西，到槽渠岸邊向南騎到西安北站，再沿文景路南行，約 19 點返回，全程騎行 80 多公里。

2016 年下半年，考古部門考古發掘興寧陵神道石刻，筆者多次叨擾考古工地，現以 2016 年 9 月 17 日所見，記錄石刻由南至北的情況如下：

石柱一對：東列石柱探方中存柱礎和柱身；西列石柱存柱礎、柱身和柱頭、保存完好。

石獸一對：與永康陵的造型幾乎相同，均獨角殘、尾部殘缺。

石馬二對：第一對均束尾，胯下雕刻雄性生殖器官。東列保存完好、無控馬人；西列保存完好，北側存一控馬人，小腿以下殘缺，但難得其頭部保存完好，為胡人相貌。第二對均垂尾，胯下無雕飾。東列保存完好，基座後部殘缺，南側存一缺失頭部控馬人；西列保存完好、無控馬人。

石人三對：第一對東列寬袖袍服，缺失頭部；西列寬袖袍服、外穿裲襠，

缺失頭部、探方中無礎石。第二對東列寬袖袍服，缺失頭部；西列佚失。第三
對東列寬袖袍服，缺失頭部、左腳殘、探方中無礎石；西列寬袖袍服、外穿裲襠，
缺失頭部、探方中無礎石。五尊石人雖然全部面部朝下，但根據西列石人外穿
裲襠的特徵，亦可判斷東列石人為文官、西列石人則為武官。

　　當日石獅已經掩埋的僅露頭部，但據筆者 7 月 23 日所見，雙獅保存完好，
同現存碑林博物館中的永康陵石獅造型幾乎完全相同。考古發掘後，石柱、石
人就地掩埋，石獸、石馬和石獅也恢復到原本土埋半截的狀態。

第四節　唐代先祖陵廟模式小結

唐祖陵石刻設置年代

　　早在二十世紀四十年代，何正璜在〈唐陵考察日記〉中就提出，永康陵、
興寧陵的石刻呈現出不同的時代特徵：

> 永康陵前石刻行列遠較其他唐陵為簡單，雕刻作風則絕類北魏北周
> 所有，但石馬及翁仲則又顯出矮小粗劣之形態，頗類晚唐所增立……
> 疑其中之一部分為後來增補。

　　經過學者和考古工作者多年勘探和研討，已認定永康、興寧陵石刻建造大
體分為兩個年代。

　　最初的建造年代為唐初。《資治通鑑》卷一八四〈隋紀八〉記載：「淵之
起兵也，留守官發其墳墓，毀其五廟。」建初、啟運陵遠在河北，應能逃此一
劫，而位於長安附近的永康陵和興寧陵必然首當其衝。武德元年（618）六月，
李淵即位後分別追尊李虎、李昺為景皇帝、元皇帝，應以新的陵寢規製修繕、
擴建永康陵和興寧陵，此時所增設的石獸、石獅必然帶有北朝和隋朝的特徵。
而李熙和李天賜沒有追尊為帝，故不可能以新的陵寢規製來進行增建。《大唐
帝陵光業寺大佛堂之碑》記載：「貞觀廿年（646），累遣使臣左驍衛府長史長
孫尊師與邢州刺史李寬、趙州刺史杜敖等檢謁塋域，畫圖進上。」文中「累遣」
一詞頗讓人尋味，筆者分析在唐初不但沒有增建這兩座陵寢，甚至有可能逐漸
被人遺忘，不然太宗也不會多次派人，在邢州、趙州境內反復尋找。

　　第二個建造年代為玄宗時期。開元廿八年（740），唐玄宗下詔「以宣皇帝、光皇帝、景皇帝、元皇帝追尊號謚有制，而陵寢所奉未稱。建初、啟運陵如興寧、永康陵，置署官、陵戶，春、秋仲月，分命公卿巡謁。」這次增設了永康、興寧陵的石柱、石馬、石人，所以這些石刻同唐初設置的石獸、石獅呈現出迥然的風格；而建初、啟運陵的全部石刻均在這次修繕一併建造，故其風格整體一致。同時應注意一個情況，高宗早在上元元年（674）八月就追尊李熙為宣皇帝、李天賜為光皇帝，按理當時就應按新的陵寢規則增設石刻，但為何沒有實施？

　　筆者根據石刻反映的具體特徵，認為在興寧陵修葺工作完成後，這批工匠很可能又遠赴河北完成了建初、啟運陵的修繕工作。因為在整個唐陵石馬中僅有建初、啟運和興寧陵石馬在胯下雕飾雄性生殖器官（永康陵石馬已掩埋不好判斷），此特徵讓人很容易聯繫到，長安和隆堯的石馬均出自一批工匠之手。

神道石人始分文武

　　在興寧陵考古發掘前，筆者一直認為石人東文西武的排列方式起源於寶應元年（762）修建泰陵、建陵時，新的考古發現提前了這種設置石人方式的時間二十多年。從永康陵石人均是武官，而興寧陵石人則分文官武官來分析，開元廿八年（740）的修繕應該是從永康陵開始，在其修繕工作結束後，有人提出石人應該有文有武的建議得到采納，並首先在興寧陵實施。

　　石人分成文武最直接的結果，就是將整個陵寢所代表的場景，從只有北衙禁軍把守的後寢轉換到文武百官參與的前朝。筆者認為導致場景轉換的原因同整個唐帝國政治階層的悄然變化應有很大關聯。

　　唐代初期的權柄實際把握在軍人手中的，且看高祖朝十七太原元謀和太宗朝凌煙閣二十四功臣，就會發現這個階層具有二個特點。一是出將入相，以李靖和李勣為代表，能文能武，勢必導致在當時文武的概念淡化；二是功高震主，侯君集敢鼓動太子造反，長孫無忌敢冤殺吳王李恪……他們的為所欲為，讓皇帝都如鯁在喉。為了淡化此政治階層對皇權的影響，從高宗開始試圖通過科舉引進新的政治力量，從而抑制唐初元勛階層的勢力，使皇權得到鞏固。到玄宗朝這股力量漸漸強大，如名相宋璟、張九齡均是通過科舉，登上大唐帝國最高權力的殿堂。這股新生勢力自詡清流，他們的存在讓以往的出將入相變的困難重重。如張九齡阻攔河西節度使牛仙客回朝任相，再如連郭子儀、李光弼這樣

的中興名將也僅能出任使相之虛職，文臣武將的概念不斷強化。這股由文人形成的新興政治力量希望出現在帝國的方方面面，開元廿八年（740），在永康陵修葺完畢後，面對以往那種按部就班的石人規製，應是他們提出增加文官石人的方案，並得到玄宗的肯定，從而文官石人第一次出現在興寧陵神道東列，並一直延續到清朝滅亡。

唐代祖陵規製淺析

　　綜前所述，啟運、建初二陵所設置的石刻，應該是在開元年間一次性增設的；而永康和興寧二陵的石刻則分別設立於唐初和開元兩個時期。通過開元年間的增設，唐代祖陵石刻遂形成統一的規製，即由南至北分別為：石柱一對、翼馬或石獸一對、石馬及控馬人二組、石人三對和南門石獅一對。

　　唐代祖陵石刻規製同帝陵石刻規製相比，首先是使用了翼馬或石獸這類帝陵專屬石刻，但卻沒有使用犀牛或鴕鳥，也許是因為犀牛或鴕鳥都來自遙遠的異國，一有皇帝懷遠之德的寓意，二則暗喻皇帝獨有的外交權，而為帝陵專屬。其次是石馬及控馬人、石人的數量有大幅度減少，分別由五組、十對減少到二組、三對。第三是至今未在祖陵內發現蕃酋像石刻。

　　隆堯唐祖陵陵園分為三圈，內垣為正方形，外垣為長方形，最外圈由若干夯土臺組成。但無法判斷內垣和外垣及外圈的若干夯土臺是同一時期營建，還是內垣為早期陵園，外垣及外圈的若幹夯土臺為後期贈設？但其內垣同永康、興寧陵一樣，只在南牆闢有一處門址，不同於帝陵在四面陵牆上均闢門址的作法。同時，祖陵門址前所設石刻同帝陵一樣，皆為石獅一對。

唐代祖陵的祭祀

　　《資治通鑑》卷二○四〈唐紀二十〉記載，武則天登基後，於天授二年（691）「正月己亥，廢唐興寧、永康、隱陵署官，唯酌量安置守戶。」並未提到宣皇帝李熙的建昌陵和光皇帝李天賜的延光陵，說明兩座陵寢從儀鳳二年（677）五月一日追封陵號後，並未設置陵署。為解決此問題，玄宗於開元十五年（727）敕：「宣皇帝、光皇帝陵，以縣令檢校，州長官歲一巡。」將巡陵祭祀的責任交於當地州縣。開元廿八年（740）七月十八日，玄宗改建昌陵為建初陵，延光陵為啟運陵，《唐會要》卷二十〈陵儀〉記載，玄宗制令：

伏以八代祖宣皇帝、七代祖光皇帝、六代祖景皇帝、五代祖元皇帝，
自昔追尊號諡，稽古有則，而陵寢所奉，須廣彝章。其建初、啟運
二陵，仍准興寧陵例，置署官及陵戶。自今已後，每歲至春秋仲月，
宜分命公卿，准諸陵例，分往巡謁。仍命所司，准數造輅，於陵署
收掌，以充備禮之用。其建初、啟運、興寧、永康等四陵，年別四
時及八節，委所由州縣，數與陵署相知，造食進獻。

至此時，唐代四座祖陵才有了一個統一的標準來進行巡陵祭祀，除每年春、秋仲月（農曆二月、八月）公卿巡陵外，在四時和立春、春分、立夏、夏至、立秋、秋分、立冬、冬至八個節氣，還會由當地州縣和陵署舉行祭祀。如此以來，祖陵同帝陵相比，在祭祀次數上僅缺少每月朔望兩祭。

唐代先祖廟簡介

從武德元年（618）六月六日，李淵備法駕於通義坊舊廟，奉迎宣簡公李熙、懿王李天錫、景皇帝李虎、元皇帝李昺神主祔於太廟起，至貞觀九年（635）十一月十六日，李淵神主祔於太廟的十七年間，唐代太廟為四室，僅供奉其四代先祖。在李淵神主祔廟時，房玄齡等議以涼武昭王李暠為始祖，同高祖祔於太廟，但左庶子于誌寧以為武昭王非王業所因，不可為始祖，最終決定以弘農府君李重耳同高祖祔廟，太廟增為六室。

貞觀廿三年（649）八月，太宗神主祔廟，遷李重耳神主於西夾室；光宅元年（684）八月，高宗神主祔廟，遷李熙神主於夾室。景雲元年（710），中宗神主祔廟時，本應遷李天錫神主，但在神龍元年（705）八月，中宗將太廟增為七室，祔其兄孝敬皇帝李弘神主於太廟，故此時以李弘「未登大位」為由，遷其神主。開元四年（716），睿宗神主祔廟時，又以「兄弟不相為後」為由，遷中宗神主於中宗別廟，李天錫的神主得以繼續祔於太廟。開元十一年（723），玄宗下詔將太廟增至九室，李熙同中宗的神主復遷太廟。此時，李淵備法駕所迎的四代先祖神主再次一並供奉於太廟。

廣德元年（763）四月，祔玄宗、肅宗神主，而遷李熙和李天錫神主於夾室，這是一個很重要的時間節點。此前，太祖李虎雖為不祧之主，但因李熙和李天錫是其先輩，李虎神主也只能列於昭穆之中。至此，祫禘大祭時，李虎神主居於最尊貴的西側位置，面向東方，其南北兩側按照昭穆，依次安置李昺、李淵、

李世民、李治、李顯、李旦、李隆基和李亨八人的神主。大曆十四年（779）十月，代宗神主將祔廟，遷李昺神主於西夾室。唐初追封的四位先祖，除太祖李虎外，全部遷入夾室。

　　那麼，針對皋陶、李耳、李昺這類並非李唐先祖，卻又因種種原因追封為帝者，大唐又將採用什麼方式祭祀呢？

　　乾封元年（666），高宗追尊老子李耳為太上玄元皇帝，於老君廟置令、丞各一員，將其納入國家宗廟管理之中。永昌元年（689），武則天改稱玄元皇帝為老君。神龍元年（705）二月，中宗複國，老君依舊為玄元皇帝。景雲二年（711）四月，睿宗下詔作玄元皇帝廟，但文獻未載其祭祀規格如何。開元廿九年（741）正月七日，玄宗詔兩京及諸州各置玄元皇帝廟一所。天寶元年（742）正月，陳王府參軍田同秀言：「玄元皇帝降於丹鳳門通衢，告賜靈符在尹喜之故宅。」玄宗遣使在函谷關尹喜臺西發掘得之，於是分置玄元皇帝新廟於長安城大寧坊（西安城東長樂西路楊家村、空軍軍醫大學一帶）西南隅和東都積善坊臨淄舊邸，以白石為像，玄元皇帝居中，玄宗侍立於西，李林甫、陳希烈侍立於東。二月十五日玄宗親享玄元皇帝廟，十八日親享太廟，二十日南郊合祭天地，並下詔：「自今已後，每有薦新，先獻玄元廟。」形成先祭玄元皇帝、再祭太廟、再南郊祭天的祭祀新次序，並一直遵循到唐朝末期。天寶八載（749）閏六月四日，玄宗朝太清宮，二日後敕：「自今已後，每至禘祫，並於太清宮聖祖前設位序昭穆。」將太清宮同太廟的關係進一步強化。

　　據《大唐郊祀錄》第九卷〈薦獻太清宮〉記載，天寶四載（745）四月十七日，玄宗敕太清宮薦獻停用祝版，改為青詞於青紙上。天寶十三載（754），玄宗令有司每至孟月（農曆正月、四月、七月和十月）及蠟，則修薦獻行香之禮，薦獻之饌皆為素位雅潔之物，而非太廟供奉的毛血犧牲。另外，太清宮供奉的是玄元皇帝白石之像，也非太廟所奉的栗木神主。

　　有了大清宮的先例，皋陶和李昺的立廟過程要簡單很多，天寶二年（743）三月十二日，玄宗追尊皋陶為德明皇帝，涼武昭王為興聖皇帝，與長安城修德坊（今西安城外西北豐禾路東段至西站路之間）立德明興聖廟，二帝神主，同殿異室，每年在四個孟月舉行祭祀。

　　建中二年（781）九月，將祫祭於太廟，圍繞怎麼安排李熙和李天錫神主，

朝中發生爭論，二人神主已於廣德元年（763）四月遷於太廟西夾室，如參加祭祀，二人作為李虎的先祖，則李虎神主就不能再居於最西側的位置，為保證李虎神主的東向之尊，只能將二人神主永存夾室。但二人作為李唐先祖，得不到祭祀又違背了大唐以孝治國的思想。針對此問題，太學博士陳京等請為李熙、李天錫另立別廟，至禘祫則享；而顏真卿等則認為禘祫之時，可將李虎神主暫居昭穆，屈己申孝，以奉祖宗。德宗最終採納了顏真卿的建議，在十月六日祫祭太廟時，複奉李熙神主居東向之尊而饗之，於是反對者紛然。貞元七年（791），裴鬱在奏章中指出：「今二祖已祧，九室惟序，則太祖之位又安可不正？」但多年爭論無果，直至貞元十九年（803）三月十六日，鴻臚卿王權請遷二人神主祔德明興聖廟之幕殿，通為四室，每禘祫就本室饗之，太祖李虎復居太廟東向之尊，元皇帝李昺以下依左昭右穆之列。

此時需介紹一下弘農府君李重耳神主的歸處。其神主於貞觀九年（635）十一月十六日祔廟；貞觀廿三年（649）八月，太宗神主祔廟，遷其神主於西夾室。大唐在對待其神主的態度同對待李熙、李天錫、李虎和李昺等四位先祖的態度截然不同，李熙、李天錫的神主祔於德明興聖廟，從而保證他們得到祭祀；李昺神主在祫禘大祭時也會從西夾室中捧出，列入昭穆。而唯有李重耳神主據《舊唐書》卷二十六〈志第六·禮儀六〉記載：「至德二載克復後，新作九廟神主，遂不造弘農府君神主，明禘祫不及故也。」從此也可證明，陳寅恪推斷李重耳或為虛構、或為拼湊應有其理論依據。

文德元年（888）四月，將行禘祭，時黃巢之亂，德明興聖廟遭遇焚毀。太常博士殷盈孫議曰：「臣以德明等四廟，仍非創業，義止追封。且於今皇帝年代極遙，昭穆甚遠，可依晉韋泓屋毀乃已之例，因而廢之。」昭宗從之。

而太清宮一直維繫到唐朝末期。天祐二年（905）六月，為配合來年正月舉行的太廟和南郊祭祀，太微宮使柳璨奏請，準備將北邙山上玄元觀拆入洛陽，於清化坊內建置太微宮。太微宮即東都玄元皇帝廟，玄宗於天寶二年（743）三月十二日，改西京太上玄元皇帝宮為太清宮，東京為太微宮，天下諸郡為紫極宮。

第二章　皇帝陵廟模式

　　本書所錄唐代帝陵包含高祖李淵獻陵、太宗李世民昭陵、高宗李治乾陵、中宗李顯定陵、睿宗李旦橋陵、玄宗李隆基泰陵、肅宗李亨建陵、代宗李豫元陵、德宗李適崇陵、順宗李誦豐陵、憲宗李純景陵、穆宗李恆光陵、敬宗李湛莊陵、文宗李昂章陵、武宗李炎端陵、宣宗李忱貞陵、懿宗李漼簡陵、僖宗李儇靖陵和昭宗李曄和陵。而唐哀帝李柷的溫陵實為後唐追贈且今已無跡可尋，故不納入。這十九座唐代帝陵除和陵位於河南省偃師市顧縣鎮曲家寨村南外，其餘十八座帝陵分布在陝西省關中蒲城、富平、三原、涇陽、乾縣等縣，除獻、莊、端、靖四陵係堆土為陵外，其餘十四座皆以山為陵，在長安城北的北山山脈一線排開，東西延綿三百里。

　　唐初僅在長安城設太廟，武周之後，長安、洛陽均設太廟。長安太廟，原本為隋太廟，位於今西安市書院門內關中書院附近。天授元年（690）九月，武則天改國號周，於東都洛陽建七室太廟，奉武氏七代先祖。神龍元年（705）正月，中宗復位，五月以東都武氏太廟為唐太廟。

第一節　高祖李淵之獻陵

獻陵簡介

　　獻陵是高祖李淵和太穆皇后竇氏的陵寢，位於三原縣大程鎮永合村西北約

300 米處，堆土為陵。陵園平面形狀略呈方形，牆垣南北 451 米、東西 448 米。

　　唐高祖李淵（566—635），元皇帝李昺第四子，母為元貞皇后獨孤氏。隋義寧二年（618）五月二十日，受禪於長安城太極殿，年五十三。武德九年（626）八月六日，傳位於皇太子李世民，稱太上皇。貞觀九年（635）五月六日，崩於大安宮垂拱前殿，年七十。文獻記載由高士廉、房玄齡營護山陵制度，閻立德拜大匠營治獻陵。十月二十七日，葬李淵於獻陵，謚號大武皇帝，廟號高祖。上元元年（674）八月十五日，追尊高祖神堯皇帝；天寶八載（749）閏六月四日，加尊高祖神堯大聖皇帝；天寶十三載（754）二月七日，加尊高祖神堯大聖大光孝皇帝。

　　太穆皇后竇氏，北周文帝宇文泰外孫女，神武郡公竇毅之女，母為襄陽公主。北周大定元年（581），隋文帝受北周禪位，竇氏哭道：「恨我非男子，不能救舅家禍」，嚇得父母邊捂她嘴邊說：「汝勿妄言，滅吾族矣！」此願望在三十七年之後，由其夫替她完成，可惜竇氏已於大業年間在涿郡去世，年四十五。高祖有天下，詔其所葬墓園為壽安陵，謚曰穆。貞觀九年（635）祔葬獻陵，加謚太穆皇后。上元元年（674）八月，改上尊號曰太穆順聖皇后。

　　據李百藥〈太穆皇后哀冊文〉記載，貞觀九年（635）十月二日，太穆皇后竇氏梓宮啟自壽安陵，於二十七日祔葬獻陵。但壽安陵原來地望已失考。〈唐高祖獻陵陵園遺址考古勘探與發掘簡報〉（《考古與文物》2013 年第 5 期）記載：

> 在封土南部發現二條東西並列的墓道，方向 181°，長度均為 61 米，
> 兩墓道間距為 10.7 米。西側墓道略寬，4.9—5.5 米，東側墓道略窄，
> 4—4.8 米。

　　而在隋文帝太陵封土南側同樣有兩條長斜坡墓道，同樣是西側墓道規模較東側稍寬。《隋書》卷二〈高祖本紀〉記載，仁壽二年（602）八月二十四日，皇后獨孤氏崩，閏十月二十八日葬於太陵。仁壽四年（604）七月十三日，隋文帝崩於麟遊仁壽宮大寶殿，十月十六日合葬於太陵，同墳而異穴。據此推測，獻陵很可能效仿太陵「同墳而異穴」模式，高祖李淵的玄宮位於西側、皇后竇氏的玄宮位於東側。入葬時，兩人棺槨通過不同的墓道進入各自玄宮。

　　貞觀十一年（637）十月二日，太宗下詔賜先朝謀臣武將及親戚亡者塋陪

獻陵。獻陵陪葬墓區位於獻陵北部和東北部，西起富平縣新莊和道理村，東至褚家原雙堡村，北至北呂村，南到賀家原、土家莊一帶，東西長約 5000 米、南北寬約 2000 米。〈唐高祖獻陵陵園遺址考古勘探與發掘簡報〉介紹，經考古發掘，有九十三座墓葬可以確定為獻陵陪葬墓，其中不乏子孫後代陪葬者，如虢莊王李鳳於上元二年（675）陪葬獻陵，其孫李邕於開元十五年（727）也葬於獻陵；魯王李靈夔在神龍初年陪葬獻陵，其孫李道堅於開元二十六年（738）陪葬獻陵……

太安宮

武德五年（622），高祖以秦王李世民有克定天下之功，在太極宮北側禁苑中營建弘義宮供其居住。武德九年（626）六月四日，李世民發動玄武門兵變，八月李淵傳位李世民。開始李淵依舊居於太極宮，而李世民則在東宮處理軍國大事，到貞觀三年（629）李淵搬至弘義宮，改其名為太安宮（也有文獻記為大安宮）。貞觀九年（635）五月六日，李淵崩於太安宮垂拱前殿。

李好文《長安誌圖》卷上〈唐禁苑圖〉將太安宮繪在太極宮北宮門——玄武門西北不遠處。《中國文物地圖集·陝西分冊》記載，太安宮遺址在紅廟坡村北 400 米處，即今永新苑小區西南隅。遺址現存一橢圓形夯土臺基，底部直徑約 60 米、高 4 米多，當地人呼為「北大塚」。二十世紀五十年代進行文物調查時，在遺址內發現蓮花紋鋪地磚、筒瓦、板瓦等，證實此處遺址為唐代遺址。乾隆四十四年（1779）《西安府誌》卷五十五〈宮闕〉載：「翠華殿：《賈誌》在大安宮東北，遺址尚存，俗云祭酒臺」，故筆者推測，現存夯土臺基很有可能為大安宮翠華殿遺址。

2012 年 6 月 24 日，筆者騎車巡訪太安宮遺址，附近尋無遺跡，找人詢問，才知夯臺四周已被院牆圍起，只是在西南角留有一門。進門不禁倒吸一口涼氣，裡面密密麻麻遍布墓碑。小心翼翼繞開墓碑，往裡面走，想找到夯層，證實此土台為人工夯築而成，沒幾步密密的樹影遮去太陽，那種陰森讓筆者在六月天裡起了一身雞皮疙瘩。

削減獻陵規製

貞觀九年（635）七月二十四日，太宗下詔：「山陵依漢長陵務存隆厚。」

詔書下後，秘書監虞世南兩次上疏力勸削減規製薄葬，最後房玄齡等人也認為如依漢高祖長陵高九丈的規製，工程量過大，恐不能按期完成，按照漢光武帝原陵高六丈規製較為合適，此建議得以太宗采納。

從史書記載看，削減規製的重點在於夯築封土的大小，那麼經過削減能節省多少工程量呢？〈唐高祖獻陵陵園遺址考古勘探與發掘簡報〉記載：「獻陵現存封土呈覆斗形，頂部東西長約 30、南北長約 12 米，底邊東西長 140、南北長 110、高約 18 米。」計算其夯築土方量約為 10.87 萬立方米。2016 年出版的《陝西省志 · 文物誌》記載：漢長陵「封土呈覆斗形，東西長 164—166 米、南北寬 132—134 米、高 24.6 米。頂部東西長 40.5 米、南北寬 15.3 米。」計算其夯築土方量約 21.53 萬立方米。僅夯築封土一項，即減少近一半工程量。如此看來，若不削減規製，獻陵很可能會「期限既促，功不能及」。

獻陵北遺址

2012 年，經考古發掘在獻陵北門附近發現一處平面為方形的大型遺址，遺址四周有夯土垣牆，南北長 223 米、東西寬 221 米，遺址西側圍溝與北司馬道中線重合，南垣牆與北門石虎間距 46 米。遺址中部偏北有一座大型建築基址。在陵園北部發現大型建築遺址在唐陵中是第一次發現，從獻陵北遺址和南門門址出土磚瓦等建築材料來看，應為同時期建築，考古工作者推測該處建築遺址營建於獻陵初期，應為其寢宮遺址。

《舊唐書》卷二十〈禮儀五〉記載：

> 貞觀十三年正月乙巳，太宗朝於獻陵。先是日，宿衛設黃麾仗周衛陵寢，至是質明，七廟子孫及諸侯百僚、蕃夷君長皆陪列於司馬門內。皇帝至小次，降輿納履，哭於闕門，西面再拜，慟絕不能興。禮畢，改服入於寢宮，親執饌，閱視高祖及先后服御之物，匍匐床前悲慟。左右侍御者莫不歔欷……至禮畢，皇帝出自寢宮，步過司馬門北，泥行二百餘步……

太宗謁陵先於陵園闕門拜祭，後改服入寢宮，閱視高祖及竇皇后生前服御之物，禮畢出寢宮。據文中「步過司馬門北」文字，可推斷寢宮同陵園距離很近，並位於陵園北側。從而證明，太宗所入寢宮應就是現今發現的獻陵北遺址。

　　除獻陵北遺址外，考古人員還在封土西南方向發現下宮遺址，位於今三原縣長城食品工業有限公司內。獻陵之後各陵寢宮均建於下宮之內，為何獻陵會出現既有寢宮又有下宮的情況，有學者推測，獻陵北遺址為早期寢宮，後因不明原因廢棄，而再建下宮。但下宮遺址未發掘，整體面貌不清，不便作進一步推斷。

　　獻陵北遺址的發現及其陪葬墓群分布位置，均呈現出一些兩漢時期的帝陵模式。同《唐大詔令集》卷十一〈神堯遺詔〉所言：「其陵園制度，務從儉約，斟酌漢魏，以為規矩」相符。而其陵園、封土形製及封土南側的雙墓道，又同隋文帝太陵高度相似，呈現出唐承隋制的現象。另外，四門石虎造型與西魏永陵石獸類似，而神道石柱則有仿照南朝陵墓石柱的痕跡……通過這些現象，不難看出唐朝即博採眾長，又不墨守成規，力求形成自己風格帝陵規製的決心已初見端倪。

獻陵石柱

　　獻陵石柱柱頭上蹲踞的石獅及底座上雕刻的兩條盤龍同南朝石柱的風格如出一轍，但將柱身由束材形改為八棱形，雖失南朝石柱婉約韻味，卻凸顯出大一統王朝的雄渾氣概。

　　現今有人習慣將石柱稱之為華表，實際上是混淆了華表和石柱的概念。首先，二者形狀略有差異。華表「以橫木交柱頭，狀若花也，形似桔槔」，同石柱相比最明顯的特徵就是其上端橫插一雲板。其次，二者的作用不同。《後漢書》卷四十二〈光武十王列傳第三十二〉記載，永元二年（90）中山簡王劉焉薨，「大為修塚塋，開神道，平夷吏人塚墓以千數，作者萬餘人。」上元三年（676）十二月，皇太子李賢註《後漢書》，對此條註釋道：「墓前開道，建石柱以為標，謂之神道。」言簡意賅地說明了石柱的作用。而華表的作用則為「以表王者納諫也，亦以表識衢路也」，所以《新唐書》卷四十三〈地理七下〉記載：「至提羅盧和國，一曰羅和異國，國人於海中立華表，夜則置炬其上，使舶人夜行不迷。」清東陵孝陵神道中同時設置華表和石柱，華表安置在碑樓四角，而石柱依舊列於石刻最南側，以最直接的方式證明它們所代表的不同功能和寓意。

　　2002 年，在禮泉縣煙霞鎮西周村西 100 米處，即昭陵陪葬墓區編號 111 號無名墓正南微偏西 76 米處，出土一灰白色石柱及石座。柱身上正書「蔣王故妃

元氏墓石柱一雙，顯慶元年十一月卅日葬」，說明在唐代時，人們對此類石刻即稱之為石柱，而非華表。

齊士員造像碑

造像碑位於獻陵封土東北約 600 米處，地表上通高 1.74 米、寬 1.42 米，厚 0.98 米，因位於張王原上，故也稱之為張王原造像碑，但當地人多形象的稱之為「石廟」。碑首為廡殿頂，四角簷下施轉角斗拱、當中補人字拱。碑南開龕，龕內浮雕刻有一佛二菩薩，菩薩兩側線刻羅漢，龕兩側東西相對浮雕兩人像，西側女性保存尚好，東側已殘，估計為男女供養人，在供養人南側浮雕侍女。碑之西側刻有「太武皇帝穆皇后供養石像之碑」，但文字多漫漶而不可識。原碑拓本現存三紙，藏於北京大學圖書館善本部。通過拓本可知造像碑為貞觀十三年（639）正月初一，右監門中郎將齊士員同十位官員、九村宿老為太武皇帝、太穆皇后敬造的石佛殿一所，而當日恰好就是太宗謁祭獻陵的日子。《舊唐書》卷二十五〈志第五·禮儀五〉記載，太宗謁陵後「宿衛陵邑中郎將、衛士齋員及三原令以下，各賜爵一級。」文中的「陵邑中郎將」應該就是齊士員。碑拓記載：

> 右監門中郎將、右勛衛郎將、檢校左右領府郎將、長樂宮大監、定州刺史、上柱國、延陵縣開國子齊士員……太武皇帝壽極升霞，即奉敕於獻陵供奉，生死不離。仍於陵後千步，賜以塋域。

原本石佛殿底部埋於土中，石座位於殿北側數米處，現今已修復，四周也有鐵柵保護。佛殿南側數十米處存有東西對稱二個土包，但無法判斷是土闕遺跡還是現代墓葬，但從方位上看，倒是像極了雙闕。

帝陵駐軍留守

《舊唐書》卷四十四〈志第二十四·職官三〉記載：

> 諸陵署：令一人（從五品上），錄事一人，府二人，史四人，主衣四人，主輦四人，主藥四人，典事三人，掌固二人。陵戶，乾、橋、昭四百人，獻、定、恭三百人。陵令掌先帝山陵，率戶守衛之。

從此記載來看，守護帝陵應是陵令的主要職責，但從一些出土墓誌和文獻記載反映，駐守陵寢的應該還有武職官員，而且官職要遠高於陵令。

1972 年，乾縣石牛村一座唐墓中出土一方「大唐故左驍衛大將軍上柱國雲中縣開國公曹府君（欽）墓誌」，現藏乾陵博物館。碑文記載：「麟德二年拜左驍衛將軍……又奉敕於獻陵留守……以乾封二年四月十日薨於陵次，春秋七十有四。」1998 年 5 月，乾縣陽洪鎮出土一方「大周故忠武將軍守左千牛衛將軍檢校太子右衛率上柱國安化縣開國男龐府君（同本）墓誌」，現藏於懿德太子墓博物館。碑文記載：

> 時屬高宗晏駕，陵寢初安。橋山之陽，尚餘冠劍；谷林之下，方禁樵蘇。將求侍衛之臣，必資名德之重。公妙膺此選，特將訏謨。引升內殿，賜座於榻，顧問出身由歷，謂之曰：卿是先帝舊臣，頗閑供奉，委卿乾陵宿衛，俞往欽哉。至長壽二年遘疾於宿衛所。至其年八月四日，薨於留守所，春秋六十有九。

獻陵留守曹欽任左驍衛將軍，從三品；乾陵宿衛龐同本任千牛衛將軍，從三品；上文記載的齊士員任右監門衛中郎將，正四品下。另外，《資治通鑑》卷二〇二〈唐紀十八〉記載，上元三年（676）九月，左威衛大將軍權善才、右監門中郎將范懷義誤斫昭陵柏，高宗要誅殺二人，在大理丞狄仁傑力諫下，最終得以赦免。位居正三品的大將軍和正四品下的中郎將，沒有理由跑一百多里地，來九嵕山砍昭陵柏樹。他們應同曹欽、龐同本、齊士員等人一樣，是宿衛昭陵的武官。

帝陵設立留守所，駐紮軍隊，保衛陵寢安全的形式，應持續很長時間。《舊唐書》卷十四〈憲宗本紀〉記載，元和二年（807）正月：「停諸陵留守。」帝陵駐軍留守遂被廢止。不僅如此，在上月憲宗才以「代數已遠，官額空存」為由，將隱太子、章懷、懿德、節湣、惠莊、惠文、惠宣、靖恭、昭靖等九座太子陵，除陵戶之外的機構全部裁撤，憲宗整頓吏治，謀求中興的決心已初見端倪。

附：獻陵行記

2013 年 3 月 19 日，筆者第一次巡訪獻陵。去年 12 月，考古部門剛剛結束了對獻陵的考古勘探，而現在整個陵區已看不到一點發掘留下的痕跡。

神道石刻 因獻陵屬第一座唐代帝陵，各項規製尚未完善，故神道石刻較為簡單，現今只存石柱、石犀各一對。石柱位於神道最南，實地只可見東側屹立的石柱和西側石柱基石。石柱高 7.4 米、八棱，最上蹲石獅一隻，雖前肢殘缺，依舊能看出同永康陵石獅神似。最下是雕有一對螭龍的石座，兩龍鱗甲必見、首尾相接、氣勢洶洶，可惜西南角的龍頭已殘。八棱形的柱體滿刻花紋，華貴精美。據〈唐高祖獻陵陵園遺址考古勘探與發掘簡報〉介紹：「西側石柱柱身翻倒埋於地下，柱身上三個面還殘留有清晰的花紋圖案。」

石犀位於石柱北約 90 多米處，東側石犀於 1960 年發掘出土後遷於碑林博物館展出，資料記載在其右前足底板前立面上刻有「祖懷□為」四個殘存刻字，推測原本應是「高祖懷遠為德」，明確設立石犀的目的就是為了表示出大唐德被四海、遠夷來朝的大國氣象。筆者曾在碑林石犀前反復尋找，未見一字，估計是修復底板時被水泥覆蓋。西側石犀發掘後又被埋於地下，當日有附近村民讓我看了去年他用手機拍的照片，石犀側翻在探方中，頭向東，僅存軀幹，四肢均斷。

四門門址 在獻、昭二陵，陵門在文獻中多記為司馬門，如《唐會要》卷二十〈陵議〉記載：「太宗朝於獻陵……七廟子孫及諸侯百寮、蕃夷君長，皆陪列於司馬門內」；另有同書同卷載：「乃令匠人琢石，寫諸蕃君長貞觀中擒伏歸化者形狀，而刻其官名……列於陵司馬北門內、九嵕山之陰，以旌武功」。從乾陵之後又多以神門相稱，如《舊唐書》卷三十七〈五行〉載：「元和八年三月丙子，大風拔崇陵上宮衙殿西鴟尾，並上宮西神門六戟竿折，行牆四十間簷壞」；再如《舊唐書》卷十八下〈宣宗本紀〉記「盜斫景陵神門戟」。但在唐代文獻中沒有將四個陵門以四象，分別稱為青龍門、白虎門、朱雀門、玄武門的現象。

關於四門門址闕臺的保存情況。足立喜六《長安史跡研究》中記載二十世紀初期的情況為：「獻陵之東西北三面各有門址一對，相互對立」。依何正璜〈唐陵考察日記〉記載，至 1943 年已是「今門址可見者，僅有東門門枕石外之磚瓦堆，且僅存有半尺許之痕跡」。到二十世紀七十年代，劉慶柱調查時各門址闕臺遺跡已全部消失。

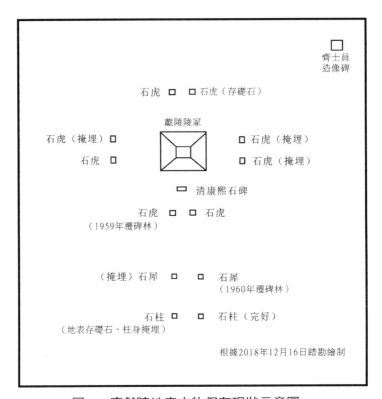

齊士員
造像碑

石虎 □　□ 石虎（存礎石）

獻陵陵冢

石虎（掩埋）□　　　　　　　□ 石虎（掩埋）

石虎 □　　　　　　　□ 石虎（掩埋）

□ 清康熙石碑

石虎 □　□ 石虎
（1959年遷碑林）

（掩埋）石犀 □　□ 石犀
（1960年遷碑林）

石柱 □　□ 石柱（完好）
（地表存礎石、柱身掩埋）

根據2018年12月16日踏勘繪制

圖1　唐獻陵地表文物保存現狀示意圖

　　四門石刻　當日筆者在陵區只看到南門東側石虎和北門兩各石虎基座。南門西側石虎於1959年遷於碑林博物館展出，在東側石虎前胸左側，筆者看到「武德拾年石匠小湯二記」的楷書題刻，可惜大部分字跡浸渏。其中「武德拾年」字跡的出現，引來各種猜測，至今尚無定論。

　　〈唐高祖獻陵陵園遺址考古勘探與發掘簡報〉介紹其他三門石虎的情況為：

> 西門兩只石虎被永和村十組的農家宅院分隔南北，石虎均置立於石座旁邊，腿均已斷；北門現存西側石虎，置於石座北部，腿已斷；東門地面可見北側石虎，僅露出背部，南側石虎完全掩埋於地下。

　　考古發掘後五隻石虎就地掩埋。2018年12月16日，筆者再度巡訪獻陵，看到西門南側、北門西側石虎又被發掘出土，安置於石座之上。

　　另外，劉慶柱〈陝西唐陵調查報告〉（《考古學集刊》第五期）記載，在陵塚前有畢沅立「唐高祖獻陵」碑等明清古碑八通，目前僅見康熙廿七年

（1688），遣使鴻臚寺正卿劉楷祭祀獻陵所立石碑一通和一石贔屭碑座。

第二節　太宗李世民之昭陵

昭陵簡介

昭陵是太宗李世民和文德皇后長孫氏的陵寢，位於禮泉縣煙霞鎮西北方向的九嵕山。九嵕山山勢突兀，因其主峰周圍均勻地分布著九道山梁，古代把小的山梁稱為嵕，因而得名九嵕山。

文德皇后長孫氏（601—636），鮮卑族，隋朝右驍衛將軍長孫晟之女，宰相長孫無忌同母妹，高宗生母。十三歲嫁李世民，李世民即位冊為皇后。貞觀十年（636）六月二十一日，崩於長安立政殿，年三十六，諡曰文德。《舊唐書》卷五十一〈列傳第一・后妃上〉記載，其逝前留下遺言：「妾生既無益於時，今死不可厚費……但請因山而葬，不須起墳，無用棺槨，所須器服，皆以木瓦，儉薄送終，則是不忘妾也。」太宗遂以九嵕山為陵。十一月四日，暫厝文德皇后於昭陵石室。太宗親撰墓碑，立於昭陵北門東闕外。是年析雲陽、咸陽二縣置醴泉縣以奉昭陵。

貞觀廿三年（649）五月二十六日，太宗崩於終南山翠微宮含風殿，年五十二。五月二十九日始發喪，六月初一殯於太極殿。八月四日，百僚上諡曰文皇帝，廟號太宗，八月十八日葬於昭陵，八月二十八日遷弘農府君李重耳的神主於西夾室，祔太宗神主於太廟。上元元年（674）八月，追上尊號曰文武聖皇帝。天寶十三載（754）二月，追上尊號為文武大聖大廣孝皇帝。

玄武門之變

〈唐代長安城考古紀略〉（《考古》1963 年第 11 期）記載：

> 玄武門是宮城北面的正北門，位於宮城北牆的中部略偏西，不與承天門相對。此門址由於近代建築所壓，故只探得部分門道的殘跡。因此玄武門的形製以及究竟是幾個門道，已不得而知，但可以肯定這是玄武門遺址。

今西安市蓮湖區自強路北、西安鐵路職業技術學院操場北側存有太極宮北

城牆遺跡約 20 米、高度 1—2 米，玄武門遺址即位於城牆遺跡東側和振華南路西側，約 200 米之間。眾所周知，武德九年（626）六月四日清晨，在此處發生了一場震驚朝野的大事件。

玄武門之變後的李世民站在議論的風口浪尖，故貞觀初期，太宗勵精圖治、開疆拓土。直到貞觀十三年（639），才給起居郎褚遂良提出想看看起居註中關於「六月四日事」記載的想法，褚遂良則說：「今之起居郎，古之左右史也；記人君言行，善惡必書，庶幾不為非法，不聞帝王躬自觀史。」諫議大夫朱子奢也在旁幫襯：「史官所述，不隱善惡。或主非上智，飾非護失，見之則致怨，所以義不可觀。」貞觀十七年（643）的七月，太宗對即監修國史，又是玄武門事變參與者的房玄齡再次提出要求，《資治通鑑》卷一九七卷〈唐紀十三〉記載：

> 玄齡乃與給事中許敬宗等刪為高祖、今上實錄；癸巳，書成，上之。上見書六月四日事，語多微隱，謂玄齡曰：「昔周公誅管、蔡以安周，季友鴆叔牙以存魯。朕之所以，亦類是耳，史官何諱焉！」即命削去浮詞，直書其事。

至於怎麼削去浮詞、直書其事？筆者認為無非是給整個事件定了個「周公誅管蔡，季友鴆叔牙」大義滅親的總基調，而事件發生的時間、地點和過程基本真實可信，分析《資治通鑑》卷一九一〈唐紀七〉的記載，能看出來整個事件的戰鬥是由一場伏擊戰和一場阻擊戰組成。

最先發生的是一場伏擊戰，李世民在玄武門裡的臨湖殿附近設伏，擊殺李建成和李元吉。為何李世民會選擇在這裡設伏？伏擊不外乎待伏和誘伏，當時的情況不具備誘伏的條件，故只能選擇待伏，其成功的先決條件就是要將伏擊圈設在對手的必經之路上。李建成居住的東宮位於太極宮東側，僅一牆之隔，但從東宮到太極宮的路線卻有兩條。一條從東宮和太極宮之間的通訓門進入太極宮南部，再穿過大半個太極宮來到太極宮北部李淵泛舟的海池；另一條就是從東宮北門出，在北苑中西行，從玄武門直接進入太極宮北部。《隋書》卷四十五〈列傳第十 · 文四子〉記載：「高祖惑於邪議，遂疏忌勇。乃於玄武門達至德門量置候人，以伺動靜，皆隨事奏聞。」說的是，隋文帝對太子楊勇日漸疏遠，派人在大興宮北門玄武門和東宮北門至德門間密切監視楊勇動靜。也從而說明，聯繫東宮和皇宮最便捷的應是此條路線。唐代皇宮依舊是前朝後寢

的規製，李建成居於東宮北部，故走後一條路線最近最便捷，可能性最大，事實上李建成也是選擇此路線進入太極宮。那麼李元吉會是什麼路線呢？唐初李元吉居住在太極殿西南隅的武德殿，從事件發生後，其欲奔武德殿的記載來看，應一直居於此處。他的路線應是由南至北穿過太極宮來到李淵處，最為便捷。

以李世民的軍事素養，不容整個計劃有一絲紕漏，故將設伏地點選擇在了李建成和李元吉都必須經過的臨湖殿。這樣一來，不論李建成選擇那條路線，不論李建成和李元吉是否同行，臨湖殿都將會成為他們的葬身之地。

第二場戰鬥才是發生在玄武門的一場阻擊戰。得知事變後，馮立、薛萬徹等率東宮、齊府精兵二千人前來馳援，秦王府張公謹在緊急關頭，關閉了玄武門，馮立、薛萬徹等見一時難以攻破，欲分兵攻打李世民居住的弘義宮。弘義宮位於玄武門西北方向，現今兩處遺址的直線距離僅一公里左右。面對東宮官兵釜底抽薪的戰術，秦王府將士大懼，危急時刻尉遲敬德舉著李建成、李元吉的首級登上玄武門門樓，東宮、齊府兵遂潰，整個事變的戰鬥基本結束。

常何墓碑

二十世紀初，法國漢學家保羅・伯希和在敦煌石室遺書中發現一卷李義府所撰常何墓誌銘抄本殘卷，學界稱之為「常何墓碑」，今收藏在法國巴黎國家圖書館，編號 P.2640。

常何在兩唐書均無傳，其事跡在〈太宗本紀〉、〈李密傳〉、〈馬周傳〉、〈東夷傳〉中零星簡略提及。「常何墓碑」記載，其為汴州浚儀（今河南開封）人，隋末在家鄉起兵，後投奔李密，封為郡公，賜勛上柱國。武德元年（618）九月，李密兵敗偃師後，常何從李密投唐，高祖授其清義府驃騎將軍、上柱國、雷澤公。後來李密叛唐，常何「以本官隨密」。李密被殺後，常何降於王世充，之後二次降唐，授車騎將軍，隨李世民、李孝恭、李建成等人征戰各地。墓誌記載：

> （武德）七年，奉太宗令追入京，賜金刀子一枚，黃金卅挺，令於北門領健兒長上。仍以數十金刀子委公錫驍勇之夫……九年六月四日，令總北門之寄。

說明常何早已被李世民籠絡，而玄武門事變當日，恰逢常何值守玄武門。

　　二十世紀四十年代，陳寅恪撰《唐代政治史述論稿》中篇〈政治革命及黨派分野〉時，就曾引用「常何墓碑」，之後多有學者引用這篇敦煌遺書來研究玄武門事變，但就常何在事變中所起作用的多寡，則是言人人殊。

　　《資治通鑑》卷一九十〈唐紀六〉記載：「世民居承乾殿，元吉居武德殿後院，與上臺、東宮晝夜通行，無復禁限。太子、二王出入上臺，皆乘馬、攜弓刀雜物，相遇如家人禮。」說明李建成、李世民和李元吉三人出入太極宮不受限制，允許騎馬、挎刀、攜弓，但如換成他人恐無此待遇。《舊唐書》卷二〈太宗本紀〉記載：

> 九年，皇太子建成、齊王元吉謀害太宗。六月四日，太宗率長孫無忌、尉遲敬德、房玄齡、杜如晦、宇文士及、高士廉、侯君集、程知節、秦叔寶、段誌玄、屈突通、張士貴等於玄武門誅之。

　　十餘人攜帶武器從玄武門進入太極宮，就算常何或被武力控制、或礙於李世民身分不敢強硬阻攔，但他在李建成、李元吉到來時稍作警示，也許就能改變整個事件發生的走向。

　　但不知道為何，常何在玄武門事變後並沒有得到高官厚祿的封賞，「常何墓碑」記載，其在事變之後僅「封武水縣開國男，食邑三百戶」。依《新唐書》卷四十六〈百官〉記載，唐朝爵位分九等，分別是一王，二嗣王、郡王，三國公，四開國郡公，五開國縣公，六開國縣侯，七開國縣伯，八開國縣子，九開國縣男。常何為最低一等，而及時關閉玄武門的張公謹則是授左武候將軍，封定遠郡公，賜實封一千戶，為爵位第四等級；尉遲敬德更是授右武候大將軍，封吳國公，賜實封一千三百戶，貴為爵位第三等。

翠微宮

　　從文獻資料分析，隋末唐初的長安城處於夏季相對炎熱的一段時期，較著名的避暑行宮就有銅川玉華宮、麟游九成宮和終南山翠微宮等，皇帝外出避暑的記載俯拾即是。到高宗李治之後，氣候應轉涼爽，反倒冬日幸溫湯的記載日益增多。

　　關於翠微宮，《唐會要》卷三十〈太和宮〉記載：

武德八年（625）四月二十一日，造太和宮於終南山，貞觀十年（636）廢。至二十一年四月九日，上不豫，公卿上言，請修廢太和宮……於是遣將作大匠閻立德，於順陽王第取材瓦以建之。包山為苑，自裁木至於設幄，因改為翠微宮。正門北開，謂之雲霞門，視朝殿名翠微殿，寢名含風殿。並為皇太子搆別宮，正門西開，名金華門，殿名喜安殿。

翠微宮落成之後，太宗兩次來此避暑。第一次為貞觀廿一年（647）五月三日至七月廿六日，太宗就是在此處，說出著名的「自古皆貴中華，賤夷、狄，朕獨愛之如一。」另一次即是其崩逝於此的貞觀廿三年（649）四月。《雍錄》有詩云：「翠微寺本翠微宮，樓閣亭臺數十重。天子不來僧又去，樵夫時倒一株松。」說明翠微宮後來改為翠微寺，之後日漸湮沒於歷史長河。

據〈唐翠微宮遺址考古調查簡報〉（《考古與文物》1991 年第 6 期）記載，1984—1987 年，李健超、魏光、趙榮在位於秦嶺北坡淺山的今長安區黃峪寺村調查時發現，整村坐落於一南北長 1 公里、東西約 0.5 公里的山間臺地，當地村民分別稱為下營、中營、上營。在下營附近 1 公里範圍內，田間地頭尚留有大量唐代殘磚碎瓦，有蓮花紋方磚、素面方磚、粗繩紋條磚、素面條磚、蓮花紋瓦當等，磚瓦與唐大明宮出土的磚瓦極相似，係初唐遺物。此外，還有明秦藩王朱誠泳《登翠微》詩殘碑一塊，詩云：「翠微深處翠微宮，避暑當年說太宗」。

現在去翠微宮遺址最便捷的路線是從灃峪口進山沿 210 國道前行約 5 公里到蒿溝，左拐駛離 210 國道，沿一盤山土路在山中盤旋蜿蜒再約 6、7 公里，當一片山間平地呈現在眼前時，即到黃峪寺村。但在唐初太宗到翠微宮應是從子午峪進山，沿著子午古道向南行約 8、9 公里至小土地梁，這段路線基本沿著山間溪水，海拔由 460 來米緩慢拔升到 1200 多米。小土地梁後路線轉向西北方向，只需要再翻越海拔約 1400 米的翠微峰即可達到黃峪寺村。現今此路線已經成為一條成熟的戶外登山路線，整體強度不大，而且山路較為寬闊，雖有個別地段較為險峻，但稍加整治都應能騎馬行進，此路況也符合「大行御馬輿還京師」的文獻記載。

太宗死因

太宗因何而死？據《舊唐書》卷八十四〈郝處俊傳〉記載，高宗欲服胡僧

所獻長生藥，郝處俊為阻其服用而言：

> 昔貞觀末年，先帝令婆羅門僧那羅邇娑寐依其本國舊方合長生藥。
> 胡人有異術，徵求靈草秘石，歷年而成。先帝服之，竟無異效，大
> 漸之際，名醫莫知所為。

《舊唐書》卷十四〈憲宗本紀〉也有記載，在太宗死後一百六十一年的元
和五年（810）八月，憲宗欲信方士之術，李藩在反對時又說：「文皇帝服胡僧
長生藥，遂致暴疾不救。」看來太宗的死因頗為蹊蹺。

間接來看，太宗的死同王玄策脫不了關係。貞觀末，右率府長史王玄策出
使天竺，不巧的是天竺王屍羅逸多死，其臣那伏帝阿羅那順篡位，派軍隊劫掠
使團。玄策隻身逃至吐蕃借來精銳一千二百人，並泥婆羅國七千餘騎。貞觀廿
二年（648）五月，進至中天竺國城，連戰三日，大破之，俘獲阿羅那順及王妃、
王子等，虜男女一萬二千人、牛馬二萬餘凱旋詣闕。在獻俘的隊伍中就有郝處
俊所言的婆羅門僧那羅邇娑寐，此人自說已有二百歲，並有長生之術。太宗深
信，設館於金颷門內，以造延年之藥。令兵部尚書崔敦禮負責，采諸奇藥異石，
不可稱數。藥成，太宗服用無效，後放其回國，其不歸，最終客死長安。

《冊府元龜》九二二卷〈總錄部 · 妖妄第二〉記載所搜羅的部分奇藥異
石為：

> 又遣使往娑羅門諸國，以求藥物。有藥名畔茶佉水，出山中石臼內，
> 有七種色，或熱或冷，能消草木金鐵，人手入水即銷爛。若欲取之，
> 以駱駝髑髏沈入石臼，以水轉註瓠蘆中。每有此水處即有石柱似人
> 形守之，若彼山人傳道出此水者即死。又有藥名咀賴蘿，在高山石
> 崖腹有石孔，孔前有一小樹，其葉青綠狀如藜杏，石孔中有大毒蛇
> 守之。人不得到欲取此樹為藥，以大方頭箭射取枝葉，葉下便有鳥，
> 鳥禦將飛去，即以眾箭射鳥而取其葉……

就憑光陸離奇的名字，太宗生命堪憂。至於為何史書不正面記載太宗死因，
其實在郝處俊同高宗的對話中講的很明白，「時議者歸罪於胡人，將申顯戮，
又恐取笑夷狄，法遂不行。」

文德皇后碑

北宋遊師雄繪〈唐太宗昭陵圖〉時，標記此碑立在北司馬門東闕北側。但足立喜六在《長安史跡研究》中記述，闕前立有文德皇后碑，則為筆誤，因為此碑很早前就已不存。近年考古工作人員在移動一塊厚度達 0.4 米的明代祝文碑時，在碑榫上發現「率更令臣歐陽詢奉」八字，至此才知，文德皇后碑在明代就被橫向切割改造成御祭祝文碑使用，推測其斷裂年代應該更早。之後，考古工作者在昭陵北司馬門東闕北 60 米處發現已斷為兩半、分置兩處的龜座和底座局部，印證遊師雄標示此碑安置位置的準確性。目前龜趺、殘碑和改為底座的碑額等，都安放在北門東闕臺外。

開元二年（714），玄宗準備為其生母昭成皇后竇氏在洛陽的靖陵立碑，令中書侍郎蘇頲為碑文，蘇頲回應：

> 帝王及后，禮無神道碑。近則天皇后，崇尚家代，猶不敢稱碑，刻為述聖紀。且事不師古，動不合法，若靖陵獨建，即陛下祖宗之陵，皆須追建。

玄宗聞言而止。因高宗碑稱之為述聖紀，恭陵為睿德紀，則天、中宗碑無字也不能稱為碑，那文德皇后碑是否就是唐代帝陵前唯一的一通神道碑呢？

昭陵六駿和戰陣七寺

昭陵石刻最著名者非昭陵六駿莫屬，六駿為太宗唐初征戰所乘的六匹戰馬。《全唐文》卷十收錄有唐太宗所作〈六馬圖贊〉，記錄了六駿在各場戰鬥中的颯爽英姿。

> 拳毛騧：黃馬黑喙，平劉黑闥時所乘。前中六箭，背二箭。贊曰：月精按轡，天駟橫行。弧矢載戢，氛埃廓清。（其一）
>
> 什伐赤：純赤色，平世充建德時乘。前中四箭，背中一箭。贊曰：瀍澗未靜，斧鉞伸威。朱汗騁足，青旌凱歸。（其二）
>
> 白蹄烏：純黑色，四蹄俱白，平薛仁杲時所乘。贊曰：倚天長劍，追風駿足。聳轡平隴，回鞍定蜀。（其三）
>
> 特勒驃：黃白色，喙微黑色，平宋金剛時所乘。贊曰：應策騰空，

承聲半漢。入險摧敵，乘危濟難。（其四）

颯露紫：紫燕騮，平東都時所乘。前中一箭。贊曰：紫燕超躍，骨騰神駿，氣蠥三川，威凌八陣。（其五）

青騅：蒼白雜色，平竇建德時所乘。前中五箭。贊曰：足輕電影，神發天機。策茲飛練，定我戎衣。（其六）

光緒三十三年（1907），法國漢學家沙畹及攝影師、傳拓工一行人，遍歷我國河南、四川、山西、山東、陝西、遼寧、吉林、北京各地名勝古跡，較為科學的採集一手圖文資料。歸國後於 1909 年出版《北中國考古圖錄》，其中收錄有昭陵六駿石刻照片。從照片看，當時青騅和颯露紫保存較完好，其他四駿斷裂殘損情況同今日所見相差無幾。

圖 2　《北中國考古圖錄》昭陵六駿照

宋聯奎《蘇庵雜誌》卷三「昭陵六駿」條記載：「自辛亥後，石駿為師長張雲山取其二，移置長安舊督署，然斷勒不堪矣。」 文中所指二駿即颯露紫和

拳毛騧。武伯倫《古城拾零・昭陵六駿被盜記》文中記述，民國三年（1914）
聞知昭陵六駿盛名的美國文化奴商卑士博預謀來華盜運，他在北京和琉璃廠「尊
古齋」古董商黃鶴舫聯繫，黃托袁世凱次子袁克文寫信介紹卑士博來陝見陝西
督軍陸建章，盜運颯露紫、拳毛騧二駿。

《陝西省誌・人物誌（中冊）》記載：1912 年，袁世凱下令縮編秦隴復
漢軍為兩個師，張雲山任第一師師長。1914 年，陸建章為裁汰陝軍，奪張雲山
兵權，張為立足認陸為義父，反被陸將財物掠奪一空。張雲山因此一病不起，
翌年 6 月病逝。

綜上所述，颯露紫、拳毛騧應是在 1912 年之後，張雲山任第一師師長期
間移至西安的，在其搬運過程中將原本完好的颯露紫打破，故宋聯奎所見二駿
均斷勒不堪。之後二駿又落到陸建章手中，在 1914—1915 年之間被盜賣出國，
最終流落到費城賓夕法尼亞大學博物館。後來嘗到甜頭的宵小們，又打起其他
四駿的主意，雖然 1918 年的盜運被截獲，但為盜運方便又將原本完整的青騅打
破。四駿截獲後先存放於南院門的陝西省中山圖書館，後移至西安碑林博物館。
1961 年 4 月，石刻工藝師謝大德依據照片復製颯露紫和拳毛騧，連同其他四駿
陳列於西安碑林博物館石刻藝術室。

關於六駿設置時間，史料記載存在矛盾，一為《舊唐書》卷五十九〈丘行
恭傳〉所記的貞觀中，太宗親立；一為《唐會要》卷二十〈陵議〉所記的葬太
宗於昭陵後，高宗立。事實上，昭陵六駿所參與的戰鬥，代表著太宗的勝利和
榮耀，需要世人銘記，故在貞觀三年（629）太宗下「為戰陣處立寺詔」，在
建義以來交兵之處，為義士勇夫殞身戎陣者各立一寺，並命虞世南、李百藥、
褚遂良、顏師古、岑文本、許敬宗、朱子奢等為碑記銘功業。《唐會要》卷
四十八〈議釋教下〉記載：

> 破劉武周於汾州，立宏濟寺，宗正卿李百藥為碑銘；
> 破宋老生於呂州，立普濟寺，著作郎許敬宗為碑銘；
> 破宋金剛於晉州，立慈雲寺，起居郎褚遂良為碑銘；
> 破王世充於邙山，立昭覺寺，著作郎虞世南為碑銘；
> 破竇建德於汜水，立等慈寺，秘書監顏師古為碑銘；
> 破劉黑闥於洺州，立昭福寺，中書侍郎岑文本為碑銘。

對比文獻，各戰陣處所立寺碑和昭陵六駿反應的戰鬥基本吻合，故到貞觀十年（636）營建昭陵時，太宗再次擁有炫耀自己功績的契機，又怎麼會留給後人？

太宗命七人撰寫碑記，《唐會要》卻只記載六通石碑的情況，隨著時光流逝，恰好是失去記載的那通碑至今完好屹立。武德元年（618）六月，大唐剛剛立國，七月薛舉、薛仁杲父子即寇涇州，十一月李世民乘白蹄烏，直搗黃龍。此役之後關隴安定，解大唐後顧之憂。貞觀四年（630），為紀念此役於豳州立昭仁寺碑，諫議大夫朱子奢撰文。

昭仁寺位於咸陽市長武縣東街，碑原本豎於大殿（實為寺院原山門）後西側土臺廈亭內，傳為虞世南楷書，四十行，行八十四字。1964 年 3 月移至大殿前院，重新修建碑亭。碑高 4.56 米，僅贔屭座龜頭殘缺。碑首螭龍盤繞，篆刻陽文碑額「大唐豳州昭仁寺之碑」。碑身四邊棱角切削，飾線刻花紋。覽其碑文「雖為義士勇夫殞身戎陣者而立，然盛稱太宗功烈，其哀恤將士之詞不及。」

除昭仁寺碑外，據傳鄭州博物館存有等慈寺碑殘碑四塊，2017 年 8 月 7 日，筆者借出差之機專程巡訪，可惜沒有結果。後又有消息說存於安陽中國文字博物館，筆者未實地考據。

十四蕃君長

《唐會要》卷二十〈陵議〉的記載，解釋了高宗設立十四蕃君長石刻的初衷，「上欲闡揚先帝徽烈，乃令匠人琢石，寫諸蕃君長，貞觀中擒伏歸化者形狀，而刻其官名列於北司馬門內。」

現今已發現刻銘石座十三件，石座呈方形，上部鑿方坑，人像足下連石臺置坑內，固定方式與乾陵蕃酋石像相同，只是人像刻銘不在背上而在石座正面。《咸陽市文物誌》記載：根據石座刻字和五件保存在原位置的石座，現東西兩側藩君長像的分布已大體明確，西側石人分別是：薛延陀真珠毗伽可汗前排（東）南起第一；于闐王伏闍信後排（西）南起第一（二者同處七間廊房南起第一間）；吐蕃贊府松贊幹布前排南起第二；焉耆王龍突騎支後排南起第二（二者同處七間廊房南起第二間）；高昌王左威武將軍麴智勇（處七間廊房南起第三間，但已移位，不可判斷前後）；龜茲王訶黎布失畢（被移去改為明代禦祭碑碑座，2001 年 7 月 18 日發現）；吐谷渾河源郡王烏地也拔勤豆可汗慕容諾曷缽（被移做護坡基石，2002 年 12 月 4 日發現）。東側石人分別為：突厥頡

利可汗左衛大將軍阿史那咄苾、突厥突利可汗右衛大將軍阿史那什缽苾、突厥乙彌泥孰俟利苾可汗、右武衛大將軍阿史那思摩、突厥答布可汗右衛大將軍阿史那社爾、婆羅門第那伏帝國王阿那順、林邑王范頭黎、新羅樂浪郡王金真德。但具體排列位置尚不清楚。

陪葬昭陵

貞觀十一年（637）二月二日，太宗詔曰：「自今已後，功臣密戚及德業佐時者，如有薨亡，宜賜塋地一所，及以秘器，使窆穸之時，喪事無闕。所司依此營備，稱朕意焉。」貞觀二十年（646）八月二十八日，太宗再次下詔「其父祖陪陵，子孫欲來從葬者，亦宜聽許。」再次擴大可以陪葬昭陵人員的範圍。

貞觀十一年（637）年六月，尚書右僕射、虞國公溫彥博薨於長安旌善里，增特進，謚曰恭，陪葬昭陵，成為陪葬昭陵第一人。開元廿五年（737）五月二十九日，李承乾與妃蘇氏、子孫六人陪葬昭陵，為最後一批陪葬昭陵的人。從溫彥博到李承乾整整經歷一百年，使昭陵成為陪葬墓數量最多的一座唐代帝陵。

關於昭陵陪葬墓的數量，文獻記載差別較大。據兩唐書記載有七十四座，《唐會要》記載一百五十五座，《關中陵墓誌》記載一百三十座，《歷代陵寢備考》、《陝西通誌》等書所載則一百六十餘座。〈昭陵陪葬墓調查記〉（《文物》1977 年第 10 期）稱昭陵有陪葬墓一百六十七座，其中可確定墓主姓名、身分和入葬時間者五十七座。〈唐代帝陵陵園形製的發展與演變〉（《考古與文物》2013 年第 5 期）記載，據昭陵博物館調查，確認有一百九十三座屬於昭陵的陪葬墓（包括宮人墓）。

昭陵陪葬墓主要分布在九嵕山東、南側的山坡和山下東、南部的開闊平原地帶。按墓葬所在地海拔高度可分為山上、山下兩個區域，「山上」是指太宗嬪妃、嫡出公主所葬的九嵕山東、南側山坡區域，其海拔均在 850 米以上；「山下」則指庶出公主、王公大臣所葬山下的東、南部開闊平原地帶。昭陵應是以海拔的高度差將陪葬墓區劃分成前朝和後寢兩個部分，海拔較低的前朝埋王公大臣，而海拔較高的後寢則葬嬪妃公主。雖然魏徵是埋葬在山上唯一的大臣，但其所葬的鳳凰山海拔僅為 750 米，要比山上陪葬區域低近百米。

昭陵陪葬墓依其封土形狀，大致分為因山為墓型、覆斗型、為塚象山型、圓錐體型和墓而不墳型。

　　因山為墓型墓葬二座，除魏徵墓外，另一座是韋貴妃墓。韋珪（597—665），初嫁隋朝民部尚書李子雄之子李珉，武德四年（621）再嫁李世民，貞觀元年（627）冊為貴妃，麟德二年（665）在洛陽去世，陪葬昭陵。韋貴妃墓是距昭陵陵山最近、埋葬海拔最高的一座陪葬墓，西北眺望昭陵，東南俯瞰陪葬墓區。當地人稱韋貴妃墓為「冶姑陵」，而稱魏徵墓為「魏陵」，也能從側面說明因山為墓型屬於品級較高的墓葬類型。

　　覆斗型墓葬有長樂公主墓、新城公主和城陽公主墓。長樂公主李麗質墓位於陵光村南，與昭陵陵山僅一溝之隔，1986 年發掘。新城公主墓位於東坪村西北 460 米處，1994 年 10 月—1995 年 6 月進行發掘。城陽公主墓位於長樂公主墓東南 400 米，1977 年昭陵文管所開展昭陵陪葬墓調查，副所長孫遲自該墓塌陷口進入，云見墓誌記為「城陽公主」，故其以筆名「雲石」撰寫〈昭陵陪葬墓調查記〉（《文物》1977 年第 10 期）時將此墓標記為「城陽公主墓」。另外在位於陵山西南方向現存一處覆斗形無名夯臺，從方位和距離判斷，亦可能是座覆斗型陪葬墓，關於此事後文詳敘。

　　為塚象山型在昭陵陵園發現三座，分別是李靖墓、李勣墓和李思摩墓，另外《新唐書》卷一一〇〈阿史那社爾傳〉記載，阿史那社爾的墓葬亦是「治塚象蔥山」，但其墓址至今未確定。李靖墓位於官廳村西北，稱之為「上三塚」，封土由兩個長方體土壇和一個圓錐體大土包組成，象徵鐵山和積石山。李勣墓位於昭陵博物館院內，封土由三個圓錐體形大土包作品字型排列，象徵陰山、鐵山和烏德鞬山。李思摩墓據《舊唐書》卷一九四上〈突厥上〉記載「立墳以象白道山」，其墓位於莊河村西北側一山頂上，封土同山體幾乎渾然一體。李靖、李勣、李思摩和阿史那社爾均為唐初戰功顯赫的大將，為塚象山的封土，同西漢時期衛青「起塚象廬山」、霍去病「為塚象祁連山」的初衷一樣，皆為旌表將帥戰功而創立的一種特殊封土，故而規格要高於常見的圓錐型封土。

　　圓錐體型則是昭陵陪葬墓中最為常見的一種封土形製，皇子、庶出的公主、群臣的墓葬封土多為此類型。

　　「墓而不墳」型則是一種較特殊的墓葬形製，此墓葬形製在商周時非常普遍，孔子曾說：「吾聞之，古也墓而不墳」。根據文獻記載和考古發掘，在昭陵陪葬墓中，此形製墓主分成截然不同的兩種情況。其一，墓主身世顯赫。目

前只發現高士廉墓一例。高士廉（575—647），貴為宰相、長孫皇后舅父。〈高士廉塋兆記〉記載：「粵以貞觀廿一年正月五日薨於正寢……即以其年二月廿八日安厝於九嵕山之南趾，墓而不墳」。筆者分析，因為塚象山型封土僅適用於武將，圓錐體型封土過於普遍，而覆斗形封土又太過尊貴，故而太宗選擇依「墓而不墳」的古法埋葬高士廉，以求體現出太宗和高士廉之間特殊的君臣、親戚關係。所以高士廉墓的「墓而不墳」是介於覆斗形和圓錐體型封土之間，一種較為特殊的、尊貴的墓葬形製。

而另一種「墓而不墳」的墓主身分則是一般的宮人。〈昭陵發現陪葬宮人墓〉（《文物》1987 年 01 期）記載：

> 幾年來，陝西昭陵博物館在昭陵陵園附近東側的山坡上先後發現陪葬宮人墓六座。這些墓葬沒有封土的痕跡，墓室小而矮平，隨葬品極少，墓誌製作粗糙，誌文也很簡略。

六座墓葬的墓主分別是昭容一品韋氏、西宮二品、三品亡尼、亡宮五品、七品典燈和無品宮人，其間不乏三品以上的品階，但不論是「一品韋氏」還是「無品宮人」，均是在太宗崩後被安置於昭陵寢宮等處供奉的嬪妃宮女。雖然她們葬於海拔較高的「後寢」墓區，但身分都很低微，甚至墓誌上都沒有留下名諱，故此處的「墓而不墳」應是昭陵陪葬墓中最低等級墓葬。

附：昭陵行記

因長孫皇后先逝，故昭陵成為唐陵中唯一一座皇帝生前預造的帝陵，李世民的個人意願得以酣暢淋漓的體現到陵寢的營建之中。同時昭陵也屬於唐代山陵制度的首創，與之後唐陵規製有很大差異。如在〈大宋新修唐太宗廟碑〉的碑陰有宋代遊師雄鐫刻的〈唐太宗昭陵圖〉，圖中昭陵只有南、北兩處門址，通過考古發掘至今也未能發現東、西門址遺跡，從而證明該圖繪製的準確。再如昭陵設立的石刻，不但數量少，而且都被安置於北司馬門內，而非之後各陵將大部分石刻安置於陵山南麓的神道兩側。

鵲臺乳臺 1995 年出版的《陝西省誌‧文物誌》記載：「山南劉洞村沿山可看出陵道已被山洪沖成深溝，溝兩旁有土闕一對，此處是山陵的御道口。」但文中並未明確土闕是鵲臺還是乳臺。現今在九嵕山南只有劉東村，而且村北

皆為平坦農田，無深溝蹤影，更無土闕遺跡可尋。但在來劉東村的鳳凰大道上，筆者從西南方向眺望九嵕山，發現在其主峰的東南、西南兩側各有山峰一座，竟同乾陵乳臺所在的一對乳峰極度相似。

魏徵墓　因尋不到昭陵鵲臺、乳臺遺跡，故 2019 年 3 月 3 日 9 時 51 分，筆者從水泉溝村開始巡訪昭陵。當日先向東沿山路上約 300 米（本書所涉行程、海拔等數據均為手機軟件測得）即到魏徵墓，此處海拔 750 米。魏徵是唯一一位得以陪葬山上的大臣，而且太宗親自為其墓碑撰文書丹，可見太宗對其的器重。現今墓前立有一蟠桃紋碑首墓碑，與昭陵現存大部分碑首作六螭下垂的風格迥異，碑文已磨滅無存。史書記載，魏徵卒後因小人毀矩，太宗疑其群黨而「僕所為碑」，遼東之役後，又懷念魏徵的鯁直「以少牢祠其墓，復立碑」。此碑當為太宗樹而令僕，僕而復立者。

無名夯臺　登魏徵墓北側山 600 餘米，即可攀到九嵕山南側平臺，此處海拔已升至近 900 米。繼續沿路前行，10 時 29 分，行進約 1.4 公里，一座四方形、底邊長 40 多米、高約 10 米的夯土臺基出現在眼前。在地圖上將此處夯臺同長樂公主墓標註後，發現兩處遺跡幾乎在同一緯度，一左一右守護在九嵕山東南、西南方向，結合其覆斗的形狀，推測應是一座高等級陪葬墓。

太宗嫡出公主有長樂、新城、城陽和晉陽四人，目前只有晉陽公主墓址不明外。《新唐書》卷八十三〈晉陽公主傳〉記載：

> 晉陽公主字明達，幼字兕子，文德皇后所生……后崩，時主始孩，不之識；及五歲，經后所遊地，哀不自勝。帝諸子，唯晉王及主最少，故親畜之。……薨年十二。帝閱三旬不常膳，日數十哀，因以臞羸。

面對早逝的愛女，太宗肯定會盡可能近的將其葬在自己陵寢附近。而夯臺位於下宮西南方向約 500 米處，位置極為特殊，就如晉陽公主依舊承歡太宗膝下一樣。

南司馬門　夯臺北側平地即是昭陵下宮，想著回程要穿過下宮，轉向往東北奔著昭陵南司馬門去了。11 時 02 分，行進 3.29 公里後到達昭陵南司馬門，此處海拔 858 米。南門雙闕保存完好，間距有近百米。現今闕內無石獅，不知當年是否設置？雙闕下散落的個別唐磚上有工官或工匠姓名的戳印，如「官匠

何□□」等。關內殿堂式門址地表之上已無跡可覓，但此處出土一件高達 1.5 米的鴟尾，可以想像當年門樓的宏偉。

昭陵 1 號石室　南司馬門之後開始攀登九嵕山南麓，這段路程是整個行程中最為艱難的一段。先是一片綿綿不絕的酸棗叢，不時被棗刺掛得生痛。隨著海拔升高，酸棗叢雖稀疏，山路卻又消失，遠遠看到有條山脊似乎可行，爬過去後竟是絕路。也不知手腳並用往上爬了多久，突然一條半米寬的山路突然出現在眼前，判斷了一下方位，感覺沿路往西應能到達昭陵 1 號石室（文物部門編號為 ZLS1）。之後在路旁又發現幾處棧道遺跡，更加確定了我的判斷，12 點 58 分石室驟然出現在我的右手旁。從南司馬門出發到石室僅前行 1.73 公里，但海拔由 858 米升到 1117 米，用時近 2 個小時。

石室坐南朝北，由三部分組成，恰如唐墓的墓道、甬道和墓室。墓室目測有二十多平方米，底面呈一個弧邊長方形，北側石質棺床占去大半。室頂則是唐墓常見的穹隆頂，估算其高度應在 4 米左右。在手電照耀下，能看出四壁石灰泥層表面上原本繪有壁畫，可惜現已模糊不清。在甬道西壁北部現存三個方形小孔，分析是當年安裝墓門所用。

學者認為此處石室就是文德皇后的暫厝之處，文德皇后碑文云：「今因九嵕山為陵，鑿石之工才百餘人，數十日而畢。」從石室的規模來看，符合此記載。另外《舊唐書》卷五十一〈列傳第一・后妃上〉記載：

> 太宗賢妃徐氏，名惠，右散騎常侍堅之姑也。……及太宗崩，追思顧遇之恩，哀慕愈甚，發疾不自醫。病甚，謂所親曰：「吾荷顧實深，志在早歿，魂其有靈，得侍園寢，吾之志也。」因為七言詩及連珠以見其志。永徽元年（650）卒，時年二十四，詔贈賢妃，陪葬於昭陵之石室。

《唐會要》卷二十〈陵議〉載，文德皇后下葬玄宮後，其門外有雙棧道供宮人供養，而太宗下葬後棧道即被拆除，說明文德皇后的棺槨在昭陵完工後就早已下葬玄宮，故徐賢妃卒時，石室應已空置。而且，徐賢妃陪葬昭陵時，太宗已下葬，依據卑不擾尊的原則，不可能再在陵山上開挖石室。所以，也有學者認為此石室也是徐賢妃的葬處。

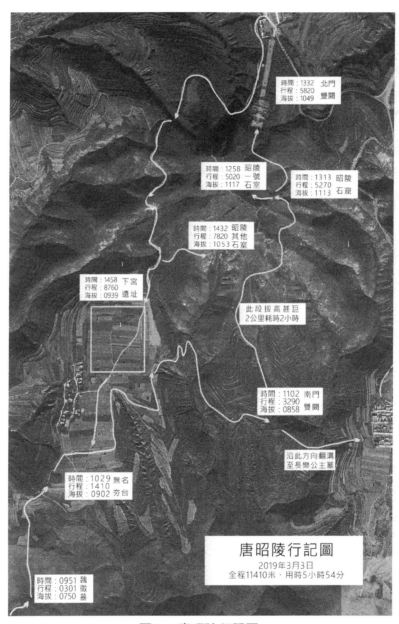

時間：1332 北門
行程：5820 雙闕
海拔：1049

時間：1258 昭陵
行程：5020 一號
海拔：1117 石室

時間：1313 昭陵
行程：5270 石窟
海拔：1113

時間：1432 昭陵
行程：7820 其他
海拔：1053 石室

時間：1458 下宮
行程：8760 遺址
海拔：0939

此段拔高甚巨
2公里耗時2小時

時間：1102 南門
行程：3290 雙闕
海拔：0858

沿此方向翻溝
至長樂公主墓

時間：1029 無名
行程：1410 夯台
海拔：0902

唐昭陵行記圖
2019年3月3日
全程11410米、用時5小時54分

時間：0951 魏
行程：0301 徵
海拔：0750 墓

圖 3　唐昭陵行記圖

　　叢葬石窯　從石室原路返回，山路基本位於同一海拔線上，行約 200 米，13 點 13 分到達昭陵石窯。石窯用很白、很細膩的條石箍起，分上下兩層，寬、高均約 2 米，現存長度 7 米左右。二十世紀七十年代劉慶柱調查時，在石窯中發現陶馬和托板殘片，推測其用途應為放置隨葬品的叢葬窯。劉慶柱〈陝西唐陵調查報告〉記載，在石窯南 10 米處還有兩孔石窯，南北並列，形製、

結構同此處四孔相同。筆者將尋找範圍擴大到近百米，但多次尋找無果。

昭陵棧道　從石窯沿山路在九嵕山東麓繞行，行不到1公里即到北司馬門，且一路慢下坡。《唐會要》卷二十〈陵議〉載：「緣山傍巖，架梁為棧道，懸絕百仞，繞山二百三十步，始達玄宮門。」文中記述同這段路的走向極為相符，推測當年太宗皇帝和長孫皇后的棺槨應是沿此路下葬玄宮。從實地來看從昭陵北門到石窯有較寬山路可行，無需架設棧道，「二百三十步」的距離很可能就是石窯到玄宮口所搭建棧道的長度。唐代五尺一步，一尺約0.3米，二百三十步約合345米。考古工作者在九嵕山的東南和西南兩個方向均發現棧道遺跡，同《唐會要》卷二十〈陵議〉所載「其門外於雙棧道上起舍」相符。筆者分析，當年九嵕山上的兩條棧道，東南方向的棧道供棺槨從北司馬門下葬玄宮，而西南方向的棧道則供宮人日常從下宮上來奉祀文德皇后亡靈。

昭陵玄宮的具體位置，經千年地質變化，目前尚未確定。同昭陵博物館副館長李浪濤請教此事，他認為太宗的身分要高於長孫皇后，所以玄宮口的位置只能高於1號石室，而且很有可能就位於南北兩處陵門的連接線上。

北司馬門　13時32分，到達昭陵北司馬門，行程達5.02公里，此處海拔1049米。現今門址最北有畢沅立「唐太宗昭陵」碑，碑南約230米為雙闕闕臺遺址，其東闕臺外立有文德皇后殘碑和十餘通明清御祭祝文碑。原本在畢沅碑和門闕間還存有明清時代所建的三孔磚券山門，據劉慶柱〈陝西唐陵調查報告〉記載，山門遺址在1973年9月時還有所保存，其大致情況為：

> 位於祭壇南50米，東西12米、南北3米，有三個門洞，中門寬2米、左右門寬1.5米，東西兩側有牆垣遺跡。山門內為院落，院南係正殿，院中有方亭，東西北三面為廊，東西廊長20米、寬7米。

闕內兩側有東、西廊房遺址，其內原立「昭陵六駿」，現今颯露紫和拳毛騧被盜賣於美國賓夕法尼亞大學博物館，什伐赤、白蹄烏、特勒驃和青騅陳列於西安碑林博物館。但六駿原有石座依舊保存在原址，其上安置近年復刻的六駿石刻。六駿之南為十四蕃君長像石刻安放的七間廊房遺址，石刻原本東、西相向而立，每面七尊，現今實地復製石像石座。

昭陵2—5號石室　在昭陵北司馬門簡單吃過午飯，從九嵕山西側繞回到

山的南側，一路都是可行車的機耕路，在快到下宮時站在山腳下能看到半山有半孔山洞，那裡即為昭陵 2—5 號石室遺址。14 點 32 分到達石室，行程達 7.82 公里。四孔石室東西方向一字排列，形製一致，1.5 米高的過洞後是一個十來平方米的石窟，洞壁粗糙，有煙熏痕跡。關於這些石室的用途，目前尚無定論。資料記載在四孔石室之下偏南處還存有四孔形製、結構一樣的石室，即 6—9 號石室，但山上已無路可行，筆者未能巡訪。

下宮　站在石室處眺望下宮，東西牆垣依稀可見，但沿機耕路走進遺址只見尋常耕地，甚至找不到唐代磚瓦殘件。2004 年，考古部門對下宮遺址進行局部鑽探和調查，發現下宮為一組完整的宮殿建築，外周為長方形的宮城城牆，南北 304 米、東西 238.5 米，夯土城牆厚 2.5 米左右。北部用一道東西向內城牆，隔出南北寬 47.5 米的夾城。宮城東西兩面未發現城門，南北兩面闢城門，夾城城牆上與北門相對的位置又設一重門。城牆範圍內經初步鑽探，發現南北分布三組夯土基礎和縱橫分布的夯土牆體，其間有大量磚瓦堆積，推測宮城中原有三組大型建築和多座中小型建築，其中大型建築中有一座應為寢殿。

《唐會要》卷二十〈親謁陵〉記載，永徽六年（655）正月一日，高宗親謁昭陵，其中奉謁寢宮的部分即發生於此。

> 文武百官、宗室子孫並陪位，上降輦易服，行哭就位。再拜擗踴，禮畢。又改服，奉謁寢宮。（其崇聖宮妃嬪、大長公主以下，及越趙紀三國太妃等，先於神座左右侍列，如平生。）上入寢，哭踴，絕於地。進至東階，西面再拜，號慟久之。乃進太牢之饌，加珍羞具品。引太尉無忌、司空勣、越王貞、趙王福、曹王明、及左屯衛大將軍程知節，併入執爵進俎。上至神座前，拜哭奠饌。閱先帝先后衣服，拜辭訖。行哭出寢北門，乃御小輦還宮。

穿過下宮，沿來時的路於 15 時 40 分返回水泉溝村，全程約 12 公里，用時近 6 個小時。

第三節　高宗李治之乾陵

乾陵簡介

乾陵是高宗李治和皇后武氏的合葬陵寢，位於乾縣縣城北約 10 里的梁山。

高宗李治（628—683），太宗第九子，母為長孫皇后。貞觀十七年（643），冊立為皇太子，貞觀廿三年（649）即位。調露元年（679）十月，因單于大都護府突厥阿史德溫傳及奉職二部相率反叛而罷封嵩山，高宗至山下即患病，坊間開始傳唱兒謠「不畏登不得，但恐不得登。三度徵兵馬，旁道打騰騰。」弘道元年（683）十二月，高宗崩於洛陽貞觀殿，年五十六。群臣上諡號天皇大帝，廟號高宗。文明元年（684）五月十五日，高宗靈駕西還長安，陳子昂詣闕上書，盛陳東都形勝，可以安置山陵，關中旱儉，靈駕西行不便。但高宗遺言「蒼生雖喜，我命危篤。天地神祇若延吾一兩月之命，得還長安，死亦無恨。」表示出落葉歸根的願望，故武則天拜陳子昂為麟臺正字，但歸葬長安不改。八月十一日，葬高宗於乾陵。八月十五日，以乾陵置奉天縣，隸於京兆府。是月遷宣皇帝神主於西夾室，奉高宗神主祔太廟。天寶十三載（754），追諡曰天皇大弘孝皇帝。

高宗則天順聖皇后武氏（624 － 705），並州文水人。十四歲太宗召為才人，賜號武媚。太宗崩，感業寺削髮為尼。高宗王皇后久無子，蕭淑妃又得寵幸，原本計劃引武氏入後宮，結為同盟，以對抗蕭妃，不承想養虎為患。永徽六年（655）十月十三日，高宗廢王皇后為庶人，十一月一日改立武氏為后。天授元年（690），武則天稱帝，改國號為周，成為中國歷史上唯一一位女皇帝。神龍元年（705）十一月二十六日，武則天崩於洛陽上陽宮仙居殿，年八十二。因留有歸葬乾陵的遺言，雖然給事中嚴善思上疏：「乾陵玄宮以石為門，鐵錮其縫，今啟其門，必須鐫鑿。神明之道，體尚幽玄，動眾加功，恐多驚黷，望於乾陵之傍更擇吉地為陵。」但中宗不納。神龍二年（706）正月二十一日，武則天靈駕還西京，五月十八日葬於乾陵。

國忌行香與媚娘入宮

唐代對逝去皇帝的祭祀除謁陵、饗廟之外，還有忌日詣僧寺行香之禮，謂之「國忌行香」。

　　《資治通鑑》卷一九九《唐紀十五》記載，永徽五年（654）三月十四日，高宗加贈武德功臣屈突通等十三人官，而加贈功臣的原因竟是：

> 初，王皇后無子，蕭淑妃有寵，王后疾之。上之為太子也，入侍太宗，見才人武氏而悅之。太宗崩，武氏隨眾感業寺為尼。忌日，上詣寺行香，見之，武氏泣，上亦泣。王后聞之，陰令武氏長髮，勸上內之後宮，欲以間淑妃之寵。武氏巧慧，多權數，初入宮，卑辭屈體以事后；后愛之，數稱其美於上。未幾大幸，拜為昭儀，后及淑妃寵皆衰，更相與共譖之，上皆不納。昭儀欲追贈其父而無名，故託以褒賞功臣，而武士彠預焉。

　　高宗於五月二十六日太宗的忌日詣感業寺行香，遇武氏而萌舊情，王皇后又急於尋求聯盟，武則天得以再次進宮。至於進宮的時間，據武則天長子李弘於永徽四年（653）正月封代王的記載推算，不應晚於永徽二年（651）。而其次子李賢生於永徽五年（654）十二月謁昭陵途中，故可推測三月追贈武士彠官職之事，很可能是武則天因孕而邀寵。

　　今西安市未央區感業寺小學內立有全國文物保護單位——唐感業寺遺址保護碑，現地存匾額、石碑各一通。匾額上書「唐武后焚香院」六小字，中書「大唐感業禪院」六大字，右上書「萬曆乙酉季秋吉日」，左下書「秦府職官傅臻重修」。石碑為萬曆十三年（1585）所立《重修古剎感業寺記》碑，碑陽為佛陀造像，碑陰錄有「感業寺之從來別無可考，據於寺掘出毀埋僅存碑記有隋開皇九年之說，及觀史至唐高宗忌日詣寺行香得才人，緣斯參觀知此寺疑隋唐之修也……」等文字。萬曆乙酉即萬曆十三年（1585），說明兩碑同年鐫刻。

　　但《唐兩京城坊考》卷四〈西京・外郭城〉卻記載，感業寺位於長安朱雀門街之西中段的安業坊（今西安市光大路以南、含光路以東、朱雀路以西、南二環以北區域）。

> 安業坊東南隅，濟度尼寺。隋太師申國公李穆之別宅，穆妻元氏立為修善僧寺。其濟度尼寺本在崇德坊，貞觀二十三年徙於此，武后為尼，即此寺也。其額殷令名所題，《通鑒》作感業寺。

　　《唐兩京城坊考》成書於清嘉慶十五年（1810），而成書於北宋熙寧九年

（1076）的《長安志》和元代元貞二年（1296）的《類編長安志》均無濟度尼寺即為感業寺之記載。

　　唐代國忌行香之禮，初只行於京城寺觀。《唐會要》卷二十三〈忌日〉記載，貞元五年（789）八月，德宗敕：「天下諸上州，並宜國忌日准式行香。」國忌其日，天下州縣，不舉音樂、不視公事、不行鞭笞。至開成四年（839）十月，戶部侍郎崔蠡上奏雲國忌日設僧齋，百官行香，事無經據。文宗遂敕旨：「其兩京、天下州府，以國忌日為寺觀設齋焚香，從今已後，並宜停罷。」宣宗即位之初，以列聖忌辰行香既久，又恢復京城及天下州府諸寺觀國忌行香之禮。

　　《唐會要》卷二十三〈忌日〉記載，天祐二年（905）八月八日，太常禮院奏：「今月十三日，昭宗皇帝忌辰，其日，百官閣門奏慰後，赴寺行香，請為永式。」這應是大唐舉行的最後一次國忌行香。事實上，昭宗被弒是日期應是天祐元年（904）八月十一日，故此條記載的日期有誤，但亦可證明國忌行香之禮行至唐末。

六十一蕃臣像

　　元代李好文《長安圖誌》卷中〈圖誌雜說・十八篇〉記載：

　　　　高宗乾陵在奉天縣。宋元祐中計使遊公圖而刻之，防禦推官趙楷為
　　　　之〈記〉，曰：「乾陵之葬，諸蕃之來助者，何其眾也！武后曾不知
　　　　太宗之餘威遺烈，乃欲張大誇示來世，於是錄其酋長六十一人，各
　　　　肖其形，鑱之琬琰，庶使後人皆可得而知之。」石人背刻各人姓名，
　　　　歲久漫滅。近得遊公所刻四碑而亡其一。每碑十六人，各寫其衣冠形
　　　　跡及其名爵，其不知者闕之。今錄可知及有闕字者凡三十九人於左。

　　此條記載說明兩個問題。第一，立蕃臣像的原因。古人辦事多以傳承為依據，高宗為「闡揚先帝徽烈」在昭陵刻立蕃酋長石像，到乾陵時自然也會立蕃臣像「欲張大誇示來世」。第二，就是所立蕃臣像的數量。唐代各陵蕃臣像多有遺失，唯乾陵六十一尊蕃臣像從北宋至今未佚失一尊。但劉慶柱認為依照神道石刻東、西對稱的佈置原則，東西兩列蕃臣像應該均為三十二尊，合計為六十四尊。在西列蕃臣像西側存有一個蕃臣像石座，另外在南神門前東西兩側各存一方石座，同蕃臣像石座大小、形製相同，如是後人將蕃臣像搬至此處，

六十四尊蕃臣像的數字倒也吻合。

　　但文中所說「乾陵之葬，諸蕃之來助者」卻不確切，在石人背後所刻官職、姓名前有的已加「故」字，說明他們在高宗下葬時就已故去。如遊師雄所刻四碑之左二碑十人中的「故左威衛大將軍兼金徽都督僕固乞突」，就早於高宗五年謝世。2009 年 7 月 19 日，俄羅斯、蒙古聯合考古隊對蒙古國中央省紫穆日蘇木一處墓葬進行發掘，在主室入口處出土墓誌一合，誌蓋盝頂，方形，陰刻篆書「大唐金微都督僕固府君墓誌」。墓誌記載墓主為僕固乙突（635 ─ 678），憑借門蔭入仕，襲任金微都督。高宗時期，參與平定突厥阿史那賀魯叛亂、東征靺鞨、西討吐蕃的戰爭，屢建功勛。乾封元年（666），參加泰山封禪，累授右驍衛大將軍、上柱國，受封林中縣開國公。儀鳳三年（678）卒於部落，年四十四歲。據墓誌判斷，遊師雄所刻碑文中「乞突」應為「乙突」之訛。

　　另外，有些蕃酋石人背後所刻官職是在高宗死後獲得的，如《舊唐書》卷一九八〈于闐傳〉記載：「天授三年，伏闍雄卒，則天封其子璥為于闐國王。」此時距高宗下葬已有八年，說明蕃臣石人並非是在乾陵營建之初設置。另外，光宅元年（684）八月高宗下葬，九月武則天大改官名，如將左右威衛改為左右豹韜衛，左右驍衛改為左右武威……神龍元年（705），中宗復位後，又恢復高宗時的官名。從石像背後所刻官名並非武則天所改的名稱，結合于闐王尉遲璥的情況，故可判定六十一蕃臣石像應是武則天入葬乾陵之後，中宗所立。

乾陵發掘計劃

　　1958 年冬天，312 國道復修需要大量石料，乾陵附近的村民便到陵山上炸山取石。11 月 27 日，村民在梁山主峰南坡炸出有人工加工痕跡的條石，遂上報，陝西省文物管理委員會隨即派楊正興進駐乾陵陵區，根據採石民工所發現的條石線索，很快發現了乾陵墓道口位置。

　　1960 年 1 月 1 日，陝西省人民委員會發出通知，提到乾陵的整理和發掘。4 月 3 日─5 月 12 日，陝西省文物考古研究所對乾陵地宮隧道進行發掘後發現，隧道是在自然石灰巖質的山坡上露天鑿成的深塹，呈斜坡形、南北走向，全長63.1 米，最北側深達 17 米。隧道南寬北窄，南端向北 21 米處，寬 4 米；北端向南 13.1 米處，寬 2.6 米。隧道北端石壁上寫有墨筆字「□中古社至，渭南居上□」兩行大字。石壁之後為甬道，兩段交接處，便是地宮宮門。隧道全部用

重一兩噸的石條堵塞，由南向北順山坡一層一層共築三十九層。石條用鐵細腰拴板左右拴拉，上下層用鐵棍穿拉，縫隙之間先撒上少量石質粉末，再熔化鐵漿灌注，石條上部再用夯土夯築後同原本山體渾然一體。發掘時發現石條編號有的零亂，應是武則天下葬時，二次移動石條的結果。同時發現除採石被揭取的數塊外，其他的石條均排列整齊未移動，上部夯土層完整，判斷乾陵可能不曾被盜。

5月11日，即隧道發掘工作結束前一日，根據陝西省委、省人民委員會印發《關於發掘乾陵並擬辟為地下博物館的意見》檔精神，成立陝西省乾陵發掘委員會。委員十一人，武伯綸為主任，魏光祖、呂瑞祉為副主任，杭德洲任發掘組組長。發掘委員會擬於7月1日打開乾陵地宮大門，但周恩來總理在《乾陵發掘計劃》上批示「我們不能把好事做完，此事可以留作後人來完成」，同時國務院出臺關於「全國帝王陵墓目前先不要發掘，一切力量集中於工程地區，配合清理文物」的指示，經省人民委員會研究決定，停止對乾陵地宮的發掘，回填隧道，轉入發掘陪葬墓工作。

1989年秋，時任中共中央政治局常委的李瑞環參加新落成的陝西歷史博物館開館典禮，有關領導和專家向其匯報發掘乾陵的想法，引起李瑞環的重視，隨即讓陝西提出設想和方案，請國家文物部門專家商議再定，再度引發對於發掘乾陵議題的討論。

曾參加半坡遺址和法門寺地宮文物發掘與保護的石興邦認為，開發乾陵的條件已基本成熟，其主要理由有三項：一是，乾陵墓道均開鑿於古生代陶紀灰巖出露的山體之中，巖層傾角達47度，地表流水易沿著這種結構滲透和遷移，引起墓室潮濕、積水，進而造成地宮文物的腐蝕和劣化。二是，乾陵所在地歷史上曾發生多次地震，最大震級達七級，地宮所處地質結構不穩定，石塊易崩潰，遇到地震可能造成無法彌補的損失。三是，隨著環境質量的不斷降低，汙染空氣和地表水進入地宮，各種文物破壞將越來越嚴重。故認為搶救發掘是保護乾陵地下文物最有效的手段。

石興邦還認為，乾陵地宮與法門寺地宮環境差不多，但乾陵屬石灰巖地形，可能滲水比法門寺地宮嚴重，法門寺地宮出土的絲綢大部分已呈腐朽或半腐朽狀態，乾陵中的紙製品和絲綢品與其在地下腐爛，不如搶救出來保護為好。故

從 1995 年起，石興邦和陝西代表團的其他代表，連續多年向全國人大提出發掘乾陵的提案。但是開發乾陵的提議，受到全國大多數文物專家的質疑和否定。

附：乾陵行記

2018 年 2 月 19 日，大年初四，我和女兒芝玥一道巡訪乾陵。

鵲臺　9 點 57 分我們從位於李家堡西南的乾陵鵲臺遺址出發。鵲臺雙闕保存完好，分別位於乾陵旅遊路東西兩側，當地海拔 698 米。站於鵲臺處北望陵山，乳臺雙闕分列東西兩山之巔，實為唐陵最為壯觀之乳臺。

下宮　西乳峰南側有陵前村，村南即為乾陵下宮遺址，如今地形北高南低，為坡式梯田，已無遺跡可尋。考古發掘得知下宮南北長 298 米、東西寬 282 米，總面積 84036 平方米。

乳臺　我們行至乾陵景區入口處，沒有選擇可直達神道的臺階，而是左轉進村上了西側乳臺所在的乳峰，10 點 45 分即到西側乳臺闕下，行進 2.82 公里，海拔升到 910 米。〈唐乾陵勘查記〉（《文物》1960 年 04 期）記載：「乾陵石刻是就地取石材雕成的，在南西峰（即西乳峰）之南崖斷面上，有取材料加工的痕跡，石刻的石質和山的石質也相同。」文中「南西峰」即西乳峰，現今在其南側存有唐代採石遺跡。如今西乳闕台基用青磚砌出三出闕樣式，但其上沒有復原闕樓。離開闕臺從山北側下山即到神道石柱處，向東繼續攀爬東側乳峰，11 點 02 分到乳臺東闕，當地海拔 899 米。

《新唐書》卷一五五〈渾瑊傳〉記載：建中四年（783）十月，因涇原兵變德宗出奔奉天，十一月「朱泚方據乾陵下瞰城，翠翟紅袍，左右宦人趨走，宴賜拜舞，又縱慢辭戲斥天子，以為勝在景刻。」朱泚下瞰之「城」即今乾縣縣城，位於闕臺東南數里。《資治通鑑》卷二二六〈唐紀四十二〉記載，建中元年（780）六月術士桑道茂上言：「陛下不出數年，暫有離宮之厄。臣望奉天有天子氣，宜高大其城以備非常。」德宗則命京兆發丁夫數千，雜六軍之士，築奉天城。城有子城和羅城，後子城毀，羅城周長 10 里，外像龜形，現殘存北、西部分城垣。在新修復的縣城北門外存石刻臥牛一件，傳係當年築城時所留。從方位、距離等因素分析，當年朱泚很可能登上的就是東乳臺所在的東乳峰以瞰城。

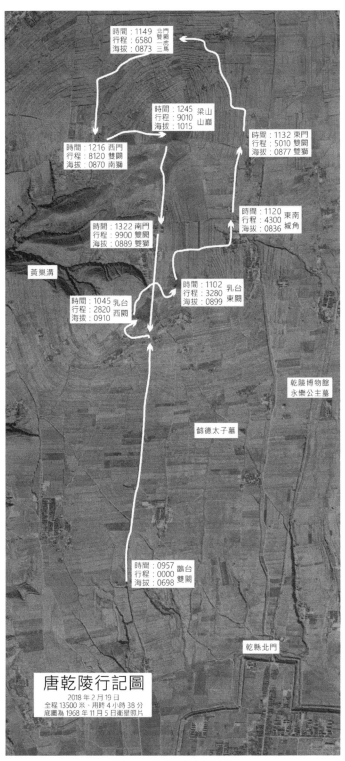

時間：1149　北門
行程：6580　雙闕
海拔：0873　虎、馬
三

時間：1245　梁山
行程：9010　山巔
海拔：1015

時間：1216　西門
行程：8120　雙闕
海拔：0870　南獅

時間：1132　東門
行程：5010　雙闕
海拔：0877　雙獅

時間：1322　南門
行程：9900　雙闕
海拔：0889　雙獅

時間：1120　東南
行程：4300　城角
海拔：0836

黃巢溝

時間：1102　乳台
行程：3280　東闕
海拔：0899

時間：1045　乳台
行程：2820　西闕
海拔：0910

乾陵博物館
永樂公主墓

懿德太子墓

時間：0957　鵲台
行程：0000　雙闕
海拔：0698

乾縣北門

唐乾陵行記圖
2018 年 2 月 19 日
全程 13500 米、用時 4 小時 38 分
底圖為 1968 年 11 月 5 日衛星照片

圖 4　唐乾陵行記圖

東南城角　從東乳峰下山，在神道東側停車場向北再轉東，沿乾陵景區東門旅遊路向著東行約四五百米，有指向「青龍門」路標，沿路標轉到環陵路再向北行走四五百米，於 11 點 32 分到達內城東南角闕遺址，當地海拔 836 米。乾陵內城四個角闕屬此處保存最好，夯臺高大且在其中保存石礎數塊。

東神門　從東南角闕繼續沿環陵路向北，其間陵牆遺跡不時出現，行約 700 米，11 時 32 分到達東神門遺址，總行程 5 公里，當地海拔 857 米。東神門雙獅和雙闕均保存較好，雙獅均為卷鬃張口，造型相似。東神門位於東皇門村西側，門前修有環陵旅遊公路，連接北、西神門。

北神門　離開東神門，先沿環陵路北行，不寬的公路上不時有車疾駛，為求安全，我們轉進路西耕地，沿田間小路

行走。行進 6.58 公里，於 11 點 49 分到達北神門，當地海拔 873 米。2006 年、2007 年乾陵博物館與陝西省考古研究院對北神門遺址進行兩次鑽探發掘，清理出石馬一件，石虎一件，石虎座兩件，石刻基座兩件。現今北神門東列石刻由南至北分別為石座、石虎（頭頂部殘）、石馬（嘴部殘、四肢新修復）、石馬（頭部殘）、石馬（嘴部殘、四肢新修復）；西列石刻由南至北分別為石座、石座、石馬和控馬人（石馬嘴部殘、四肢新修復，控馬人僅存膝以下）、石馬。雙闕闕臺均存，位於石刻南側，而闕南僅於西側存有一塊殘石，未見石獅。

　　西神門　從北神門出發，繼續沿田間小路，去位於西皇門村中的西神門，12 點 16 分到達，行程達 8.12 公里，當地海拔 870 米。西神門門址存雙闕，其中北闕保存狀況好於南闕，闕內僅存修復後的南側石獅，形態同東神門石獅一樣，亦為卷鬃張口。

　　陵山之巔　從西神門往西可上陵山之巔，出村後海拔開始大幅拔高，我們於 12 點 45 分登頂山巔，總行程 9.01 公里，海拔升到 1015 米。回望來路，主峰西南側有一較矮山包，當地人稱之為「美人肩」。從南向北眺望乾陵，整個陵山就像一女子平躺在蒼茫大地之上，陵山主峰即是女人微微昂起的頭顱，乳臺所在東、西乳峰恰似她的雙乳，而那處山包正好就是女子的右肩，頓感「美人肩」的稱呼頗為形象。

　　2003 年出版的《乾縣誌》記載：「上仙觀建於梁山主峰之巔，是一座禮儀性的建築物。今梁山頂上有一較方整的石城，當屬上仙觀遺址。基址東西長 35 米、南北寬約 12 米，基內遺址明顯。」現今山巔怪石遍佈，看不出石城遺跡。《舊唐書》卷十一〈代宗本紀〉記載：大曆八年（773）「四月戊申，乾陵上仙觀天尊殿有雙鵲銜紫泥補殿之隙缺，凡十五處。」即指此處遺址。

　　羨道遺址　從山巔下南神門，行約 200 來米，海拔下降到 973 米，路西架有一監控桿，桿上三個探頭一併照在土路中的一塊石頭上，撥開石頭邊的雜草，一個「十」字標記赫然顯露。再往下走 2、30 米，同樣在路西一段人工加工過的石壁在草叢間若隱若現。石壁同「十」字標記相連即是乾陵羨道的西壁，遊客在這一段幾乎就是在羨道的上方行走。據說「十」字標記是當年發掘墓道後考古工作者所留，為羨道的終點，垂直向下 17 米即為乾陵玄宮宮門。從人工加工過的石壁處再往下走 2、30 米，一塊封墓條石遺留在路東，石上殘留半個燕

尾槽，傳言也是為了標記羨道起點而故意留下。

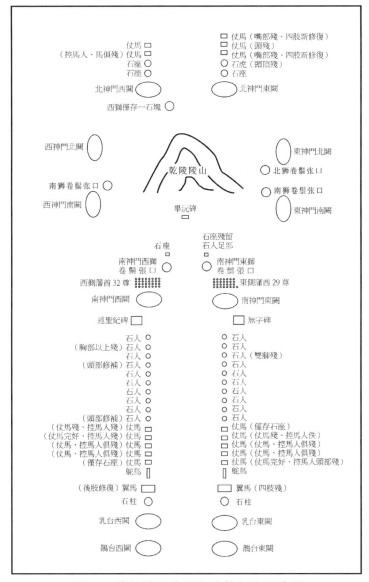

圖 5　唐乾陵地表現存文物保存示意圖

南神門　13 點 22 分到達南神門，行程達 9.99 公里，海拔下降到 889 米。現今南神門雙闕同乳闕一樣，僅臺基用磚砌出三出闕樣式。闕北兩側即為六十一蕃臣像，西側三十二尊、東側二十九尊。蕃臣像殘缺不一，西列有兩尊保存較好，尚殘存大半個頭部，其中最後一排蕃酋的頭部是從附近村民處徵集而來，比對後粘和修復；而嚴重殘缺者僅殘存一雙腳底板。蕃臣像北為雙獅，

全為卷鬃張口、氣勢如虹，屬中國石刻藝術寶庫中的精品。石獅北為殿堂式門址遺跡，在其門前東、西兩側各存石座一方，東側座上殘存雙腳痕跡，如不是後人將蕃臣像移至此處，可推測在神門前原本立有內待石刻。門址北約30米處，立有石碑兩通，一為清乾隆年間陝西巡撫畢沅所書「唐高宗乾陵」，再為1963年3月4日郭沫若參觀乾陵時所書「乾陵——唐高宗與則天皇帝合葬之墓」。

述聖紀和無字碑　南神門西闕南側為述聖紀、東闕南側是無字碑。述聖紀碑用七塊巨石繽成，碑座一節，碑身五節，以榫卯扣接，碑頂一節，通高6.3米，故亦稱「七節碑」。武則天撰文，中宗李顯書，五千多字填以金屑，經千餘年風剝雨蝕，金屑已脫，僅第一、第二、第四節殘存千餘文字。無字碑與述聖紀碑隔神道對望，一石雕成，高6.3米。碑首刻八螭下垂兩側，碑身的東、西兩側雕刻雲紋和升龍圖案，龍騰雲翔，栩栩如生。現今無字碑留有宋、金以後遊人題詞刻字，共四十二段，真、草、隸、篆、行五體皆備。其中，最引人註目的是金天會十二年（1134）刻於碑陽正中的「大金皇弟都統經略郎君行記」，有契丹文五行，是國內外僅存的契丹文字碑刻。整個碑面上刻有三千三百多個方格，說明原本應是準備刻上文字的，至於為何最終如此，已成千古之謎。

神道石刻　1961年1月22日，陝西省第一個專門保護帝王陵墓的文保單位——乾陵文物保護管理所成立，乾陵的保護工作走在了整個關中唐陵的前列，故神道石刻得到很好的修復和保護。當日在神道看見其東列石刻由南至北分別為石柱、翼馬（腿下部殘缺）、鴕鳥、石馬和控馬人五組（南起第一組控馬人頭部缺失、石馬保存較好且鬃毛修剪成三花樣式，第五組僅存基座，其他各組不同程度殘缺）、石人十尊；西列石刻由南至北分別為石柱、翼馬、鴕鳥、石馬和控馬人五組（南起第一組僅存基座，第四組控馬人頭部缺失、石馬保存較完整，其他各組不同程度殘缺）、石人十尊（南起第九尊胸部以上缺失）。東列南起第一匹石馬的鬃毛修剪成三花樣式，應是唐陵第一匹安置在南神道中的三花馬（昭陵六駿均是三花馬，但安置於北神道）。現今石刻數量同劉慶柱於1973年4月調查時相同，不同的是經乾陵管理處多年修繕，陵區景致已發生翻天覆地的變化。

穿過神道，一路南行，14點34分回到李家堡鵲臺，總行程13.5公里，用時4小時38分鐘。

第四節　中宗李顯之定陵

定陵簡介

定陵是中宗李顯和皇后趙氏的合葬陵寢，位於富平縣宮裡鎮獅子窩村北的鳳凰山。鳳凰山又名龍泉山，以北部的半圓形山頂為中心，向東西兩側和南邊伸出五條放射狀的山梁，其中向南伸出的左、中、右三條山梁大體平行南延，隆起的中梁形似鳳頭，而東西兩梁對峙，尤如鳳凰展翅。但因曾經的過度採石，現今雙翼之上已是千瘡百孔，其中以東峰最為嚴重，幾近斷翼。

中宗李顯（656－710），高宗第七子，武則天第三子。永隆元年（680），廢章懷太子，立其為皇太子。弘道元年（683）十二月四日，高宗崩。十二月十一日，李顯即位。李顯欲以韋后父韋玄貞為侍中，輔政大臣裴炎以為不可，中宗謂左右：「我讓國與玄貞豈不得，何為惜侍中耶？」觸了武則天的逆鱗。翌年二月六日，李顯僅在位五十五天，被廢為盧陵王，幽於別所。五月遷於均州，後改徙房陵。聖曆元年（698），召還東都，復立為皇太子。神龍元年（705）正月，鳳閣侍郎張柬之、鸞臺侍郎崔玄暐、左羽林將軍敬暉、右羽林將軍桓彥範、司刑少卿袁恕己等率羽林兵誅張易之、張昌宗，迎其監國。正月二十五日，四十九歲的李顯再度復位。二月四日，復國號為唐。景龍四年（710）六月二日，安樂公主與韋后合謀進鴆，李顯崩於神龍殿，年五十五。九月十九日，百官上諡曰孝和皇帝，廟號中宗。十一月二日，葬中宗於定陵。

和思皇后趙氏，京兆長安人，趙瑰和常樂公主之女。中宗為英王時，納為妃。後妃母常樂公主得罪，妃亦坐廢，幽死於內侍省。中宗復位，追封為恭皇后。中宗崩，將葬於定陵，因韋后得罪，不宜祔葬，遂定以趙氏陪葬，諡曰和思。不知其瘞所，故行招魂祔葬之禮。太常博士彭景直曰：「招魂葬禮非古，不可備棺槨、置輼輬，宜據《漢書・郊祀誌》葬黃帝衣冠於橋山。」以皇后褘衣於陵所寢宮招魂，置衣魂輿，以太牢告祭，遷衣於寢宮御榻之右，覆以夷衾而祔葬焉。

定陵無字碑

1943 年 8 月，何正璜隨西北藝術文物考察團調查定陵，之後在〈唐陵考察日記〉中記載：「無字碑一，高 6.5 公尺、寬 2 公尺、厚 1.2 公尺，座高 1 公

尺、長 3 公尺、寬 2.5 公尺，係一大方石鑿成，碑之兩側各刻雲龍紋。」從此記載，能判斷定陵無字碑的體量、形製同乾陵無字碑較為相似，只可惜此碑已毀。1994 年出版的《富平縣誌》記載：「1967 年春，唐中宗定陵前的無字碑，被宮裡公社三鳳大隊個別幹部帶領群眾砸毀後，做成七十二條碾子，每條以十元價格出售。」1971 年夏，王翰章、魏京武對關中唐陵做過一次調查，僅富平縣五座唐陵，就有六十餘件大型石刻被毀，其中以中宗定陵最為嚴重。當其質問當地造反派頭目張生虎為何要率人推到陵前無字碑時，對方依舊是一派不以為然的態度。

2015 年 10 月 16 日，筆者在定陵南神門西闕臺南側看到無字碑遺址發掘現場，遺址中出土大量唐代磚瓦和石塊，已被整整齊齊的碼放在探方四周，據此可得知無字碑最初應建有碑亭，而殘缺石塊很可能就是 1967 年鑿刻石碾所留殘石。在石碑夯基東南側發掘出一直徑約 1 米、深約一人多高的土坑，其用途讓筆者頗為迷惑，詢問現場發掘工作人員才知是當年推到無字碑時村民所挖保險坑，如有什麼意外，跳進坑中可保性命無虞。

中宗別廟

據現存文獻分析，唐代別廟始見於太宗時期。貞觀十年（636）六月二十一日，文德皇后崩，即為其立文德皇后廟，其廟位於何處，今已失考。但《舊唐書》卷二十八〈志第八・音樂一〉中有「文德皇后廟樂，請奏《光大》之舞」的記載，證明其廟的存在。之後，別廟多用於解決皇后先崩或一帝多后、追謚皇帝等情況下的神主安置。但在供奉睿宗神主時，確很罕見的也採用此方式，將中宗神主從太廟遷出祔於中宗廟，使得中宗成為唐代皇帝中唯一一位神主祔過別廟的皇帝。

開元四年（716）六月十九日，睿宗崩於百福殿，依規應遷獻祖神主，但太常卿姜皎及禮官太常博士陳貞節、蘇獻等認為「古者兄弟不相為後……孝和皇帝有中興之功而無後，宜如殷之陽甲，出為別廟，祔睿宗以繼高宗。」最初，準備將儀坤廟所祔肅明、昭成皇后神主一併入祔太廟睿宗室，而改儀坤廟為中宗廟，但是太常博士陳貞節等提出肅明皇后不可與昭成皇后一同祔於睿宗，肅明皇后神主只能繼續祔儀坤廟。八月九日，玄宗敕於長安太廟西側、洛陽太廟北側各造中宗廟，隸入太廟署。十一月十五日，徙中宗神主於中宗廟，翌日祔

睿宗神主於太廟。在太常卿姜皎及禮官太常博士陳貞節、蘇獻等人所上奏章中明確中宗廟「時祭不虧，大祫之辰，合食太祖。」說明中宗廟的祭祀規格等同於太廟。

開元十年（722）河南府孫平子詣闕上言：「中宗孝和皇帝既承大統，不合遷於別廟。」玄宗令太常博士蘇獻等與其辯論，孫平子引經據典，蘇獻等不能屈。時蘇頲知政事，是蘇獻的從祖之兄，遂謫平子為康州都城尉，但議者深以其言為是。也許是迫於輿論壓力，翌年三月玄宗下制太廟增為九室，復遷懿祖光皇帝和中宗神主於太廟。《舊唐書》卷二十五〈志第五・禮儀五〉記載：「……並還中宗神主於太廟。及將親祔，會雨而止。乃今所司行事。其京師中宗舊廟，便毀拆之。東都舊廟，始移孝敬神主祔焉。」

附：定陵行記

2018 年 12 月 6 日 9 點 25 分，筆者從富平縣宮裡鎮北百品羊肉館前，向東穿過雷閆路，沿一條機耕路巡訪定陵鵲臺。

鵲臺　定陵鵲臺雙闕甚是高大，站在雷閆路上看，猶如古塚。行約 300 多米，即到其西闕腳下，兩闕間距約 200 來米，作為定陵的第一道門戶，現今依舊顯露出原有的氣勢。

節湣太子墓　從東闕處折向正北，穿過杜家村再轉東北方向，在 10 點 09 分到達節湣太子墓前，共行進 3.5 公里。1995 年 3—12 月，經國家文物局批準，陝西省考古研究所在富平縣文管會的協助下，對該墓及陵園進行鑽探和發掘清理。如今現地僅存一座封土，封土南側墓道口處建有仿唐建築，說明該墓經過考古發掘後墓道並未回填，也許有日後開放的打算。

東神門　東神門基本就位於節湣太子墓北略偏西方向，先沿田間小道往北到三鳳村，順著村中水泥路向北走，東神門雙闕就會出現在路的東側。10 點 51 分到達，行程達到 6.4 公里，海拔也由鵲臺的 488 米，逐漸升到 617 米。2013 年 3 月 27 日，筆者第一次巡訪定陵東神門，受簡陵南神門石獅 2013 年 2 月 9 日（農曆大年三十）夜間被盜影響，定陵東神門南側石獅搬遷到富平文廟保管，在原本半埋石獅的土崖上，還能看到石獅留下的土窩，窩壁上甚至保留著石獅直鬃的樣式。如今定陵存石獅三尊，除東神門石獅為直鬃外，南、北神門石獅

為卷鬃，已同乾陵石獅均為卷鬃有所變化。

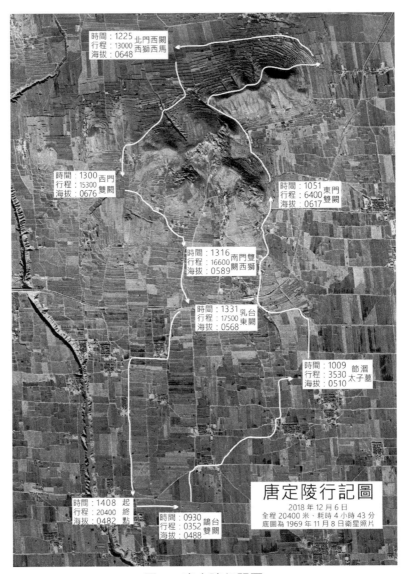

時間：1225 北門西闕
行程：13000 西獅西馬
海拔：0648

時間：1300 西門
行程：15300 雙闕
海拔：0676

時間：1051 東門
行程：6400 雙闕
海拔：0617

時間：1316 南門雙
行程：16600 闕西獅
海拔：0589

時間：1331 乳台
行程：17500 東闕
海拔：0568

時間：1009 節湣
行程：3530 太子墓
海拔：0510

時間：1408 起
行程：20400 終點
海拔：0482

時間：0930 鵲台
行程：0352 雙闕
海拔：0488

唐定陵行記圖
2018 年 12 月 6 日
全程 20400 米、耗時 4 小時 43 分
底圖為 1969 年 11 月 8 日衛星照片

圖 6　唐定陵行記圖

　　北神門　離開東神門，繼續沿水泥公路向北走，約 10 來分鐘，在金盆村南轉入一條機耕路，沿陵山東麓開始登山。機耕路的盡頭是一廢棄採石場，穿過猶如石拱門的進口，一個如古羅馬角鬥場的石塘豁然呈現。面積足有兩個籃球場大小，不少灌木已在石縫中蓬勃生長，估計石塘廢棄的時間不短。

　　富平北部山脈所產石材質地細膩堅韌、色澤烏黑發亮、叩擊聲清音脆、石

層廣厚少瑕，有「富平墨玉」的美譽，很久以前就是帝王貴族陵墓前碑碣石刻的首選石材。古人採石以山勢和石的天然形態為基礎，挑其直紋、少瑕和質細的，用鐵鏨順紋鑿溝掏窩，再插入鐵鍥用力外張，石塊即可順紋路一層層揭取，所以石塘底層能平坦如砥。

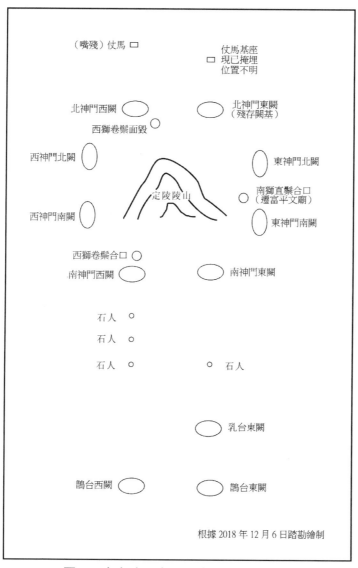

圖 7　唐定陵地表現存文物保存示意圖

從石塘出來後竟莫名的迷路，原本應繼續向西北方向，翻過石塘後的山脊再端北下去即到北神門，可不知道為何奔著東北方向去了，直到快進金和村才

明白過來，趕緊轉向西行。12 點 25 分到達位於二郎溝村西北的北神門，當地海拔 628 米，行程達 13 公里，估計最少繞行 3、4 公里。

北神門地表僅見西闕臺，東闕臺依稀可見地基夯層。闕內存卷鬃西獅，面部破壞殆盡；闕外西側石馬除頭部殘毀外其他保存較好。2013 年 3 月 27 日，來時見東側存有一石馬基座，這次再來未見，估計是考古發掘後掩埋。據西部網 2016 年 2 月 23 日〈唐中宗陵前出土一批石刻，曾立無字碑現已蕩然無存〉介紹，經考古發掘在北神門外一件石虎連同馴虎人和西側一件控馬人石刻被清理出土，從所附照片看馴虎人位於石虎一側，從而能解釋為何乾陵北神門石虎旁還有石座的現象。何正璜〈唐陵考察日記〉記載，1943 年北神門「其闕門基僅西邊者尚可見，石獅已全部埋沒，石馬僅存其一，且亦半陷地下。」

西神門　在北神門東闕遺跡處有南北走向機耕路，向南在二郎溝村轉西南過大郎溝村後繼續西南行即到西山頭村，在村中轉南行，出村不久即能看到位於路西農田中的西神門雙闕。到達時間為 13 點整，行程 15.3 公里，當地海拔 676 米。何正璜〈唐陵考察日記〉記載：「西門闕門基已去其半，兩門基相距 52 公尺，石獅位於門內約 15 公尺處，石獅立於左者為雄獅，已倒地。立於右者為雌獅，尚完好，兩獅相距約 17 公尺」。二十世紀七十年代，劉慶柱調查唐陵時還存已殘缺的雙獅，而現今只能看到保存較為高大的雙闕闕臺。

南神門　從西神門起海拔開始下降，向東下坡即到一村莊，村名依舊是「三鳳」。在村中轉向南行，於 13 點 16 分到南神門，行程達 16.6 公里，海拔下降到 589 米。何正璜〈唐陵考察日記〉記載，1943 年的南神門不但雙闕闕臺、雙獅均存，而且在石獅北側還存有畢沅所書「唐中宗定陵」石碑。二十世紀七十年代，劉慶柱調查時，不但畢沅碑不存，雙獅也僅存西獅位於闕內，石獅膝以下掩埋，卷鬃閉口。現今除石獅在 2015 年考古發掘後提升至地表外，其餘情況如劉慶柱調查所見。

何正璜〈唐陵考察日記〉記載，南神門較遠之土堤下遺有殘毀之蕃酋像殘體軀三段。〈唐定陵發現新羅人石像研究〉（《北方文物》2019 年 01 期）記載：

> 唐定陵陵園目前發現的蕃酋像有兩件殘塊，一件是下半身殘塊，可看到腰帶上懸掛有飾物，另一件是軀幹部分殘塊，因在其背上題刻有「衛將」、「金義讓」五個字，故稱之為金義讓石像。因破損嚴重，

兩件殘塊是否為一個個體，尚待修復後才能確知。在陵園南門門址與門闕之間的東、西兩側為蕃酋殿遺址，金義讓石像就位於東蕃酋殿遺址東側的田邊，為農民耕種土地時發現並移至此處，此次對定陵陵園遺址進行考古的過程中又被發現。

此記載可說明，定陵蕃酋像同乾陵一樣。一是姓名、官職刻於石刻背部；二是其殿址位於南神門門闕和門址之間。

神道石刻　如今的定陵神道，已形成一條南北走向的道路。2013 年 3 月 27 日，筆者初來，只見石人兩尊，半埋於土中，均為武將裝束，一東一西隔路遙相呼應。2015 年前後，經考古發掘，在西列石人北側又發掘出土武將石人兩尊，均保存完好，現已在原地重新扶立。而原本東西兩尊半埋石人，東側雖已全部發掘，但沒有提升，尚處於坑中；西側石人提升至地表。

何正璜〈唐陵考察日記〉記載，在 1943 年 8 月間神道石刻由南至北尚有：

華表一對均已倒沒地上，僅存石座。右邊之一尚存僧帽式華頂蓋，成八棱形，高 2 公尺、寬 6 公寸；
石獸一對均完好；
石馬四對，左右列第一第三均已倒，餘者完整，右列且以埋沒地下；
石翁仲八對，左右各存四，餘均倒沒，石座亦不可見。

關於石獸，何正璜文中描述更細：

鹿形之巨獸，其有角，鄉人亦名獨角獸。此獨角獸亦有兩翅，形狀與飛馬相似，唯體積特別巨大，高達三公尺……定陵石刻較特異者即為獨角獸石刻，此在他陵為天馬，而此陵則為鹿形獨角獸，此獸在唐代陵墓前唯咸陽原之武氏順陵有此相同一對，其他未曾經見。

西部網 2016 年 2 月 25 日，〈武則天兒子陵墓發現 18 對石刻，絕大部分被毀壞〉介紹，經考古勘探和發掘，考古人員在定陵神道中共發現十八對三十六件石刻，可惜的是除個別保存較好外，大部分已經被毀。

乳臺　在神道南端被桃曲坡水庫灌區東幹渠攔住去路，定陵乳臺遺址位於渠南。13 點 31 分到達，行程達 17.5 公里，當地海拔 568 米。如今乳臺僅存東闕，

從 1969 年 11 月 8 日拍攝的衛星照片看，當時其西闕在地表之上已不存。

乳臺後返程無話，沿雷閆路於 14 點 08 分返回百味羊肉館，全程 20.4 公里，用時 4 小時 43 分。

第五節　睿宗李旦之橋陵

橋陵簡介

橋陵是睿宗李旦和肅明順聖皇后劉氏、昭成順聖皇后竇氏的合葬陵寢，位於蒲城縣西北約 15 公里的豐山。

睿宗李旦（662—716），高宗李治第八子，武則天第四子。李旦一生三讓皇位：一讓其母，天授元年（690）武則天改唐為周，降李旦為皇嗣；二讓其兄，聖歷元年（698）中宗自房陵返回洛陽，李旦自請讓太子位於中宗；三讓其子，景雲三年（712）傳位於皇太子李隆基，自稱太上皇帝。開元四年（716）六月十九日，李旦崩於百福殿，時年五十五。七月二十五日，上尊謚曰大聖貞皇帝，廟號睿宗。十月二十八日，葬睿宗於橋陵。改同州蒲城縣為奉先縣，以奉橋陵，隸京兆府。十一月十五日，遷中宗神主於中宗廟，翌日睿宗和昭成皇后神主祔於太廟。天寶十三載（754）二月，改謚曰玄真大聖大興孝皇帝。

武則天四子二女，長子李弘被武則天鴆殺，次子李賢被武則天派遣的丘神勣逼令自盡，三子李顯被其皇后和女兒毒死，長女安定思公主早夭，次女太平公主被姪子玄宗賜死家中，唯李旦一人得以壽終正寢。另外，李旦一生歷經多次宮廷政變、被誣造反而能全身而退，不能不說其為人處世的睿智。

肅明順聖皇后劉氏（？－ 693），刑部尚書劉德威孫女，陝州刺史劉延景之女。儀鳳中，睿宗居藩，納其為孺人，後立為妃，生長子李憲、壽昌公主和代國公主。長壽二年（693），被戶婢團兒誣陷與昭成皇后厭蠱咒詛，正月二日，朝則天皇后於嘉豫殿，兩人同時遇害，所葬何處，無人知曉。景雲元年（710），睿宗復位，追謚為肅明皇后，招魂葬於洛陽城南，陵曰惠陵。又立儀坤廟於長安親仁坊。睿宗崩，遷祔橋陵。當時欲將肅明、昭成皇后神主共祔於太廟睿宗室，但太常博士陳貞節等認為「廟必有配，一帝一后，禮之正也。昭成皇后有太姒之德，宜升配睿宗；肅明皇后既非子貴，宜在別廟，四時享祀，一如舊儀。」

於是遷昭成皇后神主，祔於睿宗之室，惟留肅明皇后神主於儀坤廟。直到開元廿一年（733）正月六日，玄宗特令遷肅明皇后神主於太廟，毀儀坤廟。

昭成順聖皇后竇氏（？－693），莘國公竇誕孫女，潤州刺史贈太尉竇孝諶之女。睿宗為相王時納為孺人。光宅元年（684）立為德妃，先後生玄宗及金仙、玉真公主。長壽二年（693）與肅明皇后同時遇害。睿宗即位，諡曰昭成皇后，招魂葬於洛陽之南，陵曰靖陵。神主祔於儀坤廟。睿宗崩，其以帝母之重，祔葬橋陵。十一月十六日，神主祔於太廟睿宗之室。

唐隆政變

景龍四年（710）六月二日，中宗崩，韋皇后欲循武則天之路，先臨朝攝政，再君臨天下。矯詔立溫王李重茂為皇太子即帝位於柩前，大赦天下，改元唐隆。召諸府折沖兵五萬人分屯京城，列為左右營，以諸韋子姪分統，以備不測。在韋后積極籌劃的同時，太平公主和李隆基也在暗中積蓄力量。

2006 年，西安市長安區一座長斜坡墓道單室土洞墓中出土〈大唐故勃逆宮人誌文並序〉墓誌一合，即為安樂公主墓誌，墓誌中「密行鴆毒，中宗暴崩」等文字，坐實她殺父弒君的罪名。同時墓誌記載：

> 又欲擁羽林萬騎，率左右屯營，內宅之中，潛貯兵甲，期以唐隆元年六月廿三日，先危今上聖躬，並及太平公主。□□皇太子密聞其計，先難奮發。以其月廿日，挺身鞠旅，眾應如歸，七廟安寧，群兇殄滅。宮人以其夜死。聖上仁慈，德逮骨肉情深。爰命有司，式陳葬禮。以景雲元年十一月十三日，葬於某所。

文中所涉「今上」即睿宗李旦，而「皇太子」則是李隆基。墓誌所記應不是空穴來風，韋后要想登基為帝，李旦和太平公主是她最大障礙，必欲處之而後快。

在生死抉擇面前，太平公主和李隆基率先發動兵變，一夜之間韋后、安樂公主及諸韋、武黨羽皆誅之，皇宮內外平定。六月二十四日，太平公主傳少帝李重茂命，讓位於相王李旦。七月二十日，冊李隆基為皇太子，大赦天下，改元景雲。

　　710 年，大唐王朝多事跌宕，一年之內先後用了景龍、唐隆和景雲三個年號，皇位也三易其主。

橋陵陪葬墓神道碑

　　〈唐橋陵調查簡報〉（《文物》1966 年 01 期）記載，1963 年 7 月，雒忠如、王丕忠、程學華同蒲城縣文化館相關人員組成調查組，對橋陵開展調查研究，在橋陵各陪葬墓前尚存涼國公主碑、鄎國公主碑、代國公主碑、金仙公主碑和雲麾將軍碑，五通唐碑除鄎國公主墓碑斷為兩截外（此處記載有誤，根據筆者實地勘察斷為兩截者應是涼國公主碑），其他四通基本完好。

　　五通唐碑中以「雲麾將軍碑」著名，碑全稱「唐故雲麾將軍右武衛大將軍贈秦州都督彭國公謚曰昭公李府君神道碑」，亦稱「李思訓碑」。李思訓（651—716），唐宗室李孝斌之子，善丹青，書畫稱一時之絕，尤以山水稱著，譽為盛唐第一。時人號大李將軍，其子昭道，號小李將軍。開元八年（720）六月二十八日，李思訓陪葬橋陵。碑由李邕撰文並書丹。李邕（678—747），唐朝書法家，官至北海太守，故稱「李北海」，以文才著稱於世，精於翰墨，工文善書，自成一家。長於撰寫碑誌，尤喜行楷寫碑，名重一時。前後撰碑八百餘通，存世有「嶽麓寺碑」、「雲麾將軍碑」等。李思訓碑現存於北劉村北其墓前，雖有碑樓保護，但因年代久遠，長期裸露野外，風雨剝蝕，碑石下半段文字已殘缺，上半部字跡較清晰，但亦滿布石花，幾不能讀。額題篆書「唐故右武衛大將軍李府君碑」四行十二字。正文行楷書，三十行，滿行七十字。

　　「代國公主碑」也很有特點。代國公主李華（687 — 734），睿宗李旦第四女，母為肅明皇后劉氏。開元廿二年（734），薨於洛陽修業里私第，享年四十八，翌年二月三日陪葬於橋陵。「代國公主碑」全稱「大唐代國長公主碑」，原本立於惠陵東北代國公主墓前，現存唐惠陵博物館，保存完好，並在原址新刻一碑。碑文由其夫鄭萬鈞撰文，一洗官樣俗套文風，從記述在武則天登基後的宮廷歌舞晚會上，當年只有四歲的代國公主，與李旦長女壽昌公主表演樂舞起，到代國公主臨終時，執其手曰「恩愛斷也，有不是處莫怪」，語短情長，催人淚下。另外碑文由公主的兒子鄭聰書丹，碑文行楷兼備，瀟灑婉麗，有顏真卿書法之神韻。此碑夫為妻撰文，子為母書碑，實為少見，加之玄宗親筆隸書「大唐代國長公主碑」碑額，猶顯珍貴。

「涼國公主碑」全稱「大唐涼國長公主碑」。涼國公主李㛂（687－724），唐睿宗李旦第五女，母王德妃。開元十二年（724），薨於長安永嘉里私第，享年三十八，十一月二十六日陪葬橋陵。該碑原立於井家村北側涼國公主墓前，1958 年被砸為兩截，現已修復，保存在惠陵博物館。從修復痕跡來看，當初殘缺碑額下部五分之一和碑身上部五分之一，幸大部分文字得以保留。碑文由「燕許大手筆」之一的許國公蘇頲撰文，唐玄宗李隆基親書。

「鄎國公主碑」全稱「大唐故鄎國長公主神道之碑」。鄎國公主（689—725），唐睿宗李旦第七女，母崔貴妃。 開元十三年（725）二月十六日，薨於河南縣之修業里，年三十七歲，四月陪葬於橋陵。碑原立於東賈村東側鄎國長公主墓前，現存唐惠陵博物館，保存完好，並在原址新刻一碑。碑文由「燕許大手筆」之一的燕國公張說撰文，唐玄宗李隆基隸書。

「金仙公主碑」全稱「大唐故金仙長公主神道碑」。金仙公主（689—732），睿宗李旦第八女，玄宗同母妹。神龍二年（706），出家為道士，法號無上道。開元廿年（732）五月十日，薨於洛陽開元觀，年四十四，開元二十四年（736）七月四日，啟洛陽舊塋陪葬橋陵。據〈唐橋陵勘察記〉（《考古與文物》1980 年 04 期）介紹，該碑原立於武家村東側金仙公主墓南 110 米處，額題及碑文漫漶嚴重，無法通讀。現今惠陵博物館存有一碑，但碑額已無文字、碑身殘存「春秋卅有四」、「白鶴送於緱山」、「幾劫仙羅之拂石」等文字，同《全唐文》卷二六七、徐嶠所撰〈金仙長公主神道碑銘並序〉部分文字相符，應是金仙公主碑無疑。現今在五陵路北側，新刻一碑立於原址。

1974 年，陝西省考古研究所於金仙公主墓發掘出土「金仙長公主墓誌」，徐嶠奉敕撰文，玉真公主楷書。誌石長寬各 112 釐米，共三十三行，行三十三字，字大 1.5 釐米，行距 2 釐米。誌蓋為覆斗形，中篆刻「大□古金仙長公主誌石之銘」十二字。四周鐫有青龍、白虎 、朱雀、玄武圖案，可惜誌蓋被盜賊砸破，今與誌石同藏蒲城縣博物館。

五精鎮墓石

〈西安新發現大唐睿宗黃天真文鎮墓刻石〉（《西北大學學報 · 哲學社會科學版》，2008 年第 1 期）記載：「西安一位文物愛好者喬連學近日收藏到一方唐代五方鎮墓刻石，經考證該刻石為葬於橋陵的唐睿宗李旦或皇后竇氏

墓葬中之物。」刻石的顏色為青灰色，蓋、底各一，是為一合。蓋石為正方形，邊長 74 釐米，厚 12.5 釐米，底石亦呈方形，邊長 73 釐米，厚 15.5 釐米，中央有「黃中總炁，統攝無窮，鎮星吐輝，流煉神宮」十六字的道教符篆大字，共四行，每行四字，呈四方排列。還有隸書小字環繞著秘篆文，旋讀，共一百六十一字。另外，鎮墓刻石記睿宗謚號為「大聖真皇帝」，同文獻所記「大聖貞皇帝」有異。

〈唐橋陵勘察記〉一文記載：1943 年，橋陵南門東側石獅之南數米出土一方「昭成順聖皇后竇氏招魂祔葬橋陵南方鎮符瘞石」，蓋石為正方形，邊長 73 釐米，底石中央位置刻秘篆文八行，每行八字，共計六十四字；秘篆文的外側環以正書一百六十字，正書文字塗朱。1974 年，橋陵西門北側石獅背後出土一方「昭成順聖皇后竇氏招魂祔葬橋陵西方鎮符瘞石」，形製、刻字同南方鎮符瘞石相同，但正書文字未塗朱。現今兩方鎮墓石保存在蒲城縣博物館。

五精鎮墓石也叫五方貞石，具有墓中驅邪避鬼的目的和用途，其形製、紋飾、銘刻等均能反映出相應的道教喪葬儀軌，與道教信仰和方術密不可分。追蹤溯源，唐代五精鎮墓石很大程度上是承襲了東漢以來在鎮墓瓶中盛放五石的做法，五石即「曾青」、「雄黃」、「丹沙」、「礜石」、「慈石」五種被道士們用來冶煉提取丹藥的礦石，隨葬於墓中，有驅鬼避禍的目的。唐代鎮墓石繼承了鎮墓瓶的目的和用途，如河南偃師南蔡莊天寶十三載（754）鄭炅墓中鎮墓石所刻的「安魂之德，子孫獲吉，諸殃永息」（〈河南偃師唐墓發掘報告〉，《華夏考古》1995 年 1 期），就同西安市和平門外初平四年（193）東漢墓內出土灰陶瓶外壁上朱書所寫的「安塚墓，利子孫」（〈漢初平四年王氏米書瓶〉《文物》1980 年 1 期），表達了相同的願望。

橋陵出土的三方鎮墓石在環繞秘篆文中均有「今有大唐睿宗大聖真皇帝李旦、昭成皇后竇氏滅度五仙，托靈玄陰，今於京兆府奉先縣界安宮立室」等文字，而沒有涉及肅明順聖皇后劉氏。再聯想肅明順聖皇后神主漫漫的祔廟之路，筆者推測，昭成順聖皇后竇氏因是玄宗生母，故其棺槨得以同睿宗的棺槨一同葬入橋陵玄宮，而肅明順聖皇后劉氏的棺槨很可能是葬在橋陵東南的陪葬墓區。

附：橋陵行記

2018 年 4 月 14 日，我同党明放先巡訪景陵，當晚歇於橋陵東南的趙山村。

因橋陵鵲臺早在 1943 年何正璜一行考察前就已湮滅不存，故次日一早以橋陵東南城角為起點，開始當日的行程。

東南城角 橋陵東南城角位於村東一排民房後，位置隱蔽，如不是昨晚曹紅衛指點，今日定被忽略。8 點 22 分，我們從此出發，當地海拔 496 米。

東神門 當日雨過天晴，空氣質量極好。我們兩人一路向北，於 8 點 37 分到達趙家山村中的東神門，行程 1.03 公里，海拔升到 543 米。東神門的位置較為隱蔽，被西側民房遮擋，在路上只能看到南獅的半個背部。東神門石獅絕對屬於唐陵石獅中鶴立獨行者，其他的石獅都是目視前方，只有他們四目對望著過了千年。北獅直鬃，因選材存有暗裂，現今臉部已齊刷刷毀掉；南獅保存很好、卷鬃合口，面相表現出來的兇殘出人意料，眼神中透露出的兇殘狡詐，讓人在太陽下依然不寒而慄。門闕位於石獅東側，雙闕均存，但北闕較低矮。

北神門 從東神門向北行，出村後不時出現陵牆遺跡，但在陵牆和陵山之間隔有一條南北走向大溝，我們只能沿著溝沿東側土路北行。行約 1 公里，原本端直向北的陵牆受趙家山山勢的阻擋，向東拐去，而我們選擇在溝頭，沿山路向西北方向去。行到約 3.8 公里處，爬上一海拔 659 米的山口，山路開始下山。整個橋陵的行程，海拔起伏不大，此山口即為全程最高點。山後亦有一條指向西北方向的大溝，沿溝東沿下山即到東山村，橋陵北神門位於村北三岔路口處。我們於 9 點 53 分到達，行程達 5.49 公里，當地海拔 560 米。

北神門存有雙闕、雙獅和三對石馬。石馬位於雙闕北側，多為近期修復。最北一對石馬後肢蹲屈，其形象很像何家村窖藏出土的鎏金舞馬銜杯紋皮囊銀壺上，所刻銜杯舞馬的姿態，為唐陵石馬獨有的一對，可惜石馬嘴部已殘，看不出是否也銜著獻壽的酒杯。雙獅位於雙闕南側，均為卷鬃，東獅張口、西獅閉口。

西神門 從北神門到西神門原本有石子路，現已修成水泥路。11 點 05 分到達西神門，行程達 8.34 公里，當地海拔 555 米。西神門雙闕闕臺、雙獅保存完好，現今石獅位於雙闕東側臺基之上，南獅卷鬃合口、北獅直鬃張口。向西通往黨窯村的公路從雙闕雙獅間穿過。

畢沅碑 現在回想，那天西神門之後，我們所走一段路並非最佳選擇，應繼續向南到西南城角後轉東行，翻越陵山到南神門。而我們直接向西，圖的就

是保持住海拔，省去最後翻越陵山的勞累。但西行不久山路消失，開始還能沿著山脊前行，最後被採石場徹底攔住去路，只能下到山腳，尋小路再翻過陵山。終於在 12 點 28 分到達陵山腳下所立畢沅碑，行程達 11.12 公里，當地海拔 529 米。蒲城縣四座唐陵的畢沅碑都距南神門五六百米，幾乎就立在陵山腳下。

時間：0953　北門雙闕
行程：5510　雙獅馬六
海拔：0560

趙家山

時間：0932　行程
行程：3810　最高
海拔：0659

丰　山

時間：0837　東門
行程：1050　雙闕
海拔：0543　雙獅

時間：1105　西門
行程：8360　雙闕
海拔：0555　雙獅

時間：1226　畢
行程：11100　沅
海拔：0529　碑

時間：0822　東南
行程：0000　角闕
海拔：0454

西南城角遺址

時間：1240　南門
行程：11700　雙闕
海拔：0659　雙獅

唐橋陵行記圖
2018 年 4 月 15 日
全程 14430 米、用時 5 小時 54 分

時間：1340　乳台
行程：12400　雙闕
海拔：0476

圖 8　唐橋陵行記圖

南神門　在畢沅碑處稍事休息，南行到南神門，當地海拔 501 米。南神門

雙闕闕臺高大完整，闕臺北側東獅卷鬣合口、西獅直鬣張口，雙獅肌肉豐滿、造型雄偉，不論從體量和精美程度上都不遜於乾陵南神門雙獅。石獅北側即為門址遺跡，臺基之上復原柱礎、門限石和三個門道。

〈唐睿宗橋陵陵園遺址考古勘探、發掘簡報〉（《考古與文物》2011 年第 1 期）記載：「南門西側蕃酋殿遺址位於南門西闕以南的偏西處，蕃酋殿散水東北角距南門西闕臺基西南角直線距離 43 米。」說明在橋陵時，蕃酋殿已移至南神門闕臺的南側，而非乾陵、定陵那樣安置於闕臺北側。

神道石刻　橋陵神道長 625 米、寬 110 米，橋陵石刻與乾陵石刻的種類、數量和體量大同小異，但雕刻更為高大、精美，更富於寫實性。何正璜在〈唐陵考察日記〉中記載，1943 年 9 月神道石刻由南至北分別有：

> 華表一對，東倒西立，石柱為八棱，高 5.8 公尺，柱身刻獅子紋，東南兩面尚可辨；
>
> 石獸一對，均完好，做昂首怒吼狀，頭高 3 公尺、身高 2 公尺、長 3.4 公尺；
>
> 鴕鳥一對，東倒西立，寬 2 公尺、高 2.5 公尺，兩雕刻姿勢形體相同；
>
> 石馬五對，東列第一和第五匹倒損，餘完好，唯左（西）列頭部口鼻均斷去，各馬造型姿態不一，有昂首俯首及曲頸等形體；
>
> 石翁仲十對，東列南起第一、二、三、七、十和西列第七尊倒損，餘均完立，翁仲高約 4 公尺，全部比例及衣褶雕刻均比他陵優異，尤以左（西）列南起第一及第六造型更為卓越。

二十世紀七十年代，劉慶柱調查唐陵，橋陵神道石刻由南至北分別為石柱一對；石獸一對；鴕鳥一對；石馬五對；石人東列南起存第三、四、五、六、七、九，計六尊；西列存一、二、四、五、六、八、九、十，計八尊。2013 年 4 月 9 日，筆者第一次來橋陵時所見同劉慶柱調查情況相比，東列多出南起第八尊、西列多出南起第七尊石人，且在西列石人最北置無頭蕃酋像一尊。

西列南起第三匹石馬的面部已被遊人撫摸的光亮如鑒，也不知道從何時起傳說拍打這匹石馬面部就會發出鐘鳴之聲，一傳十、十傳百，遊客紛紛好奇一試。2013 年第一次來時我也試著怕打，所發聲音同其他石刻並無差異。現今石

馬尸被柵欄圍擋保護，石馬總算沒了掌摑之虞。

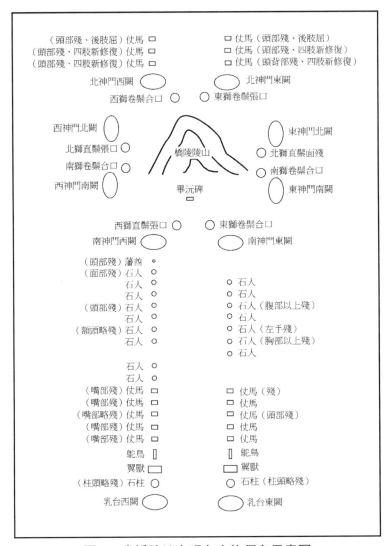

圖 9　唐橋陵地表現存文物保存示意圖

　　整個神道石刻給我們以下幾點感觸，一是石馬保存較好，形製特別。東列南起第一、二、四匹保存完整，另外西列南起第二、第四匹馬鬃為三花形狀，也為唐陵石馬少有。二是石人巨大，高度同乾陵相似，基本在 4 米上下，但雕刻的精美程度要高於乾陵，尤其是冠飾。從橋陵之後大唐帝國近五十年再沒舉行國葬，等到再次營建泰、建二陵時石人的高度一下降到 3 米以下。三是以獬豸代替翼馬，獬豸俗稱獨角獸，高約 3 米，體形碩壯，怒目露齒，身有雙翼。

橋陵獬豸在唐陵石刻中是獨有的，也可說明唐朝在此時依舊在陵寢石刻規製上繼續探索。

　　乳臺　13 點 40 分，我們行至橋陵乳臺遺址，乳臺雙闕均保存較好。行程達 12.35 公里，當地海拔 476 米。站在乳臺回望橋陵陵山，山如覆斗、四平八穩，難怪當地人稱之為「四方城」。

　　14 點 16 分，我們返回趙家山，全程 14.43 公里，用時 5 小時 54 分鐘。

第六節　玄宗李隆基之泰陵

泰陵簡介

　　泰陵是玄宗李隆基和皇后楊氏合葬的陵寢，位於渭南市蒲城縣城東北 15 公里的金粟山，是關中十八座唐代帝陵中最東端的一座。金粟山屬五龍山餘脈，由三座山峰組成，主峰名為尖山，在尖山西南有敬母山、東南有臥虎山環抱兩側，泰陵東、西神門即位於兩山山梁之上。從南側看，整個陵山就如一個寶座，尖山為靠背、敬母山和臥虎山則是扶手，一副四平八穩、老成持重的態勢。但從西南方向眺望，陵山主峰竟如一顆挺拔的竹筍直刺天穹，應是其名「尖山」的來源。

　　李隆基（685—762），睿宗李旦第三子，母昭成順聖皇后竇氏。先天元年（712）繼位至天寶十五載（756）退位為太上皇，在位四十四年，是唐朝在位時間最長的皇帝，亦是唐朝極盛時期的皇帝。寶應元年（762）四月四日，李隆基崩於太極宮神龍殿，年七十八。群臣上諡曰至道大聖大明孝皇帝，廟號玄宗。《唐會要》卷二十載〈陵議〉記載，開元十七年（729），玄宗親拜五陵，至橋陵，見金粟山有龍盤鳳翥之勢，又近橋陵，則謂侍臣曰：「吾千秋後宜葬此地，得奉先陵，不忘孝敬矣。」於是玄宗崩後奉其遺願在此為其營建陵寢。廣德元年（763）三月十八日，葬玄宗於泰陵。四月祔其神主於太廟，元獻皇后楊氏神主祔其室。

　　元獻皇后楊氏（？—729），弘農華陰人，肅宗李亨生母。武周時期，嫁臨淄王李隆基。景雲元年（710）冊封東宮良媛，翌年生李亨。玄宗即位，冊封貴嬪。開元十七年（729）病逝，葬於細柳原永昌陵。至德二載（757）肅宗即位，

太上皇玄宗追諡其為元獻皇后。據〈元獻皇太后哀冊文〉記載：

> 維寶應二年歲次癸卯閏正月乙巳朔十六日庚申，元獻皇太后啟殯於
> 永昌之陵寢，安神於細柳之享宮。粵三月甲辰朔十二日乙卯，將遷
> 座於泰陵，禮也。

高力士墓

　　高力士用一生跟隨服侍玄宗，尤其是至德二載（757）玄宗由成都返回長安後，面對世態炎涼的人情變故和爾虞我詐的宮廷鬥爭，如沒有高力士處處小心的維護，玄宗怕是早早就已故去。

　　上元元年（760）八月，玄宗被迫移居太極宮甘露殿，高力士為李輔國所構，配流黔中道。寶應元年（762）三月赦歸，至朗州見二帝遺詔，北向嘔血哀哭曰：「大行升遐，不得攀梓宮，死有餘恨。」八月八日，終於朗州龍興寺，年七十三。代宗以護衛先帝之勞，還其官，贈揚州大都督，陪葬泰陵。

　　高力士墓位於蒲城縣山西村西側，西北距泰陵主峰約 2 公里，是唐十八陵中最東端的一座陪葬墓。現存封土高七八米，2013 年 4 月 6 日，筆者初次來時還可登上封土眺望泰陵，2016 年 2 月再來，封土已被圍牆包圍。

　　1999 年 7—10 月，考古部門對此墓進行搶救性發掘，發現盜洞多達十餘孔。墓葬座北朝南，由封土、墓道、三個過洞、四個天井、六個壁龕、甬道和單磚墓室組成，現存總長度 52 米。墓中出土長 112 釐米、寬 78 釐米的長方形「唐故開府儀同三司贈揚州大都督高公墓誌」，志文陰刻行書體，四十五行，每行十至三十四字不等，共計一千四百二十字。墓誌記載高力士下葬於寶應二年（763）四月十二日，即為玄宗下葬二十四天之後。

　　墓前原有「大唐故開府儀同三司贈揚州大都督高公神道碑」一通，立於大曆十二年（777）五月十一日。成書於嘉慶十年（1805）的《金石萃編》只載有上半截碑文，說明在此之前碑已斷為兩截，下半截碑石佚失。1963 年因封土南側約 60 米處的窯洞坍塌，碑石下半截才在土中發現。1982 年對接修復，現保存在蒲城縣博物館石刻室。神道碑由京兆府戶曹參軍李陽冰篆額。碑文約一千六百五十字，記載高力士的世系、官職、功績、死因等，由尚書駕部員外郎、知制誥潘炎撰，太中大夫、將作少監、翰林待詔張少悌書，與墓誌銘撰、書者

相同。

馬嵬驛兵變

　　《資治通鑑》卷二一八〈唐紀三十四〉記載，天寶十五年（756）六月九日，潼關失守。傍晚，報平安的烽火不至，使得玄宗在「安史之亂」暴發後第一次感到恐懼。十日，楊國忠提出幸蜀之策。十二日，玄宗御勤政樓，下旨，云欲親征。十三日黎明，玄宗卻與楊貴妃姊妹、皇子、妃等從延秋門逃出長安城。十四日，至馬嵬驛，將士譁變，殺楊國忠，並縊楊貴妃於佛堂。姚汝能《安祿山事跡》記載，軍士張小敬一箭把楊國忠射下馬，隨即斬殺。十五日，玄宗繼續幸蜀，而太子李亨則北上靈武，並於次月十二日在靈武即位，遙尊玄宗為太上皇。

　　五十年後的元和元年（806），白居易由校書郎升任盩厔縣尉，於冬十二月某日同陳鴻和王質夫共遊仙遊寺，三人話及玄宗、楊貴妃舊事，感慨唏噓，王質夫勸白居易：「夫希代之事，非遇出世之才潤色之，則與時消沒，不聞於世。樂天深於詩，多於情者也。試為歌之，如何？」白居易遂作《長恨歌》，陳鴻作《長恨歌傳》。雖然《長恨歌傳》給《長恨歌》的中心思想定為「亦欲懲尤物，窒亂階，垂於將來者也。」但文中還是能感受到白居易對玄宗和楊貴妃愛情的羨慕，以及對他初戀情人湘靈的癡戀。

　　楊貴妃墓位於興平市馬嵬鎮西 500 米，北依黃山，地勢北高南低，呈斜坡狀。南有民國二十六年（1936）四月所建門樓一座，門楣鑲嵌民國期間陝西省政府主席邵力子題寫「唐楊氏貴妃之墓」的門額。貴妃墓塚位於後院，呈環丘狀，底徑 4.5 米，高 3.2 米，相傳墓上封土可美白祛斑，遊女紛紛拾取，不得已將整個墓塚用青磚包砌。

　　《舊唐書》卷五十一〈列傳第一・后妃上〉記載，貴妃死後，瘞於驛西道側。「安史之亂」平息後，玄宗自蜀地還京，曾遣中使秘密改葬貴妃於他所，至於改葬的形製、方位，則語焉不詳。現今貴妃墓館藏年代最早的碑碣為元至正六年（1340）六月刻石的「尤吉臺洪範詩碣」，中有「馬嵬坡下風聲慘，尤怨真妃恨未銷」等詩句，說明最遲在元朝，已有文人騷客在此憑吊。

附：泰陵行記

2018 年 2 月 2 日 9 點 45 分，我同党明放從泰陵路南頭梨園文化廣場出發，沿泰陵路向北尋訪泰陵。

鵲臺　北行 600 多米，於 9 點 54 分到達泰陵鵲臺遺址，當地海拔 475 米。鵲臺與乳臺在陵園中軸線上的直線距離為 2462 米。東、西鵲臺間距 181 米，均為夯土結構。現今兩關基址均損毀嚴重，東側鵲臺地表已無存，勘探發現地下有長方形夯土基礎，東西長約 15.5 米、南北寬約 13.5 米。西側鵲臺附近現代取土形成大坑，闕體和基礎部分暴露並遭損毀。現今在西闕處立有「泰陵鵲臺遺址」石碑，但無立碑單位等信息。

大宋新修唐玄宗廟碑　離開鵲臺，繼續沿泰陵路向北去泰陵下宮，遺址南側的「大宋新修唐玄宗廟碑」位於路西近百米處，碑旁聳立著監控探頭，是其明顯標誌。10 點 20 分到達碑前，行程達 2.16 公里，此地海拔 510 米。廟碑碑文上半部文字清晰如新鐫，但下半部多有漫漶，碑首為六螭龍首，碑額楷書，碑座龜趺，但大部分埋於土中，僅露龜頭。碑西側留有政和元年（1111）十月二日，宋人遊泰陵所留題刻。

碑北側即為泰陵下宮遺址。現今四周地勢平坦，地表除部分瓦礫堆積外已找不到任何建築痕跡。〈唐玄宗泰陵陵園遺址考古勘探、發掘簡報〉（《考古與文物》2011 年第 3 期）記載：

> 下宮整體平面呈長方形，南北長 162.5、東西寬 143 米，有夯土城垣環繞一周。牆址除東垣牆北部寬 2.5 米外，其餘牆址寬度為 2 米，面積為 23237.5 平方米。由於遺址內部損毀嚴重，難以找到一條中心線……泰陵下宮是否有內城亦無法確認。下宮內部共發現夯土基址十六處，主要分布於宮城內北部，南部幾乎沒有。由於這些基址較為零散，難以辨認出明顯的院落分隔或建築形製。

乳臺　從下宮遺址返回泰陵路，繼續北行，於 10 點 28 分到達乳臺遺址，行程達 3.12 公里，當地海拔 548 米。東西兩闕相距 191 米，地表之上均存夯臺。東闕北部東西殘長 18.5、最大殘寬 10.5 米；西闕南部闕體東西長 19.5、東端南北殘寬 11.6 米，西部南北殘寬 8.6 米。

時間：1223 北門雙獅
行程：6420 東闕石馬
海拔：0720 東二西一

時間：1336 墓
行程：9250 道
海拔：0690 口

時間：1126 東門
行程：4970 雙闕
海拔：0652 雙獅

時間：1254 西門
行程：8140 北獅
海拔：0646

時間：1046 南門
行程：3610 雙獺
海拔：0553 雙闕

時間：1028 乳台
行程：3120 雙闕
海拔：0548

時間：1020 大宋
行程：2160 泰陵
海拔：0510 廟碑

沿此路可至
山西村西側
高力士墓

唐泰陵行記圖
2018 年 2 月 2 日
行程 12740 米、用時 5 小時

時間：0954 鵲台
行程：0629 遺址
海拔：0475

圖 10　唐泰陵行記圖

神道石刻　乳臺北側即為長達 468 米的神道，2014 年修葺。相比唐初幾座帝陵，泰陵石刻的體量明顯變小，以石人為例，橋陵石人最高的達 4.34 米，泰陵石人最高僅有 2.70 米。另一個變化就是石人同興寧陵一樣分成文武兩列，神道東側為文官，西側為武官。武官的袍服上著裲襠，手拄儀刀；文官則褒衣博帶，手持笏。此後唐帝陵石刻延續泰陵石刻制度，少有變化。

何正璜在〈唐陵考察日記〉中記載了 1943 年神道石刻的保存情況為：

> 華表一對均倒地，西側者已不可見，八棱柱甚短，高僅 2.5 米，蓋高 1.5 米；
>
> 飛馬一對均完整，姿態雄健生動，尤以東側造型特異，作昂首退立狀，充分表現馬之野烈性格，以雕刻藝術價值論，當可與肅宗建陵之翼馬媲美；
>
> 鴕鳥一對均倒地，造型類章陵所見，即足頸甚短，殊不類鴕鳥；
>
> 石馬五對均倒毀，東側尚有殘段可見，西側已沒入荒草，唯馬前均有御馬衛士，現仍有可見者；
>
> 石翁仲十對，東側立者四，其中二頭已斷去，西側立者二，餘沒滅。

二十世紀七八十年代神道石刻的情況，劉慶柱在〈陝西唐陵調查報告〉中記載如下：

> 石柱位於乳臺闕臺北 100 米處，東者殘，僅存上部，西者毀佚；
>
> 翼馬位於石柱北 20 米，東西兩匹均保持完好；
>
> 鴕鳥位於翼馬北 18 米，東西兩通保存較好；
>
> 石馬東列存五匹（均不同程度殘缺），西列僅存南數第一匹；
>
> 石人存東列南起第二（殘）、三（殘）、四（僕倒）、五（僕倒）、六（頭殘）、七（上身殘）、九（頭殘）尊，西列存南起第三（頭殘）、五、六（頭殘）、八（下身埋土中）尊。

現今，泰陵神道石刻雖保存數量較多，但保存狀況較差。2013 年 4 月 6 日，筆者第一次來時所見神道石刻保存情況為：東側由南至北保存有石柱（甚矮）、翼馬、鴕鳥、石馬和控馬人五組（石馬南起一至四俱存、第五組僅存控馬人；

控馬人位於南起第四和五組，頭部均缺失）、文官石人十尊（除南起第三、四、五尊保存較完整外，其他不同程度殘缺）；西側由南至北有石柱（僅倒在東側石柱處）、翼馬、鴕鳥、石馬和控馬人一組（南起第一組，控馬人佚、石馬保存較完整）、武將石人九尊（缺南起第一尊，除第二、六、九尊保存較完整外，其他不同程度殘缺）。西列鴕鳥背部有宋代紹聖元年（1094）題刻：

> 陝西轉運副使遊師雄行部蒲城，同新知廣安軍柴鼎臣，轉運司勾當
> 公事歐陽成，知縣事周濤，白水縣人束端卿、田義，詣金粟山謁唐
> 明皇泰陵。紹聖元年（1094）四月十九日，巡拴陳遇、巡監張謹從行。

當日所見，東、西石柱已於 2014 年加高扶正，其他石刻除東列石馬南起第一組新增控馬人外，其餘無變化。

在西列武將石人中有四尊保存頭部，皆胡人相貌。開元初期，張嘉貞、王晙、張說、蕭嵩、杜暹皆以節度使入相，李林甫希望以胡人「不識文字，無入相由」徹底杜絕出將入相的通道，從而達到自己長據相位、把持朝政的目的。遂奏曰：「文士為將，怯當矢石，不如用寒族、蕃人，蕃人善戰有勇，寒族即無黨援。」玄宗遂定「文用漢，武用胡」之制，泰陵石人中胡將的大量出現，亦從側面反映出玄宗朝後期的用人制度。

南神門　10 點 46 分到達南神門，行程達 3.61 公里，當地海拔 553 米。南神門雙闕闕臺保存較好。東獅卷鬃合口、西獅直鬃張口，獅尾均從胯下卷出、尾尖飾雲紋並貼於腰間。石獅體量同乾、橋等陵相比矮小不少，但氣勢尚可。

2008 年 4 月—2009 年 11 月，陝西省考古研究院唐陵考古隊對泰陵開展考古勘探工作。本次勘探未發現蕃酋殿址，測量發現泰陵神道最北石人與南門門闕相距 38 米，南門門闕與南門石獅相距 30 米，門闕以南空間略大，推測蕃酋殿應位於南門闕以南、神道石人以北區域。同時，在南門西闕以南發現四件蕃酋像殘塊和一件石質蕃酋像底座。加上泰陵文管所歷年在陵區收集到的十件蕃酋像殘軀，共計發現十四件個體，其中九件屬於上半身，四件下半身，一件頭部。

東神門　我們沿南神門東闕北側土路向東走，爬上一道很陡的土坡後沿路向北拐，11 點 26 分到達東神門，行程達 4.97 公里，當地海拔 652 米。東門石獅保存較好，位於闕西，均為閉口狀，南獅直鬃、北獅卷鬃。雙闕歷經千餘年

風雨剝蝕僅存兩座高不足 3 米土丘。通過考古發掘，發現泰陵東門門址為三個門道的土木結構過殿式建築，面闊五間、進深兩間，中間三間設門，兩側房間中間有隔牆隔斷門址內外，門址南北兩端分別與城垣相連。其形製、規格和建築方法與南門、北門一致。

北神門　北神門位於嶺南村東南方向山坡上的果園中，從東神門向西北方向走，翻過兩座山包間的鞍部後下山即到。我們於 12 點 23 分到達，行程達 6.42 公里，此地海拔 720 米。

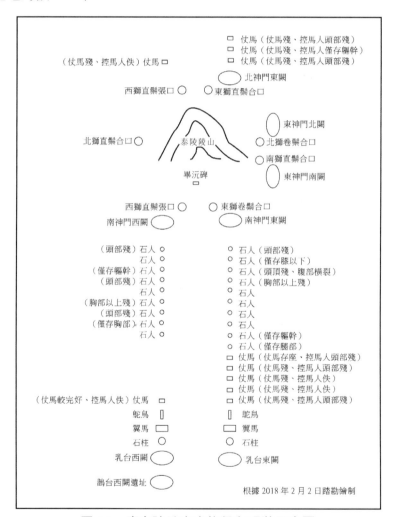

圖 11　唐泰陵地表文物保存現狀示意圖

2013 年，筆者初次來時所見情況為：雙闕僅存東闕臺，雙獅位於闕南側，皆為直鬃，東獅閉口、西獅張口；闕北東列存石馬和控馬人二組（石馬俱殘、

控馬人頭部缺失，其中南側控馬人站立）。這次再來發現石馬和控馬人數量有所增加，其東列為三組（均不同程度殘缺，新近修復）；西列也新出土石馬一匹（位於南起第一，頭部和四肢殘，新近修復）。〈唐玄宗泰陵陵園遺址考古勘探、發掘簡報〉介紹，北神門出土石虎一件，為蹲虎造型，現存泰陵文管所。

西神門　西神門位於東山懷村東約 500 米處，從嶺南到東山懷村原是一條坑窪難行的機耕路，現已鋪成平坦的水泥路。我們於 12 點 54 分到達西神門，行程達 8.14 公里，當地海拔 646 米。在劉慶柱二十世紀七十年代調查時，雙闕闕臺還高出地表約 2.5 米，並存有北側石獅。現今只存石獅，直鬃合口，雙闕闕臺已平毀。

羨道口　離開西神門向東翻過敬母山山脊，行至陵山主峰正南，山前有一條山路可通半山處的玄宮羨道口。山路較寬，且路邊山石上不時出現人工開鑿的痕跡，我們推測，玄宗靈柩應是沿此路入葬玄宮。13 點 36 分，攀至羨道口，行程達 9.25 公里，此處海拔為 690 米。如今的羨道口灌木叢生，尋不到條石填塞的痕跡。

唐元宗泰陵碑　下山過畢沅所書「唐元宗泰陵」碑，碑上「元宗」是畢沅為避康熙玄燁名諱而有意為之，但唐玄宗被稱為「唐元宗」的歷史卻遠早於此。《宋史》卷一〇四記載，宋真宗在大中祥符五年（1012）十月，夢見玉皇令趙氏祖先趙玄朗授予他天書。趙玄朗自稱是九天司命保生天尊，為人皇九人中一人，曾轉世為軒轅黃帝，後唐時奉玉帝之命，七月一日降世，主趙氏之族。閏十月，宋真宗追尊趙玄朗為上靈高道九天司命保生天尊大帝，廟號聖祖。為避「玄」、「朗」字諱，十二月改孔子原諡「玄聖文宣王」為「至聖文宣王」。唐玄宗的廟號也改為「唐元宗」，如《宋史》卷三〇六記載：

> 唐之盛時，亦不聞別分利權，創使額，而軍須取足。及元宗侈心既萌，召發既廣，租調不充，於是蕭景、楊釗始以地官判度支，而宇文融為租調地稅使，始開利孔，以構禍階。

但是南唐第二位皇帝李璟的廟號也是元宗，為便於區別，北宋時就有人從玄宗諡號「至道大聖大明孝皇帝」中取其「明」字，以「唐明皇」來稱呼唐玄宗。如前文所記，神道西側鴕鳥石刻背部所留北宋題刻中的「詣金粟山謁唐明皇泰陵」。

過畢沅碑，我們一路向南，14點46分返回梨園文化廣場，全程12.74公里，用時5個小時。

第七節　肅宗李亨之建陵

建陵簡介

建陵是肅宗李亨和章敬皇后吳氏的陵寢，位於禮泉縣城東北15公里的武將山。建陵東揖昭陵，西望乾陵，其地形很像一柄由三條山脊和三條大溝組成，向南刺出的三股鋼叉，東神門和西神門就位於東、西兩股叉刃上，南神門位於中間一股，而北神門則位於三股叉刃尾端的結合處。三股叉刃間隔有兩條大溝，第三條大溝就是神道，將中間那股叉刃在南神門南側又分成兩股，如蛇吐出的信子。

肅宗李亨（711—762），玄宗第三子，母為元獻皇后楊氏。李亨初封為陝王，開元十五年（727）徙封忠王，開元廿六年（738）立為太子。天寶十五載（756）六月十四日，馬嵬坡兵變後與玄宗分道，北上靈武，並於七月十二日在靈武即位，改元至德，遙尊玄宗為太上皇。即位後，他命郭子儀與李光弼等將領討伐安史叛軍，先後於至德二載（757）九月和十月收復長安、洛陽。寶應元年（762）四月，肅宗大漸，張皇后無子，懼太子李豫功高難制，欲改立肅宗次子越王李系，但宦官李輔國、程元振等人擁立李豫，於四月十七日幽禁張皇后、李系等人，是夜李亨崩於長生殿，年五十二歲。翌日，因玄宗已於太極殿發喪，故肅宗發喪於兩儀殿。寶應二年（763）三月二十七日，葬肅宗於建陵。

章敬皇后吳氏（？—730），代宗李豫生母。坐父事沒入掖庭。開元廿三年（735），玄宗以吳氏賜李亨，翌年生李豫。開元廿八年（740）薨，葬於長安城春明門（長安城東三門之中門）外。寶應元年（762）五月十一日，代宗即位後追尊其為太后，翌年正月五日，謚曰章敬。準禮以祔肅宗陵廟，閏正月五日啟舊塋，吳氏容狀如生，粉黛如故，而衣皆赭黃色，見者駭異，謂有聖子之符雲。

建陵盜案

2010年4月3日凌晨，多名案犯結夥在夜間利用支架、吊鏈、柴油三輪車

等工具，將建陵東神門雙獅盜走。5 月 17 日，咸陽市公安局向全國發布〈關於禮泉石獅被盜案的協查通報〉，凡提供線索破案者，公安機關將予以現金 10 萬元獎勵，筆者最早知道此案就是在朱雀路原文物市場牆上看到這份協查通報。2010 年 11 月 23 日至 24 日，國家文物局聯合公安部來陝督辦建陵石獅被盜等系列文物盜掘大案，咸陽警方提高賞金，懸賞二十萬元尋求破案線索。2012 年 1 月 1 日，警方再次發布懸賞通告，將懸賞金額提高至三十萬元。2020 年 6 月 30 日，陝西省禮泉縣公安、法院、檢察院再次聯合發布懸賞通告，對十年前被盜的唐建陵石獅，懸賞一百萬元徵集線索。

懸賞金額已漲到百萬之巨，可被盜石獅依然音信皆無，真怕賊人為了逃避打擊將石獅毀屍滅跡。現特將石獅的特徵抄錄，願失竊石獅早日尋回。

> 南側石獅特徵：張口吐舌，舌與上齶連為一體，作低吼狀，圓目怒睜，鬣毛稀疏，稍彎曲後自然披腦後。獅高 1.56 米、長 1.24 米、胸寬 0.87 米。胸部有一條橫紋。
>
> 北側石獅特徵：嗔目前視，做閉口牙齒外露狀，鬣毛下垂，毛端環卷。獅高 1.5 米、長 1.3 米、胸寬 0.74 米。胸前刻有「民此遠備」，右腿刻有「七月十一起」字樣，字跡模糊。左腿有一橫紋。

李懷讓陪葬建陵之謎

1999 年出版的《禮泉縣誌》記載：「禮泉舊誌載，建陵陪葬名位有二：尚父汾陽王郭子儀，汧國公李懷讓。」

在陵山西南約四公里處的坡楊村南現存墓塚三座。其中封土最大一座，高 3 米，塚南有碑，碑面刻楷書三行：右上「巡按陝西監察御史畢懋康立」，中「唐汾陽王郭子儀之墓」，左下「禮泉知縣因其誌建」。根據禮泉舊誌記載的知縣因其誌在職年時推知，石碑立於萬曆三十八年（1610）。此墓東有較小封土兩座，推測為郭子儀家族墓葬。至於李懷讓墓，目前難覓其蹤，事實上，如果撥開歷史迷霧，真相也許更讓人詫異。

《全唐文》卷四百十九收錄有常袞所作〈華州刺史李公墓誌銘〉，記載李懷讓「廣德元年九月三日，薨於華州軍府，春秋若幹。天子聞之，輟朝興嘆，特優命數，寵贈司空……即以其年十月四日，陪葬建陵，旌勛臣也。」關於其

死因，《舊唐書》卷十一〈代宗本紀〉卻如此記載：「六月，同華節度使李懷讓自殺，為程元振所構。」而且墓誌銘所記「十月四日」的葬禮日期也很詭異，《資治通鑑》卷二二三〈唐紀三十九〉記載，是年十月二日吐蕃寇奉天、武功，京師震駭；四日渭北行營兵馬使呂月將破吐蕃於盩厔之西；六日呂月將復戰為虜所擒，吐蕃兵臨長安城西；七日代宗出逃陝州；九日吐蕃入長安。另外，《唐會要》卷十七〈廟災變〉中有「建中二年二月，復肅宗神座於寢宮。初寶應中，西戎犯京師，焚建陵之寢，至是始創復焉」的記載。寶應二年（763）七月已改元廣德，所以文中「寶應中」應為「廣德元年」。綜上所述，廣德元年（763）十月的大唐正苦於應對吐蕃的入侵，李懷讓也不可能在十月四日，陪葬於已被吐蕃侵佔的建陵。

文獻對李懷讓的記載很少，據其墓誌銘和零星文獻記載可知，李懷讓在「安史之亂」前以良家子選羽林郎，「安史之亂」中他一直擔任肅宗的扈從，至德二載（757）十二月肅宗還京表彰功臣，李懷讓以佐命功特授鎮國大將軍、左羽林軍大將軍、知左神武軍事，加特進兼鴻臚卿、左神武軍大將軍，封汧國公，上元二年（761）又加開府儀同三司，充潼關鎮國軍使、同華等州節度使、華州刺史。廣德元年（763）六月，已外任兩年的李懷讓與另兩位節度使一起入朝，《舊唐書》卷十一〈代宗本紀〉記載：「六月癸未，以陳鄭澤潞節度使李抱玉檢校司空，封武威郡王；河中節度使王昂檢校刑部尚書，封邠國公；同華節度使李懷讓檢校工部尚書。」其後即有李懷讓當月自殺的記載。

以上記載大致可看出李懷讓為肅宗朝「勛臣」，但代宗即位之後打擊、削弱的恰恰是「勛臣」勢力。如貶裴冕為施州刺史，密令刺殺李輔國，流放來瑱並賜死於路⋯⋯

李懷讓所掌管的同華節鎮，是上元二年（761）將原本分屬陝州和河中的華、同二州合併而成，兩州各擁有一處重要的關隘——潼關和蒲津關，可說是長安的門戶，將如此重要的門戶交給舊朝「勛臣」掌管，讓代宗多少有些不安。加之李懷讓和已秘密處決的李輔國有著不清不楚的關系，必處之而後快。

《資治通鑑》卷二二三〈唐紀三十九〉記載，太常博士柳伉在代宗出逃陝州時上疏：

　　犬戎犯關度隴，不血刃而入京師，劫宮闈，焚陵寢，武士無一人力戰

者，此將帥叛陛下也。陛下疏元功，委近習，日引月長，以成大禍，群臣在廷，無一人犯顏回慮者，此公卿叛陛下也。

清楚地說明代宗同前朝功臣的關係已到了一個水火不容的境地。代宗不得不在十一月「削元振官爵，放歸田裡」，而作為被程元振誣陷自殺的李懷讓自然也要昭雪平反，陪葬帝陵。但因吐蕃入侵，未能實施，空留一篇〈華州刺史李公墓誌銘〉。

山陵五使

唐代經常會特派官員負責某種政務，稱之為「使」。開元以前的使職，多是臨時差遣，有事則設，事畢則撤。開元後不少使職開始固定化、常設化，同時使職的權力逐漸增大，如「節度使」。具體到山陵使，即臨時委派掌管皇帝山陵營建、喪葬儀式的官員。

「山陵使」一詞早在東晉時就有出現。《宋書》卷十五〈志第五・禮二〉記載：「太元四年九月，皇后王氏崩。詔曰『終事唯從儉速』又詔『遠近不得遣山陵使』，有司奏選挽郎二十四人，詔停。」從字義上看，此處的山陵使應是各地所遣吊喪之使，同本書所要探討的山陵使還是有些差異。

唐初負責山陵營建的官員並非稱之為「山陵使」，如《新唐書》卷九十五〈高儉傳〉所記的「高祖崩，攝司空，營山陵」，《新唐書》卷一百〈閻立德傳〉所記的「文德皇后崩，攝司空，營昭陵，坐弛職免」，《舊唐書》卷七十七〈閻立德傳〉所記的「二十三年，攝司空，營護太宗山陵」和《新唐書》卷九十八〈韋待價傳〉所記的「武后臨朝，攝司空，護營乾陵」……《唐會要》卷二十〈陵議〉記載，太宗葬禮之後，高宗欲保留架設在九嶕山上的棧道，以便讓宮人繼續供養，惟舊山陵使閻立德奏請拆除。考慮到《唐會要》最早成書於德宗朝，其中所提「山陵使」恐非最初記載文字，但從另個側面證實，唐代初期的「攝司空，營山陵」同之後出現的山陵使肩負責任相同，可以說「攝司空」是唐初山陵使一個主要的任職特徵。

營建皇帝山陵是一件極其複雜艱巨的工作，如僅設山陵使一職，必定會顧此失彼、疲於奔命，所以在其之下會再設使職，如《新唐書》卷一百〈閻立德傳〉記載，閻立德因護治獻陵，拜大匠，其職責應是輔助高士廉營建獻陵。再如《舊

唐書》卷七〈睿宗本紀〉記載：景雲元年（710）七月，「右僕射許國公蘇瑰、兵部尚書姚元之、吏部尚書宋璟、右常侍判刑部尚書岑羲並充使冊定陵。」一次派遣四人充使冊定陵，應有所分工。而且在文獻史料中也陸續出現禮儀使、山陵鹵簿等名稱，如陪葬昭陵的崔敦禮神道碑上即有「其年，副太尉、趙國公檢校山陵鹵簿，事畢蒙進爵為公」的記載。

在營建泰陵、建陵期間，「山陵使」的名稱和職責分工逐步明確，各類山陵使的具體職責及出任人員如下：

山陵使由宰輔之臣出任，統管全域，從修建陵寢到喪葬禮儀等皆做主持、事必躬親，為葬禮活動的總負責人。文獻記載，泰、建二陵山陵使先後由裴冕、來瑱和郭子儀擔任。

禮儀使的職能就是負責葬禮儀式的修改和制定，為皇帝即位、祭祀、喪禮等各種重大活動策劃儀典，安排議程，並且主持參與完成整個葬禮。《新唐書》卷一二六〈杜鴻漸傳〉記載：「乃召鴻漸為尚書右丞、太常卿，充禮儀使。泰、建二陵制度皆鴻漸綜正，以優，封衛國公。」

鹵簿使負責喪事所用鹵簿、車架、鼓吹、出行儀仗等的指揮。《新唐書》卷一二五〈蘇震傳〉記載：蘇震「為泰陵、建陵鹵簿使，以勞封岐國公，拜太常卿。」

橋道置頓使的職能是負責送葬所經道路的安全完善，承擔修繕道路並專掌工程財務。《新唐書》卷一二九〈嚴武傳〉記載：嚴武「為二聖山陵橋道使，封鄭國公。」

在文獻記載中，泰陵、建陵「山陵五使」僅缺少按行山陵使。按行山陵使的職能主要是代表皇室堪輿陵寢和核查驗收陵寢設施，由掌管陵廟部門的主官出任，多為皇親國戚。《新唐書》卷九十一〈姜慶初傳〉記載：「會修植建陵，詔為之使，誤毀連岡，代宗怒，下吏論不恭，賜死。」《舊唐書》卷十〈肅宗本紀〉記載：「大曆二年（767）八月壬寅，太常卿、駙馬都尉姜慶初得罪，賜自盡。敕陵廟署復隸宗正寺。」其中「敕陵廟署復隸宗正寺」，則涉及唐朝掌管陵廟部門的變化情況，唐初以太常寺職奉陵廟，開元末，濮陽王李徹為宗正卿，有寵，始請以宗正寺奉陵廟。天寶中，張說次子、駙馬都尉張垍任太常卿，又以太常寺職奉陵廟，及姜慶初賜死後，陵廟又歸宗正寺掌管直到唐亡。聯繫

以上記載，姜慶初出任過玄宗、肅宗山陵某項使職，因當時太常寺職奉陵廟，故以其太常卿又是駙馬都尉的身分，最有可能出任的就是按行山陵使。

綜上所述，在營建泰、建二陵時應設立有山陵使、禮儀使、鹵簿使、橋道置頓使和按行山陵使，山陵五使初具規模。

《全唐文》卷六十六〈景陵禮成優勞德音〉中又出現內山陵使、內按行山陵地使、內山陵副使等名稱，此內諸使顯然是由宦官兼充，表明當時皇帝的山陵事務是由官員負責的南衙和宦官負責的北司共同完成，一方面說明宦官干預朝政的日益嚴重，另一方面說明山陵使的職能再度被細化。

文獻記載中多次出現一座山陵出現多位山陵使的現象。如《舊唐書》卷一一三〈裴冕傳〉記載：「代宗求舊，拜冕兼御史大夫，充護山陵使。」《舊唐書》卷一一四〈來瑱傳〉記載：「八月，瑱入朝謝罪，代宗特寵異之，遷兵部尚書、同中書門下平章事，依前山南東道節度、觀察等使，代左僕射裴冕充山陵使。」《新唐書》卷一三七〈郭子儀列傳〉記載：「代宗立，程元振自謂於帝有功，忌宿將難制，離構百計。因罷子儀副元帥，加實戶七百，為肅宗山陵使。」如此以來，玄宗、肅宗山陵共出現三位山陵使。事實上，此現象還出現在元陵、端陵的營建中。大曆十四年（779）五月代宗崩，元陵由郭子儀和崔寧出任山陵使；會昌六年（846）三月武宗崩，端陵又出現李讓夷和李回兩位山陵使。筆者認為山陵使一職統攬全域，事關重大，如多人擔任，有可能出現十羊九牧、人浮於事，或彼此對峙、相持不下的局面。出現在文獻記載中的多人擔任一座帝陵山陵使的情況均應是先後接任，不存在同時執掌的情況。

首先分析裴冕、來瑱和郭子儀出任泰陵、建陵山陵使的情況。《舊唐書》卷十一〈代宗本紀〉記載，寶應元年（762）四月肅宗崩；七月來瑱和郭子儀分別自襄州和河中來朝；九月右僕射、山陵使裴冕貶施州刺史；翌年（763）正月來瑱被削官爵，長流播州，尋賜死於路；三月葬肅宗於建陵。不難發現，寶應元年（762）四月至九月間的山陵使應為裴冕一人，最少在七月前來瑱和郭子儀均不在長安。九月裴冕貶為施州刺史後至翌年正月來瑱接替裴冕為山陵使，《舊唐書》卷一一四〈來瑱傳〉中「代左僕射裴冕充山陵使」的記載可佐證此論點。《資治通鑑》卷二二二〈唐紀三十八〉記載：「十一月，郭子儀以僕固懷恩有平河朔功，請以副元帥讓之。己亥，以懷恩為河北副元帥。」說明郭子儀進京

後另有任用。故在九月裴冕被貶後，由來瑱接任山陵使，而郭子儀則是在翌年正月，來瑱被流放播州後，才接任山陵使一職。

再分析郭子儀和崔寧出任代宗山陵使的情況。大曆十四年（779）五月二十一日代宗崩，十月十三日葬於元陵。根據《資治通鑑》卷二二六〈唐紀四十二〉的記載，可知直到九月崔寧才由西川入朝，加司空兼山陵使，此時據代宗下葬僅一月有餘。《資治通鑑》同卷在崔寧入朝記載之後，緊接著又記：「上用法嚴，百官震悚。以山陵近，禁人屠宰；郭子儀之隸人潛殺羊，載以入城，右金吾將軍裴謂奏之。」筆者推測，是否正因此事，郭子儀受到德宗的處罰，而由崔寧接任山陵使一職。

而李讓夷和李回出任武宗山陵使的情況同以上情況相似。會昌六年（846）三月二十三日武宗崩，八月三日葬於端陵。《新唐書》卷一八一〈李讓夷傳〉記載：「宣宗立，進司空、門下侍郎，為大行山陵使。未復土，拜淮南節度使。」《新唐書》卷八〈宣宗本紀〉記載李讓夷拜淮南節度使的時間為七月，據武宗下葬僅一月左右，李回應該也是在李讓夷離開京城後才接任山陵使一職。

建陵盜戟

《唐會要》卷十七〈廟災變〉記載：

> 元和十一年（816）正月，宗正寺奏建陵黃堂南面丹景門，去年十一月，被賊斫破門戟四十七竿。詔曰：「所由關於周防，敢爾侵犯，各據事狀，宜有科懲。知山門押官決六十，削一任官；曠騎三衛，並決四十；陵令馬敘，罰一季俸料；陵丞李建，罰一月俸；宗正卿李上公，罰一月俸。」

元和九年（814），淮西節度使吳少陽死，其子元濟匿不發喪，偽造少陽表，稱病，請以元濟為留後。憲宗不許，於是吳元濟縱兵侵掠至東都。成德節度使王承宗、淄青節度使李師道暗中與吳元濟勾結，出面為之請赦，憲宗依舊不許。翌年四月，李師道遣人焚燒河陰轉運院，破壞唐軍後勤供給；六月三日，遣盜伏於靖安裡，刺殺宰相武元衡，京師震恐。之後，轉戰防範相對鬆懈的先帝陵寢，先後斫建陵門戟，焚獻陵寢宮。直到元和十四年（819）二月，魏博節度使田弘正平定李師道，得淄青文書，其中有賞殺武元衡賊人及收買唐軍蒲津關、

潼關關吏的檔案，才知盜賊來去無蹤、終不能絕的真相。

唐代以棨戟製度表示品位，《唐六典》卷四〈尚書禮部〉記載：

> 凡太廟、太社及諸宮殿門，東官及一品已下、諸州門，施戟有差：
> 凡太廟、太社及諸宮殿門，各二十四戟；東宮諸門，施十八戟；正
> 一品門，十六戟；開府儀同三司、嗣王、郡王、若上柱國・柱國帶
> 職事二品已上及京兆・河南・太原府、大都督、大都護門，十四戟；
> 上柱國・柱國帶職事三品已上、中都督府、上州、上都護門，十二戟；
> 國公及上護軍・護軍帶職事三品，若下都督、中・下州門，各一十戟。

《唐會要》卷三十二〈戟〉記載，天寶六載（747）四月八日，玄宗敕改
儀制令：

> 廟社門、宮殿門，每門各二十戟；東宮每門各十八戟；一品門十六
> 戟；嗣王郡王、若上柱國柱國帶職事二品、散官光祿大夫已上、鎮
> 國大將軍已上、各同職事品、及京兆河南太原府、大都督大都護，
> 門十四戟；上柱國柱國帶職事三品、上護軍帶職事二品、若中都督、
> 上州、上都護，門十二戟；國公及上護軍帶職事三品，若下都督、
> 中下州，門各十戟。並官給。

故此時，帝陵門址前僅列二十桿門戟，必須三處列戟方能湊齊四十七桿的
數字。懿德太子墓中在第一、二天井東西兩壁畫大型戟架四個，每個架上列戟
十二根，共計四十八桿。李求是在〈談章懷、懿德兩墓的形製等問題〉（《文物》
1972 年第 7 期）一文中認為兩個過洞分別代表宮門和殿門，故兩處門址均按天
子之制列戟。據此推斷，建陵乃至全部帝陵，均應在鵲臺、乳臺和南神門前列戟。

建陵石刻生肖俑

2016 年春節，昭陵博物館首次展出建陵出土的獸首人身生肖猴、馬俑石刻，
筆者和党明放應昭陵博物館李浪濤副館長所邀，有幸參觀。

兩件生肖俑均以灰白色石灰岩雕鑿，著寬袖袍服，腰繫革帶，足穿高頭履，
雙手持笏於胸前，立於方形基座上。猴首人身俑通高42.2釐米，相連的石座高5.6
釐米、寬14.7釐米、長12.5釐米。俑雙目狰獰，閉口，耳貼於頭側，目光平視。

通體雕鑿較為精細，衣飾線條簡潔明快，比例精確。馬首人身俑通高 42 釐米，石座高 4.1 釐米、寬 13.3 釐米、長 10.4 釐米。小耳，口微張，目光平視。除頭部打磨光滑外，通體較粗糙，背部未經打磨，雕鑿痕跡明顯。據李浪濤介紹，兩俑均是村民平整土地時發現。其中，猴首人身俑於 1974 年 8 月出土於西神門門獅西南方向約 140 米處；馬首人身俑於次月出土於南神門門獅東側約 7 米處，出土時伴有磚塊。兩俑質地、形制一致，且均出土於建陵陵園，應同屬建陵附屬文物，是目前在唐代帝陵陵園內發現放置生肖俑的孤例。敦煌晚唐 S.2263《葬錄》置□□獸法云：

> 石碑去門十步，石羊去碑七步，石柱去石羊七步，石人去柱七步，自余諸獸依十二辰位消息置之，其墓田畝數大小，步數安之。

如將建陵視為圓周，並依十二時辰等分，馬首人身俑出土位置正處於午時，猴首人身俑則處於申時，完全符合《葬錄》所云。據此推測，建陵陵園一周應安置全套十二生肖俑石刻。

2009 年 6 月 4 日《三秦都市報》報導，陝西省考古研究院在西安咸陽國際機場二期擴建工地中，發現一座下葬於開元、天寶之間，帶有圍溝的大型唐代墓葬。在圍溝中相繼出土除鼠首、豬首俑外的十件生肖俑，這些生肖俑按照子午線順序整齊排列。十二生肖俑在初唐晚期和盛唐時代墓葬中時有發現，但在墓葬圍溝中出土卻極為稀見，聯繫建陵生肖俑的出土情況，兩者應是採用了相同的安置方式。

附：建陵行記

2018 年 4 月 30 日，我和妻子巡訪建陵。因建陵西側的坡楊、李瓦等村修路，試著在導航上選擇了一條從建陵東面到達的路線，竟然開到東列石柱下，索性就以此為起點。

乳臺　因建陵鵲臺在文獻資料中都沒有記載，應是早已湮滅不存，故出發前留意了一下建陵乳臺保存情況。其東乳臺平毀，而大溝對面的西乳臺保存較好，位於建陵文管所南側。

東神門　11 點 42 分，我們從海拔 769 米的東列石柱下出發，第一個目標就是翻越東側大溝到達東神門遺址。沿著剛剛開車上來的石子路下到溝底，此

時可供選擇的路線有二，一是繼續沿公路往東南方向到索山村，再沿公路轉北即可到達東神門所在山腳下；二是向東北方向攀上溝的東沿直接到達東神門。當日我們選擇第二條路線，於 12 點 45 分趕到東神門，行程僅 2.61 公里，海拔卻升高到 926 米。如從溝底計算，行程不足兩公里，海拔升高 200 多米，是當日行程中最消耗體力的一段。

東神門位於兩個山包中間，地形學上很形象的將這種地形稱為「鞍部」。雙獅在 2010 年 4 月 3 日夜晚被賊人盜走，至今黃鶴不返，原地空留石座，座的四邊陰刻瑞獸圖案。從遺留石座位置來看，石獅沒有向大部分唐陵門址石獅那樣安置於雙闕內側，而是緊緊的貼在闕臺外側，估計是受到東西過於狹窄地形的影響，不得已而為之。

位於東神門北側約一里之遙有唐代採石場遺跡，很可能就是供營建建陵時所用。2013 年 3 月 15 日，筆者在現場看到村中修路時推出的條石、方石，但是施工已被文保部門勒令停止。

北神門　和妻子坐在石獅基座上簡單吃過午飯，起身去北神門。山腳下原本不太寬的石子機耕路已修成寬闊平坦的柏油馬路，沿著馬路向北走，13 點 22 分走到一方建陵文保碑前，柏油馬路繼續向北通往涼馬村，而我們左拐進入一條機耕路，向正西方向走。13 點 22 分，到達位於涼馬村南約 500 米山坡處的北神門遺址，行程達到 4.17 公里，此地海拔為 971 米。受東神門石獅被盜影響，此處原有的兩尊石獅遷入昭陵博物館，安置在後院李勣墓前，現地僅存保存較好的雙闕。

西神門　去西神門也有機耕路可供通行，我們沿著路繞陵山於 13 點 55 分到達位於山西頭村東約 200 米處的西神門遺址，行程達到 5.07 公里，此地海拔為 903 米。雙獅也遷至昭陵博物館保存，安置在一進大門處。現地門闕闕臺保存較好，雙闕的間距很大。建陵東、西、北三處神門基本位於900 米等高線左右，其中北神門最高，東西兩側略低，給人一個很平穩的態勢。

畢沅碑　原本已做好回程再翻越西側大溝的思想準備，但在村中問路時，經一老者指點在村中打穀場旁找到一條捷徑。小路在大溝北側溝頭劃出一道弧線，成功避開大溝後，調頭直奔正南而去。一路慢下坡走來，14 點 32 分達到南神門北側畢沅碑，行程達到 7.02 公里，此地海拔為 848 米。1957 年禮泉縣人

民委員會撥專款對陵前石刻進行整修加固，同時為畢沅碑修建青磚碑樓。碑樓
背面下部鑲嵌一小石碑，記述此次整修事宜，落款時間為 1957 年 12 月 3 日。

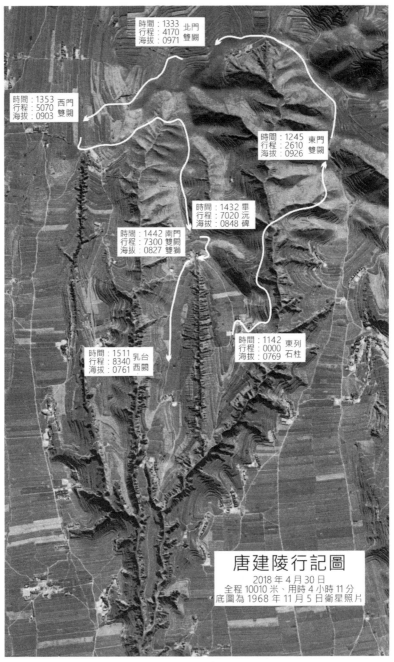

圖 12　唐建陵行記圖

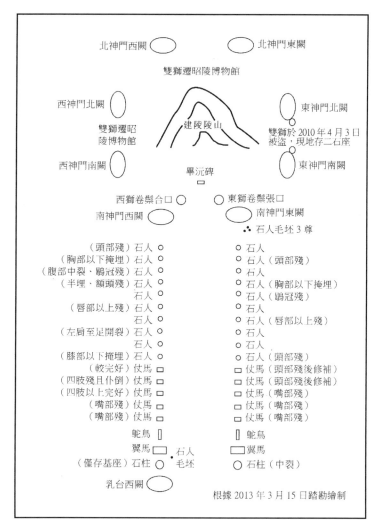

圖 13 唐建陵地表文物保存現狀示意圖

南神門 南神門雙闕、雙獅俱存，雙獅同最著名的乾陵石獅相比，雖尺寸減小，但氣勢不遜，尤其是那暴漲肌肉，給人能一躍數丈的力量感。石獅的鬃髮形式也沒有遵循雌獅直鬃、雄獅卷鬃的路子，而是一律直鬃，髮尾捲曲，雌雄難辨。東獅張口、西獅合口，雙獅石座四邊亦陰刻瑞獸圖案。在東闕附近散落三尊石人毛坯，估計當年因報廢而就地掩埋，之後又逐漸露出地表。

神道石刻 建陵石刻位於大溝兩側，有文章說大溝是由於千年水土流失所致，但筆者認為此說尚需商榷。第一，建陵神道石刻東西間距達 200 多米，遠遠超過其他帝陵幾十米的間距，當真是唐人早早就預判出神道會被山洪沖出一

條大溝而預先有意加寬嗎？第二，如山洪迅猛，首當其衝的應是南神門，那麼為什麼南神門雙闕、石獅均能保存？第三，在大溝兩側的洩水溝犬齒交錯，不論是在現場、還是在衛星地圖上看，人工修葺的痕跡很明顯。綜上所述，有理由相信大溝在建陵營建之初就已存在，唐人只是借地形加以修整而已。

1961 年 9 月上旬，陝西省文物管理委員會對建陵進行過一次調查、探測，其結果同二十世紀七十年代劉慶柱調查唐陵的情況大致相符。劉慶柱〈陝西唐陵調查報告〉中記載建陵神道石刻由南至北分別為：

> 乳臺北 95 米處有石望柱一對（東側高 5.5 米、西側殘佚）；再其北 28 米翼馬一對（身軀雖變小，但雕刻之精緻為諸唐陵中最為突出）；再北 32 米為鴕鳥一對（形製同泰陵）；再北 32 米有石馬五對，石馬南北間距 30 米（均不同程度殘缺）；再北 32 米有石人十對，石人南北間距 30 米。

當日有工作人員正在修繕神道石刻，一些被埋的石人整體發掘出土，倒伏的石馬也被扶正。石刻保存的具體情況為：東列石刻由南至北分別為：石柱（中裂）、翼馬、鴕鳥、石馬五匹（均不同程度殘）、文官石人十尊（南起第一、四、九尊頭部缺失）；西列神道石刻由南向北依次為石柱礎石（站在溝沿能看到一段柱身滑落溝中，柱頭被埋在礎石下方十米處坑中）、翼馬、鴕鳥、石馬五匹（均不同程度殘）、武將石人十尊（南起第五、十尊頭部殘缺，其中第十尊石人頭部於 2003 年 3 月在神道溝中發現，現藏於昭陵博物館）。在西列石柱礎石附近存有一石人毛坯。2020 年 3 月 22 日，筆者再次來到建陵，看到整個神道石刻修繕工作已經完成，全部石刻均出土、扶正並設立護欄保護。文管所門前放置陵區收集來的五個毛坯石人，西列石柱柱頭和三段柱身。

回程走到東側翼馬前，村中一老漢自豪地對我說：「這馬能換座禮泉城！」和翼馬道別，行程結束，全程 10 公里，用時 4 小時 11 分。

建陵和泰陵是唐朝同時營建的兩座帝陵，但從石刻水準上看，筆者認為建陵高於泰陵，建陵石人文官神態肅穆雍容、武將相貌莊重威武，雖高度較乾、橋等盛唐帝陵要矮小不少，但體態卻壯碩不少，從熟練的刀法上能看得出大唐雖經「安史之亂」但自信猶存。

第八節　代宗李豫之元陵

元陵簡介

元陵是代宗李豫和睿真皇后沈氏的陵寢，位於富平縣西北 15 公里的檀山。

李豫（727－779），肅宗長子，母為章敬皇后吳氏。初名李俶，乾元元年（758）四月，立為皇太子，改名豫。寶應元年（762），李豫被宦官李輔國等擁立為帝，並於翌年春平定安史之亂。大曆十四年（779）五月，代宗有疾，不視朝。二十一日詔皇太子監國，是夕崩於大明宮紫宸內殿，年五十二。六月，德宗下詔：「應山陵制度，務從優厚，當竭帑藏以供其費。」刑部員外郎令狐峘上疏諫曰：「臣伏讀遺詔，務從儉約，若制度優厚，豈顧命之意邪！」德宗從之。十月十三日，葬代宗於元陵。代宗神主將祔太廟，禮儀使顏真卿議：「太祖、高祖、太宗皆不毀，而代祖元皇帝當遷。」於是，遷元皇帝而祔代宗。

睿真皇后沈氏，德宗李適生母，吳興（今浙江省湖州市）人。開元末年，沈氏以良家子被選進宮，賜廣平王李俶，天寶元年（742）生李適。安史之亂沈氏陷於賊，被拘於東都洛陽。至德二載（757），李豫收復洛陽，於掖庭宮中見到沈氏，當時忙於北征，未將沈氏送歸長安。乾元二年（759）九月，史思明再陷洛陽，沈氏從此下落不明、生死未卜。建中元年（780）八月二十六日，德宗遙尊沈氏為皇太后。九月二十九日，以睦王李述為奉迎皇太后使，工部尚書喬琳為副，直到貞元二十一年（805）正月德宗崩，九月二日，禮儀使奏：

> 皇太后沈氏厭代二十有七年，大行皇帝至孝，哀思罔極，建中時，發明詔，遣使者奉迎，凡舟車所至罔不逮，歲推月邁，參訪理絕。請因大行皇帝啟殯，詔群臣為皇太后發哀肅章內殿，中人奉褘衣置幄坐，宮中朝夕上食，告天地宗廟，上太皇太后諡冊，作神主祔代宗廟，備法駕，奉褘衣，納於元陵祠室。

十月二日，發曾太皇太后沈氏哀於肅章門外，諡曰睿真。十一月四日，祔睿真皇后褘衣於元陵寢宮，神主祔於太廟代宗室。

《大唐元陵儀注》

高宗時期，李義府、許敬宗等修《顯慶禮》，以「凶事非臣子所宜言，遂

去其〈國恤〉一篇，由是天子凶禮闕焉。」其後果如《舊唐書》卷一八九〈韋叔夏傳〉中所記：「高宗崩，山陵舊事多廢缺，與中書舍人賈太陰、太常博士裴守真等草創撰定。」此時幸好朝中尚有韋叔夏等熟知禮儀的儒學重臣和前朝一些關於山陵凶事禮儀的圖集文書，故高宗葬禮順利完成。但經「安史之亂」後的玄、肅二宗的葬禮就出現「山陵之禮遂無所執」的局面，加之政局動盪，兩位皇帝的山陵營建和葬禮幾乎耗時一年，為唐朝各帝葬禮用時之冠。到代宗崩，德宗為了改變這一混亂的局面，特令禮儀使顏真卿，制定涵蓋代宗皇帝葬禮各環節詳細內容的《大唐元陵儀註》。其事在殷亮〈顏魯公行狀〉和令狐峘〈顏真卿墓誌銘〉中均有記載，但原文早佚，幸在杜佑《通典》卷八十三至卷八十七〈凶禮〉各篇中，收錄有以「大唐元陵儀注」等為題的一系列逸文，成為研究唐朝皇帝葬禮的核心文獻資料。

以《大唐元陵儀註》為主，並結合其他一些文獻資料，能看出代宗葬禮基本可分入殯停靈、發引落葬和神主祔廟三個過程。

入殯停靈的過程大致可分為復、沐浴、含、襲、小斂、大斂、成服、小祥、大祥和譚祭等部分，主要在長安城太極宮太極殿舉行。文獻明確記載未停靈太極殿的唐代皇帝只有兩位，一是肅宗因玄宗已停靈太極殿而停靈兩儀殿，二為昭宗崩於洛陽且未歸葬陝西。另外，弘道元年（683），高宗崩於洛陽，翌年五月十五日靈柩返回長安，但八月十一日高宗才葬乾陵，期間近三月，遠超從洛陽到長安所需時間，推測高宗靈柩應先返回長安攢於太極殿，待發引日再赴山陵。

「復」即為已故皇帝招魂復魄的儀式。由五位高官攜大行皇帝袞冕服，由太極殿東側攀至殿頂，北面西上，三呼為止後將袞冕服投下，殿前有人以篋筐接住，再覆於大行皇帝遺體之上（此衣不入殯，沐後即除）。復而不生，則在殿內楹間設御床，遷大行皇帝的遺體於床上。以袞冕服覆蓋遺體脫去死時所穿衣裳；用角柶撐其齒使其不閉合，以便其後飯含；用小木几將腳勾住，使其不至變形，以便浴屍後穿履。在靈前設奠位祭奠，東西設哭位，並為嗣皇帝等皇親國戚安置用穀稈編織成的墊子以便行跪拜禮。

「沐浴」、「含」和「襲」是相繼進行的三個儀式。先在殿西廊下設竈燒溫米湯以供沐浴，所用盆盤瓶扂等陳於西階下，陳明衣裳於其側。嗣皇帝、妃、公主立於帷外哭啼。沐浴時要將脫落的頭髮、修剪的指甲裝入小囊中，待大斂

時一並放入棺中。沐後穿明衣裳，方巾覆面，以大斂之衾覆蓋遺體。靈前行哭奠，之後嗣皇帝在帷外淨手，洗玉若貝，以圓形竹筐呈入奠於大行皇帝口的右側，先由一大臣給死者口中填入粱飯，次含玉。接下來的「襲」，即是給死者更衣，襲衣十二套完全是依周制的天子之禮。更衣後還要為死者覆蓋蔽面的面衣、以充耳塞住耳朵、雙手著直囊形的握手斂衣、腳穿舄履，以大斂之衾覆蓋遺體。最後，拉開帷幕，參加儀式的人員依次就位，哭奠。

「懸重」就是以一丈二尺長木立於殿庭西南，其上有六尺橫木下懸八鬲，鬲中盛沐浴時用米熬製的粥，鬲口以粗布覆之，立木四周以竹席環繞。關於重設立的時間，文獻中沒有記載，但懸重的目就是因為大行皇帝的神主在葬禮前期沒有設立，故以此來代替，是死者靈魂依附的媒介，所以推斷重的製作應是在大行皇帝初死之時就開始，力求盡早設置。

「小斂」即給大行皇帝穿衣的儀式，一般於次日舉行。斂前三刻，設小斂床於大行皇帝西側，四周以素帷圍裹，小斂之衣十九套及裹束屍體的束帶和衾被置於殿中間之東席上。小斂前二刻，宮殿諸門大開，設百官、二王後、三恪等位次，又設內外命婦等拜哭位。小斂前一刻，禮儀使引嗣皇帝及皇子等各即位次，謁者引諸王、百官亦入就位，到場者皆哭。內侍先將十九套斂衣按次序鋪於束帶上，再遷大行皇帝遺體於衣上，舉衾而斂，依次加衣十九套後用束帶絞衾，再以衾被覆蓋遺體。近侍扶嗣皇帝哭，跪奉大行皇帝。斂後以太牢之饌行小斂奠。

「大斂」於小斂的次日舉行，即奉屍入棺的儀式。在舉行大斂儀式時，儀注記載即位新君的稱呼發生了變化，由嗣皇帝變為皇帝，說明在小斂和大斂儀式之間舉辦了一場新君即位的儀式。《舊唐書》卷十二〈德宗本紀〉記載，代宗崩於大曆十四年（779）五月二十一日，二十三日德宗即位於太極殿，當日應是代宗大斂之日，故推測新君的即位禮在正常情況下是在大斂同日且先一步進行。但也有非正常的情況，如《舊唐書》卷十七〈文宗本紀〉記載文宗即位於大明宮中的宣政殿，並非「柩前即位」，但這總歸是特殊情況下出現的個別情況。另外，從《舊唐書》卷十六〈穆宗本紀〉「即皇帝位於太極殿東序」的記載來看，即位儀式應是在太極殿東側舉行，符合太極殿西側停靈的實際情況。這種在東側安置吉帷、吉駕，西側安置兇帷、兇駕的情況在以後的葬禮儀式中多次出現，如太陽東升西落，應是東生西亡的象徵。

　　大斂儀式前三刻，設大斂床於大行皇帝西側，四周以素帷圍裹。大斂之衣一百二十套、裹束屍體的束帶、衾被和珪、璋、璧、琮、琥、璜六玉置於殿中間之東席上。前二刻，開宮殿諸門，設皇帝位於殿東間，西向。前一刻，參加儀式的皇親、百官依次就位，同小斂相比參加儀式人員的範圍也擴大到大行皇帝的長輩。儀式由哭踴祭拜開始，其後如小斂一樣依次加衣絞衾。龍輴承載梓宮在司空引導下置於大行皇帝西側，加七星版於梓宮內，板上鋪席褥，陳衣及六玉入斂後，中官掌事者奉大行皇帝遺體入梓宮，斂畢加棺蓋後即進行大斂奠。由皇帝執爵進奠於饌前，太祝跪讀祭文後，皇帝再拜哭踴，在位者皆再拜哭踴，奠後皇帝、王公百官各還原位。下一項儀式——「殯」即將開始。

　　梓宮安置於太極殿殿西，熬熟的黍稷八筐加魚臘等，南北各一筐，東西各三筐放置於梓宮四周。先以繡黼覆梓宮，再在其上設帳幕三重，最外以一尺見方、六尺長的柏木，壘成廡殿頂的攢宮，四壁以白泥塗之。攢宮東側設靈幄，其內几服御如大行皇帝生前。太極殿外兩階處各豎「畫日月，十有二斿，杠九仞，斿委地」的太常旗，殿前立「以絳，廣充幅，長二丈九尺」上題「某尊號皇帝之柩」的銘旌，自此大行皇帝入殯結束，葬禮也進入停靈待葬階段。

　　「成服」就是在大殮之後，親屬按照與死者關係的親疏穿上不同的喪服。即位的新君要換著「五服」中最重的「斬衰」，全套服裝有用粗布製作的哀裳、苴麻製的首絰、腰絰和冠等。皇親國戚和文武百官也會按律換上相應的喪服。成服之後在大行皇帝靈前進行哭奠。

　　「小祥」、「大祥」和「譚祭」則代表了一個哀痛逐漸減緩的過程，具體的表現就是喪服由重漸輕、質地由粗變細。古時，十三個月小祥、二十五個月大祥、二十七個月譚祭，按理說應是屬於葬後的祭祀，但在《漢書》卷四〈文帝紀〉中記載，漢文帝崩前遺詔：「……其令天下吏民，令到出臨三日，皆釋服。……以下，服大紅十五日，小紅十四日，纖七日，釋服。」故形成皇帝服喪以日易月的「權制」之制，其目的就是讓皇帝早除喪服，以便更好的處理軍國大事。如此以來，成服十三日後即小祥、二十五日大祥、二十七日譚祭，而此時大行皇帝的山陵尚屬筮宅初建階段，所以三次祭祀就提前到停靈階段。

　　「小祥」儀式舉行前兩日會為皇帝準備好用練布製作的冠、縓裳、腰絰等需更換的服裝；前一日毀廬為堊室。儀式開始後皇帝和內外及百僚俱服粗布斬

縗服，先在大行皇帝靈前哭奠後換練布斬縗服。光祿卿引太牢之饌於靈幄前，皇帝捧酒跪奠於饌前，等皇帝祭拜後，太祝跪讀祝版訖，皇帝、內外在位者皆哭踴再拜，儀式結束。

「大祥」和「譚祭」儀式的過程同小祥一樣。「大祥」儀式中皇帝將換上由淺黑色絁製作的襆頭、白大麻製作的布衫、白皮腰帶和麻鞋組成的大祥服。另外供皇帝守喪所居的堊室也將拆除，皇帝結束結廬太極殿東廊下守孝的日子，儀式之後百官先行列隊於太極門外奉慰皇帝返回大明宮。至此，皇帝的衣食住行和國家機器的運行逐步恢復常態。

「譚祭」時皇帝將會除去大祥服，換上由細火麻衫、腰帶、細麻鞋、黑絁襆頭組成的素服。另外同大祥儀式不同的是，大臣們在太極門外奉慰皇帝返回大明宮後，還要換上慘公服赴大明宮詣見皇帝。次日皇帝也改換由淡淺黃衫、細黑絁襆頭、巾子、麻鞋、吉腰帶組成的慘吉服。在大行皇帝葬禮結束前，除了朔望視朝及大禮時要換穿純吉服外，皇帝將一直穿著慘吉服。

譚祭之後，太極宮中的葬禮進入一個相對平靜的時期，除了日常的祭奠之外，再無大型的祭祀活動，但皇帝的陵寢卻在如火如荼的營建之中。唐朝遵循的依舊是「天子七月而葬」的周禮，如無特殊情況，約半年時間，在陵寢營建結束後，發引落葬的過程將整個葬禮推向最高潮。葬禮也將走出戒備森嚴的太極宮，穿過長安城的里坊、走過縣郡，向大唐臣民、蕃客酋長等展示大唐皇帝隆重的葬禮。

「啟殯」又稱「啟祭」，即開啟欑宮前舉行的祭祀儀式。當日清晨，設皇帝、諸王位於太極宮東間；酅公、介公、皇親、諸親、文武九品以上及前資常參官、都督、刺史位於太極殿中庭，皆入位晨哭如儀。並設蕃客、酋長位於承天門外之西；僧、道位於承天門外之東。啟前二刻，設奠席及香燭於帷門之外、設罍洗於東階下西南，設太尉、司空、禮儀使、監察使等位……啟前一刻，光祿卿引太牢之饌升自東階，奠於靈帷門外席上，皇帝等人就位哭奠。太尉詣罍洗，盥手洗爵，爵中斟醴酒。禮儀使跪奏請皇帝止哭，殿內皆止哭。太尉跪進醴酒，皇帝受後跪奠於饌前。太祝持版進，北面跪讀祝文。皇帝及庭中文武等再拜哭踴，後各復位。撤去太牢之饌，司空執拂梓宮之巾跪於欑宮南曰「謹以吉辰啟欑塗」，欑宮拆除完畢後，司空以巾拂拭梓宮，覆以夷衾綃幕，梓宮四周設帷、

奠如常儀。皇帝及群官再次就位哭奠。儀式結束後群官立於太極門外奉慰皇帝返回大明宮。

「薦車馬明器」即是在發引前準備送葬車輛和器物的一個儀式。前二日，設文武群官次於太極門外東西廊下。設吉兇兩帳於太極殿庭院中，東側為內設神座的吉帷，西側為停放龍輴的兇帷，皆南向。前一日，拆除太極殿裡外臨時搭建的設施，以便梓宮的搬遷。原立於殿前的銘旌也移至重北。儀式開始的午夜文武百官就會趕赴太極殿正門東西廊下，挽郎、挽士位於嘉德門內，吹鼓和警戒的隊伍位於承天門外。當晚太極宮內外徹夜燈燭通明，挽歌聲和哭踊聲從一更開始就此起彼伏、延綿不斷，將整個太極宮籠罩在悲痛之中。清晨儀式開始，其祭祀議程同「啟奠」大同小異，區別不大。祭祀後龍輴停於太極殿西階之下，皇帝就龍輴前，哭踊盡哀。其後纛旗引領輿、繖扇等大行皇帝生前儀仗至吉帷神座前，設香案，侍奉如生前常儀。符寶郎、禮生奉大行皇帝諡寶、諡冊於冊車之上。侍中跪龍輴南奏「請龍輴降殿」。太常卿率執翣者以翣扇障梓宮。司徒率挽士奉引龍輴降殿，眾人奉梓宮登於龍輴之上，遂詣帳殿，停於兇帷。皇帝、諸王等哭踊隨行。群官立哭於太極殿庭中，等候祖奠的開始。

「祖奠」是大行皇帝靈柩在太極宮中舉行的最後一項祭祀，祭後龍輴將移至承天門。祭前一刻，設御位於龍輴帷之東南，西向。設奠席於龍輴帷前，設樽坫於帳帷東南。又設太尉、禮儀使、監察御史等位。皇帝立於龍輴之東南，西向。儀式同啟奠相似，太尉將醴酒跪進皇帝，皇帝跪祭後，太祝跪讀祝文，在場者皆哭祭拜。奠後將吉帷內大行皇帝生前神座、腰輿繖扇和服飾全部置於玉輅和副車之上，這部分車馬儀仗即是所謂的「吉駕」，而承載大行皇帝靈柩的那部分以輼輬車為主的車馬儀仗稱之為「兇駕」，吉兇二駕分別代表著大行皇帝的生前和死後。內侍奏請「請龍輴進發」後，在太常旗和纛旗的引導下，司徒率挽士奉引吉兇二駕依次離開太極殿，向太極宮的正南門——承天門前進。

「遣奠」是整個葬禮中皇帝在大行皇帝靈柩前參加的最後一項祭祀儀式。皇帝的奉辭位於承天門外左側，西向。玉輅、副車等「吉駕」到達承天門後，玉輅置於承天門外東偏稍南，輿輦、鼓吹、鹵簿依序列於玉輅前。承載靈柩的輼輬車停於承天門中稍南，兇儀、明器依序列於輼輬車前。奠前一刻，文武群官按東文西武的方式列於承天門外兩側。龍輴至承天門外，侍中跪奏稱「請升輼輬車」，司徒率眾人奉梓宮升輼輬車。設奠席於輼輬車東南，太尉將醴酒跪

進皇帝、皇帝跪祭、太祝跪讀祝文，在場者皆哭。中書令跪讀哀冊於奠席之東，讀後皇帝再拜，太尉、群官、諸王、妃、主皆哭再拜。此時禮儀使跪奏稱「輼輬車將發」，皇帝上前，哭盡哀。禮儀使稱「請再拜奉辭」，皇帝稽顙哭踴，再拜。在一片悲痛欲絕的氣氛中，送葬隊伍按吹鼓、安置大行皇帝儀容的靈車和其他喪車、裝載入藏明器和食物的遣車、大行皇帝銘旌和纛旗、持鐸的挽歌、安置靈柩的輼輬車和諸孝從柩車的次序排列完畢。太尉等送葬人員向皇帝辭別後，隊伍在皇帝淚眼婆娑的目送下，向已營建完工的陵寢漸行漸遠。

　　大唐的帝陵距長安城近者百餘里、遠著逾二百餘里。日本僧人圓仁在《入唐求法巡禮記》中記載，文宗送葬隊伍返回時「營幕軍兵，陳列五里」，可見送葬隊伍規模之大。遙遠的路程、龐大的隊伍，一日內絕無可能到達。

　　「葬儀」，即大行皇帝梓宮下葬時舉行的儀式。下葬當日吉兇二駕準備完畢，吉駕在千牛將軍的簇擁保護下先行出發，沿途侍衛警蹕如常。鹵簿官手中黃麾揮舞，鼓吹振作，行至帝陵南側乳臺時，赤麾揮舞，鼓吹不作。侍臣等下馬將吉駕引導至位於陵門東側的吉帷宮，在帷中以大行皇帝生前樣式將神座、腰輿繖扇等安置到位，玉輅及鹵簿侍衛列於帷宮門外。吉駕出發後，侍中奏請靈駕發引，靈駕至陵門西兇帷帳殿下，車駕調頭向南。公主等送葬女眷的行帷位於兇帳殿之西，皇親群官立於帷門外東西，皆行哭奠。儀式開始前三刻，在墓道東南，設皇親、諸親和文武官奉辭位，在墓道西南的行帷內設公主等女眷奉辭位。前一刻，所司設奠席於輼輬車前，設罍洗於東南。於是群官列位序立，太尉奉醴酒跪奠於饌前，太祝持版跪於太尉之左讀祭文，在場者皆哭拜，奠後靈駕發引。輼輬車在眾人的護送下，穿過第二道陵門的闕間，通過長達數百米、兩側矗立威嚴石刻的神道至南神門。大行皇帝的梓宮在南神門由輼輬車移到龍輴上，司空以巾拭梓宮，並拂夷衾。少府繫紼於龍輴兩側，奏請「請引龍輴即玄宮」，之後挽郎執紼奉引龍輴調頭北行。司徒為前導，白幰弩、素信幡、大旐及翣依次其後，而太尉則導於龍輴之左，皇親、諸親、群官、公主、王妃等哭踴跟隨。龍輴至墓道口，停於帷下，調頭向南，群官、皇親、諸親各就奉辭位，皆哭，向大行皇帝做最後的訣別。此時，內官換上吉服，奉遷梓宮入墓道，安於御榻褥上，北首，覆以御衾，外加石槨。太尉、司空和禮儀使穿著吉公服，將大行皇帝的寶綬、謚冊、哀冊以及玄三纁二的贈玉安置在玄宮神座的東西兩側。將作監、少府監在墓道耳室等處擺放明器，白幰弩、素信幡、翣等，分樹

倚於墓道兩側,大旐置於戶內。安置完畢,參加葬禮的群官、皇親、諸親並吉儀侍奉官皆哭,拜祭後在太尉、司空、山陵使、將作監、御史等人的共同參與下將大行皇帝的玄宮永遠封閉。司空象徵性的復土九鍤後,墓道被條石塞死,條石間還固以鐵鋌鏈接,以求永固。最後轀輬車、龍輴等喪車將在陵園的西南方位被焚毀。西漢時期有將送葬車馬葬於墓道的先例,唐人此舉是否為西漢習俗的延續?但將送葬車馬焚於陵園,筆者猜測不外乎兩個用意,一為大行皇帝在陰間出行方便。二為即位新君討個吉利,總歸轀輬車、龍輴等只有皇帝才有資格享用,返回長安城豈不暗喻下場葬禮的到來?

「虞祭祔廟」階段最先進行的是「虞祭」,即送葬隊伍返回長安城後舉行的祭祀,祭祀的主體不再是大行皇帝的靈柩,而是由桑木製作的神主(即虞主),意味著大行皇帝的肉體雖已經葬入陵中,但將通過祭祀迎回他的靈魂。祭祀前將神主由匱中捧出,置於太極殿西側神座上,面向東。群官俱立於太極殿外,太尉、司徒、宗正卿、禮儀使及諸行事官員各居其位,皇帝著素服參加,先同百官行哭拜禮。待祭品於帷東門外席上擺置完畢後,內外止哭。太祝將醴酒跪進皇帝,皇帝捧酒跪祭,太祝跪讀祝文訖,皇帝再哭拜。隨後太尉和宗正卿依程式完成「亞獻」和「終獻」。祭祀結束前,皇帝、百官復位,行哭拜禮兩次。太祝將神主重新奉入匱中,遂閉帷門,將祝版焚於左延明門外。百官於太極門外奉慰皇帝返回大明宮。《大唐元陵儀註》中記有「每虞日朝哭禮皆準此」,但並未說明虞數和天數,依《禮記‧雜記》所言「凡虞,天子九、諸侯七、大夫五、士三」,應是用九日行九虞。在其後的祭祀中,如皇帝不參加祭祀,則由太尉代為行事,由宗正卿亞獻、光祿卿終獻。

虞祭之後,需舉行儀式將大行皇帝的神主祔於太廟,此過程皇帝多不參加,一般由皇親和百官完成。祔廟前二日要將已親盡的神主遷於西夾室,其後各神主依次進位,將第九室為即將遷入的神主空出,室中所陳幄帳、香案、斧扆、席褥等皆新。前一日,太廟四門「量設方色」並整治太極宮至太廟的道路,準備祭祀所需祭品,太極殿中代表喪事的白色幕帳換回平時代表吉祥的顏色,懸樂於太廟,承載神主的玉輅及諸輦輅、羽儀、仗衛、繖扇在承天門外準備妥當……將栗木新神主供奉於太廟南門的幄帳中,以備次日新舊神主在此交替。

次日黎明,位於長安城南北中軸線上的太極殿門、嘉德門、承天門和朱雀門一線洞開。太極殿門外廊下設文武百官位次,祭祀後桑木神主先被腰輿擡至

嘉德門，在此換乘玉輅，千牛將軍夾輅而趨，出承天門後鼓吹振作向太廟行進。文武百官等候玉輅出承天門後，各逐便路趕赴太廟南門以候神輿。護送神主的隊伍至太廟西門，鼓吹止，在太廟南門的幄帳完成新舊神主的交替後，新的栗木神主降座升輿進入太廟，先「祔謁」列祖列宗後被供奉於第九室，而舊的桑木神主則被埋於太廟殿北兩階之間。次日皇親國戚、文武百官赴大明宮謁見皇帝行奉慰儀，到此整個葬禮全部結束。

以上所述主要依據《元陵儀註》，文中所敘並不能涵蓋整個唐朝全部皇帝的葬禮儀式。大唐國祚二百八十九年、歷二十一帝，各種特殊因素此起彼伏，如肅宗同玄宗駕崩只隔十四天，一位是太上皇、一位是皇帝，祭祀儀式必然不同。再如除了正常的父傳子之外，還數次出現兄弟相傳，甚至侄傳於叔的情況，在葬禮中應該另有所規。

附：元陵行記

2018 年 2 月 3 日，筆者和党明放、曹紅衛巡訪元陵。清晨三人從莊里鎮出發，途中誤將興隆寨當成元陵乳臺所在的馬家窯，索性以此為起點。

乳臺　9 點 42 分，行走 1.44 公里，到達馬家窯村中的乳臺東闕，當地海拔604 米。東闕夯臺保存較差，底邊長 3 米、寬 1 米，高不足 2 米。何正璜在〈唐陵考察日記〉中記載：「登上元陵陵山，遙望陵前約六里處，亦有外闕門一對隱約可見，與近處闕門及石刻行列構成子午線。」說明在 1943 年，鵲臺和乳臺依舊存在。至劉慶柱二十世紀七十年代調查時，鵲臺闕臺已被平毀，其臺基位於元陵村東約 1000 米、距陵山南麓約 4000 米處。

神道石刻　元陵神道從今馬窯村北側起，穿過整個張家窯村後終止於村北側，全長約 600 米。據何正璜〈唐陵考察日記〉記載，1943 年神道石刻在地表之上保存較差，僅有：

> 最南端之石華表及翼馬各一對。華表東邊已倒地，且僅餘一節，而缺少頂蓋。西邊立者成矩形之石柱各面均有花紋，現僅正南一面刻紋尚可辨，為類似唐碑側之蔓草紋。東邊已倒之華表其埋入土中之兩面花紋甚清晰，可施拓印。
>
> 翼馬雕刻不見精緻，頭部甚小，頸部特長，唯昂然屹立之姿勢雄偉生動，而無形中表現出唐代特有之精神。兩馬均垂尾，腹下及腿部

均刻有雲紋，頗具特點。按代宗元陵僅次於肅宗建陵，以時期論，
其雕刻當足以代表中唐作風，唯因殘毀特甚，惜已不足窺得其全貌
為憾。

除華表翼馬而外，僅左列離翼馬約 140 公尺處遺有無頭翁仲一具，
另有張家窯居民門前，遺有翁仲座石二……又另外有翁仲二軀鑲入
附近關帝廟之牆垣下，作為基石，實堪痛惜。

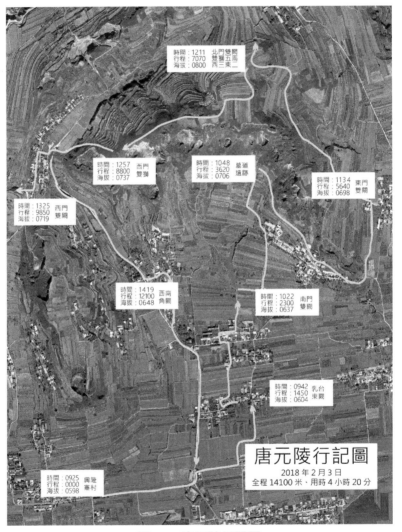

時間：1211　北門雙闕
行程：7070　雙獅五馬
海拔：0800　西三東二

時間：1257　西門
行程：8800　雙獅
海拔：0737

時間：1048　墓道
行程：3620　遺跡
海拔：0706

時間：1134　東門
行程：5640　雙闕
海拔：0698

時間：1325　西門
行程：9850　雙闕
海拔：0719

時間：1419　西南
行程：12100　角闕
海拔：0648

時間：1022　南門
行程：2300　雙闕
海拔：0637

時間：0942　乳台
行程：1450　東闕
海拔：0604

唐元陵行記圖
2018 年 2 月 3 日
全程 14100 米、用時 4 小時 20 分

時間：0925　興隆
行程：0000　寨村
海拔：0598

圖 14　唐元陵行記圖

2013 年 3 月 27 日，筆者第一次來元陵神道，只看到已殘成獨立金雞狀的
東列翼馬，此情況同劉慶柱二十世紀七八十年代調查唐陵後所記載情況相同。

另外，在張家窯村中看到一石人座，不知是否為1943年何正璜所見二石座之一。

2018 年 2 月 8 日，《文彙報》第 5 版刊發〈唐代宗元陵發現大型下宮建築基址〉一文。文章介紹，2017 年春，陝西省考古研究院對元陵進行發掘清理，新發掘出土二十七件石刻，包括南神道石柱二件、鴕鳥一件、石馬三件、牽馬人二件、石人九件、蕃酋像二件、石獅一件，北神道石馬四件、牽馬人二件、石虎一件。從元陵考古發掘開始，筆者多次親臨神道發掘現場，除未見牽馬人和蕃酋像外，其他新發現石刻數量同報道相符。南神道石刻具體保存情況為：

東列石刻由南至北分別為石柱（存柱礎、兩節柱身和柱頭，考古發掘後再次掩埋）；翼馬（即為神道原本唯一地表可見的一件石刻）；鴕鳥（殘存兩塊，發掘後掩埋）；石馬二匹（南起第二匹四肢殘損、現已修復，南起第三匹只存石座、發掘後掩埋）；文官石人五尊（南起第二尊肩部以上殘、其所用石座實為南起第三尊石人所有，南起第五尊頭部殘，南起第八尊除所帶頭冠微殘外、其他保存完好，南起第九尊頭部殘且從腰部裂為兩截，南起第十尊頭頂部殘）。

西列石刻由南至北分別為石柱（存柱礎、柱身殘塊和柱頭，發掘後掩埋）；翼馬（已不存）；鴕鳥（已不存）；石馬僅存南起第一匹，軀幹殘存、發掘後掩埋；武官石人四尊（南起第五尊腰部中裂已修復，南起第八尊、第九尊、第十尊均頭部殘）。

南神門　10 點 22 分，我們三人到達南神門，行程達 2.3 公里，此地海拔637 米。何正璜〈唐陵考察日記〉記載 1943 年南神門的情況為：

陵前見清畢沅所立「唐代宗元陵」碑，位於偏西之山足下，以指南針測視，與陵門及石刻均在一子午線上。碑樓已毀……陵前朱雀門基址離碑樓約一里，兩門基距約 50 公尺，附近瓦片亦多，唯兩石獅已倒沒，僅有一石座之邊緣尚隱約露於麥田中。

2013 年，筆者第一次來南神門，實地僅存雙闕闕臺。2017 年 4 月 2 日，筆者在考古探方中看到已被砸毀的兩尊石獅殘塊，東獅殘塊中尚有幾塊較大，依稀能看出個獅子模樣，而西獅已碎成一堆拳頭大小石塊。

羨道　離開南神門，曹紅衛帶領我們奔正北，從梁家山村西側攀爬陵山。10 點 48 分，行程 3.62 公里，到達元陵羨道，此地海拔升高到 706 米。當地人

在羨道東側開採石材時，從側面將羨道東側破壞，致使填塞墓道所用條石暴露出十來米的一段，所幸及時停止沒有造成更大的破壞。

東神門　在羨道處有山間小路向東，海拔略微上升，行不遠被一大型採石場形成的石塘阻攔，此時我們站在石塘畔上已能看到東神門雙闕，但腳下是十餘米的峭壁，只能沿小路轉向東南方向。行不久小路開始慢慢下降，至陵山東麓農田間，見有路北行，趕緊轉向奔東神門而去。11 點 34 分到達坐落在白家崖村西側半山上的東神門，行程達 5.64 公里，當地海拔 698 米。其雙闕保存較為完好、高大，站在村中就能看到的。何正璜〈唐陵考察日記〉記載，「門闕門基甚為高大，唯石獅已湮失。」至劉慶柱二十世紀七八十年代調查時，除雙闕外，雙獅亦存，南側石獅高 1.36 米，直鬃張口；北側石獅高 1.46 米，卷鬃合口。2013 年 3 月 27 日，筆者第一次來此，僅見南側石獅蹲於雙闕內，下部被土掩埋，雙眼死死盯著不遠處的定陵陵山。之後不久，受簡陵南神門石獅被盜的影響，該獅也被遷入富平縣文廟保管。據村中人介紹，北側石獅埋於地下。

北神門　在東神門南側有機耕路通往西北方向，路雖寬，但拔高較快，三人走的氣喘籲籲。行至陵山背面，是一片尚未消融的白雪，三人踏雪而行，遇一條機耕路通往山下北神門。我們在 12 點 11 分到達位於溫家壕村西南半山腰的北神門，行程達 7.07 公里，當地海拔為 800 米。何正璜在〈唐陵考察日記〉中記載：

> 元陵北門闕門基及兩石獅均存，唯獅已作斜倒狀，雕工粗糙，矮小已失獅形。闕門外並列石馬三對，其行列距離同於簡陵。右邊者均已倒毀，左邊三馬首足均毀且亦倒於座側。

劉慶柱在〈陝西唐陵調查報告〉中記載：

> 雙闕和雙獅存，東獅高 1.54 米，西獅高 1.63 米。石馬存五，均殘，東西列石馬間距 30 米，西列南數第一個在闕址北 27 米，第二個在第一個北 23.5 米，第三個在第二個北 24.5 米；東列南數第一個在闕址北 65 米，第二個在第一個北 12 米。

2013 年 3 月 27 日，筆者第一次來此所見情況為：雙獅位於雙闕闕臺內，東獅直鬃、嘴部已殘；西獅卷鬃合口。石馬四匹位於闕外，均甚殘，西列三匹

南北依次排列還能看出當年所列隊形，東側那匹鑲入一土崖中，僅露臀部。這次再來，有賴去年考古工作，石刻得到發掘出土並扶正，石馬已由先前的四匹變為劉慶柱文中記載的五匹（僅缺失東列最北一匹），東側那匹原本鑲在土崖中的石馬已經發掘出土，保存較為完好，在其南側又出土一匹僅存軀幹的石馬。另據《文彙報》刊發〈唐代宗元陵發現大型下宮建築基址〉一文報道，在北神門還發掘出土牽馬人石刻二件、石虎一件。

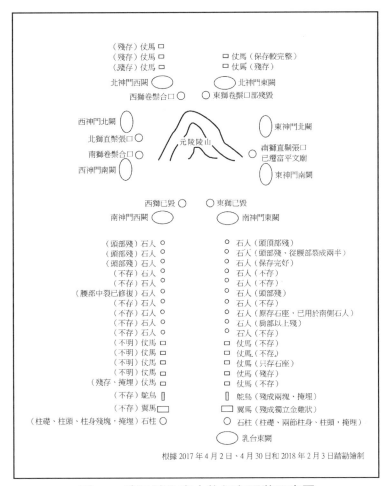

圖 15　唐元陵地表文物保存現狀示意圖

西神門　去西神門的路先是一段拔高，之後很快轉入下坡。12 點 57 分，三人來到西神門石獅前，行程達 8.8 公里，海拔下降到 737 米。元陵西神門在整個唐陵門址中也是一個很特殊的例子，石獅位於埡口村東側山坡之上，而其雙闕則位於村西側另一道山梁上，直線距離足有兩里之遙。當年何正璜在〈唐

陵考察日記〉中記載：「西門在西山坡下，兩門基之間現已被山洪沖成深溝。石獅已無蹤影，門基址亦被農人耕去其半，想見數十年後，必將盡行沒滅而絕無蹤跡可尋。」據實地分析，當年何正璜一行應是找到了雙闕，而忽視了對面山上的雙獅。2013 年 1 月 27 日，富平縣文物旅遊局將原本倒伏於地的雙獅扶正，南側石獅卷鬃合口，其胯下雕有雄性生殖器官，為唐陵蹲獅中的唯一；北側石獅直鬃張口。

離開石獅，下山穿過堏口村後，從村子西側一陡坡上行，此坡道即為何正璜在文中提到的兩門基之間被山洪沖成的深溝。13 點 25 分，我們到達西神門南闕，行程 9.85 公里，當地海拔 719 米。南闕保存較好，站在雙獅處就能看到，北闕位於溝對面一村居東側，何正璜一言成讖，闕臺在地表之上已經沒滅，僅在土崖一側尚能看到一些夯層。

西南城角　離開堏口村，沿公路返回，在曹紅衛帶領下去秦家嶺村巡訪西南城角遺址。遺址藏在村中民居間，如沒有人帶領，想找到也非易事。12 點 19 分我們到達遺址前，行程達到 12.1 公里，當地海拔降到 648 米。

返程一路歡歌，於 14 點 45 分返回興隆寨，總行程 14.1 公里，用時 4 小時 20 分鐘，之後駕車巡訪元陵堡東北約 650 米處的元陵下宮遺址。

元陵下宮位於陵園南門門址西南約 3500 米處，略大於《長安志》卷十九〈富平縣〉記載的「下宮去陵五里」的記載。遺址內發現呈南北分布的兩座大型建築基址。其中，一號建築基址整體呈長方形，西半部被現代水渠破壞，現東西殘長約 28 米、南北進深約 25 米。經復原可知，整座建築遺址由南北三排柱礎、東西八列柱礎構成，進深二間，面闊七間。在建築的南北還清理出散水和踏步的痕跡。殿址四周的散水基本損毀，其外側的擋磚基本保留，東部夯土臺基外側還保存部分包磚，留存的散水和包磚遺跡，一方面標示出散水的範圍和走向，以及臺基的構築樣式，同時框出大殿建築的完整範圍。經過清理，在殿址原始地面的高度發現一層 2 至 5 釐米厚的燒結面，而且所有柱礎石的四周都有炸裂現象，應是火燒後留下的痕跡。

第九節　德宗李適之崇陵

崇陵簡介

崇陵是德宗李適和昭德皇后王氏的陵寢，位於涇陽縣西北 20 公里處的嵯峨山東段南麓。崇陵號稱「九瓣蓮花穴」，其玄宮就位於中間花蕊那峰。蓮花的瓣數，筆者在不同的方向數出來的數字都不盡相同，看來「九」應是約數，屬一個美好寄託。可惜因為之前過度的採石已將蓮花兩側的經脈斬斷，東側山體被挖出很大的豁口，更加嚴重的西側讓人不忍直視。

李適（742－805），代宗李豫長子，母為睿真皇后沈氏。李適初封奉節郡王，寶應元年（762），擔任天下兵馬元帥，改封魯王、雍王，翌年拜尚書令。廣德二年（764）二月，立為皇太子，大曆十四年（779）即位。貞元二十一年（805）正月二十三日，崩於大明宮會寧殿，年六十四，翌日遷神樞於太極殿。以檢校司空、平章事杜佑攝塚宰兼山陵使，中丞武元衡為禮儀使，宗正卿李紓為按行山陵地使，刑部侍郎鄭雲逵為鹵簿使。十月十四日，葬德宗於崇陵，以昭德皇后王氏改祔崇陵。十一月四日祔德宗神主於太廟。禮儀使杜黃裳（前禮儀使武元衡被王叔文誹謗罷職）議：「國家法周制，太祖猶文王，太宗猶武王，皆不遷。高宗在三昭三穆之外，請遷主於西夾室。」從之。

昭德皇后王氏（？－786），出身官宦世家，李適為魯王時納其為嬪，生順宗李誦。德宗即位，冊為淑妃。貞元二年（786）病重，十一月八日冊為皇后，十一日崩於兩儀殿。自天寶後皇后葬禮廢缺，由李吉甫草具其儀，德宗稱善。翌年二月二十九日，葬昭德皇后於靖陵，置令丞如它陵臺。永貞元年（805），改祔崇陵。

王氏冊為皇后僅三日就崩於兩儀殿，舉行大典時應已病入膏肓，不知病重的她是否親臨現場？但不論怎麼說，從她之後，一直到光化元年（898）四月昭宗冊淑妃何氏為皇后的 112 年之間，因為種種原因，順宗、憲宗、穆宗、敬宗、文宗、武宗、宣宗、懿宗和僖宗等九位皇帝，在生前都沒有再舉行過冊后大典，期間的皇后、太后均為其子繼位後尊封或追封。

尚書令

寶應元年（762）四月，代宗即位，史朝義尚據東都洛陽，以奉節郡王李

適為天下兵馬元帥，發兵於陝州，諸將進擊，史朝義敗走河北，遂克東都。翌年正月史朝義窮蹙，縊死於林，歷時七年多的「安史之亂」終於平定。李適以功拜尚書令，與功臣郭子儀、李光弼等皆賜鐵券，圖形凌煙閣。廣德二年（764）正月，代宗又立其為皇太子，大曆十四年（779）即位，是為德宗。

在大唐一朝，「尚書令」的內涵絕不僅是一個職務，而已是一種象徵。《資治通鑑》卷二五九〈唐紀七十五〉記載，昭宗景福二年（893）十月，邠寧節度使王行瑜欲求尚書令之職。宰相韋昭度奏道：「太宗曾任尚書令，此後臣子無人得授此職。汾陽王郭子儀建有大功，尚且不肯接受，何況王行瑜。」說的是，廣德二年（764）十二月，代宗加郭子儀尚書令。郭子儀以為：「自太宗為此官，累聖不復置，近皇太子亦嘗為之，非微臣所宜當。」翌日，代宗仍敕令郭子儀於尚書省視事，詔宰相百僚送上，郭子儀復上表固辭不受。昭宗遂加封王行瑜為尚父。事實上，除太宗、德宗外，唐代歷史上還是有人臣出任此職。

《舊唐書》卷九十二〈韋巨源傳〉記載：「景龍三年，拜尚書左僕射，依舊知政事。未幾，又拜尚書令、同中書門下三品，仍舊監修國史。」韋巨源拜尚書令後，不但沒有誠惶誠恐、力辭不受，反而給中宗李顯獻燒尾宴一桌。士人初登榮進遷除，慰賀歡宴，謂之「燒尾」。在《清異錄》下卷中記載燒尾宴的菜單雖不完全，各類珍饈也達五十多味，看得出韋巨源榮升後的春風得意。

天復元年（901）正月，鳳翔、彰義節度使李茂貞來朝，加李茂貞守尚書令，兼侍中，進爵歧王。天復三年（903）五月，李茂貞懼怕朱全忠，自以官為尚書令，在朱全忠上，累表乞解去，詔復以李茂貞為中書令。

唐朝建立後，中央官制沿襲隋朝的三省六部製，中書省負責起草詔書，門下省負責審核、批駁詔書，尚書省負責執行決策，三省長官中書令、侍中和尚書令雖同為宰相，但品級和權力卻並不相同，其中尚書令為正二品，侍中與中書令則為正三品。而且尚書令統領六部，負責政令的執行，權力較之侍中、中書令要大許多，是對皇權威脅最大的官職。正因如此，尚書令在隋朝時就成為了不常設的職位，只有楊素在大業元年（605）二月到翌年六月間，任此職一年多的時間。到了唐代為了集中皇權、限制相權，太宗之後，乾脆就以尚書令原本的屬官——左、右僕射作為尚書省長官，分其權力。再加上太宗、德宗繼位前出任此職的經歷，尚書令無意間還跟皇位有了聯繫，如人臣出任就幾乎同謀

權篡位前「賜九錫」、「劍履上殿」等行為劃上了等號，所以人臣避嫌不任，以防被打上「亂臣賊子」的標籤。至於韋巨源和李茂貞出任尚書令之事，筆者認為，韋巨源很可能是記載有誤，而李茂貞確有謀權篡位的野心，故以此來試探昭宗。

崇陵盜案

《資治通鑑》卷第二六七〈後梁紀二〉記載：「開平二年（908）冬十月，華原賊帥溫韜聚眾嵯峨山，暴掠雍州諸縣，唐帝諸陵發之殆遍。」溫韜本是華原當地強盜，後被李茂貞收為義子，賜名李彥韜。李茂貞以華原縣為耀州，以溫韜為刺史，故《資治通鑑》稱其為「華原賊帥」。《新五代史》卷四十〈溫韜傳〉記載：

> 韜在鎮七年，唐諸陵在其境內者，悉發掘之，取其所藏金寶，而昭陵最固，韜從埏道下，見宮室製度閎麗，不異人間，中為正寢，東西廂列石床，床上石函中為鐵匣，悉藏前世圖書，鐘、王筆跡，紙墨如新，韜悉取之，遂傳人間，惟乾陵風雨不可發。

貞明元年（915）十二月，溫韜看到李茂貞的勢力日漸衰弱，轉投後梁，雖然其官職如故，但一因其降將身分，二因失去李茂貞之靠山，自然不能再幹盜發唐陵的勾當。從開平二年（908）到貞明元年（915），正好七年，所以說「在鎮七年」並非指溫韜任耀州刺史的時間，而是其盜掘唐陵的時間。至於七年裡溫韜盜掘了多少座唐陵，除了乾陵盜掘未得逞外，其他尚無定論。

2011 年 9 月，河南省洛陽市王某某資助楊某某來陝西踩點謀劃盜掘唐陵，此後一個月的時間裡，楊某某裝扮成遊客開車遍覽關中唐十八陵，並在崇陵墓道口發現一處歷史盜掘的痕跡。10 月 2 日，楊某某帶著一份詳盡計劃回到洛陽，同王某某一拍即合。隨後他們招募同夥、籌措資金。10 月 4 日，一夥人從河南來到三原，為避開文管所的視線，徒步從嵯峨山北麓爬上主陵，利用一廢棄的窯洞作為臨時活動場所，確定方案，進行分工。恰巧在他們盜掘期間，陰雨綿綿，因雨天路滑，文管所文保員未對陵山例行巡查。同時他們為掩人耳目，在盜掘工作面上方懸掛迷彩帳布，結果弄巧成拙，經過十餘天的連綿秋雨，嵯峨山上的植被由綠轉黃，原本的偽裝反而暴露了他們的行蹤。10 月 15 日天氣放晴，

陵山南麓村民發現山上已經泛黃的雜草中依舊顯露一塊綠色，推斷大陵可能有事，上山查看確定有人盜掘，逐向上級部門匯報。10 月 16 日 6 時 50 分，咸陽市文物旅遊局執法大隊稽查隊聯合轄區派出所將盜墓賊一舉抓獲。

事後，經咸陽市司法文物鑒定組鑒定，被盜掘的地點在唐崇陵陵園保護範圍內，為地宮入口處，盜掘不僅破壞了崇陵主體地貌，更因挖掘出一個洞口約 1.9x2.3 米，深 8.8 米的盜洞，對文物的本體造成嚴重的破壞，其損失無法彌補。2012 年 7 月，涇陽縣人民法院開庭審理「10・16 唐崇陵被盜一案」，八名被告人涉嫌盜掘古墓葬罪，被涇陽縣人民檢察院提起公訴。

雲陵迷蹤

涇陽縣安吳村迎祥宮中現存一通至元十七年（1280）所立「元創建大道迎祥宮碑」，其碑文中有「雲陵崇廟，左右雄填」的文字，「崇廟」即指德宗崇陵，位於安吳村北約 4 公里，那麼文中所指「雲陵」就應位於安吳村南側。在李南力〈憶安吳堡〉（《重慶日報》1962 年 12 月 30 日，第三版）中記錄 1939年他們從西安趕赴安吳青訓班時，在安吳堡南側路過一座大塚，文中寫到：

> 我們告別了趕車的老漢，並且再三謝謝他的好心，依著他指的路線，一口氣走到大墳包那裡，果然好大個墳包，在平地高聳地就像一座小山頭一樣，不知是那位王侯將相的墓塋，死了還占著這麼寬一片好地。稍稍朝墳包上走了走，就果然看見安吳堡那高大的寨牆。

從方位和距離上推斷，這如小山般的古塚應該就是碑文中所指的「雲陵」。

《北史》卷五〈魏本紀第五〉載：「帝飲酒，遇酖而崩，時年二十五。諡曰孝武。殯於草堂佛寺。十餘年乃葬雲陵。」文中所言「帝」即北魏孝武帝元修。筆者推測碑文所記雲陵可能就是北魏孝武帝所葬的雲陵。其一，在文獻記載中，陝西境內應有兩座雲陵，一座為西漢昭帝劉弗陵生母鉤弋夫人的陵寢，位於安吳村西北 40 多公里外的淳化縣大圪塔村，明顯非碑文所指雲陵；另一座即為北魏孝武帝的雲陵，但文獻記載其陵址混亂。如《長安志》卷十七〈渭南縣〉記載：「後魏孝武帝孝陵在縣東南二十二里廣鄉原，陵崇六丈，週一百二步，石人虎尚存。」但同書卷十九〈富平縣〉卻記載：「後魏孝武帝陵在縣東南二十五里。」其二，元修雖被毒殺，但死後依舊被諡為「孝武皇帝」，故擁有一座規模如小

山的墓塚，也合規製。其三，安吳村南屬於平原向山地過度的臺原地帶，地勢高暢、土層厚重，是營建大型陵寢的理想區域。其四，據文獻記載西魏、北周皇帝多次巡幸雲陽宮，宇文泰和宇文邕均崩於此宮。關於雲陽宮的具體位置，有學者認為就在今雲陽鎮，如趙文潤在《西魏北周與長安文明》一書中；但也有文獻記載雲陽宮實為淳化甘泉宮的別名，如程大昌《雍錄》。即使如後一說，雲陽鎮也是去甘泉宮必經之地，加之在距此不遠的口鎮，發現大量宮殿遺址，故推測此地在西魏、北周時期是一重要區域，很有可能將元修雲陵營建於此。但苦於元修雲陵的地望和那座大塚在歷代文獻均無記載，碑文中所記「雲陵」是否即為元修的雲陵，尚缺乏有利的證據。

附：崇陵行記

2018 年 2 月 11 日，筆者獨自一人巡訪崇陵。

乳臺　8 點 53 分從乳臺西闕開始當日行程，乳臺所在地海拔 571 米。各類文獻資料中均未提及鵲臺遺址，推斷其早年間就已湮滅不存。現今乳臺雙闕闕臺保存完好，距南神門闕址約 600 米。

神道石刻　足立喜六在《長安史跡研究》中記載，崇陵神道石刻在二十世紀初期的保存情況為：

> 石柱一對，石柱高 30 尺，表面上刻有大型蔓草花紋圖案，可惜大部分已被磨滅，惟獨左側石柱正面，仍鮮明可辨。石柱之次為天馬一對，但左右形製不同。次為石鵝一對，石馬三對，石人十一對。現在左側石鵝和兩側石馬俱已頹廢，僅有一部分露出地面。石人倒地者左三右六，完整者還不到一半。

文中所言石人十一對，恐是將蕃酋像也計算在內。近四十年後，何正璜在〈唐陵考察日記〉中記載 1943 年神道石刻保存情況如下：

> 華表一對均立，唯西邊之一底座圓座棄置一邊，未置柱下，殊為奇特。
> 飛馬一對均立。
> 朱雀一對東立西倒，造型拙劣，不類鴕鳥。
> 石馬五對，完全倒毀，御馬衛士數軀似可見。

石翁仲十對，立者十三，倒者七（分別為東列南起第四、七、八、九、十，西列南起第三、七），雕刻矮小粗劣，全身高2.5公尺，唯東西兩列裝束面貌均不相同。

朱雀門基址外，遺有藩王石座十塊，唯其中兩塊類似門枕石，西列並有藩王像一軀，作披西式斗風之裝束。

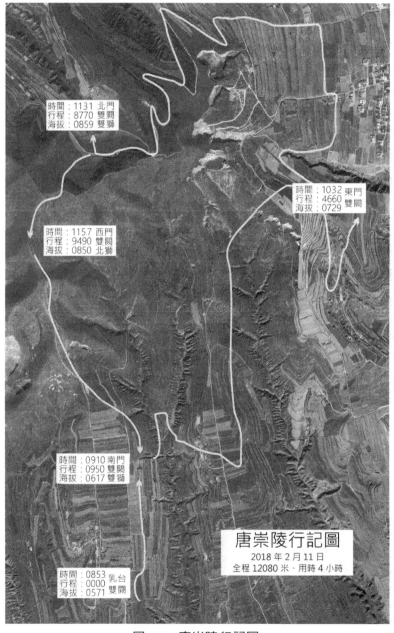

時間：1131 北門
行程：8770 雙闕
海拔：0859 雙獅

時間：1032 東門
行程：4660 雙闕
海拔：0729 雙闕

時間：1157 西門
行程：9490 雙闕
海拔：0850 北獅

時間：0910 南門
行程：0950 雙闕
海拔：0617 雙獅

時間：0853 乳台
行程：0000 雙闕
海拔：0571 雙闕

唐崇陵行記圖
2018年2月11日
全程12080米、用時4小時

圖 16　唐崇陵行記圖

　　對比兩文所述，四十年間崇陵神道石刻數量無大的變化，劉慶柱〈陝西唐陵調查報告〉記載崇陵神道石刻，在二十世紀七八十年代的保存情況和筆者當日巡訪所見相同，已不存西列鴕鳥、東列南起第一匹石馬和東西列各一石人（劉慶柱文中記載東列佚南起第十尊，實地比對應佚南起第二尊；西列佚失南起第六尊），其具體情況如下：東列石刻由南至北分別為：石柱、翼馬、鴕鳥（半埋土中）、石馬四匹（俱殘，佚南起第一匹）、文官石人九尊（佚南起第二尊，南起第四、九尊頭部缺失，其他保存較好）；西列石刻由南至北分別為：石柱、翼馬、石馬五匹（俱殘）、武將石人九尊（佚失南起第六尊，南起第一、四尊頭部缺失、第八尊頭頂部缺失，其他保存完好）。另外劉慶柱〈陝西唐陵調查報告〉記載，當年何正璜一行所見的蕃酋像任然存在，並且在神道附近發現控馬人、佛僧像等石刻，當日在實地筆者並未發現這些石刻。2018 年，文保部門整理神道石刻，全部石刻加鐵製圍欄保護，東列原本半埋土中的鴕鳥也全部發掘出土。

　　南神門　9 點 10 分達到南神門，行程 950 米，當地海拔 617 米。足立喜六在《長安史跡研究》中記載，南神門雙闕闕臺內有：

> 石獅一對，並有畢沅所立「唐德宗崇陵」碑。碑的北面為正方形獻殿遺址，酷似高宗乾陵。但此陵在石獅與畢沅碑之間，有基礎四個，與獻殿基底平行，呈直線排列，較為特別。

　　從文中所附平面圖來看，獻殿遺址前立有兩通石碑，其一為畢沅碑，另一通沒有介紹。何正璜在〈唐陵考察日記〉中記載此碑為乾隆四十年（1775）所立崇陵定界碑，並收錄碑文如下：

> 上書「清乾隆四十年立」。中書「唐德宗皇帝之陵」，側書「接唐書永貞元年十月己酉葬神武聖文皇帝於崇陵，是年改葬昭德皇后王氏。《長安誌》封內四十里，下宮去陵五里，《陝西通誌》崇陵在涇陽縣西北四十里嵯峨山下。今築圍牆，垣周方六十丈，高六尺，不開門，自垣南拜壇以下，及石人石獸所立至道口，俱不許耕種，四周立石為界。查勘陵戶四名，每名給口食地二十畝，稅地一頃一十四畝。清丈註冊，不得侵越封內。禁不許掘煤、燒窯、穿井，每年本縣官春秋親祭稽查，特揭示。」落款「賜進士及第兵部侍郎巡府陝西西

安等處地方兼都察院右副督御史贊理軍務兼理糧餉畢沅題，涇陽縣
知縣方承保書並立。」

此碑已被鏟去側書文字，原置於神道西翼馬北側，2018 年整理神道石刻，
此碑被文物部門拉走保管。而畢沅碑在劉慶柱調查唐陵時已不知去向。至於南
神門其他遺跡，百餘年來則變化不大，雙闕闕臺高大完好，雙獅位於闕內，東
側石獅高 1.75 米、卷鬃合口，西側石獅高 1.89 米、直鬃張口。

西闕南側原存三個方形石座，中間開有圓形楔孔，應為蕃酋像石座，推測
其所處位置即為蕃酋殿殿址。2018 年整理神道石刻，三個中間開圓形楔孔的方
形石座和一個無楔孔的方形石座，一併置於神道西列石刻最北段，並用鐵製圍
欄保護。

東神門　在南神門和東神門之間橫隔兩條大溝，是當日行程最艱難的一
段。在溝邊尋路時發現，唐代陵牆過溝並非是在溝的兩沿繼續夯築牆體，而是
在兩側溝沿上各開一條同大溝走向垂直的溝，溝裡再密植荊棘，從而將大溝分
成內外兩部分。如此作法，一可防止閒雜人等和動物進入陵區，二則沒有山水
沖毀陵牆之虞。

翻過第一條大溝，已消耗大量體力，故遇第二道更大溝時，選擇向北從溝
頭繞行。10 點 32 分到達位於上紅溝村北約 400 米農田中的東神門，行程達 4.66
公里，當地海拔 729 米。何正璜在〈唐陵考察日記〉中記載，「闕門基址甚高大，
石獅一對亦完存，獅之背後有座石四塊，當為門址所在。」至劉慶柱二十世紀
七十年代調查時，雙獅皆佚，獨存雙闕高大的闕臺，情況如今。

北神門　從東神門到北神門最短路徑應是向西北行，翻越最東側山峰後沿
陵山北側直接到達。當日筆者選擇沿陵山北側新修的水泥路去北神門，路途雖
遠但拔高較緩。

北神門位於東坡村東南約 500 米處，筆者站在水泥路上看到雙獅的時間是
11 點 31 分，行程達 8.77 公里，當地海拔是 859 米。

何正璜在〈唐陵考察日記〉中記載，1943 年北神門闕台、石刻保存情況為：

兩闕門基間距特遠。石獅一對完存。唯石馬三對、石虎一對均已倒
毀於荒草叢中，幾無從辨識。僅遺存有二三石座及無頭之馬軀一，

石虎則見於較遠之農田中。

劉慶柱〈陝西唐陵調查報告〉記載，二十世紀七八十年代北神門情況為：

東列石獅北 30 米的一南北土崖上有三個殘石人，身穿窄袖袍，腰繫
革帶、雙手拱握，腳著小靴，殘高 1.4、肩寬 0.53 米，當為控馬者。
據當地群眾說，此地原有石馬，現均佚。

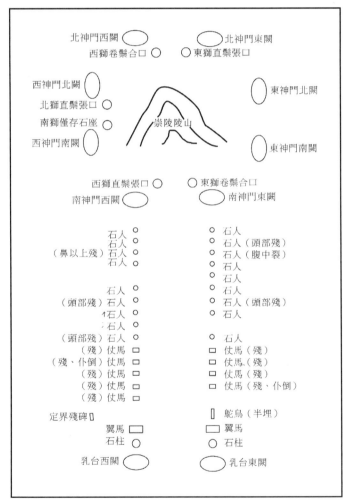

圖 17　唐崇陵地表文物保存現狀示意圖

　　2013 年 3 月 24 日，筆者第一次巡訪崇陵北神門，西闕闕臺地表之上較為
明顯，但東闕闕臺只能通過土埂尚存夯層判斷其具體位置；雙獅位於雙闕南側，
東獅直鬃張口、西獅卷鬃合口。另外在附近尋到石馬二匹和一尊控馬人，均殘

且倒伏於地。2014 年 11 月 6 日，再來時發現石馬和控馬人已不存，後詢問崇陵文管員張躍進，告知已就地掩埋保存。

　　西神門　從北神門去西神門的路程較為便捷，在水泥路南側有山路端端向南指向兩座山峰中的結合部，翻過結合部，山路開始緩慢下坡且繞來繞去，行不遠就能看到西神門監控器高高的鐵桿。11 點 57 分到達西神門石獅背後，來過多次，如石獅有記性，應能記得我。行程達 9.56 公里、當地海拔 850 米。崇陵西神門同建陵東神門相似，都是建於兩峰之間的鞍部，只是崇陵西神門的地勢要開闊些。雙闕位於石獅西側的側坡上，南闕較為明顯、北闕已貼在坡上快無痕跡。現地尚存的為北獅，高 1.59 米、直鬃張口；南獅僅存基座。據〈唐崇陵調查簡報〉（《文博》1997 年 4 期）記載，最少在 1984 年 6 月南側石獅尚存，高 1.72 米，卷鬃合口。據党明放介紹這尊石獅是被附近村中幾個十來歲孩子用土火藥炸毀，現今還有部分石獅殘骸遺落在山谷之中。

　　從西神門下山，12 點 52 分返回，全程 12.08 公里，用時 4 小時 07 分。

第十節　順宗李誦之豐陵

豐陵簡介

　　豐陵是順宗李誦和莊憲皇后王氏的陵寢，位於富平縣東北約 20 公里處的金甕山，因其山形如虎踞，亦名虎山。

　　李誦（761—806），德宗長子，母昭德皇后王氏。上元二年（761）正月，生於長安之東內。大曆十四年（779）六月，封宣王。建中元年（780）正月，立為皇太子。貞元廿一年（805）正月二十三日，德宗崩。正月二十六日，李誦即位於太極殿。繼位後，李誦重用王叔文、王伾等人，觸動宦官集團利益。四月宦官俱文珍等人立順宗長子李淳為太子，更名為李純。七月由皇太子主持軍國政事，八月宦官擁立李純即皇帝位，順宗退位稱太上皇。元和元年（806）正月十九日，順宗崩於興慶宮，年四十六。七月十一日，葬順宗於豐陵。七月二十四日，遷中宗神主而祔順宗神主於太廟。

　　李誦一生創下大唐數項紀錄，其一，做太子的時間長達二十五年，創大唐居儲君時間最長記錄；其二，一百八十多天的皇帝和五個月的太上皇，帝王生

涯短暫到連「永貞」年號也是在其退位後改元，創下大唐當皇帝和當太上皇兩項時間最短記錄；其三，創下初諡字數最多的大唐記錄。高祖初次諡號為「大武」，太宗初次諡號為「文」，後來皇帝初諡常是四字，再後又多五字諡，而其諡為「至德大聖大安孝」，達七字。

莊憲皇后王氏（763—816），瑯邪人，憲宗李純生母。幼以良家子選入宮為才人，順宗在藩時，代宗以賜之，時年十三。大曆十三年（778）生李純，立為宣王孺人。順宗升儲，冊為良娣。順宗即位，因其不能言，冊后禮將行復止。及永貞內禪，冊為太上皇后。元和十一年（816）三月，崩於興慶宮咸寧殿，諡曰莊憲皇后，八月祔葬於豐陵。王皇后是在武則天之後，第二位崩於皇帝之後並祔葬帝陵的皇后，但未見重開墓道安葬其的文獻記載，筆者分析在豐陵兆域內另建墓塚的可能性較大。

山陵儀仗使判官劉禹錫

《舊唐書》卷一六〇〈劉禹錫傳〉記載，御史中丞武元衡任德宗山陵儀仗使，劉禹錫欲任其判官，武元衡不同意，不幾日，竟被罷為右庶子。侍御史竇群奏劉禹錫挾邪亂政，不宜在朝，當日，竇群即被罷為唐州刺史。

貞元廿一年（805）正月至四月間，西漢中山靖王之後的劉禹錫在長安城裡確實是春風得意、如日中天。在王叔文、王伾為太子李誦侍讀時，深得太子賞識，「二王」欲專國政，則密結翰林學士韋執誼及朝士陸淳、呂溫、李景儉、韓曄、韓泰、陳諫、柳宗元、劉禹錫等定為死黨，其中劉禹錫和柳宗元尤為王叔文賞識。順宗即位，久疾不任政事，禁中文誥，皆出於王叔文，劉禹錫和柳宗元則出入禁中，與之圖議，言無不從。時京師人士不敢指名，道路以目，號「二王、劉、柳」。

面對王叔文、王伾集團咄咄逼人的氣勢，為了維護自身權益，手握兵權的宦官集團開始對其反制。四月六日，宦官俱文珍、劉光琦、薛盈珍等人，迫使順宗立李純為太子。當時朝堂上百官相賀，唯王叔文吟「出師未捷身先死，長使英雄淚滿襟！」五月，王叔文以右金吾大將軍范希朝為左、右神策京西諸城鎮行營節度使，欲奪取宦官兵權以自固，反而被俱文珍等削去翰林之職。八月，貶王伾開州司馬、王叔文渝州司戶。九月，貶韓泰為撫州刺史、韓曄為池州刺史、柳宗元為邵州刺史、劉禹錫為連州刺史。十一月，貶韋執誼為崖州司馬，

再貶韓泰為虔州司馬、韓曄為饒州司馬、柳宗元為永州司馬、劉禹錫為朗州司馬、陳諫為臺州司馬、凌準為連州司馬、程異為郴州司馬，史稱「二王八司馬」。王伾被貶不久即病死，翌年王叔文亦被賜死。

劉禹錫在〈子劉子自傳〉中回憶，武元衡被罷官後，他如願以償出任山陵儀仗使判官一職，「居月餘日，至是改屯田員外郎，判度支鹽鐵等案。」如此一來，他和武元衡的矛盾激化。元和十年（815），憲宗念王叔文之黨尚有才華，悉召至京。劉禹錫自武陵還長安，遊城南玄都觀後作〈元和十年自朗州召至京戲贈看花諸君子〉，丞相武元衡在憲宗面前告狀，詩中「玄都觀裡桃千樹，盡是劉郎去後栽」語涉譏刺。三月桃花未敗，又出劉禹錫為播州刺史，御史中丞裴度念其母老，替他求情，乃改授連州刺史。播州為貴州省遵義市，連州在廣東省連州市，若論里程反倒是遠了一些，可能是連州當時的生活條件要略好於播州。太和二年（828）劉禹錫自和州刺史還長安，復作〈再遊玄都觀〉，中有「種桃道士歸何處？前度劉郎今又來」之句，一點都沒有辱沒白居易所贈「詩豪」的名頭。

《順宗實錄》和「永貞革新」

《順宗實錄》為唯一留存下來的唐代皇帝實錄，全書五卷、一萬兩千字左右，按時序主要記述唐順宗李誦在位八個月間事跡，並上溯、下延李誦在藩邸和崩後葬於豐陵的情況。自宋以來，此實錄一直收入《昌黎先生集》所附《外集》卷六至卷十。

《舊唐書》卷一六〇〈韓愈傳〉記載：

> 時謂愈有史筆，及撰《順宗實錄》，繁簡不當，敘事拙於取捨，頗為當代所非。穆宗、文宗嘗詔史臣添改，時愈婿李漢、蔣系在顯位，諸公難之。而韋處厚竟別撰《順宗實錄》三卷。

說明《順宗實錄》應有兩個版本。《昌黎先生集》為其弟子、女婿李漢所編，是韓愈作品最全面的匯集，而《外集》則是宋朝學者找到韓愈佚失作品後添加匯編而成。正是因此，目前學界對《外集》所收錄的《順宗實錄》是否為韓愈編撰尚存爭論。

同劉禹錫有矛盾的不只武元衡一人，韓愈似乎和他也有過節。貞元廿一年

（805），韓愈在江陵府同王涯、李建、李程相遇時，作〈赴江陵途中寄贈王二十補闕李十一拾遺李二十六員外翰林三學士〉，詩云：「同官盡才俊，偏善柳與劉。或慮語言泄，傳之落冤仇。二子不宜爾，將疑斷還不。」意思是說，我和柳宗元、劉禹錫同為監察御史，且才華相仿，但他們得以朝廷器重而我則被貶嶺南，很可能是他們將我所說的一些關於朝政的議論洩漏了，雖然我現在沒有證據，可我還是很懷疑他們。

兩年前的貞元十九年（803），三十六歲的韓愈和柳宗元、劉禹錫同任監察御史。當年關中大旱，然而京兆尹李實為邀功取寵，一面欺瞞朝廷，一面橫征暴斂，使災情愈演愈烈。韓愈上〈御史臺上論天旱人饑狀〉為民伸冤，反遭李實讒害，在十二月被貶為連州陽山縣令。順宗即位後，貶李實為通州長史，韓愈幻想他應能平反還京，然而等到的只是改授江陵法曹參軍的結果。當時朝中當權者為王叔文一黨，韓愈的懷疑也非空穴來風。

韓愈〈永貞行〉中「太皇諒陰未出令，小人乘時偷國柄」、「夜作詔書朝拜官，超資越序曾無難」等句，將他對王叔文一黨的態度表現的淋漓盡致，也正因此韓愈被扣了頂「借修史詆毀」的帽子。依唐代修史制度，在韓愈之上還有宰相監修國史，如確真有詆毀之事，始作俑者也絕非韓愈。

同韓愈所持態度截然相反的是，現今時常出現「永貞革新」一詞，對王叔文集團的所作所為進行肯定，但在歷史文獻中卻查無該詞。黃永年在《唐史十二講・所謂永貞革新》中講到：「永貞革新者，是近二三十年來某些教科書上出現的新詞語，用來肯定唐順宗時以王叔文為首的政治集團的活動，稱之為革新運動。」

豐陵考古

1943 年 9 月 2 日，西北藝術文物考察團對豐陵進行考察，神道中只殘存半截西側石柱，而地表之上不存的石刻，則很可能被埋於地下，所以筆者很期待豐陵考古發掘的成果。

2019 年春，豐陵考古發掘工作展開。10 月 27 日 15 時，我和妻子來到豐陵西神門所在的馬坡村，村中農家院的空地上，隨處可見剛從樹上摘下的柿子，村民熟練的旋皮、掛曬，不少旅客穿梭其間，一片「柿紅馬坡香飄萬里」的景象。

　　相對村中的熱火朝天，豐陵神道考古工地顯得冷冷清清。十來個考古探方就在柿子樹間晾著，無人問津。總體來說出土石刻的數量讓筆者有點失望，東列石刻由南至北依次為：石柱（僅存兩塊石礎和一段柱身，分置於兩個探方，現地未見柱頭）、翼馬（除馬頭從脖頸部斷裂，掉落於地外，其他保存完好）、石馬（探方內僅存石馬臀部和一無頭控馬人）。西列石刻由南至北依次為：石柱（地面之上原本殘存半截者）、翼馬（保存完好）、石馬（探方殘存石馬後半部和一無頭控馬人）、石馬（石馬保存完好，控馬人僅存腰部以下部分）。在距西列石柱約200米處有一東西走向長方形探方，其中出土三尊無頭蕃酋像，探方旁整整齊齊碼放著探方中出土的磚瓦殘件，推斷應是蕃酋殿遺址。如此推算，整個豐陵神道的長度也就200來米，同堆土為陵的武宗端陵神道差不多。

　　北神門石獅發掘出土的照片曹紅衛早先就已發我，石獅閉嘴卷鬃，整體保存較好，只是從胸口齊齊斷開，茬口整齊，修復應該不難。當天天色已晚，又怕跑去石獅已被回填，故未巡訪。

　　2019年12月25日，陝西省考古研究院公佈唐豐陵最新考古成果。據項目負責人介紹：

> 西乳闕遺址位於南神道石柱以南690米處，整體為夯土結構，北側大部保存完好，其上闕體為三出闕結構。兩座乳闕東西相距128米，地面以下部分保存尚好。

　　此陳述可能有誤，除乾陵外，唐陵乳臺一般置於神道石柱南側，不會遠至幾百米，推測應是鵲臺。而唐代帝陵鵲臺距乳臺的距離一般在2000米左右，而豐陵僅690米。

　　考古隊在陵園內還發現了下宮遺址，在其南側，發現一處面闊三間、進深兩間、門屋結構的建築遺址。清理出門道、踩踏面、柱礎、牆址等建築結構，部分牆體保存有白灰牆面，上有紅色線條。項目負責人表示，這是第一次在唐陵陵園發現此類建築，建築與下宮南門之間有道路相通。它的形製、作用以及與下宮之間的關係，有待進一步研究。

　　陵園石刻原存三件，即南門神道石柱一件，西門和北門石獅各一件。此次又新發現神道石柱一件、翼馬二件、石馬和牽馬人各三件。石馬及牽馬人均殘

損嚴重。但神道西側的翼馬保存完好，雕刻精緻，是難得一見的石刻珍品。考古結束後，新發掘出土的石刻均回填保護。

附：豐陵行記

2018 年 4 月中旬，網上傳來豐陵開始考古發掘的消息，4 月 22 日，我和妻子實地巡訪豐陵。

11 點左右，我們趕到富平縣曹村鎮陵前村，天空已開始淅淅瀝瀝飄起小雨，給背包裡裝了兩柄雨傘，毅然出村。西北行 580 米左右，於 11 點 19 分到達神道西側石柱前，當地海拔 582 米。實地發現整個豐陵在濛濛細雨中平靜如常，壓根沒有一絲考古發掘的跡象。

神道石刻　1943 年 9 月 2 日，何正璜隨西北藝術文物考察團對豐陵進行考察，在曹村鎮西半里處看到一處寺廟，寺中有康熙年間碑記，得知此處是「集靈宮」，為順宗靈駕所至之地。考察團一行從這裡一直行到陵山腳下，只尋到一殘存半截的石柱和一通畢沅碑，與現今所見相同。之後他們只是登上陵山之巔，眺望其他三處神門的位置，未見遺跡，次日即趕赴橋陵。

畢沅碑　沿石柱東側南北向機耕路向北走，於 11 點 28 分在路西果園中找到畢沅碑，行程達到 1.02 公里，當地海拔 596 米。此碑原本撲倒於地，字口朝上，近年得以扶立。

東神門　離開畢沅碑向北，陵山腳下有公路，能從西神門所在的馬坡村，繞陵山東麓後到北神門所在的後坡村。我們沿著水泥路於 11 點 50 分，行到陵山東麓，路旁正好有民居，進屋詢問東神門情況，一老者告之，他從小就只記得有土包臺子，但未有見過石獅，並出屋冒雨站在路邊給我指明原來門闕的大致位置。按其所指，從公路處下山向東，行約 400 米，在一南北機耕路西側、一高大柿子樹南即為東神門遺址，但現地門址遺存皆無，也不知道老者記得是否準確。時間正好 12 點，行進 2.61 公里，當地海拔為 644 米。從老者尚能記憶大致位置來看，東神門應該不會消失在何正璜考察唐陵的民國時期，但在二十世紀七十年代劉慶柱調查關中唐陵時，東神門確實是雙闕平毀、雙獅佚失。

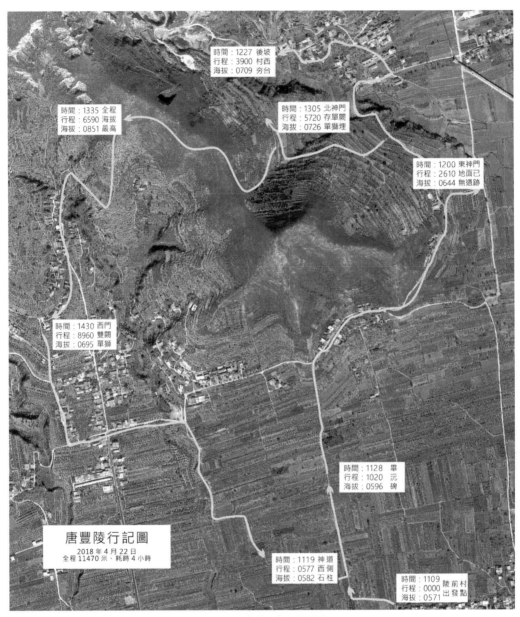

時間：1227 後坡
行程：3900 村西
海拔：0709 夯台

時間：1305 北神門
行程：5720 存單闕
海拔：0726 單獅埋

時間：1335 全程
行程：6590 海拔
海拔：0851 最高

時間：1200 東神門
行程：2610 地面已
海拔：0644 無遺跡

時間：1430 西門
行程：8960 雙闕
海拔：0695 單獅

唐豐陵行記圖
2018 年 4 月 22 日
全程 11470 米、耗時 4 小時

時間：1128 畢
行程：1020 沅
海拔：0596 碑

時間：1119 神道
行程：0577 西側
海拔：0582 石柱

時間：1109 陵前村
行程：0000 出發點
海拔：0571

圖 18　唐豐陵行記圖

後溝村夯臺　重新返回公路，沿路行約 1 公里有一岔路口，一條機耕路向西，沿此可到北神門石獅處，當日我們選擇先去後溝村。2013 年 3 月 27 日，我一早出門，開車從簡陵西門開始，一路向西，先後巡訪簡、元、章、定、豐五座唐陵，豐陵北神門是最後的目標。到時已過 19 時，天色即將黑透，在路上遇到一位回後溝村的老媼，她說村中有兩處土疙瘩，看天色已晚，只好請她帶

我去了有石獅的那處，故今天要先將五年前欠下的另一處土疙瘩補上。進村後很快在村西找到這處夯土遺跡。時間 12 點 27 分，行程達到 3.9 公里，當地海拔 709 米。此處遺跡長度有 20 餘米，現已被公路分成兩半，判斷當初應是一道夯土牆，筆者分析一可能是北陵牆遺跡，二亦可能是村中原有城牆遺存。

北神門　此時雨驟然變大，估計已達中雨量級，和妻子在村中找個曬柿餅的大棚，簡單吃完午餐，看看雨勢有所減小，趕緊出村，繞到剛剛路過的機耕路口，向西奔北神門。

話說 2013 年 3 月 27 日傍晚，老媼領著我繞來繞去，天已黑透只感覺到是向村子西南方向的山上開，突然老媼喊停，下車後只聽老媼嘟囔怎麼尋不見獅子的「脈頂頂」了，借著車燈尋了一會指著一片草叢說：「原本就在這裡，好久沒來估計是埋了。」尋不到石獅，老媼又指給我看北面一處隆起的土包，借助對面採石場的燈光依稀能看出一個闕臺的輪廓，應是北神門的一個闕臺。回來後我對豐陵北神門那尊石獅的天靈蓋念念不忘，2016 年 5 月 21 日，終於在村中兩位老者的幫助下在那片草叢旁，找到了那塊露出地面只有巴掌大小的石獅天靈蓋。

13 點 05 分，行程達到 5.72 公里，我們再一次找到那片草叢但石獅天靈蓋又無蹤無影，地裡泥糊糊的也沒有刨開的興趣，只是跑到闕臺前用手機標記一下坐標。當地人稱石獅所在地為「獅子坪」，海拔為 726 米，其北略低處稱為「石馬坪」。劉慶柱〈陝西唐陵調查報告〉記載：「北神門雙闕間距 58 米，東闕高 4 米、西闕高 1.5 米，石馬二，均殘，分別位於闕外北 20 米和 40 米處。」估計原本保存不佳的西闕現已不存，而石馬則可能也被埋在石馬坪地下。

西神門　從北神門翻過陵山西部，即可到達位於馬坡村中的西神門。同其他陵山來比，金甕山確實低矮許多，我們只攀了 30 分鐘就到達山脊最高點，海拔也僅為 851 米。下山進村於 14 點 30 分到達西神門，行程達到 8.96 公里，當地海拔 695 米。西神門北闕臺位於該村原小學校園（現為喬山書院）內，南闕臺位於校外。2013 年 3 月 27 日，我在村中一老者的帶領下，在雙闕東約 5、60 米的果園中找到鑲嵌在土坎上，只露面部和小部分胸部的一尊石獅。據村民介紹，後來發現該石獅有被人盜掘的跡象，故將石獅挖出移至校園中保管。當日校門緊閉，只能登上院外土崖，俯看石獅蹲在闕後，張嘴、面部殘損，可惜看

不到鬃毛樣式。

　　15 點 09 分返回陵前村，全程 11.5 公里，用時 4 個小時。返程時，我們又冒雨趕到章陵，也未見要進行考古發掘的跡象。

第十一節　憲宗李純之景陵

景陵簡介

　　景陵是憲宗李純和懿安皇后郭氏、孝明皇后鄭氏的合葬陵寢，位於蒲城縣西北 7 公里的金幟山。其山勢高聳，諸峰群起，猶如懸幟。

　　李純（778—820），順宗長子，母莊憲王太后。大曆十三年（778）二月，生於長安大明宮。貞元四年（788）六月，封廣陵王。永貞元年（805）四月，冊為皇太子，八月四日受內禪，八月九日即皇帝位於宣政殿。李純在位期間，積極削藩，重振中央政府，史稱「元和中興」。元和十五年（820）正月二十七日，李純崩於大明宮中和殿，年四十三歲。四月，以美原縣龍原鄉、櫟陽縣萬年鄉隸奉先，以奉景陵。四月二十六日，謚號聖神章武孝皇帝，廟號憲宗。在此之前，河南節度使李夷簡上議曰：「王者祖有功，宗有德。大行皇帝戡翦寇逆，累有武功，廟號合稱祖。」但太常博士王彥威認為：「今宜本三代之定制，去魏、晉之亂法，守貞觀、開元之憲章，而擬議大名，垂以為訓。大行廟號，宜稱宗。」五月十九日，葬憲宗於景陵。

　　憲宗懿安皇后郭氏（779－848），穆宗李恆生母，郭子儀孫女，駙馬都尉郭曖與升平公主之女。憲宗為廣陵王時，納其為妃。貞元十一年（795）生李恆。元和元年（806）八月，冊為貴妃。元和八年（813）十二月，群臣多次奏請冊立郭氏為皇后，憲宗以來年有子午之忌為由，婉拒百官之請。元和十五年（820）正月穆宗嗣位，閏正月冊其為皇太后。大中二年（848）五月二十一日，崩於興慶宮。七月謚曰懿安。十一月二十六日，葬於景陵外園。郭氏一生歷經七代皇帝，在穆宗、敬宗、文宗、武宗、宣宗五朝居於太后之尊，故稱其為「七朝五尊」。

　　孝明皇后鄭氏（785－865），宣宗李忱生母。初有善面相之人對鹽鐵轉運使李錡言，鄭氏必生天子，李錡納鄭氏為妾。李錡謀反被殺，鄭氏沒入掖庭，

充為郭貴妃宮女。憲宗臨幸，生李忱。會昌六年（846），李忱即位，尊鄭氏為皇太后。咸通六年（865）十二月五日，鄭氏崩，謚曰孝明。翌年五月一日，葬於景陵之園，神主祔於別廟。

憲宗死因

《舊唐書》卷十六卷〈穆宗本紀〉載：「憲宗末年，銳於服餌，皇甫鎛與李道古薦術人柳泌、僧大通待詔翰林。泌於臺州為上煉神丹，上服之，日加躁渴，遽棄萬國。」穆宗即位後，貶皇甫鎛為崖州司戶、李道古為循州司馬，並杖殺柳泌、僧大通。但憲宗死因蹊蹺的記載依舊見於史料，如《資治通鑑》卷二四一〈唐紀五十七〉記載：憲宗「暴崩於中和殿。時人皆言內常侍陳弘誌弒逆，其黨類諱之，不敢討賊，但云藥發，外人莫能明也。」

憲宗之死，應與立儲有關。憲宗所立第一位太子是其長子李寧，可惜在元和六年（811）十二月，剛剛冊立兩年太子的李寧病逝，年僅十九歲，謚曰惠昭。之後，太子之爭就在次子李寬（後改名惲）和第三子李宥之間展開，憲宗有意立次子，但李寬的母親是地位卑微的宮女，而李宥母親郭氏出身顯族，憲宗只好讓翰林學士崔群替李惲起草讓表，崔群則說：「凡推己之有以與人謂之讓。遂王，嫡子也，寬何讓焉！」元和七年（812）七月，詔立李宥為太子，改名李恆。翌年群臣再提立郭氏為皇后之事，憲宗則推三阻四，立儲為國事，群臣可干預，而立后則是家事，群臣也無計可施。

憲宗對新太子並不滿意，故憲宗心腹宦官吐突承璀一直沒有放棄為李惲經營太子之事。元和十五年（820）正月，憲宗病重，手握兵權的吐突承璀更是加緊謀劃。太子李恆聞知，密遣人問計舅父郭釗，得到「殿下但盡孝謹以俟之，勿恤其他」的回復。正月二十七日晚，宦官陳弘誌於中和殿弒殺憲宗後，聯絡宦官梁守謙、馬進潭、劉承偕、韋元素、王守澄等殺吐突承璀及澧王李惲，擁立太子李恆繼位，是為穆宗。

太和九年（835）九月二十一日，文宗令中使齊抱真於青泥驛杖殺陳弘誌。十月九日，遣中使李好古酖殺王守澄，又逐西川監軍楊承和、淮南韋元素、河東王踐言於嶺外，皆賜死於路，已亡故的崔潭峻也被剖棺鞭屍。

大中二年（848）五月二十一日，懿安皇太后郭氏崩，傳言是宣宗懷疑郭太后預謀弒殺憲宗而逼之。《資治通鑑》卷二四八〈唐紀六十四〉記載：

> 憲宗之崩，上疑郭太后預其謀。又，鄭太后本郭太后侍兒，有宿怨，故上即位，待郭太后禮殊薄，郭太后意怏怏。一日，登勤政樓，欲自隕。上聞之，大怒，是夕，崩，外人頗有異論。

大中十二年（858）二月一日，宣宗下詔罷公卿朝拜光陵及忌日行香，悉移宮人於諸陵，以陳弘誌弒逆之罪歸於穆宗，讓原本還遮遮掩掩的憲宗死因，一下有了大白於天下之勢。

禮院檢討官王皞

《東觀奏記》上卷記載：

> 懿宗郭太后既崩，喪服許如故事。禮院檢討官王皞抗疏，請后合葬景陵，配享憲宗廟室。疏既入，上大怒。宰臣白敏中召皞詰其事，皞曰：「郭太后是憲宗春宮時元妃，汾陽王孫，迫事順宗為新婦。憲宗厭代之夜，事出暗昧，母天下歷五朝，不可以暗昧之事黜合配之禮！」敏中怒甚，皞聲益屬。宰臣將會食，周墀駐敏中廳門以俟同食。敏中傳語墀：「正為一書生惱亂，但乞先之。」墀就敏中廳問其事，皞益不撓。墀以手加額於皞，賞其孤直。翌日，皞貶潤州句容令，墀亦免相。

按理，郭太后崩後應陪葬憲宗景陵，神主祔太廟憲宗室，可宣宗卻不太情願如此。第一，郭太后之死，宣宗逃不了幕後主導的干係；第二，宣宗生母鄭氏，當年雖是郭太后侍女，但現在也貴為太后，如將郭氏陪葬景陵、祔於太廟，那麼將來鄭氏又做何安置？朝臣中有人揣測聖意，提出符合宣宗心意的方案，其結果就出現王皞抗疏一幕。

王皞在兩唐書中均無傳，其事跡零星見於史料記載中。大中十三年（859）八月七日，宣宗崩，令狐綯為山陵禮儀使，奏請王皞為判官。王皞舊事重提，請以郭太后神主配享憲宗。咸通六年（865）正月，始以懿安皇后郭氏神主配饗太廟憲宗室。十二月五日，宣宗生母、太皇太后鄭氏崩。翌年五月一日，葬於景陵之園，因太廟憲宗室已祔懿安皇后郭氏，其神主只能祔於別廟。在景陵下宮北約500米處尚存一大型陪葬墓，墓南原立有石人，其所處位置極為顯赫，只是不知道墓主是郭太后？還是鄭太后？

大順元年（890），將行祫祭，有司請以宣宗生母孝明太皇太后鄭氏、敬宗生母恭僖皇太后王氏、文宗生母貞獻皇太后蕭氏祔享於太廟。雖然這是因為亂離之後，舊章散失，禮院妄憑《曲臺禮》所致，但不論怎麼說孝明太皇太后鄭氏的神主終如宣宗心願，在當年祫祭時，同懿安皇后郭氏的神主一並配饗太廟。

景陵山陵使令狐楚

元和十五年（820）正月二十七日，憲宗崩。翌日，以司空兼中書令韓弘攝塚宰，令狐楚為山陵使。五月十九日，葬憲宗於景陵，其哀冊文也由令狐楚撰寫。六月九日，令狐楚以山陵用不盡綾絹，準實估付京兆府，代京兆府所放青苗錢。七月二十七日，因令狐楚為山陵使時，其部下京兆府戶曹參軍韋正牧、奉天令於翬等貪汙官錢，克扣工徒工錢，移為羨餘十五萬貫上獻。怨訴盈路，韋正牧、于翬等下獄皆誅，貶令狐楚為宣州刺史，次月再貶衡州刺史。

憲宗靈駕發引之途中，突遇大風雨，送葬的六宮、百官全部找地避雨，惟有五十多歲的令狐楚，手攀輻輬車歸然不動，長長的鬍鬚隨風翻舞。這一幕被年僅十歲的宣宗看在眼裡、記在心上。二十五年後君臨天下的宣宗李忱，一日同宰相白敏中說起此事，他才知道那個攀靈駕不動的山陵使名叫令狐楚。而令狐楚已在開成二年（837）十一月逝於山南西道節度使任上，年七十二。宣宗問白敏中「有兒否？」白敏中回奏其長子令狐緒小患風痹，不堪大用，而次子令狐綯，則有臺輔之器。遂授令狐綯考功郎中、知製誥，充翰林學士，翌年為相。

附：景陵行記

2018 年 4 月 14 日，我同党明放相約巡訪景陵。

鵲臺　當日 10 點 30 分，我們從郭家村開始當日行程。景陵鵲臺就位於郭家村西側，出村西行 400 米左右即到，當地海拔 449 米。鵲臺僅存一處闕臺遺跡，距南神門闕臺約 2800 米，從地圖上判斷其為東闕的可能性較大。

宋碑　離開鵲臺，我們兩人奔向位於西北方向的西南莊，在村莊西側存有大宋新修唐憲宗廟碑。10 點 55 分到達，行程為 1.98 公里，當地海拔 468 米。碑陰留有「渤海穌甫江夏道一同觀唐陵，時崇寧年」題刻，碑北側即為景陵下宮。

陪葬墓　從下宮往北走約 500 多米，路過一座大型陪葬墓，何正璜〈唐陵考察日記〉記載：「距景陵陵前約一里外之西南方有大塚一，塚前石獅一對，

石翁仲一對，體範雖小，但必為后妃太子之尊。」從方位判斷文中所指大塚，應就是此陪葬墓，但文中所記石獅、石人現地均不存。

　　乳臺　我們在 11 點 32 分到達景陵神道最南端，行程為 4.48 公里，當地海拔 491 米。何正璜一行在 1943 年 9 月考察景陵時乳臺門闕雖埋沒過半，但雙闕闕臺均存，至劉慶柱二十世紀七十年代調查時，僅存東乳臺，位於距南神門闕臺約 630 米處。現今在地表上已看不到任何乳臺遺跡。

　　神道石刻　現今景陵神道南側已形成溝道，溝底為公路，石刻則列於溝的兩沿。何正璜在〈唐陵考察日記〉中記載 1943 年神道石刻保存情況如下：

> 華表一對均已倒毀，左邊之石柱已斷為三段，右邊之石柱尚完整，柱長約 4.8 公尺，遠較橋陵為短。
>
> 飛馬一對均完整，唯雕工粗劣……馬左卷尾右垂尾，腹下亦有雲紋。
>
> 鴕鳥一對左立右沒，造型矮小，不類鴕鳥，石寬 2 公尺、高 1.5 公尺。
>
> 石馬五對，僅倒損其二，雕工甚劣，馬之造型垂首無神，顯示沮喪衰頹之氣象。
>
> 石翁仲十對僅存其六，餘均倒毀，體軀瘦小，全身僅高 1.5 公尺，衣褶表情均不及他陵之豐滿自然。

　　劉慶柱在〈陝西唐陵調查報告〉中記載二十世紀七十年代神道石刻保存情況如下：「石柱東者僕倒、殘，西者佚。翼馬存二。鴕鳥存西列，東列佚。石馬東列存南起第一、二、三、五，西列南起存第一、二、五。石人僅存東列二尊，其中一殘一完好。」

　　2013 年 4 月 9 日，筆者第一次來到景陵神道，看到石刻雖有大幅增加，但殘毀嚴重，具體情況如下：神道東側由南至北分別為石柱（僕倒）、翼馬、鴕鳥殘座、石馬五匹（南起第四匹倒地、殘損）、文官石人八尊（除南起第六尊保存較好，其他不同程度殘缺）。神道西側由南至北保存有石柱（僕倒）、翼馬（尾部殘）、鴕鳥、石馬五匹（南起第三、四、五倒地、殘損）、石人基座、武將石人六尊（其中二尊為殘塊，其他均殘缺頭部）。2016 年 4 月 30 日，筆者再次來到景陵神道，發現東列那尊保存完好的石人已不在現地，而這次我們在義龍村景陵文管所院中看到這尊石人，估計是怕被盜遷至此處保管。

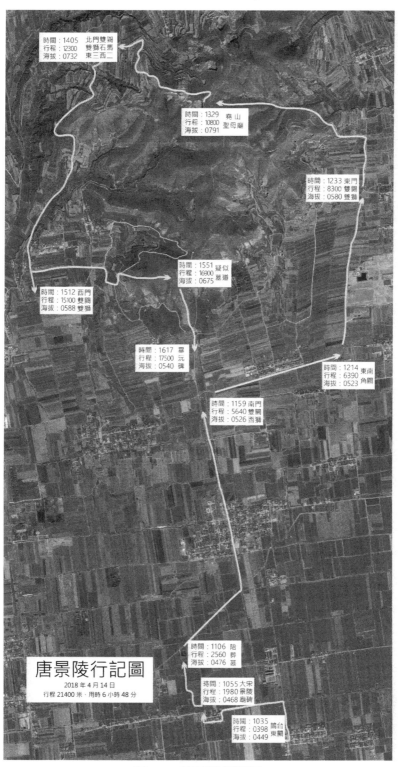

圖 19 唐景陵行記圖

　　南神門　11 點 59 分到達南神門石獅，當地海拔為 526 米。因神道石刻位於兩側溝沿，要想一一端詳石刻需繞路，故行程達到 5.64 公里。

　　何正璜〈唐陵考察日記〉中記載 1943 年南神門遺跡保存情況為：「朱雀門基址一對尚高聳，附加花紋磚甚多……門內石獅一對，亦矮小粗劣，左沒右立，獅高 1.5 公尺。」劉慶柱〈陝西唐陵調查報告〉中的記載與現今情況相同，雙闕闕臺內僅存西獅，而且獅鼻被毀，高 1.8 米，直鬃張口。

　　東神門　在石獅北側有東行公路，我們沿路東行，12 點 14 分，行進 6.93 公里時到達東南城角遺址，當地海拔 523 米。之後再沿路轉向北行，海拔逐漸升高。12 點 33 分，行進 8.3 公里，到達位於西山村西側一曬麥場旁的景陵東神門，當地海拔 580 米。門址雙闕保存完好，闕西南獅為直鬃張口、北獅為卷鬃合口。石獅雕刻簡陋，鬃髮只是用刀淺淺的劃出幾道。

　　堯山聖母廟　離開東神門後，我們沿路繼續北行，路旁不時出現陵牆遺跡。北行約 500 多米，沿羊腸小道向西北行，繞過幾個山腳，一座陡峭的大山攔在面前。此時山路雖拔高較快，但山路較為寬闊。攀登時發現在快到山巔處有個人工修建的平臺，不知其用途？但也算有了個目標，兩人瞄著平臺，走走歇歇。

　　13 點 29 分，行程達到 10.8 公里時，我們踏上平臺，兩間相連石室出現在眼前。一石室門上嵌「真人洞」石匾；另一石室門額則刻「堯山聖母」，門框鑴「焚香但願千年泰」、「薦祖惟求四季祥」對聯，門楣雕飾花卉、遊龍等紋飾，簡單古樸。之後參閱各類資料均無此石室的記載。石室後有一小型石塘，應是當年建造石室時，就地採石所致。

　　北神門　平臺所處海拔 791 米，幾十米後就可登頂，之後一路下坡，我們於 14 點 05 分到達位於王坡村西南約 500 米山坡處的北神門，行程達 12.3 公里，海拔降為 732 米。劉慶柱〈陝西唐陵調查報告〉記載：

> 雙闕東小西大，保存較好。雙獅位於闕內，東獅高 1.7 米，卷鬃合口；西獅高 1.5 米，直鬃張口。石馬三對，東西列間距 45 米，東列石馬，南數第一個在闕址南 22.4 米，第二個在兩闕址東西線上，第三個在闕址北 24 米；西列石馬，第一個在闕址南 18 米，第二個在兩闕址東西線上，第三個在闕址北 19 米。石馬北有兩對小石獅，東西分列，一對蹲獅在南，東西間距 18 米；一對行獅在北，東西間距 41 米。

蹲獅和行獅，東西列形製相同。

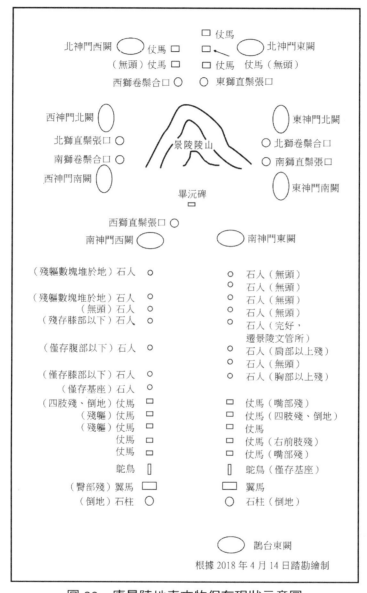

圖 20　唐景陵地表文物保存現狀示意圖

　　2013 年 4 月 9 日，筆者第一次來時所見雙闕闕臺如文中所述，但雙獅為東獅直鬃張口、西獅卷鬃合口，同劉慶柱記述相反。石馬存有五匹，東列三匹、西列佚失最北側一匹。除西列最南側石馬站立外，其餘石刻皆滾翻於地，石獅背後有門限石兩方。至於那些小石獅，實地未見。《三秦 60 年重大考古親歷記》書中收錄劉慶柱所撰〈唐十八陵調查記〉一文，刊有當年拍攝的行獅照片，形

狀同乾陵北神門石虎相似。2016 年 4 月 30 日，筆者再來北神門，所有石刻均得到修復並原地扶立。

西神門　從北神門到西神門一路下坡，原本陰沈的天氣亦開始轉晴，站在山上遠遠就能看到西神門雙闕坐落在農田中。15 點 12 分，我們到達位於原家山村西南約 200 米處的西神門，行程達 15.1 公里，當地海拔 588 米。雙獅位於高大的雙闕闕臺東側，南獅卷鬃合口，北獅直鬃張口。2013 年所見雙獅半埋，2016 年看到雙獅均得以升高，石座亦可見。

疑似羨道口遺跡　在從西神門返回南神門的路上，我們發現在陵山南側半山有一處石塊堆積，同自然山體形成明顯的對比，判斷應是羨道口遺跡，決定再上去看個究竟。15 點 51 分，我們爬到疑似羨道口處，行程達 16.9 公里，此處海拔 675 米。大石塊堆積雜亂，應不是唐朝填塞羨道的原始狀態，估計是被盜後，簡單掩塞所至。在亂石堆之下，有一處平臺，平平整整的石塊上留有一個長方形孔洞。據〈大唐元陵儀註〉記載，皇帝靈柩下葬時，需在墓道口前搭建帷帳，運載皇帝靈柩的龍輴將停於帷下，調頭向南，送葬的群官、皇親、諸親則在帷帳前，舉行最後的告別儀式。

〈唐嗣虢王李邕墓前遺址發掘簡報〉（《文物》2009 年第 7 期）記載：

> 現存遺址北部、墓道南埠之南有柱洞一個，其對應位置應有與之相對稱的柱洞，此外不見其他柱洞或支撐屋頂的牆垣。筆者認為，當年木地板各角落及邊沿可能設置能移動的銅質或石質帳架支座，用以支撐帷帳，形成臨建的頂、壁，因此清理發掘中不見常規的建築頂、壁遺跡。

筆者推測羨道口前平臺上所留孔洞的作用應該同簡報中柱洞的作用相似，亦為插旗桿、帷帳支撐桿等所用。

畢沅碑　從平臺處端端下山，於 16 點 17 分到達畢沅碑處，行程 17.5 公里，當地海拔 540 米。何正璜〈唐陵考察日記〉中記載：

> 石獅北約 280 公尺處有獻殿遺址，審其磚瓦為明清時代築建……其東南角並有碑亭遺址，其祭碑可見者，有明成化洪武及清乾隆等御製祝文碑……畢沅所立「唐憲宗景陵」碑在獻殿之後。

其文中記載的明清祝文碑，據 1993 年出版的《蒲城縣誌》記載，在民國時期多被國民黨軍隊打靶擊碎。

17 點 23 分返回郭家村，當日行程 21.4 公里，用時 6 小時 48 分。

第十二節　穆宗李恆之光陵

光陵簡介

光陵為穆宗李恆和恭僖太后王氏、貞懿太后肖氏的合葬陵寢，位於蒲城縣城西北方向的堯山西嶺。

穆宗李恆（795—824），原名李宥。憲宗李純第三子，母為懿安皇后郭氏。貞元十一年（795），生於大明宮別館。永貞元年（805），憲宗即位後進封遂王。元和七年（812），冊立為皇太子，改名李恆。元和十五年（820）憲宗崩，李恆在宦官梁守謙等人擁立下即位。蔡東藩在《唐史演義》第七十八回中嘆道：「強藩方倖免喧呶，誰料前功一旦拋。主既淫荒臣亦昧，野心狼子復咆哮。」一針見血地指出穆宗在位期間，宴樂畋遊無度，使得河朔三鎮叛亂再起的狀況。長慶四年（824）正月二十二日，穆宗崩於清思殿，年三十。諡曰睿聖文惠孝皇帝，廟號穆宗。十一月十五日，葬於光陵。

穆宗生前沒有冊立過皇后，但其長子、次子和五子先後即位，分別是為敬宗、文宗和武宗，敬宗追封其母王氏為恭僖皇后，文宗追封其母蕭氏為貞獻皇后，武宗追封其母韋氏為宣懿皇后。其中，恭僖皇后王氏、貞獻皇后蕭氏先後陪葬光陵。

宣懿皇后韋氏，身世不詳。李恆為太子時，韋氏得侍，元和九年（814）生李瀍，長慶年間冊立為貴妃。開成五年（840）正月十四日，李瀍即位，是為武宗，韋貴妃已亡，二月七日追冊為皇太后，諡曰宣懿，陵曰福陵。武宗問宰相：「葬從光陵與但祔廟孰安？」宰相奏言：「神道安於靜，光陵因山為固，且二十年，不可更穿。福陵崇築已有所，當遂就。臣等請奉主祔穆宗廟便。」會昌元年（841）六月，奉宣懿太后祔於太廟穆宗室。

恭僖皇后王氏（？—845），越州人，本仕家子。少入太子宮，元和四年（809）生李湛，穆宗即位立為妃。長慶四年（824），李湛繼位，是為敬宗，

尊其為皇太后。寶曆三年（827），敬宗為宦官劉克明所弒，其弟江王李涵繼位，是為文宗。文宗尊生母蕭氏為太后，再加上穆宗生母郭太皇太后和王太后，後宮一共有三位太后，稱王太后為寶曆太后，後因其遷徙義安宮，改稱為義安太后。會昌五年（845）正月十二日崩，上諡號為恭僖皇后。二月，翰林待詔楊士端奏：「義安殿大行皇太后陵地，準今月五日敕，奉光陵。準經，今年太歲在己丑，季土王年，不宜於光陵柏城內興工動土，宜於光陵封外東西北三面，有地平穩處，別擇置陵吉。」五月十六日，葬王氏於光陵柏城之外東園。

貞獻皇后蕭氏（？－847），閩人。穆宗侍女，元和四年（809）生李昂。寶曆三年（827）正月，李昂即位，是為文宗，以其母為皇太后。開成五年（840），文宗崩，蕭氏移居積慶殿，號積慶太后。大中元年（847）正月十五日，蕭氏崩，諡曰貞獻。八月七日，葬貞獻皇太后光陵之側。

附：光陵行記

2018 年 2 月 4 日，我和党明放一道巡訪光陵。

鵲臺　光陵鵲臺遺跡在何正璜、劉慶柱文中均未提及，據《中國文物地圖集·陝西分冊（下）》記載，在乳臺南約 1900 米處，1994 年新發現鵲臺一對。2016 年 4 月 30 日，筆者從光陵乳臺一路向南，但在記載範圍內未發現任何夯臺遺存，加之文中又未記錄鵲臺長、寬、高等數據，故懷疑其所指為鵲臺臺基遺跡。

乳臺　9 點 23 分，我們的行程從海拔高度 566 米的乳臺遺址開始。遺址位於光陵村南、距南神門闕址約 600 米，現今僅存東闕臺，其西闕在二十世紀七十年代，劉慶柱對關中唐陵進行考察時就已不存。

神道石刻　光陵神道被光陵村中一條東西向道路截為南北兩半，乳臺和部分石刻位於道路南側，石人等石刻位於道路北側。

何正璜〈唐陵考察日記〉記載，1943 年神道石刻保存情況為：

> 華表一對均已倒毀，且左列之一沒入地下不可見。
>
> 飛馬一對均倒棄地面，唯無殘損。
>
> 鴕鳥一對已沒入地下，僅右邊露有殘石。

石馬五對，右列沒其三，左列全湮滅地下。

石翁仲十對已全部倒折，且多已沒入溝中，其身段大小與景陵同，唯帽為飛翅式，紋飾甚複雜，面部亦多連腮鬚，雙手拱立持劍於他陵無異。

劉慶柱〈陝西唐陵調查報告〉記載二十世紀七十年代神道石刻保存情況為：

石望柱位於乳臺闕臺北 107 米，僅存東列且僕倒於地。

翼馬一對倒於石望柱北 22 米，均有不同程度殘缺。

僅於東列翼馬北發現鴕鳥石刻殘塊。

在東列發現兩個殘石馬，在殘石馬北有一殘石人，從服飾看應為控馬人。

東列石人僅存一，石人身高 2.63 米，位於翼馬北 155 米，形製同景陵；西列石人存四，高度分別為 2.68、1.70、2.20、2.40 米，頭戴高冠，冠前飾團花紋，兩側飾羽翅紋，穿廣袖長袍，袖胡過膝，腳著靴，雙手持五節劍。

2013 年 4 月 9 日，筆者第一次來到光陵神道看到的情況為：東列石刻存石柱（僅倒於地，存柱礎、柱頭和兩節柱身），翼馬（嘴部殘毀），石馬（翼馬北約 40 米處、殘缺且一大部分被掩埋）；西列存有石柱（僅倒於地，存柱礎、柱頭和兩節殘損柱身），翼馬（嘴部殘毀），石人基座（鑲於路邊土坎），石人（豎立但頭部缺失），石人（頭部缺失、鑲於路邊土坎），石人（鑲於土坎，肩部以上掩埋）。當日我們在光陵文管所中看到一尊完好的武將石人。至此，劉慶柱文中記載的西列四尊武將石人全部找到，而東列那尊文官石人依舊了無音訊。

2011 年 4 月，陝西省考古研究院唐陵考古隊開始對光陵部分陵園建築遺址進行考古發掘，考古人員在光陵南門神道清理出八件原埋於地下的神道石人，其中包括四件文官石刻和四件武將石刻，並新發現蕃酋像殘塊五件。考古發掘結束後新發現的石刻亦原地掩埋。

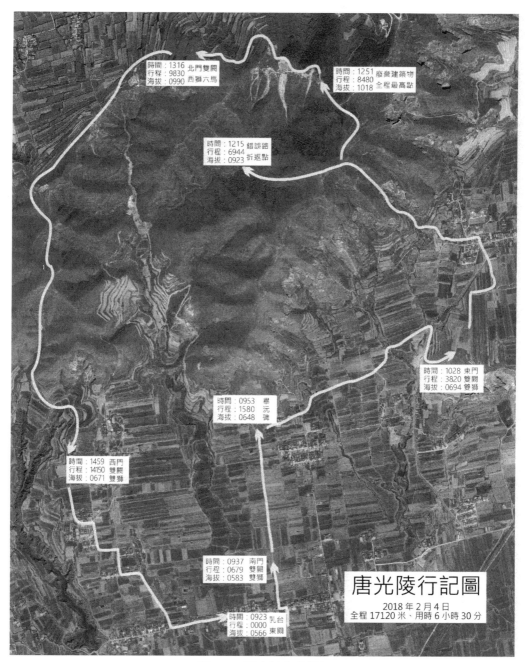

時間：1316　北門雙闕
行程：9830　西獅六鳥
海拔：0990

時間：1251　廢棄建築物
行程：8480　全程最高點
海拔：1018

時間：1215　錯誤路
行程：6944　折返點
海拔：0923

時間：1028　東門
行程：3820　雙闕
海拔：0694　雙獅

時間：0953　闕
行程：1580　沅
海拔：0648　磚

時間：1459　西門
行程：14150　雙闕
海拔：0671　雙獅

時間：0937　南門
行程：0679　雙闕
海拔：0583　雙獅

時間：0923　乳台
行程：0000　東闕
海拔：0566

唐光陵行記圖
2018 年 2 月 4 日
全程 17120 米、用時 6 小時 30 分

圖 21　唐光陵行記圖

　　南神門　9 點 37 分，行程 679 米，我們到達海拔 583 米的南神門遺址。南神門多年來的變化不大，何正璜文中所述倒地之雙獅現均已扶立。雙闕闕臺較為高大，闕內雙獅均為合口，西獅直鬃；東獅卷鬃，右前腿殘，背後隱約可見「明

荊山雷潛遊」題刻。

畢沅碑　9 點 53 分，我們到達陵山腳下畢沅碑處，行程達 1.58 公里，當地海拔 648 米。在從南神門往畢沅碑走的路上，發現光陵陵山的輪廓圓潤，應該有人工修整的因素。

東神門　在畢沅碑南有向東行的機耕路，在槐樹村東北側機耕路轉向北，我們則直接在農田中向東穿行，繞過一條不大的溝後不久就到達東神門所在的山腳下。10 點 28 分，我們從山包南側上山到達東神門，行程達 3.82 公里，當地海拔 694 米。2013 年 4 月 9 日，筆者第一次來此，雙獅位於雙闕西側，北獅保存較好、卷鬃合口，南獅已殘為碎塊，大致拼出一個獅子模樣。這次來南獅也已完美修復，不細看很難發現修復痕跡。

2011 年 11 月，陝西省考古研究院公佈光陵東門考古情況。光陵東門遺址保存較好，門址、門闕等遺跡十分清楚。門址現存東半部分，西半部分因自然和人為因素已經完全破壞，現為一大斜坡。作為夯土臺式建築，門址的夯土基址平面呈長方形，南北長 25 米、東西寬 5.6 米。門址主體為過廳式結構，面東背西，南北向面闊五間，東西向進深兩間。兩側房間以隔牆隔斷門址內外，中間三間為門道，由六塊門墩石和四塊夾壁柱構成門道結構。尤其是發掘過程中在門道東側堆積層中清理出倒塌的木門，木質門板已經朽毀無存，門上的泡釘還保存在原位置。經發掘發現，光陵東門北側的門闕基礎部分平面形狀為梯形，主體為夯土結構的闕體，闕體由南向北分三次漸漸收窄，形成三出闕。如今，闕體四壁仍可見殘留的白灰牆皮，底部四面為放大的夯土臺基，臺基四壁以條磚砌臺壁和臺明，包磚保存較為完整，現存十三層，高 0.9 米，臺明寬 1.1 米，臺基外還留有磚鋪散水。

北神門　從東神門北行 300 米即到唐陵村，向西穿過村莊，開始攀爬堯山東麓。在貪近求快的心理下，我們向著西北方向直插，結果被一條巨壑攔住去路，只好再往東北行，準備從高處繞過巨壑。12 點 51 分，我們走到山間一處廢棄建築物，行程達到 8.48 公里，當地海拔 1018 米。稍作修整，再行數百米，海拔升高到 1058 米，之後山路開始下坡。山陰處殘雪斑駁，深處能達腳腕。13 點 16 分，我們到達位於獅子坡村南約 700 米山坡上的北神門，行程達到 9.83 公里，當地海拔為 990 米。

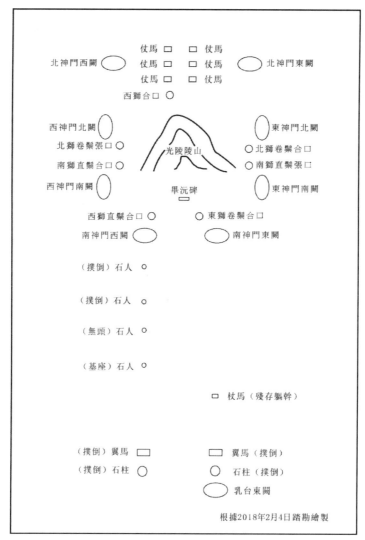

圖 22　唐光陵地表文物保存現狀示意圖

劉慶柱〈陝西唐陵調查報告〉中記載：

> 西列殘缺石獅位於雙闕闕臺內。石馬三對均殘，東西列間距 32 米，
> 南數第一對在闕南 26 米，第二、第三對南北間距均為 24 米，從殘
> 存部分看，形製同神道石馬。

　　文中記載和現今情況一樣，六匹石馬只有西列最北側那匹站立，其餘皆滾
翻於地。據 1993 年出版的《蒲城縣誌》記載，東側石獅被當地村民拖至村中，
棄於澇池。之前筆者多次在村中打聽該石獅下落，村人要麼告知已佚失、要麼

告知不清楚。

西神門　離開北神門之後我們沿山路向西南行走，路況遠比來時的好。13點 57 分，我們來到疑似西北角闕處，行程達到 11.75 公里，當地海拔 911 米。之後山路轉向正南，端端地奔著西神門去了。14 點 56 分，我們到達位於皇邊村北約 300 米處的西神門，行程達到 14.1 公里，當地海拔 671 米。西神門正對著的景陵後山東麓，劉慶柱在〈陝西唐陵調查報告〉中記載雙闕闕臺均存、石獅僅存北獅，現今的情況為雙獅均位於雙闕東側，北獅卷鬃張口，南獅直鬃合口。南獅原本從石座上滑落、側依在石座旁，現今也已扶正，端坐石座之上。

15 點 43 分，我們返回光陵村，當日全程 17.12 公里，用時 6 小時 30 分鐘。

第十三節　敬宗李湛之莊陵

莊陵簡介

莊陵為敬宗李湛的陵寢，位於三原縣柴窯村東 250 米，係唐代第二座堆土為塚的帝陵。莊陵陵園平面布局規整，呈正方形，邊長約 498 米，四面設門，四角有角闕，四門外有門闕，封土位於陵園正中，底邊長 30 米，而同為堆土為塚的獻陵封土底邊長達 125 米。

敬宗李湛（809—827），穆宗李恆長子，母為恭僖皇后王氏。元和四年（809）六月七日，生於東內之別殿。長慶元年（821）三月，封景王。翌年十二月立為皇太子。長慶四年（824）正月二十二日，穆宗崩，二十六日李湛即位於太極殿東序，時年十六。李湛在位期間，沈迷遊玩，不理政，任由權宦王守澄勾結宰臣李逢吉，排斥異己，敗壞綱紀。寶曆二年（826）十二月八日，敬宗夜獵還宮，與宦官劉克明、田務澄、許文端及擊球軍將蘇佐明、王嘉憲、石從寬、閻惟直等二十八人飲酒。敬宗酒酣，入內室更衣，被劉克明、蘇佐明等弒殺，年十八。群臣上諡曰睿武昭湣孝皇帝，廟號敬宗。太和元年（827）七月十三日，葬莊陵。

劉克明為何弒君？《新唐書》卷二〇八〈劉克明傳〉記載：「矯詔召翰林學士路隋作詔書，命絳王領軍國事。明日，下遺詔，絳王即位。克明等恃功，將易置左右，自引支黨顓兵柄。」絳王李悟為憲宗第六子，母懿安皇后郭氏，

穆宗同母弟，很明顯劉克明弒君就為貪圖擁立之功。但是，樞密使王守澄、楊承和，中尉梁守謙、魏從簡與宰相裴度共迎江王李昂即位，是為文宗。劉克明投井死，出其屍戮之。

莊陵盜案

〈槍聲為盜墓賊送終〉（《黨風與廉政》1998 年第 3 期）一文介紹了莊陵石人頭被盜的詳細經過。韓華民出身於銅川市王石凹煤礦一個工人家庭，1997 年 5 月 3 日夜，其雇傭三輪車夫塗慶民，將莊陵神道兩側五尊石人的頭全部用十八磅鐵錘從後頸處擊斷後盜取。5 月 6 日，韓華民攜帶偽裝好的五顆石人頭到南陽，下車收貨時發現只剩四顆，做賊心虛的他沒敢聲張。5 月 12 日趕到廣州通過開玉器店的孫國賓，將四顆石人頭賣於香港人孔某，獲贓款 4 萬元人民幣，韓華民分得 1.2 萬。6 月 2 日、8 日，韓華民和孫國賓分別落網，經審判，1997 年 12 月 29 日 12 時，24 歲的韓華民和 27 歲的孫國賓在莊陵東南城角前伏法，三輪車夫塗慶民被判 8 年有期徒刑。

為何五顆頭顱到了南陽就剩下四顆？只因車輛顛簸，致使一顆滾落道旁，被路人拾得，後韓華民盜案在中央電視臺播出，路人才知石人頭的珍貴，馬上交於國家，現存三原縣城隍廟中，而那四顆流失海外的石人頭再也沒一絲消息。

二十世紀八十年代初期，英國女藝術史學家安‧帕盧丹（1928—2014）來到中國實地考察多處帝王陵墓石刻，並拍攝數千張照片。幸運的是在她拍攝的照片中有 1988 年莊陵神道東列南起第一、第二尊石人和西列最北一尊石人，讓我們能欣賞到石人們被梟首前的風采，借此向安‧帕盧丹致敬！

附：莊陵行記

2013 年 3 月 19 日，我離開武宗李炎的端陵，繼續開車向西北行，過淡村鎮轉西到柴窯村巡訪莊陵。

鵲臺　莊陵正南、原下有蘇家坡村，在村中一東西走向水泥路南側現存一高約 13 米、東西長約 15 米、南北寬約 10 米的夯臺遺跡，為莊陵東鵲臺遺址。筆者在村中問一老婦，言其從小就只知這一個土台，看來西闕早已平毀不存。

乳臺　莊陵乳臺位於距南神門石獅約 500 米處，同鵲臺一樣也是僅存東側闕臺，其殘存規模幾乎等同於田野中的尋常墳墓，如不是存有夯層很難判定。

圖 23　莊陵神道東列南起第一尊石人
　　　頭被盜前後對比圖

圖 24　莊陵神道東列南起第二尊石人
　　　頭被盜前後對比圖

神道石刻　何正璜〈唐陵考察日記〉記載，1943 年神道石刻的保存情況為：

> 華表一對均倒毀。飛馬一對東倒西立，式同端陵。鴕鳥一對東立西沒，式同景陵。石馬四對均倒沒地下，僅東列有可見者。石翁仲十對，湮沒過半，立者僅四座，雕刻比端陵較勝一籌。

劉慶柱〈陝西唐陵調查報告〉記載二十世紀七十年代神道石刻保存情況為：

> 石望柱位於乳臺闕址北 70 米，均倒於地。

圖 25　莊陵神道西列最北一尊石人頭
　　　被盜前後對比圖

> 翼馬位於石望柱北 24 米，西列完好、東列倒於地。翼馬頸較瘦長、頭短、腿高，東者垂尾，西者縛尾。

> 鴕鳥僅存東列、位於翼馬北 24 米，形製同景陵，高 1.1 米、身長 1.5 米。

東列南數第一個石人位於鴕鳥北 142 米、第二個在第一個北 140 米、第三個在第二個北 41 米；西列南數第一個石人位於鴕鳥北 168 米、第二個在第一個北 116 米、第三個在第二個北 80 米。石人高 2.77 米。

2013 年 3 月 19 日，筆者第一次巡訪端陵，所見情況為：東列石刻由南向北存石柱（撲倒）、翼馬（撲倒）和無頭文官石人三尊，西列存石柱（撲倒）、翼馬、石人基座和無頭武將石人二尊。同劉慶柱文中記載相比，缺少東列鴕鳥和西列南起第一尊石人（現地存石座）。2016 年 2 月 27 日，筆者再來，發現石柱均被埋於地下，地面僅見東石柱基座。2018 年 12 月 16 日，筆者看到東列原本撲倒的翼馬也已扶立。據〈唐敬宗莊陵陵園遺址考古勘探發掘簡報〉（《考古與文物》2021 年第 1 期）記載：

南神道南北長約 400、北部東西寬約 65、南部東西寬約 69 米，相鄰石刻間距均為 21 米。莊陵陵園石刻的布局仍沿用泰陵、建陵以後的組合與布局，南神道石人為東側文官、西側武官的設置，文官佩劍的特徵與崇陵相同。

南神道地表石刻存九件，其中石人五件，按照從南至北順序，分別為東側第一、七、九和西側第六、九；石柱和翼馬各二件。本次新發現南神道石刻有：石人十一件，分別為東側第二、三、四、五、六、八、十和西側第一、七、八、十石人；石馬五件、牽馬人五個；石座多件；西側鴕鳥的下半部分、東側鴕鳥石屏和底座。本次發掘結束後，新發現的陵園石刻採取了原址回填保護措施。

南神門　雙闕闕臺被平毀，雙獅存，均高 1.75 米，東獅卷鬃合口、西獅直鬃張口。劉慶柱〈陝西唐陵調查報告〉記載當年現地保存的八尊蕃酋像，已遷入三原縣東裡花園保存。〈唐敬宗莊陵陵園遺址考古勘探發掘簡報〉記載：

勘探發現南門和東門列戟廊基址尚存。南門西列戟廊位於南門西闕北約 1.8 米處，北距南垣牆約 35.3 米，平面呈長條形，東西長約 12、南北寬約 1.2 —1.5、夯土厚約 0.7 米。東門南列戟廊位於東門南闕西部約 4.8 米，平面呈長條形，向東西兩側均有凸出，南北長約 8.5、東西寬約 1.1—3 米。東門北列戟廊南北長約 17、東西寬約 2—4.8 米。

南門門闕以南原有東西對應的蕃酋殿基址，東蕃酋殿基址無存。西蕃酋殿遺址位於南門西闕以南，保存狀況較差，地表部分不存，僅存部分夯土基礎，平面整體呈曲尺形，南北向部分與神道平行。發掘揭露出的殿址部分南北長 11（不包括散水）、寬 9.25 米；南端向西拐出的部分長 10.75 米（不包括散水），寬度不詳。有後牆與山牆，牆基寬 1—1.1 米、殘存高度 0.18 米。西蕃酋殿出土石像六件。

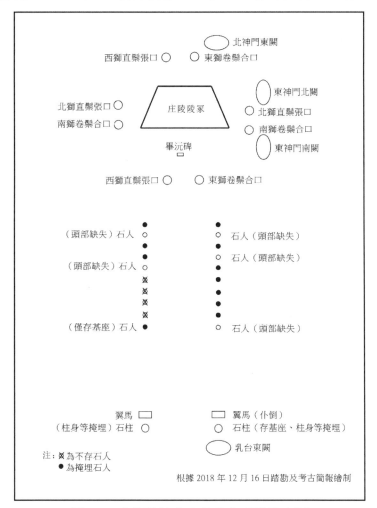

圖 26　唐莊陵地表文物保存現狀示意圖

東神門　2013 年 3 月 19 日，筆者所看到的情況為：雙闕保存較為高大，闕內雙獅幾乎被土全部掩埋，南獅僅露前爪、北獅僅露尾部。2016 年 2 月 27 日，再來時看到北獅直鬃張口已全部出土，南獅卷鬃合口、胸部以下依舊被

土掩埋。

北神門　2013 年 3 月 19 日，筆者所看到的情況為：存東闕臺和闕內雙獅，雙獅頭部以下埋於土中，兩獅朝向沖南，估計被後人調了方向。2016 年看到東獅卷鬃合口、還是僅露出頭部，西獅直鬃張口、已全部出土，但兩獅朝向均已沖北。〈唐敬宗莊陵陵園遺址考古勘探發掘簡報〉記載：「北門外出土石刻有西側第一、二石馬、東側第一石馬和多件石座；西側一件石虎底座和馴虎人底座。」發掘結束後，新發現的石刻原址回填保護。

西神門　雙闕闕臺被平毀，雙獅存，南獅高 2 米、卷鬃合口，北獅高 1.9 米、直鬃張口。

封土　莊陵封土位於陵園中部，夯築而成，整體呈覆斗形。封土前立有畢沅碑一通。〈唐敬宗莊陵陵園遺址考古勘探發掘簡報〉記載：

> 封土底部邊長約 30、頂部邊長約 6、高約 8 米，現封土四周種植有柏樹。原封土的基礎範圍平面呈橢圓形，距現地表深約 0.6—0.8、南北長約 69、東西寬約 60 米。玄宮平面呈「亞」字形，由長方形土壙和四條長斜坡墓道構成。南墓道最長，方向 181°，開口距現地表深約 1 米，南北長約 36、東西寬約 5 米，北部疊壓在現存封土下，開口距現地表深約 0.3 米，已探明部分距現地表深約 16.5 米。其餘三條墓道靠近玄宮的部分均疊壓在封土之下。玄宮土壙南北長約 32、東西寬約 17 米。南、北、西三條墓道上均發現盜洞，直徑約 4、距現地表深約 2—6 米。

下宮　下宮遺址位於蘇家坡村廢棄小學西側臺地上，西側緊鄰深溝，此處自然地勢北高南低，呈緩坡臺階狀。考古發現下宮大部分已被破壞，宮城垣牆僅存東垣牆和北垣牆，牆體寬約 2 米。下宮現存部分平面呈長方形，南北長約 124 米、東西寬約 112 米。遺址範圍內發現建築基址四組，第一組和第二組建築基址位於下宮宮城中部，南北排列；第三組建築基址位於第一組建築基址西部，南北向；第四組建築基址位於第二組建築基址西部。

第十四節 文宗李昂之章陵

章陵簡介

章陵是唐文宗李昂的陵寢，位於富平縣城西北 15.3 公里楊家窯村北的天乳山，清乾隆《富平縣誌》云其山：「兩山相對，類於乳形」。

文宗李昂（809—840），初名涵。穆宗李恆次子，敬宗李湛異母弟，母為貞獻皇后蕭氏。元和四年（809）十月十日，生於長安大明宮，長慶元年（821）封江王。寶曆二年（826）十二月八日，敬宗遇害，宦官劉克明、蘇佐明等矯詔，欲立憲宗李純第六子——絳王李悟為帝。次日，宦官王守澄、梁守謙等率禁軍入宮誅劉克明，殺絳王，十二日擁立江王李涵即位，更名昂。李昂繼位之初，勵精求治，釋五坊鷹犬，並省冗員，重用寵臣李訓、鄭註等人，策劃甘露之變，企圖消滅宦官勢力，事敗後遭到軟禁。開成五年（840）正月四日，李昂崩於大明宮太和殿。六月割富平縣充奉章陵，八月十九日葬於章陵，諡曰元聖昭獻孝皇帝，廟號文宗。

龍輴陷與山陵使李珏

開成五年（840）八月十一日，文宗皇帝靈柩發引，遇長安大雨，運載大行皇帝梓宮的龍輴竟然在安上門陷於泥濘，無法前行。安上門是唐長安皇城南牆偏東之門，位於今西安城牆南門——永寧門附近。十九日文宗下葬，二十七日門下侍郎、同平章事、山陵使李珏就因龍輴陷，罷為太常卿，之後又貶江西觀察使，再貶昭州刺史。

表面上看此事有因有果，並無蹊蹺，但背後之事還需從文宗立太子說起，文宗最初欲立的太子是敬宗長子晉王李普，但太和二年（828）六月李普薨逝。太和六年（832），文宗立其子魯王李永為皇太子，開成三年（838）十月，李永暴薨於少陽院。開成四年（839）八月，文宗寵幸的楊賢妃請立皇弟安王李溶，李珏等群臣反對，則立敬宗少子陳王李成美為太子。《資治通鑑》卷二四六〈唐紀六十二〉記載：開成五年（840）正月，「時上疾甚，命知樞密劉弘逸、薛季稜引楊嗣復、李珏至禁中，欲奉太子監國。」但神策軍中尉仇士良、魚弘誌認為太子即位，功不在己，故以太子年幼且有疾為由，欲立新人。李珏雖說：「太子位已定，豈得中變！」但仇士良、魚弘誌兵權在手，無視李珏阻攔，矯詔立穎王李瀍為太弟。正月四日，文宗崩。正月六日，仇士良以皇太弟的名義賜楊

賢妃、安王李溶、陳王李成美死。正月十四日，李瀍即位，是為武宗。五月，文宗未葬，塚宰楊嗣復即被罷黜相位，一路貶至潮州刺史。

所以，李珏被貶的根本原因並不在於龍輴陷，就算龍輴不陷，武宗也會將其罷去，為已在返回長安途中的准南節度使李德裕空出相位。

文宗山陵日未遂兵變

前文已述，作為武宗即位的反對者，楊嗣復、李珏相繼被貶黜，那麼知樞密劉弘逸、薛季棱又是什麼命運？

「知樞密」亦稱樞密使，《冊府元龜》卷六六五〈內臣部・總序〉記述：「永泰二年始以中人掌樞密用事……憲宗元和中始置樞密使二人。」《文獻通考》卷五十八〈樞密院〉記載：「其職掌，惟承受表奏，於內中進呈，若人主有所處分，則宣付中書門下施行而已。」說明樞密使的職責是負責向皇帝轉呈表奏和向中書、門下傳達詔令，是唐中後期由宦官擔任的重要官職。設置樞密使的目的是將宦官權力分散，使其和掌管軍隊的神策軍中尉相互制約，為了徹底貫徹分權原則，神策中尉分左、右二人，樞密使也同時安置兩員，他們四人互相牽製而方便皇帝控制。因為劉弘逸和薛季棱所處的重要職務，故他們不甘心如楊嗣復、李珏一樣任人宰割，準備趁率禁軍護送文宗靈駕至陵寢時，借掌握兵權之機誅殺仇士良、魚弘誌。但謀劃不密，被鹵簿使、兵部尚書王起察覺，安排鹵簿諸軍誅殺劉弘逸、薛季棱。

附：章陵行記

2018 年春，考古部門對章陵進行考古發掘。10 月 1 日，我和妻子巡訪章陵考古現場。

鵲臺　〈唐章陵調查簡報〉（《文博》2003 年 03 期）記載：

> 章陵鵲臺土墩據群眾反映於二十世紀七十年代尚在，後因修建東幹渠及擴大村民莊基地建房被夷為平地。此次調查時，當地群眾指稱鵲臺遺址位於上楊村西南東幹渠北岸約 20 米處，二鵲臺東西對稱，間距約 300 米。按所指鵲臺位置，北距乳臺 1700 米，距上宮南神門約 2356 米，西鵲臺西北距下宮遺址約 500 米。

乳臺　10 點 53 分，當日行程從位於楊家窯村南部的乳臺遺址開始，雙闕位於村中南北路兩側，北距南神門闕臺約 600 米，當地海拔 603 米。其東闕位於一民居東側較為隱蔽，西闕位於果園之中，雙闕闕臺保存較好，高度均在 4 米以上。

神道石刻　1943 年章陵神道石刻的保存情況，在何正璜〈唐陵考察日記〉中記載為：

> 陵前石刻行列倒毀特多，完整存在者當有華表一對均倒沒、翼馬二均立、鴕鳥存西列一件、石馬一對（西倒東沒）及翁仲四，其餘均已倒毀或湮沒。翼馬刻法次於元陵而優於簡陵，全體比例相稱，鴕鳥亦甚優美。

2013 年 3 月 27 日，筆者第一次巡訪章陵，只在乳臺東闕北側 130 米處尋得埋於地下、只露一角的東側石柱和西列一尊緊靠在樹幹上的無頭武將石人。據〈唐章陵調查簡報〉記載：

> 1958 年調查尚存石柱一對（東僕、西殘）、翼馬一對、石馬二對及石人一件；1964 年調查存有石柱一對、翼馬一對、鴕鳥一對、石馬三對及石人七件；1980 年調查僅存石柱、石馬、石人各一件……1999 年、2002 年調查尚存石柱一對，南距乳臺 130 米，東側石柱已倒僕，柱頭、柱礎均埋地下，柱身露出地表部分長 2.8 米，呈八棱形，棱面 41 釐米，棱面上有陰刻蔓草花紋。西側石柱全被深埋於村民楊振卿家水窖邊。神道東側還有石馬一件，位於東側石柱以北 62 米處，殘損嚴重，僅有部分腰背鞍韉暴露地表，大部分埋入地下。神道西側有石人一件，北距南神門外西闕 136 米，頭部缺失，身軀完好，殘高 1.70 米，胸寬 0.73 米，下肢、足部、石座及礎石均埋入地下……石人以北 76 米處，有石人礎石一件，長 1.28 米，寬 0.9 米，厚度不詳，礎石中部有楔窩，直徑 37 釐米，深 22 釐米。

筆者數次來實地，但均未找到那匹殘毀嚴重的石馬。

當日神道石刻發掘情況為：東列石刻由南至北分別是，石柱（地面只露一角）、翼馬（不存）、鴕鳥（不存）、五匹石馬的保存情況不明、石人九尊（南

起第四尊從腰部斷成兩截、南起第七尊不存，石人均缺失頭部）；西列石刻由南至北分別是，石柱（存一截柱身和柱頭）、翼馬（不存）、鴕鳥（探坑中空無一物）、石馬（現場一共四個探坑，南起第一坑位於鴕鳥探坑北約40米，第一、二、三坑間距約22米，第三、第四坑間距約45米，第二、三、四探方中存殘缺石馬）、石人二尊（現場有三個探坑，間距約22米，第一個探坑位於南起第三尊石人位置、坑中存石座，第二探坑位於南起第四尊石人位置、坑中石人保存完整，第三個探坑位於南起第五尊石人位置、坑中存石座。神道地面原有石人應是南起第六尊，此石人以北70多米處有石人礎石一件）。探方中全部石刻均用黑色遮陽網覆蓋。

2018年12月6日，筆者再次來到章陵神道，看到西列石柱和石馬已經掩埋完畢，幾個工人操作一臺小型挖掘機正在掩埋石人和石獅。看到在西列又發掘出土南起第一尊石人，石人雖用黑色遮陽網覆蓋，依舊能看出保存相當完整。東列石柱正在發掘，探坑中存石座、柱頭和一段柱身。如今神道發掘出土的石刻均原地掩埋，原本緊靠樹幹的石人，已向前移動，同樹幹拉開約1米距離。

南神門　11點30分我們到達南神門考古現場，行程約1.7公里，當地海拔622米。雙闕南側各有一個考古發掘探方，應是蕃酋殿遺址，其中西闕南側發掘探方中出土蕃酋像四尊。2013年3月27日，筆者第一次來到章陵南神門，在西闕南側看到無頭蕃酋像一尊，〈唐章陵調查簡報〉記載：

> 石人礎石以北24米處有小石人一件，倒僕，上半身缺失，腰帶以下殘高1.30米，石人整體與石座相連，為一塊巨石雕琢，石座下有楔，石座長62釐米，寬50釐米，礎石缺失，此小石人可能是蕃酋石像之一。

筆者所見應為此尊蕃酋像。2016年10月筆者再來，此蕃酋像已不在實地。雙闕北側兩個探方中各有石獅一尊，被黑色遮陽網包裹嚴實，雖然完整但看不清具體形製，發掘後石獅也被就地掩埋。闕北原立的畢沅「唐文宗章陵」碑，據〈唐章陵調查簡報〉記載，毀於1967年。

東神門　章陵東神門位於箭桿村東130米，而箭桿村又位於天乳山東麓的半山間，所以去東神門只需以半山村莊為目標，在田間尋路行走即可。12點12分我們到達東神門，行程達3.59公里，當地海拔690米。現今實地只存雙闕高

大闕臺，保存較好。

時間：1212　東門
行程：3590　雙闕
海拔：0690

時間：1307　西門
行程：6110　南闕
海拔：0666

北門地表
已無遺跡

時間：1130　南門
行程：1700　雙闕
海拔：0622

雙獅

西南角闕

薔薈殿

石人

唐章陵行記圖
2018 年 10 月 1 日
全程 8740 米、用時 3 小時

時間：1053　乳台
行程：0000　雙闕
海拔：0603

圖 27　　唐章陵行記圖

　　北神門　東神門西側有機耕路，沿路先向北行，遇一岔路口後轉向西北，開始攀登陵山，在海拔 719 米處有一小路向北下山。現今章陵北神門已無任何遺存，據〈唐章陵調查簡報〉一文介紹，北神門遺跡均毀於文革期間。何正璜〈唐陵考察日記〉記載：「在天乳山頂，遙望北門闕址僅存尺許小堆，有石獅一對，石馬三對」。當日我們也只能找個大概位置，憑吊一番後繼續奔西神門。

　　西神門　13 點 07 分到達位於西陵村北 100 米處的西神門，行程達 6.11 公

里，當地海拔 666 米。在二十世紀七十年代劉慶柱調查唐陵時此處門址就只存一個闕臺，不見雙獅。我在闕臺北側土埂對稱位置發現夯土遺跡，應也是一處闕臺遺存，故可判定現存闕臺應是南闕。

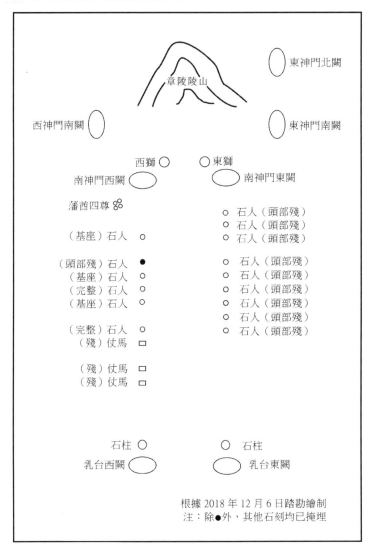

圖 28　唐章陵地表文物保存現狀示意圖

　　從西陵村沿公路一路向南走，在馬家墊村南存有西南城角，現存夯土周圍立著十多根刻有「文物」字樣的石柱。從西南城角開始，我們沿著當年南陵牆西段的走向向東，但一路未見一絲陵牆遺跡。13 點 41 分，我們返回南神門，行程達 6.11 公里。

再次穿過神道，於 14 點返回楊家窯村，全程 8.7 公里，用時 3 小時 08 分。

第十五節　武宗李炎之端陵

端陵簡介

端陵是武宗李炎和賢妃王氏的陵寢，位於三原縣徐木鎮桃溝村東北，東距唐高祖李淵獻陵約 5 公里，西北距唐敬宗莊陵約 7 公里，係唐代第三座堆土為塚的帝陵。

李炎（814—846），原名李瀍，穆宗李恆第五子，敬宗李湛和文宗李昂異母弟，母為宣懿皇后韋氏。元和九年（814）六月十二日，生於東宮。長慶元年（821）三月，封穎王。開成五年（840）正月，文宗崩，宦官仇士良、魚弘誌矯詔擁立為帝。其在位期間，倚重宰相李德裕，澄清吏治，發展經濟，有誌於革除積弊。同時削弱宦官、藩鎮和僧侶地主的勢力。會昌五年（845）鑒於寺院泛濫，下令拆毀佛寺，沒收寺院土地，擴大中央政府的稅源兵源。對外則擊敗回鶻，保衛北疆安定，使唐朝一度呈現中興局面，史稱「會昌中興」。但因其長期服食丹藥，會昌六年（846）三月二十三日，崩於大明宮，年三十三。八月二日，武宗靈駕至三原，夜遇大風，行宮幔城火。翌日，葬武宗於端陵。

武宗賢妃王氏（？—846），邯鄲人。十三歲，因善歌舞，得入宮中，穆宗以賜穎王李瀍。武宗即位，進王氏為才人，遂有寵，武宗欲立為后，因李德裕以「才人無子，且家不素顯，恐詒天下議」為由反對而作罷。武宗崩，王氏自縊於幄下。宣宗即位，嘉其節，贈賢妃，葬端陵之柏城。

開元中，玄宗以皇后之下立四妃，為正一品；芳儀六人，為正二品；美人四人，為正三品；才人七人，為正四品……李德裕僅是反對立王氏為后，武宗為何一直讓王氏屈尊正四品的才人？宣宗追贈王氏為正一品的賢妃，只差追贈為皇后。但不論怎麼說王氏並非皇后，故不可能同武宗一起葬入端陵玄宮，只能在柏城內起塚另葬。

武宗山陵使李讓夷和李回

會昌六年（846）七月，距離武宗下葬的日期不足一月，司空、門下侍郎、平章事、山陵使李讓夷卻被貶黜為淮南節度使。山陵使由中書侍郎、平章事李

回接任。蹊蹺的是在武宗神主入祔太廟後，「強幹有吏才，遇事通敏，官曹無不理」的李回也幾經貶黜，最後貶為撫州刺史。從憲宗到武宗大唐埋葬五個皇帝，貶黜四位山陵使，除了李讓夷和李回，還有憲宗山陵使令狐楚、文宗山陵使李珏。讓原本風光無限的山陵使一職，一下成為高危行業。

　　事情的起因，應同元和三年（808）四月舉行的一場制科考試有關。伊闕尉牛僧孺、陸渾尉皇甫湜、前進士李宗閔在考卷裡評議朝政，宰相李吉甫認為有意針對，遂到憲宗處哭訴，結果幾個考官均遭降職，牛僧孺、李宗閔幾人也沒得到任用。此事一出，朝野嘩然，朝臣分成兩派，支持李吉甫的為「李黨」，支持牛僧孺等人的則為「牛黨」。黨爭持續近四十年，四位被貶黜的山陵使均是這場黨爭的受害者。

　　令狐楚與皇甫鎛同年登進士第，均屬「牛黨」成員。元和十五年（820）正月，憲宗崩，穆宗即位，貶皇甫鎛為崖州司戶。之後穆宗又以監察御史李德裕、右拾遺李紳守本官，充翰林學士。李德裕即李吉甫之子，李紳也是「李黨」重要人物。穆宗繼位後的所作所為，已明確表明其開始信任任用「李黨」官員，如此看來七月令狐楚被貶黜也就不足為奇。

　　文宗山陵使李珏被貶黜的原因除了不支持武宗繼位外，同黨爭也有關係。他被貶黜的時間是開成五年（840）八月二十七日，李德裕在九月初一即回到長安，四日即授門下侍郎、同平章事。《新唐書》卷一八二〈李珏傳〉記載：「開成中，楊嗣復得君，引珏同中書門下平章事，與李固言皆善。三人者居中秉權，乃與鄭覃、陳夷行等更持議，一好惡，相影和，朋黨益熾矣。」楊嗣復與「牛黨」領袖牛僧孺、李宗閔「皆權德輿門生，情義相得，進退取捨，多與之同」。既然「李黨」骨幹李德裕回朝任相，「牛黨」的李珏怎能不被貶黜外地。

　　武宗山陵使李讓夷深為李珏、楊嗣復所惡，終文宗世，官不達。及李德裕秉政，驟加拔擢。而李讓夷的接任者李回，尤為李德裕所知，故兩人遭貶黜均因與「李黨」李德裕親善。而李德裕早在三月二十七日，即宣宗繼位次日就被罷免相位，之後白敏中、令狐綯、崔鉉等「牛黨」成員落井下石，最終貶李德裕為崖州司戶參軍事，翌年卒於任，四十年「牛李黨爭」以牛黨殘喘中央、李黨徹底失敗而結束。

端陵盜案

劉慶柱〈陝西唐陵調查報告〉記錄，端陵西列存石人一尊，高 2.89 米。依此判斷這尊石人在二十世紀七十年代應是完整的。

二十世紀九十年代，某年正月初九夜，興隆村西傳來一聲沈悶的炮聲，因在春節，並未引起村民多大注意。第二日一早村民卻發現神道西列那尊武將石人的頭顱被盜，從茬口分析，應是被炸藥炸斷後盜去。人們再仔細查看東列那尊完整文官石人，發現其後脖頸處也有用鐵錘砸擊的痕跡，錘

圖 29　端陵西列石人被盜頭顱前後對比圖

頭留下的圓形痕跡至今依稀可見。村民分析東列石刻距村子較近，故賊人不敢使用炸藥，用鐵錘砸時遇村中有人活動才不得已放棄。那顆被盜的武將頭顱至今無音訊，同樣要感謝英國女藝術史學家安・帕盧丹，她在 1988 年拍攝了神道西列那尊石人照片，讓我們能欣賞到石人頭部被盜前的風采。

附：端陵行記

2013 年 3 月 19 日，筆者巡訪獻陵之後，沿劉老路西行五六公里就可看到武宗端陵的封土坐落於路南。

鵲臺　端陵乳臺已坐落在原畔，其鵲臺應同莊陵一樣位於原下，但端陵鵲臺在各種資料中均無記載，應早已湮滅。

乳臺　端陵神道正對一條大溝，其乳臺雙闕已分列溝的兩沿，雙闕闕臺均保存完好，距南神門 248 米。

神道石刻　端陵神道僅 200 多米，石刻間距很是局促。據足立喜六《長安史跡研究》記載，在二十世紀初神道尚存「石柱一對，天馬一對，石鵝一對，石馬二對，石人六對（東列立者為南起第二、四、五、六尊，西列立者為南起第五尊，其餘均倒毀）。」

何正璜〈唐陵考察日記〉記載，1943年端陵神道石刻保存情況如下：

> 華表一對，東立西沒，沒者僅見棱角存者，座寬1.5公尺，柱高5公尺，刻大蔓草花紋，現有兩面可見。
>
> 飛馬一對均倒地，西側已沒入地下。
>
> 鴕鳥一對，均倒撲無從見。
>
> 石馬三對，均倒毀，且與鴕鳥、飛馬等堆積一處，同有御馬衛士體軀二尚可見，馬身高1.4公尺、長1.8公尺。
>
> 石翁仲六對，東者立四、西者立一，餘多埋入地下，（座）四面均有獅紋線刻，石翁仲連座高3公尺，式小而劣，如景、泰諸陵。

劉慶柱〈陝西唐陵調查報告〉記載神道石刻在二十世紀七十年代的情況為：

> 石望柱位於乳臺闕臺北65米，僅存東列聳立。
>
> 翼馬位於石望柱北9.8米，東列僕倒、西列立，形製同莊陵。
>
> 東列鴕鳥佚失，西列鴕鳥遷陝西省博物館（筆者注，今碑林博物館）。
>
> 在西列翼馬附近存石馬二，均殘。
>
> 石人東列現存三，南數第一個在翼馬北80米、第二個在第一個北13.5米、第三個在第二個北14米；西列存一個石人，在翼馬北98米。
>
> 石人身高2.89米，形製同莊陵，唯東列石人左側不佩劍，腰帶下無前後花結長帛。

當日，筆者所見情況同劉慶柱的記錄相比，實地多出西列石柱柱礎，位於翼馬南側約5米處。聽村民說，不久前村中修路時在那尊被盜頭部武將石人南側又出土一尊完整石人，已被文物部門拉走保管。2014年3月21日，我在三原縣東裡花園看到這尊石人。在興隆村中路邊還有一尊被鑿改成石槽的無頭石人殘軀，正面向下，不可分辨文武。後據端陵文管員說這樣的石槽原本共有四個，党明放早先拍攝到三個。2018年端陵神道石刻均已原地扶正，並加裝鐵柵欄保護。

南神門　南神門存東闕臺，就位於端陵文管員閆玉林門前。闕內東獅高1.7米、卷鬃合口、西獅高1.8米、直鬃張口。但何正璜〈唐陵考察日記〉中所記

載的畢沅碑，在劉慶柱二十世紀七十年代調查時已不存。

　　東神門　雙闕闕臺保存完好，闕內北獅高 1.5 米、卷鬃合口，南獅高 1.6 米、直鬃張口。

　　北神門　何正璜在〈唐陵考察日記〉中記載：

> 端陵北陵門除闕門基址及石獅之外有石馬兩對，半數倒損。在獅背後有陵門基址，長 20 公尺，中開三門，門寬 2.9 公尺，每門有門枕石兩塊並列，石長 1.3 公尺、寬 0.7 公尺、厚 0.4 公尺。附近磚瓦片甚多，顯然為原有之陵垣門址，此為他陵所未見者。

　　以上遺存在劉慶柱調查前已不存，其僅在陵塚東北 750 米的西三合村飼養室院內見一控馬人，頭殘，高 1.4 米，身穿圓領窄袖袍，腰繫帶，足著靴。

　　西神門　何正璜〈唐陵考察日記〉記載原存雙闕闕臺，至劉慶柱二十世紀七十年代調查時已平毀，現僅存雙獅，南獅高 2 米、直鬃張口，北獅高 1.9 米、卷鬃合口。南獅的北側齊刷刷的殘缺，就似被刀整齊的切去了，應是當初選材不嚴使用了有貫通暗裂石材所致。

第十六節　宣宗李忱之貞陵

貞陵簡介

　　貞陵是宣宗李忱的陵寢，位於涇陽縣崔黃村北側的仲山。

　　宣宗李忱（810 － 859），憲宗李純第十三子，母為孝明皇后鄭氏，穆宗李恆異母弟。元和五年（810）六月二十二日，生於大明宮。長慶元年（821）三月，封光王。會昌六年（846）三月一日，武宗崩，李忱被宦官馬元贄等擁立為帝，時年三十七。李忱在位期間，整頓吏治，並限制宗室和宦官，對外擊敗吐蕃、收復河湟，又安定塞北、平定安南。在位十三年間，國家安定繁榮，史稱「大中之治」，李忱也被譽為「小太宗」。大中十三年（859）八月七日，李忱因服長生藥中毒，崩於大明宮，年五十。咸通元年（860）二月十五日，葬聖武獻文孝皇帝於貞陵，廟號宣宗。

貞陵山陵使夏侯孜

　　《太平廣記》卷四〇五〈寶六〉載有貞陵山陵使夏侯孜督造貞陵時的一則故事，當玄宮開鑿到一丈多深的時候，從石縫中得到半股折斷的金釵，約有一掌長，剩餘的半股尚銜在石縫中。石工將金釵取出，夏侯孜認為陵園工期很緊，雖有異常，還是選擇隱瞞不奏，故事隱隱讓人感到一絲不祥。咸通元年（860）二月，宣宗葬於貞陵，十月夏侯孜就被罷免相位，罷免緣由史書中到沒有提及。在筆者看來夏侯孜同憲宗山陵使令狐楚、文宗山陵使李珏和端陵山陵使李讓夷、李回因黨派輾軋而被罷免相位不同，他被罷免很可能是因其未盡到山陵使職責而導致。幾乎每個來過貞陵的人都會記住東列那匹胖的已嚴重走形的翼馬，被戲稱為「翼河馬」。除此之外，在西列武將石人中竟然還摻雜一位文官石人。如此明顯的紕漏出現在帝陵之中，山陵使難辭其咎。

　　咸通三年（862）七月，夏侯孜再次由劍南西川節度使升任尚書左僕射，兼門下侍郎、同中書門下平章事。之後的仕途還算順風順水，咸通五年（864）八月，夏侯孜又檢校司空、平章事，兼成都尹、劍南西川節度等副大使、知節度使。在唐朝太尉、司徒、司空合稱「三公」，雖是不置屬員的虛職，但已是正一品最高官職，更何況他還任著平章事的相職。但就在當年十月貞陵羨道竟然塌陷，當消息傳到長安，夏侯孜應該會想起那半支金釵。果不其然，次月十五日，夏侯孜坐隧壞，出為河中節度使，雖猶同平章事，但之後對其的記載鮮見於文獻，說明夏侯孜已遠離政治中心。

附：貞陵行記

　　貞陵陵山橫跨涇陽、淳化兩縣，面積近乎唐太宗昭陵。但昭陵之大，大在陪葬墓區，而貞陵之大，則大在陵山。巡走一圈貞陵的難度絕對遠遠高於其他唐陵，依個人能力，終未敢獨自成行，最後和曹紅衛約定一道巡訪貞陵。2018年 3 月 31 日 8 點 05 分，我們將車停石灘子村委會前廣場，收拾行裝，曹兄只讓我背了雨傘和三瓶水，而他則背負五瓶水和全部的食品。8 點 12 分，我們從海拔 588 米的石灘子村出發。

　　東神門　現在從石灘子村到東神門只需沿公路北行，就可到達東神門山腳下。2013 年 3 月 9 日，筆者第一次巡訪貞陵東神門，那時還未開通這條公路，開車到石灘子村北的西山莊，東神門位於村莊的西北方向，當地人喚做「獅子

疙瘩」，在村中一位老者的帶領下，開車來到門址東側。

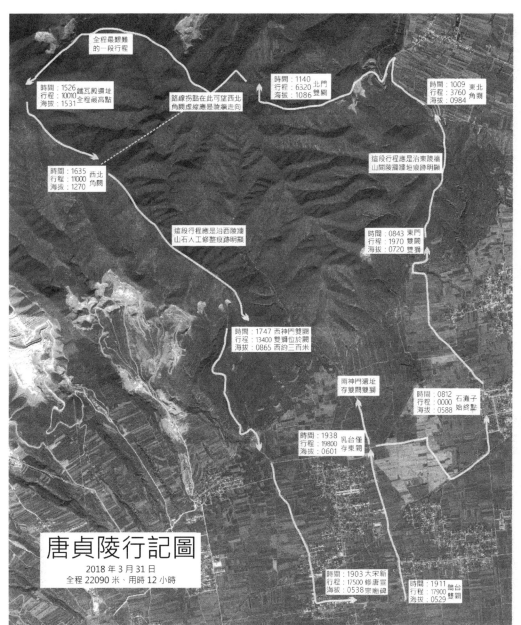

圖 30　唐貞陵行記圖

　　8 點 43 分，我們到達東神門，行程 1.97 公里，來時是一路慢上坡，海拔升到 730 米。雙闕闕臺依山勢北高南低，雙獅均高 1.6 米左右，南獅卷鬃合口、僕倒在地，北獅直鬃張口、屹立不倒。此後不久南獅被扶正，雙獅均加鐵柵欄保護。

東北角闕　離開東神門，我們向陵山東側最高峰行進，山脊上可見低矮的陵牆遺跡蜿蜒向上。經過約一個小時的攀登，我們氣喘籲籲登上峰頂，發現山後竟是一片平坦農田。稍加休息後，於 10 點 09 分到達魚車山村南側的東北角闕，行程達 3.76 公里，海拔升至 984 米。此段行程不足 2 公里，海拔升高 250 多米。

北神門　東北角闕和北神門之間有條很寬很深的大溝相隔，只能沿著溝邊小路往西，行約 1 小時，站在溝邊已能看到溝對面北神門雙闕，兩人見溝也窄了許多，商量後準備直接穿越大溝。下溝還算簡單，但要想爬上對面很是艱難，300 多米的距離，耗時半個多小時，幾盡力竭，好不容易於 11 點 40 分到達北神門，行程達到 6.32 公里，海拔升高到 1086 米。

貞陵北神門已位於淳化縣境內，其具體位置在石馬坪南約 300 米的山坡上。如開車可沿 211 國道，在石橋鎮派出所對面左轉進入通往石馬坪的鄉村公路，此路向西南方向行，過田家原村至福德村後到石馬坪，全程約 7 公里。劉慶柱在〈陝西唐陵調查報告〉中記載：「有雙獅和石馬二對，石馬東西間距 25 米，南起第一對在闕址北 25 米，第二對在第一對北 22 米，形製同神道石馬。」2009 年 4 月 10 日，六件石刻搬遷到淳化縣文博館北門前保管，現地僅存雙闕闕臺。

鐵瓦殿　一般而言，巡陵如行至山陵北神門，之後將是一路下坡，獨有貞陵最為特殊，北神門之後的行程更加艱苦。西行不足 1 公里，在我們所站崖邊已能看到西南方向的西北角闕，目測不足 2 公里的直線距離。當初的陵牆應是從我們站立點端端瞄著西北角闕修建，但其中相當長的一段直接借助了天然懸崖。我們無法飛越懸崖，只能選擇向西北方向，從北側高峰繞行。14 點 12 分我們到達一個採石場，海拔高度 1276 米，行程達 9 公里，在此已能看到山巔。之後山路更是陡峭，1 公里的路程，我們耗時 1 個多小時，終於在 15 點 26 分到達山巔，行程 10 公里，山巔海拔 1531 米。

從北神門到此行進 3.68 公里，海拔升高 445 米，爬升率達 12.09%；而從石灘子村出發到北神門行走 6.32 公里，海拔升高 498 米，爬升率僅為 7.88%，由此可見這段山路之險峻難行。

山巔當地人稱之為「鐵瓦殿」，全因此處原有一座道觀或寺廟遺址，我們

在殘垣斷壁間一通找尋，希望能找來些許碑刻文字，以便瞭解鐵瓦殿的來歷。無果之後才想起從早餐到現在還沒好好吃飯，一氣把帶來的食品和水全部吃完，美美歇了快一個小時，才晃晃悠悠開始下山。

　　西北角闕　下坡真的很爽，十分鐘就到西北角闕。時間是 16 點 35 分，行程達 11 公里，當地海拔 1270 米。站在角闕回望來時的路，恍如隔世。

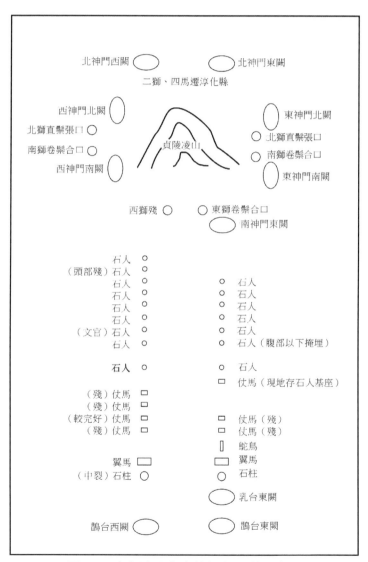

圖 31　唐貞陵地表文物保存現狀示意圖

　　西神門　從西北角闕起，下山的路就是貞陵西側陵牆遺跡，唐代工匠先將山石取平，之後再在其上夯築陵牆。現今夯土陵牆已無可尋覓，但山石上所留

人工鑿刻痕跡比比皆是。17 點 47 分我們達到西神門雙闕間，行程達 13.8 公里，當地海拔 857 米。貞陵西神門也是唐陵特例，其他各處門址的石獅大部分藏於雙闕之後，唯有這兩尊獅子置於雙闕外 300 多米處（建陵東神門石獅雖也位於闕外，但緊靠闕台安置）。南獅高 1.53 米、卷鬃合口，北獅高 1.65 米、直鬃張口。原本南獅從石座滑落後斜靠在座邊，我們走後不久就被扶正，並加鐵柵欄保護。

大宋新修唐宣宗廟記碑　我們出山時天色漸黑，在路邊整理完行裝，急忙去巡訪「大宋新修唐宣宗廟記碑」。19 點 03 分到達，行程達 17.5 米，當地海拔 538 米。石碑位於袁門高張村西北方向，其北就是貞陵下宮所在。碑上文字下半部已漫漶不清，但上半部的文字如新。

鵲臺　貞陵鵲臺位於袁門高張村南，位於「大宋新修唐宣宗廟記碑」的東南方向，兩者相距約 400 米。鵲臺距南神門闕址 1982 米，現今雙闕闕臺保存完好。我們到達時間是 19 點 11 分，行程達 17.9 公里，當地海拔 529 米，為全程最低海拔，當天行程累計爬高 1002 米，也是十四座大唐山陵之最。

乳臺　離開鵲臺穿過袁門高張村，出村向北即到貞陵乳臺。我們 19 點 38 分到達，行程達 19.8 公里，當地海拔 601 米。乳臺距南神門闕址 482 米，劉慶柱二十世紀七十年代調查唐陵時，雙闕闕臺均存，今僅存東闕臺遺址。

神道石刻　劉慶柱在〈陝西唐陵調查報告〉中記載，二十世紀七十年代貞陵神道石刻情況為：

> 石望柱位於乳臺闕址北 24 米，石望柱高 6.95 米（石座埋於土中，未計算在內），形製同建陵，柱身八棱面線刻蔓草花紋，東列石望柱的東南、南、西南和西面花紋保存較好，西列石望柱柱身斷裂、風蝕較甚。
>
> 翼馬位於石望柱北 22 米（神道石刻南北間距均為 22 米），身長 2.83 米、身高 2.8 米，東列翼馬頭若河馬狀，頭頂無角，尾垂，造型粗俗；西列翼馬頭頂有獨角，縛尾，臀部後傾，造型拙樸，西列翼馬馬背之上前後分布二十四個圓窩，二翼馬左右翼翅均與頸上部連通。
>
> 鴕鳥僅存東列，高 1.11 米、長 1.4 米，腿短似鴨形，整個屏面飾滿浮雕山石。
>
> 石馬東列存二、西列存四，身高 1.75 米、身長 2.05 米，馬背置鞍、

無馬鐙、披障泥，馬身飾物簡化，馬尾下垂，脖下繫鈴。較其他唐陵石馬特殊者，貞陵石馬馬背上鑿有圓窩，西列南數第一石馬有圓窩十三個，東列南數第一、第二石馬背部有圓窩十六、十四個。

石人東列存南數第一、三（半埋土中）、四、六、七、八尊；西列存南數第一、四、五、六、七、十尊，形製同莊陵，東列石人高 2.47 米；西列石人高 2.88 米，東列應為文官、西列應為武官，但現存西列南數第二尊石人，其服飾造型同東列石人，當為文官。東列現存六個石人，均為文官，未發現形同西列的武官。

我們當日所見的情況是：石柱、翼馬、鴕鳥和石馬同劉慶柱文中記載相同，只是神道東列多出石人一尊，位置為南數第九尊；西列多出石人三尊，位置為南數第三、七、九尊。

南神門　門闕僅存東闕，西闕已平毀。1984 年 8—9 月，涇陽縣文教局對陵園進行勘查，其西闕雖大部分已毀，但依舊高於地面 2.6 米。闕內東獅高 1.72 米、卷鬃合口；西獅面部、胸部等部分缺失，殘損較為嚴重。有關部門給雙獅各焊鐵籠以防盜，可惜籠子的鐵鏽隨著雨水，已將石獅染的鏽跡斑斑。幸好我們走後不久，文物部門將大鐵籠子換作鐵柵欄。

從神道向東穿過農田就能到石灘子村，但此時天已黑透，怕掉進農田中沒蓋的機井，故選擇打著手電向南到公路後繞回石灘子村，20 點 11 分我們回到車前，全程 22.1 公里，用時 11 小時 59 分鐘。

第十七節　懿宗李漼之簡陵

簡陵簡介

簡陵是懿宗李漼的陵寢，位於富平縣西北 30 公里陵懷村北的紫金山。

李漼（833—873），本名溫，宣宗長子，生母元昭皇后晁氏。太和七年（833）十一月十四日，生於宣宗舊邸。會昌六年（846）十月，封鄆王。宣宗不喜李溫，其他的王子都居於禁中，而獨讓他住在宮外的十六宅。大中十三年（859）八月，宣宗病重，欲立三子夔王李滋為太子，並囑咐內樞密使王歸長、馬公儒、宣徽南院使王居方輔佐即位。八月七日，宣宗崩於咸寧殿，左神策護軍中尉宦官王

宗實發動政變，殺王歸長等三人。八月九日，立鄆王李溫為皇太子，更名漼。八月十三日，李漼柩前即位，年二十七。

懿宗即位後遊宴無度、驕奢淫逸、任人不能，又崇信佛教，親迎佛骨，導致浙東、安南、徐州、四川相繼發生動亂，內部政治腐敗，民不聊生，將宣宗的「大中之治」揮霍一空。咸通十四年（873）七月十九日，懿宗崩於咸寧殿，年四十一。乾符元年（874）二月五日，葬於簡陵，廟號懿宗。僖宗繼位後追諡生母王氏為惠安皇后，神主祔於太廟懿宗室，但未啟舊墓陪葬簡陵。

簡陵盜案

《新唐書》卷十〈昭宗本紀〉記載，天復二年（902）二月二十二日，盜發簡陵。另外，北宋上官融《友會談叢》卷上記載，溫韜盜發唐帝諸陵，既開簡陵，內有銀羅漢十八身，各高五尺，其山座具備，環列於梓宮。每一身以十餘牛牽引方出隧道，載以大車，碎之造器，他物莫有存者。兩則記載一聯繫，溫韜似乎就成了天復二年盜發簡陵的犯罪嫌疑人。

《資治通鑑》卷二六七〈後梁紀二〉記載，開平二年（908）十月「華原賊帥溫韜聚眾嵯峨山，暴掠雍州諸縣，唐帝諸陵發之殆遍。」說明溫韜盜掘唐陵應始於開平二年。乾化元年（911）三月，岐王李茂貞收其為義子，以華原為耀州，美原為鼎州，置義勝軍，任命溫韜為節度使。溫韜方具備盜掘簡陵的條件，但天復二年的溫韜羽翼未豐，故這起盜發簡陵的大案應非溫韜所為。

天復元年（901）十一月，割據河南的朱全忠為同鳳翔節度使李茂貞爭奪對昭宗的控制而出兵關中。翌年二月，李克用發兵進攻慈、隰（治今山西吉縣、隰縣）二州，朱全忠遂還軍河中。這期間的關中兵荒馬亂，不排除朱全忠退軍之前，縱兵肆意搶掠，故發生盜發簡陵的大案也不足為奇。

2013 年 2 月 9 日，除夕夜，簡陵盜案再發。犯罪分子趁深夜無人、煙花爆竹震耳欲聾之機，將南神門僅存的西側石獅盜走。翌日，文保員在例行巡查時發現石獅被盜，及時報告富平縣文物旅遊局。隨後，富平縣成立由公安、文物等部門組成的「2‧10 案件」偵破領導小組。通過查痕跡、調監控等手段，陝西和河北兩省民警於 2 月 20 日凌晨分八個抓捕小組在河北邢臺、山西太原等地抓獲以賈某為首的八名犯罪嫌疑人，並在邢臺一倉庫內找到被盜石獅，翌日石獅運回富平縣文廟保存。2013 年 3 月 27 日，筆者來到簡陵南神門，在被盜石

獅原位置，還可見一個長約 2 米、寬約 1.5 米、深有 1 尺的土坑，從實地看，盜運石獅的車輛應是從西側田地進入作案現場。

附：簡陵行記

2020 年 12 月 27 日，我和妻子巡訪簡陵。

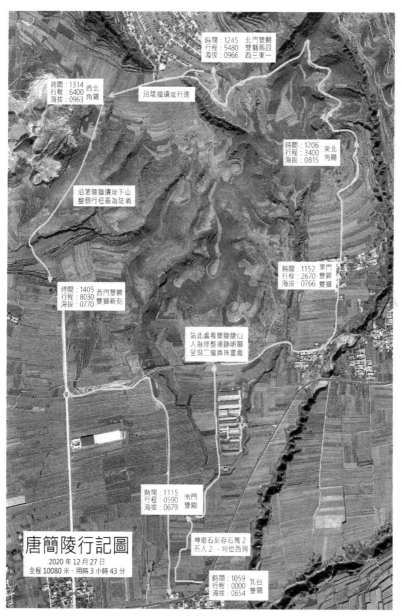

圖 32　唐簡陵行記圖

　　鵲臺　1943 年 8 月，西北藝術文物考察團調查簡陵，在陵懷村南約五里處見一對古塚，東西並列、間隔約 175 米，經測量推測為簡陵鵲臺雙闕遺跡。至劉慶柱二十世紀七十年代調查唐陵時，此遺跡已湮滅。

　　乳臺　當日我們將車停於東窯村，出村北行可見高大的乳臺東闕。10 點 59 分，我們從此處開始行程，當地海拔 684 米。乳臺遺址距南神門闕址 312 米，東闕臺保存高大，而西闕臺只略顯於地面。

　　神道石刻　據何正璜〈唐陵考察日記〉記載，神道石刻在 1943 年地面可見數量不多。

> 在外闕門內 80 公尺處，有石刻東西對列。今僅西列尚散立成行，首為翼馬，次為鴕鳥，再次為石馬三，再次為石人三……其各石刻間距距離：翼馬鴕鳥間相距 10 公尺，鴕鳥石馬間相距 27 公尺，其間疑原有他種石刻，今倒毀不見者。因三馬之間亦各間距 10 公尺，石馬與第一石人翁仲之間相距 16 公尺，第一石人與第二石人之間相距 30 公尺，第二石人與第三石人之間相距 43 公尺，疑其間原來應有多數石人存在。第三石人至內門闕門基相距約 40 公尺。東列僅存翼馬已倒地破損外，其他均因山洪沖流而一無所存，雇人掘出東列鴕鳥，發現已中斷，僅存下部，全部形體已無可辨，隨即再次掩埋。

劉慶柱〈陝西唐陵調查報告〉記載神道石刻在二十世紀七十年代的情況為：

> 翼馬二，位於乳臺闕址北 90 米，東西相距 90 米，西列翼馬頭上獨角突出，而東列翼馬頭上獨角甚微小，形製同貞陵。
> 石馬二，均位於西列，南數第一石馬在翼馬北 45 米，第二石馬在第一石馬北 20 米，形製同貞陵。
> 石人二，均位於西列，南數第一石人在石馬北 21.8 米，第二石人在第一石人北 45 米，形製同貞陵。

　　現今神道石刻除二翼馬遷往陝西歷史博物館外，其他如劉慶柱文中所述。從殘存石馬的韁繩、鞍配雕刻精美程度來看，簡陵神道石刻尚稱精緻，沒有流露出大唐將亡的沒落氣氛，當年壓根沒人會想到，這會是大唐營建的最後一座山陵。

南神門　11 點 15 分，我們到達南神門西闕前，行程 0.59 公里，當地海拔 679 米。雙闕闕臺百多年無變化。至於石獅，據何正璜〈唐陵考察日記〉記載，在 1943 年就僅存一尊石獅，該獅被盜追繳後，現存富平文廟保管。畢沅所立「唐懿宗簡陵」碑原立於石獅北約二百步處，至劉慶柱二十世紀七十年代調查時已不存。另外，何正璜記錄在東闕臺南側有兩方蕃酋像石座，劉慶柱記錄為五方，當日我們見到三方。而劉慶柱〈陝西唐陵調查報告〉中記載在石座旁有蕃酋像二尊，現今實地不存。

東神門　從南神門先向正北走，在陵山腳下轉向東北，即可達到東神門所在的三條溝村。在向陵山走的過程中能清楚的看到簡陵陵山同光陵陵山一樣有著圓潤的輪廓，人工修整的痕跡明顯，在陵山東南、西南方向修整出兩座如闕臺般的山包，有青海省都蘭縣吐谷渾大墓那種雙龍護珠的態勢。

11 點 52 分，我們到達三條溝村中的東神門，行程達 2.67 公里，當地海拔 766 米。東神門現存雙闕闕臺和闕西側的雙獅，南獅卷鬃合口、北獅直鬃張口，石獅雕工與南神門石獅相比，可謂拙劣。

北神門　三條溝村中原有一條不太寬的機耕路，可通北神門所在的銅川市耀州區石原村，這次再來路面已硬化，為了避免劇烈拔高，我和妻子選擇沿新建水泥路走。12 點 06 分，東北角闕出現在路西半山間，估計其海拔應在 810 米左右。12 點 45 分，我們到達北神門，行程達 5.48 公里，當地海拔 966 米。何正璜在〈唐陵考察日記〉中記載：

> 其闕門土基較西門為高，版築層猶歷歷可數，現成鈍圓錐狀。兩闕址相距 52 公尺。闕門內列有石虎一對、石馬三對、石獅一對。獅虎均向外立，馬則對立。馬之右側均有御馬者，作衛士胡服裝束。石馬石虎均好，石獅則同西門所見者矮肥不合比例。各石刻大小：石虎高 1 公尺，石獅高 2 公尺，石馬頭高 1.5 公尺、身長亦如此、尾部高 1 公尺。各石刻存在情況：石虎立於右者已損壞，且離座已二三尺。馬則右邊者二立一倒，左邊則全倒。御馬武士已全部倒損，斷頭缺臂，離開原來地位甚遠，行將全部埋沒地下。在石獅後部約 5 公尺處遺有石門枕一對，長僅 1 公尺許，似非唐物。

至劉慶柱二十世紀七八十年代調查時雙闕闕臺保存情況不變，但石刻僅存

「雙獅和石馬三，石馬均殘且都位於西列，第一石馬在門獅北 7.8 米處，其餘間距均為 6 米。」

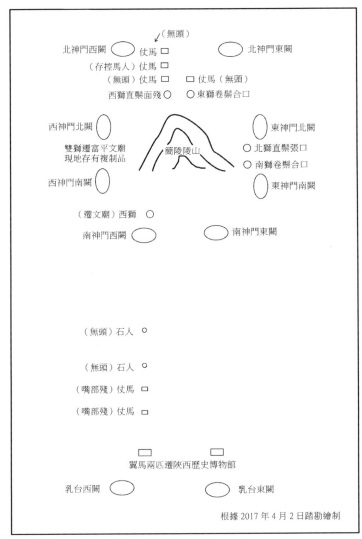

（無頭）

北神門西闕 ◯ 仗馬 □　　　　◯ 北神門東闕
（存控馬人）仗馬 □
（無頭）仗馬 □　□ 仗馬（無頭）
西獅直鬣面殘 ◯　◯ 東獅卷鬣合口

西神門北闕 ◯　　　　◯ 東神門北闕
雙獅遷富平文廟　簡陵陵山　◯ 北獅直鬣張口
現地存有複製品　　　◯ 南獅卷鬣合口
西神門南闕 ◯　　　　◯ 東神門南闕

（遷文廟）西獅 ◯
南神門西闕 ◯　　◯ 南神門東闕

（無頭）石人 ◯

（無頭）石人 ◯

（嘴部殘）仗馬 □

（嘴部殘）仗馬 □

□　□
翼馬兩匹遷陝西歷史博物館

乳台西闕 ◯　　◯ 乳台東闕

根據 2017 年 4 月 2 日踏勘繪制

圖 33　唐簡陵地表文物保存現狀示意圖

　　2013 年 3 月 27 日，筆者第一次來此，所見情況為：雙闕闕臺存，闕內由南至北存有撲到於地且殘缺的雙獅（東獅卷鬣合口、西獅直鬣但面部殘毀）和四匹殘缺杖馬（西列三匹、東列一匹）。2017 年 4 月 2 日，筆者再來發現西列中間石馬北側新出土控馬人一尊，且石刻均有修復並原地扶正，但修復工藝粗劣。

　　西神門　從北神門向西出村，沿一條田間機耕路繼續向西，時不時出現的

唐代磚瓦殘件提醒這裡原本就是北陵牆西段遺跡。行約 1 公里，機耕路轉向南開始下山，在其轉彎處發現一處高不足 1 米的土包，用登山杖撥拉後有夯層出現，斷定為西北角闕遺跡。下山不久機耕路逐漸變窄，最後消失在山間草木中，下山坡度也急劇變陡，山坡上文物部門沿陵牆所立石柱和唐代磚瓦殘件成了我們行進的路標。14 點 05 分，我們抵達位於高家窯村東約 350 米處的西神門，行程達 8.03 公里，當地海拔 770 米。何正璜在〈唐陵考察日記〉中記載：

> 門闕土基及石獅一對均尚存。石獅位於門闕內約 19 公尺處，兩獅相距 14 公尺，外向蹲踞於雙層石座上，唯石座已半沒地下。高約 2 公尺，長亦如此。胸下前足部寬約 1 公尺，雕工頗粗劣，且全體比例不相稱，顯示唐代藝術之末期風格。二門闕土基每邊約 27 公尺，高僅及半，下方上圓，成鈍圓錐狀，兩基相距約 62 公尺。

2013 年 3 月 27 日，筆者來此看到雙闕闕臺保存較好，闕內雙獅因存在被盜隱患，已於 2012 年 12 月中旬，由富平縣文物旅遊局拉回文廟保管。2016 年 5 月 21 日，筆者再來看到在石獅原位置處，置新雕石獅兩尊，在高家窯村中詢問，原來是西神門石獅被遷走後，當地年年大旱，村民到縣上告狀，最後只好在現地安置新雕石獅，以足民願。

14 點 42 分，我們返回東窯村，全程 10.08 公里，用時 3 小時 41 分鐘。

第十八節　僖宗李儇之靖陵

靖陵簡介

靖陵是僖宗李儇的陵寢，位於咸陽市乾縣師家村東側。靖陵係唐代第四座堆土為塚的帝陵，亦是最後一座營建在陝西的帝陵，同時也是唯一一座搶救發掘的唐代帝陵。

李儇（862－888），本名儼，懿宗李漼第五子，母為惠安皇后王氏，初封普王。咸通十四年（873 年）七月，懿宗大漸，左右神策護軍中尉劉行深、韓文約立其為皇太子。七月十九日，懿宗崩。翌日，李儇即皇帝位於柩前，年十二，改名李儇。其在位期間，權宦田令孜把持朝政，政局日益混亂，引發王仙芝、黃巢起義。長安失守後，逃亡蜀地，光啟元年（885）三月僖宗返回長

安。又因田令孜欲奪河中節度使王重榮鹽池之利，王重榮聯合李克用攻入長安，十二月李儇出逃興元。光啟四年（888）二月，李儇再次回到長安，三月三日暴疾，三月六日崩於武德殿，年二十七。十月二十七日，葬惠聖恭定孝皇帝於靖陵，廟號僖宗。

靖陵考古

1994 年，盜墓賊用炸藥將靖陵南側炸出一個大洞，鑒於該陵多次被盜並遭嚴重破壞，1995 年經陝西省文物局上報國家文物局批準，由省、縣文物部門進行科學發掘。根據網絡零星報道可知：靖陵由斜坡階梯形墓道、拱形甬道和土洞墓室組成。全長 44.7 米，墓道長 35.6 米、底部寬 2.7 米、甬道長 4.1 米、寬 2.2—2.5 米，兩壁各有兩龕。墓室深 19.2 米，東西寬 5.78 米，南北長 4.5 米，東、西、南三壁共有八個龕。出土文物一百餘件，主要有石碑、石函、龍鳳玉璧、玉佩、哀冊玉殘片、鎏金銅鎖、鎏金寶石銅花等，墓內的壁畫已不足原來的三分之一，藝術水準也遠不能和盛唐時相比。

墓室棺床用石碑、石塊和磚砌成，其中使用乾陵陪葬墓禮部尚書、左僕射豆盧欽望和中書令、戶部尚書楊再思的墓碑，讓人倍感詫異。由於多次被盜，墓裡東西散亂，棺木早已腐朽，在棺旁淤泥中，發現人體骨骼數塊。

附：靖陵行記

2018 年 2 月 19 日，我和女兒芝玥巡訪乾陵後，在縣城吃過午飯，看看天色尚早，索性又去巡訪靖陵。靖陵位於乾陵東側、隔豹谷相望，區區一谷隔開大唐近三百年的盛世興衰。在來的路上給剛剛領略過大唐盛世的女兒打預防針，好讓她對靖陵的落寞有個心理準備，但到現場之後她還是唏噓不已。15 點 43 分我們從乳臺東闕開始，徒步一圈僅 3 公里，用時正好 1 個小時。

乳臺　劉慶柱在〈陝西唐陵調查報告〉中記載，二十世紀七十年代，靖陵就僅存乳臺雙闕闕臺遺址，距南神門遺址 325 米。現今所見同此記載。

神道石刻　劉慶柱〈陝西唐陵調查報告〉記載，二十世紀七十年代神道石刻保存情況為：

石望柱、翼馬、石馬和石人，均殘，東西間距 60 米。

石望柱位於乳臺闕址北 24 米，東列殘、西列佚。

翼馬位於石望柱北 26 米，存西列且殘。

石馬現存三（東二西一），東列南數第一個在石望柱北 44 米，第二個在第一個北 105 米；西列石馬殘毀甚烈，在翼馬北。

石人現存二，東西各一，東列石人在陵臺南 400 米、石馬北 12 米；西列石人在陵臺南 312 米。

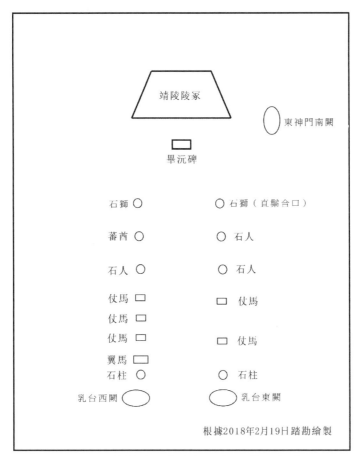

圖 34　唐靖陵地表文物保存現狀示意圖

2016 年 2 月 12 日，筆者來此所見同劉慶柱文中記錄有兩點不同，一是西列石柱已出土且扶立，二是西列又出土一匹殘缺石馬。2016 年 6 月 5 日，筆者再次來此，看到又新出土石馬、文官石人、蕃酋和石獅各一，神道石刻的保存情況為：東列由南至北存有石柱（原本柱頭缺失，現部分柱頭出土，置於石柱頂端）、石馬二（僅存殘軀）、石人（無頭）、石人（新出土、無頭）、石獅（新

出土、置於神道北側、面西向）；西列由南至北有石柱、翼馬（僅存殘軀）、石馬三（均不同程度殘缺，其中南起第一匹為新出土）、石人（無頭）、蕃酋（新出土、無頭）、石獅（置於神道北側、僅存殘塊、面東向）。

門址角闕　南神門雙闕不存，畢沅所書「唐僖宗靖陵」碑尚存，雙獅殘缺嚴重，如前文所述，已被置於神道兩側。

2013 年 3 月 2 日，筆者第一次來東神門，雙闕闕臺尚存，北闕高不足 2 米，而南闕更加矮小單薄，今天發現南闕不知何時已平毀。其他門闕遺跡地表無存。四個角闕保存情況不一，但在地表之上均能尋到遺跡。

第十九節　昭宗李曄之和陵

和陵簡介

和陵是昭宗李曄的陵寢，位於河南省洛陽偃師市顧縣鎮曲家寨村南，與東南方向的恭陵相距約 1.5 公里。其與恭陵相比，墓塚規模形製較小，當地人稱之「小塚」。二十世紀七十年代村民為擴大耕田，將封土夷為平地，陵前石刻散失。

李曄（867 － 904），初名李傑、李敏，懿宗李漼第七子，母為恭憲皇后王氏，僖宗李儇異母弟。初封壽王，領幽州大都督。文德元年（888），在宦官楊復恭擁立下即位。天祐元年（904）正月，被朱溫脅迫遷都洛陽。八月十一日，朱溫密令蔣玄暉等弒帝，年三十八。翌年二月二十日，葬聖穆景文孝皇帝於和陵，廟號昭宗。天祐四年（907）三月二十七日，唐哀帝李柷禪位於梁，絢彩至極的大唐至此謝幕！

昭宗改諡風波

宋初文學家孫光憲在撰寫《北夢瑣言》時，謂蘇楷「衣冠梟獍」。梟是吃母的惡鳥，獍是吃父的惡獸，就是說，蘇楷此人禽獸不如。

蘇楷何人？禮部尚書蘇循之子。乾寧二年（895）登進士第，但中使報告：「今年進士二十餘人，僥倖者半，物論以為不可。」昭宗則命學士陸扆、馮渥重試於雲韶殿，及格者僅十四人。昭宗遂下詔：「蘇楷、盧賽等四人，詩句最卑，蕪累頗甚，曾無學業，敢竊科名，浼我至公，難從濫進，宜付所司落下，不得

再赴舉場。」從此在蘇楷心中埋下對昭宗的怨恨。天祐元年（904）昭宗被迫遷都洛陽後，蘇循、蘇楷父子獻媚朱溫，永不錄用的蘇楷得以混跡官場。

天祐二年（905）十月九日，目不知書、手僅能執筆的起居郎蘇楷夥同起居郎羅袞、起居舍人盧鼎上言：「謚號美惡，臣子不得而私。先帝謚號多溢美，乞更詳議。」事下太常。十月十二日，太常卿張廷範奏請，將昭宗原本的「聖穆景文孝皇帝」改謚為「恭靈莊湣孝皇帝」，廟號改為襄宗。當時時政出朱溫，哀帝不能制。十月二十二日，所司改題昭宗神主。蘇楷如此做，一是他對昭宗負愧銜怨，二也是為了迎合朱溫。但朱溫受禪後下詔：「蘇楷、高貽休、蕭聞禮皆人才寢陋，不可塵汙班行，並停見任，放歸田裏。蘇循可令致仕。」父子兩人落了個文苑之豺狼，儒林之荊棘的惡名。

後唐同光初年，莊宗李存勖復昭宗故謚和廟號。

附：和陵行記

2019年「五一」假期，我和妻子自駕河南，2日的天氣一改昨日的不陰不晴，一擡頭的萬里晴空讓人心情好了許多。一早從偃師出發，在導航上搜不到唐和陵的資訊，只能將目的地暫定為唐恭陵。

出偃師市沿310國道向南，先後過洛河、伊河，在顧縣鎮轉入顧劉路，行駛方向依舊向南，能感覺到車輛開始爬坡，突然間一塊唐和陵的路牌出現在路西，按路牌指示左轉進入一鄉間公路，向東行駛不足2公里，一通2012年偃師市景山風情博物館和曲家寨村村民委員會共同設立的「唐昭宗和陵」石碑立於路南。碑額鐫刻「景山龍脈、千古帝陵」。

正好有村民在石碑附近勞作，我操著半生不熟的中原官話打探有關和陵的情況，村民將我帶到石碑南約百米處的一片新土前，說是今年下雨農田塌陷留下一個大坑，不久前才被鎮上派人填平。依唐墓形製判斷，可能是天井或墓室因雨塌陷。再問是否還遺存石刻，告知他小時候就已不存。我和妻子往南又走三四百米，一塊石刻殘塊也未發現。

早些年，西北大學講師習通源贈我一些二十世紀六七十年代的衛星照片，在其中一張還能看到和陵尚存的覆斗形封土，看其規模遠遜恭陵，僅同恭陵東北隅哀皇后裴氏的封土差不多，長寬應在50米左右，這可能是和陵留給世人最

後的影像。

第二十節　唐代皇帝陵廟模式小結

唐代帝陵規製淺析

　　大唐在營建乾陵時，已是「九天閶闔開宮殿、萬國衣冠拜冕旒」的強盛帝國，近五十年來，結合獻陵、昭陵和恭陵營建經驗積累，唐人已探索出一套兼取古今且具有自己風格的帝陵模式，並影響到其後各朝各代的帝陵。

　　以乾陵為例，陵園最南端、在距南神門尚有 3000 米的地方建有高大的三出闕，代表乾陵的第一道陵門，即今人稱之為的鵲臺。進入雙闕北行，在路西建有下宮，其內所建寢殿供奉大行皇帝生前遺物，是皇帝謁陵、日常祭祀、陵署辦公的場所。在距南神門 650 米處的兩側山巔建有乾陵第二道陵門，也為一對三出闕建築，今人稱之為乳臺。「鵲臺」、「乳臺」在唐代可能都通稱之為「闕」，如《新唐書》卷十四〈禮樂四〉記載：「十七年，玄宗謁橋陵，至壖垣西闕下馬，望陵涕泗，行及神午門，號慟再拜。」其「壖垣西闕」，有可能是鵲臺西闕，也可能是乳臺西闕。而「鵲臺」、「乳臺」的稱呼最早見於《宋史》，推測為北宋時期所創。

　　乳臺之北即為兩側設立石刻的神道。石刻種類和數量也有明確的規定。南起為一對石柱，此時的石柱南朝韻味盡退，方礎圓頂，八棱柱身上滿布線刻花紋。石柱後為一對翼馬，肋生卷雲雙翼，時刻準備馱著大行皇帝的靈魂穿梭於陰陽兩界。翼馬北約 230 米處為一對鴕鳥浮雕石屏，《舊唐書》卷四〈高宗本紀〉記載：永徽元年（650）五月「吐火羅遣使獻大鳥如駝，食銅鐵，上遣獻於昭陵。」鴕鳥和犀牛同樣來自遙遠的異域，寓意皇帝有懷遠之德和大唐的對外邦交。鴕鳥之後為五對石馬及控馬人，代表皇帝的鹵薄儀駕。石馬之後為十對代表守護陵寢的拄劍石人。之後東有為武則天所立「無字碑」、西有為高宗李治所立「述聖紀」。雙碑之後即為南神門前雙闕，闕北東西兩側安置六十一蕃臣石像。石像之北即為一對石獅，傳說獅子能「撕虎裂犀」，勇猛遠在老虎之上，故從此之後唐陵四門的警戒由石獅負責。石獅之後為南神門，門前兩側設有列戟廊。高大的內垣陵牆，依山勢依次連接四處神門。外垣陵牆位於內牆外側 220 米處，《長安誌圖》卷中刊有〈唐高宗乾陵圖〉，圖中標註「外垣南北兩千五十步、

東西一千二百步；內垣南北一千一百步、東西九百步。」另外，筆者從西北大學文化遺產學院講師習通源處獲得乾陵 1968 年 11 月 5 日航拍照片，其兩重陵牆除西南方向受黃巢溝地勢影響不甚清晰外，其他段內外兩重陵牆在照片上清晰可見。可參見圖 4，唐乾陵行記圖。

東、西神門同南神門一樣，均有雙闕、雙獅、列戟廊和殿堂式大門，只是北神門石刻除了雙獅之外還有石馬六匹和石虎。

將陵寢建築和石刻串聯起來，恰如一部葬禮進行曲。最南側的鵲臺如一陣低沈、悲傷的開場鼓聲，在警示告知進入陵區的同時，也拉開整場哀樂的序幕。從闕臺到乳臺，兩側景物單調，送葬隊伍簇擁著載有大行皇帝梓宮的輴輬車，緩慢、寂靜的行進，如同一段很緩的慢板，空氣中彌漫著悲傷、淒涼和壓抑，隊伍中哀傷的氣氛不斷積累。乳臺之後，隨著神道石刻的出現，整個樂隊猛然啟動，瞬間將樂章推向高潮，強烈的音符，猛烈撞擊心臟，積壓了一路的悲痛在此時爆發，化作嚎啕。整支隊伍哭湧哀嚎著，在石刻威儀目光注視下穿過神道、進入南神門，到達半山玄宮前。經過剛才的宣洩，心情得以平復，嚎啕大哭也慢慢轉為小聲啜泣，音樂也趨於平靜，一場隆重的下葬儀式即將開始。

在乾陵之後，唐人依舊沒有放棄對其帝陵規製的完善和發展，新的思想在新建帝陵中也時有反應。中宗李顯的定陵，營建於景雲元年（710），此時的大唐政變不斷，故規製幾乎全部延續乾陵，但四門石獅通過鬃髮樣式的變化開始區分雌雄，翼馬被獨角神獸替代，而且石人頭上已不再帶乾陵時的平巾幘，而換作更加威武華麗的鶡冠。睿宗李旦的橋陵，營建於開元四年（716），雖同定陵的營建只隔了短短的六年，但此時大唐的政局趨於穩定，故橋陵同乾陵、定陵相比又有新的改建。如以獬豸替代獨角神獸，將原本位於南神門雙闕北側的蕃酋殿移至南側等等，這些改變，均可看作唐人在帝陵規製上的不斷探索。

玄宗李隆基的泰陵營建於「安史之亂」後的寶應元年（762），一代風流帝王的陵寢反而沒有給後人留下大的驚喜。神道兩側石人的高度由 4 米左右降低到 2.5—2.9 米；石人由以前的東西兩列皆為武將變成東列文官、西列武將；翼馬再次取代神獸。從此之後，該模式一直延續到唐朝結束，鮮有變化。

北神門石刻的排列形製

在帝陵北神門，一般安置石獅、石馬和石虎，其中石獅屬於門址石刻，而

石馬和石虎則為北神道石刻。通過實地探訪和查閱文獻資料，發現北神道石刻的排列形式並非像南神道石刻那樣固定，而呈現出以下兩個方面的多樣性。

一是，石馬同門闕位置關係的多樣性。現今在北神門實地尚保存石馬和門闕的帝陵分別有乾陵、定陵、橋陵、泰陵、元陵、景陵、光陵、簡陵等八座，另外，章陵和貞陵有文獻明確記載石馬和門闕的位置關係，這十座唐陵北神門石馬同門闕呈現三種不同位置關系。第一種形製，石馬全部位於門闕外側。乾陵、定陵、橋陵、泰陵、元陵、章陵和貞陵等七座帝陵均為此排列形製，應是唐陵北神門石馬主要的排列形製。第二種形製，南起第一列石馬位於闕內、第二列位於雙闕間、第三列位於闕外。景陵和光陵兩座連續營建的唐代帝陵採用此排列形製，表現出一定的連續性，但在其後營建貞陵時又回歸第一種形製。第三種形製，石馬全部位於闕內。簡陵是十座帝陵中唯一採用此形製的陵寢。從以上各陵北神門所處地形來看，均不存在受地形影響而不得已為之的情況，不知為何唐人會選擇以上變化來安置石馬？

二是，北神門石虎安置方式的多樣性。考古發掘先後在乾陵、定陵、泰陵、元陵、莊陵北神門出土石虎，另外，文獻記載在崇陵、景陵、簡陵的北神門也安置有石虎。以上各陵石虎分為蹲虎和行虎，其中以行虎居多，文獻記載景陵、簡陵北神門有蹲虎一對，泰陵北神門出土蹲虎一尊。通過考古發掘和文獻記載，能夠明確石虎排列位置的有乾陵、崇陵、景陵、莊陵和簡陵，其中只有乾陵將石虎安置在石馬南側，而其餘四陵均將石虎安置在石馬北側。另外在何正璜〈唐陵考察日記〉中記載簡陵北神門「獅虎均向外立，馬則對立」，同現在乾陵北神門石虎相向而立的安置方式有所不同。

唐陵石刻的等級

唐陵石刻有石柱、翼馬或神獸、犀牛或鴕鳥、石馬、石人、蕃酋、石獅、石虎、石碑等，按其在不同等級陵寢的設置情況，也有相應的等級區分。

第一等是僅設置於帝陵的石刻，有犀牛（或鴕鳥）和蕃酋，這類石刻只出現在唐代陵寢最高等級的帝陵中，在其他等級陵寢中均未發現。究其原因，犀牛或鴕鳥均是外國進貢而來，蕃酋則代表著外國領導人，均屬外交範疇，而外交只能存在於皇帝所代表的國家層面，故這類石刻或許是在暗喻國家的外交權，只能設置於帝陵。

第二等可設置於帝陵、祖陵和追贈帝陵的石刻，有翼馬（或神獸）和石馬。翼馬或神獸均生雙翼，似乎是供逝者靈魂穿梭於陰陽兩界，應是一種較高等級的石刻。而石馬除《舊唐書》卷六十八〈秦叔寶傳〉記載：「十二年卒，贈徐州都督，陪葬昭陵。太宗特令所司就其塋內立石人馬，以旌戰陣之功焉。」未見其他略低等級陵寢有設置石馬的情況，事實上秦叔寶墓前設置的石馬也屬「太宗特令」，所以說石馬石刻很可能是在象徵皇帝出行的大駕鹵簿或暗喻軍事指揮權，一般不用於王公大臣墓前。

第三等為區分皇家陵寢和王公大臣墓葬的標誌性石刻——石獅。按理說石獅也屬外邦進貢之物，應歸於最高等級石刻，但可能設置石獅的初衷並非為了像犀牛和鴕鳥那樣，昭示皇帝「懷遠之德」，而是為取代已在人臣墓中大量使用的石虎，其目的一是為了警戒陵寢，二則便於分辨墓葬是陵，還是墓。概況地說，只要是設置了石獅的唐代墓葬，均可歸於「陵」的範疇。

至於石柱、石人、石虎和石碑，不論皇家陵寢、還是王公大臣墓葬均可設置，實屬最低一等石刻。但石刻使用的規模和數量還是有所區別，如帝陵石人可達十對，而人臣墓前最多三對。

唐陵石獅規製的建立

石獅是唐陵石刻中一類不可或缺的石刻，在王公人臣墓前尚未發現設立，故使其也成為一種標誌性石刻，用以區別「陵」和「墓」。

《漢書》卷九十六下〈西域傳〉記載：「巨象、師子、猛犬、大雀之群食於外囿。殊方異物，四面而至。」《唐會要》卷九十九〈康國傳〉記載：「貞觀九年七月，獻獅子，太宗嘉其遠來，使秘書監虞世南為之賦。」……以此可知，唐陵石獅的原型應是來自西域地區的亞洲獅。陵前安置石獅也並非唐人所創，洛陽市博物館存有一尊石獅，來自洛陽市上寨村北魏孝莊帝元子攸靜陵前，是目前已知帝陵前設立石獅最早的一例。

在今人看來，唐陵石獅給人最大的一個困惑，就是不像明清石獅那麼容易分辨雌雄。事實上，在上元二年（675）營建孝敬皇帝恭陵時，唐人就開始考慮此問題。恭陵南神門外設置走獅、其餘三處神門外設置蹲獅，八尊石獅的鬃毛均為卷鬃，但南神門外東側走獅胯下雕有雄性生殖器官應為雄獅，而西側走獅

沒有此類雕飾應為雌獅，這可看作唐人解決此問題的首次嘗試。可能是考慮到蹲獅採用此方法，生殖器暴露，有礙觀瞻，恭陵其他三處門址的石獅並未依此方式區分雌雄。在天授元年（690）之後，增設順陵石刻時，唐人開始用鬃毛的卷直來區分石獅的雌雄，卷鬃為雄獅、直鬃為雌獅。不但將南神門西側走獅雕刻為直鬃，而且在東神門南側出現唐陵第一尊直鬃蹲獅，從而解決了此問題。

　　唐陵石獅的發展過程，大致可分為四個階段。第一階段為永康陵和興寧陵時期。永康陵和興寧陵石獅均呈三角蹲勢，頭部後仰，胸部肌肉突起，前肢挺立，頸項部披長毛，顎下有三卷尖形髯，胸前為渦狀卷毛。將該石獅同唐高祖獻陵神道東側石柱頂端神獸做一個對比，發現兩件石刻的風格如出一轍，依此可證明永康陵、興寧陵前石獅很可能為唐初所置。另外，根據資料記載和實地踏勘得知，永康陵和興寧陵石獅為東西相對而立，同獻陵四門石虎的安置方式一樣，並非如其後唐陵門址石獅一律面向外側。

　　第二階段為恭陵至乾陵時期。高祖獻陵的四門前安置的是石虎，而非石獅，至於緣由，文獻並未記載，故後世推測不一。太宗昭陵兆域中原有一對走獅，現存碑林博物館，但兩尊走獅的鬃毛已出現卷鬃、直鬃的區別，應是後期增置。營建恭陵時，石獅得以重新回歸陵寢石刻規製。回歸的原因，其一為彰顯皇家陵寢無與倫比的地位，此前石虎在人臣墓前已被大量使用，故很有必要選擇新的石刻來取代石虎。其二應同該時期佛教的昌盛有關，唐初佛教一直屈於道教之下，而在高宗時期，佛教得以倡導，到武周時期更為昌盛，而獅子同佛教有著千絲萬縷的聯繫。此階段石獅的特點為鬃毛全部為卷鬃、不分雌雄，自然恭陵南神門外走獅為特例。同前一個時期相比石獅頭部前傾，體形增大，高度均在 3 米以上，前肢挺立前伸，後腿稍屈，身軀後壓，整個造型呈三角狀。在獅嘴的表現上，恭陵石獅全部閉嘴，而乾陵石獅則全部張口露齒。

　　第三階段為順陵到建陵時期。該時期唐陵石獅雖已開始分設雌雄，但分布很隨意，在一處神門同時為雄獅或雌獅的現象比比皆是，如順陵西神門和北神門全為雄獅、橋陵北神門全為雄獅、泰陵北神門全為雌獅……從造型上來看，自泰陵起，石獅的高度從原本的 3 米多銳減到 2 米以下，同時石獅的威猛神態也遠遜盛唐，那股拉虎吞貔、裂犀分象的氣勢大幅下降。

　　第四個階段為崇陵到靖陵時期。該時期唐帝國一直處於不斷衰敗的階段，

石獅的雕刻水準也同大唐的國勢一同下降，因南神門為陵園正門，石獅製作尚能保持一定水準，其他各處門址前的石獅已開始偷工減料，以剛剛經歷過「元和中興」的景陵來說，東、西、北三處門址石獅鬃毛已不像以前那樣用浮雕技法，通過層層細刻，表現出鬃毛的層次和飄逸，而是採用陰刻的技法在石獅頭部簡單刻劃，只求表現出鬃發的樣式即可。同時，此階段各門址石獅再沒出現同一門址均為雄獅或雌獅的現象，而是嚴格遵循雌雄搭配的原則。但是除南神門石獅遵循雄獅居於東側、雌獅居於西側的規製外，其他門址雌雄石獅的安置依然混亂，沒有完全按照南神門的規製安置。

唐陵部分石獅造型統計表

| | 南神門 | | 東神門 | | 西神門 | | 北神門 | |
	東獅	西獅	北獅	南獅	南獅	北獅	西獅	東獅
恭陵	卷鬃合□	卷鬃合□	卷鬃合□	卷鬃合□	卷鬃合□	卷鬃合□	卷鬃合□	卷鬃合□
乾陵	卷鬃張□	卷鬃張□	卷鬃張□	卷鬃張□	卷鬃張□	佚	佚	佚
順陵	卷鬃張□	直鬃合□	卷鬃合□	直鬃張□	卷鬃合□	卷鬃張□	卷鬃合□	卷鬃張□
定陵	佚	卷鬃合□	佚	直鬃合□	佚	佚	卷鬃面殘	佚
橋陵	卷鬃合□	直鬃張□	直鬃面殘	卷鬃合□	卷鬃合□	直鬃張□	卷鬃合□	卷鬃張□
泰陵	卷鬃合□	直鬃張□	卷鬃合□	直鬃合□	佚	卷鬃合□	直鬃張□	直鬃合□
建陵	卷鬃張□	卷鬃合□	卷鬃合□	直鬃張□	卷鬃合□	直鬃張□	卷鬃張□	直鬃合□
元陵	佚	佚	佚	直鬃張□	卷鬃合□	直鬃張□	卷鬃合□	直鬃□殘
崇陵	卷鬃合□	直鬃張□	佚	佚	佚	直鬃張□	卷鬃合□	直鬃張□
景陵	佚	直鬃張□	卷鬃合□	直鬃張□	卷鬃合□	直鬃張□	卷鬃合□	直鬃張□
光陵	卷鬃合□	直鬃合□	卷鬃合□	直鬃張□	直鬃合□	卷鬃張□	頭殘合□	佚

莊陵	卷鬃合口	直鬃張口	直鬃張口	卷鬃合口	卷鬃合口	直鬃張口	直鬃張口	卷鬃合口
端陵	卷鬃合口	直鬃張口	卷鬃合口	直鬃張口	直鬃張口	卷鬃合口	佚	佚
貞陵	卷鬃合口	直鬃面殘	直鬃張口	卷鬃合口	卷鬃合口	直鬃張口	直鬃張口	卷鬃合口
簡陵	佚	直鬃張口	直鬃張口	卷鬃合口	卷鬃合口	直鬃張口	直鬃面殘	卷鬃合口

注：恭陵、順陵南神門為走獅、其餘均為蹲獅

唐代帝陵的堪輿

　　唐代的墓葬形制和埋葬習俗，除了《貞觀禮》、《顯慶禮》、《開元禮》等法令規定之外，還有很多方面需實施堪輿後而確定，特別是在墓地選擇、入葬日期等方面，與堪輿的關係極為密切。皇帝的陵寢營建、葬禮籌辦等事項，自然也離不開堪輿的參與，李淳風和袁天罡銀針銅錢定昭陵的故事流傳至今，以致在九嵕山南麓還有今人所造銀針銅錢定穴處景點。故事雖是後人附會穿鑿，但也從側面證明唐代墓葬堪輿之盛行。

　　《舊唐書》卷七十九〈呂才傳〉記載：

> 太宗以《陰陽書》近代以來漸致訛偽，穿鑿既甚，拘忌亦多，遂命才與學者十餘人共加刊正，削其淺俗，存其可用者。勒成五十三卷，並舊書四十七卷，十五年書成，詔頒行之。

　　另外，《舊唐書》卷四七〈經籍志下〉著錄有：《黃帝四序堪輿》二卷（殷紹撰），《五姓墓圖要訣》五卷（孫氏撰），《玄女彈五音法相塚經》一卷（胡君撰），《新撰陰陽書》三十卷（王粲撰）……以上書籍僅是唐代關於堪輿研究的部分成果。其中，呂才《陰陽書》最為有名，可惜該書絕大部分已佚失，現僅存〈敘宅經〉、〈敘祿命〉、〈敘葬書〉三篇，收於《舊唐書・呂才傳》、《通典》卷一〇五等著作中。通過殘卷能看出呂才對東晉郭璞《葬書》中「富貴官品，皆由安葬所致；年命延促，亦曰墳壠所招」等唯心思想的批判，也能折射出當時社會上不同堪輿觀念的碰撞。呂才的觀點能得到太宗肯定而詔令頒行，說明最少在上層統治階層中佔據了主導地位，其「貴賤不同，禮亦異數」的觀點勢

必影響到帝陵營建。

帝陵陵址的堪輿可大致分為擇地、卜筮兩個過程，「擇地」即實地踏勘選定陵址；「卜筮」則是實地考察陵地優劣。「擇地」應是由精通堪輿之士完成。〈楊卓墓誌與唐代帝陵的風水理念等相關問題〉（《文博》2018 年第 3 期）一文介紹，唐楊卓墓誌近年在西安出土，志文記載墓主：

> ……解褐試太子家令寺主簿。早歲好屬文，意在典籍，晚年尤善陰陽懸藝，為時輩之先……貞元中，德宗皇帝聞而嘉之，召入翰林□奉詔命，授夔州都督府倉曹參軍。元和元年，以順宗皇帝山陵優勞，授洪州都督府兵曹參軍，賜緋魚袋，秩滿改嶽州長史，又拜右金吾衛長史，轉袁州司馬。今上御宇，特奉詔命，按幸憲宗皇帝山陵事，勳績轉著，渥澤彌深，特恩賜以紫綬金章，旋又拜吉州長史。

該墓誌的發現為唐代堪輿研究提供了一份重要的原始史料，同時說明朝廷會徵募精於風水陰陽之術的能人異士，授予翰林待詔等職，以供皇家勘驗陵寢風水之需。如志主楊卓，身世不顯、官爵不高，以「尤善陰陽懸藝，為時輩之先」之能，先後參與順宗、憲宗山陵事。另外，《舊唐書》卷一七二〈令狐楚傳〉記載：

> 其年六月，山陵畢，會有告楚親吏贓汙事發，出為宣歙觀察使。楚充奉山陵時，親吏韋正牧、奉天令于翬、翰林陰陽官等同隱官錢，不給工徒價錢，移為羨餘十五萬貫上獻。怨訴盈路，正牧等下獄伏罪，皆誅。楚再貶衡州刺史。

文中「翰林陰陽官」的出現，也從文獻的角度證實，在帝陵營建過程中有善長風水堪輿和陰陽術數官員的參與。事實上，〈楊卓墓誌與唐代帝陵的風水理念等相關問題〉作者推測「翰林陰陽官」即是楊卓本人。《舊唐書》卷十六〈穆宗本紀〉記載，貪贓的韋正牧和于翬於八月重杖處死，八月三十日令狐楚再貶衡州刺史，而年僅五十七歲的楊卓於八月廿一日無疾而終，一連串的巧合，讓人懷疑墓誌隱瞞了楊卓真實的死因。

杜佑《通典》卷八十五〈凶禮七〉記載了「卜筮」的全過程：

> 〈大唐元陵儀注〉：「既定陵地，擇地，使就其所卜筮之。將卜，

使者吉服。掌事者先設使以下次於陵地東南。使者至陵地，待於次。太常卿涖卜，服祭服。祝及卜師、筮師，凡行事者皆吉服。掌事者布筮席於玄宮位南，北向西上。贊者引涖卜者及太祝立於筮席西南，東向南上。卜師立於太祝南，東面北上。贊者引使者詣卜筮席南十五步許，當玄宮位北向立；贊者立於使者之左，少南。俱北向立定。贊者少進，東面稱事具，退復位。涖卜者進立於使者東北，西面。卜師抱龜，筮師開韇出策，兼執之，執韇以擊策，進立於涖卜者前，東面南上。涖卜者命曰：『維某年月朔日，子哀子嗣皇帝某，謹遣某官某乙，奉為考大行皇帝度茲陵兆，無有後艱？』卜師筮師俱曰諾，遂述命，右旋就席北坐。命龜曰『假爾泰龜有常』，命筮曰『假爾泰筮有常』，遂卜筮，訖，興，各以龜筮東面占曰從，還本位。贊者進使者之左，東面稱禮畢。贊者遂引使者退立於東南隅，西面。若不從，又擇地卜筮如初儀。」其百官以下儀制，具開元禮。

文中「使就其所卜筮之」說明卜筮是由朝廷派出的使臣負責，既然在皇帝駕崩之初已委任有山陵五使，全面負責陵寢、葬禮工作，那麼文中的「使」應該即為山陵五使其中一員。《唐會要》卷二十一〈緣陵禮物〉記載：

> 元和十五年二月，山陵使奏：「准崇陵例，當使合置副使兩員。李翱官是宗卿，職奉陵寢，按行陵地，公事已終，便請兼充副使。專於陵所勾當。」從之。

《唐大詔令集》卷七十七〈景陵禮成優勞德音〉記載：「按行山陵副使李甑，並賜爵一級，各與一子出身。」李甑在新、舊唐書均無傳，筆者原認為應是李翱之訛，但《全唐文》卷六六一收錄白居易〈李甑虞部郎中制〉一文，又讓筆者不敢定論。但李翱在營建憲宗景陵時的職責是按行陵地，已是不爭。元和十五年（820）正月廿七日，憲宗崩，李翱公事二月已成（當年閏正月），其完成的只能是前期陵址的卜筮工作。不論李翱是出任按行山陵副使，還是其下屬，均不影響按行山陵使負責「卜筮」之結論。

也許是堪輿之術在傳統文人眼裏視為方技，難於刊之史傳；也許是對帝陵選址具體操作諱莫如深，當事者緘口不言。總之，關於唐代帝陵堪輿記載的文獻寥若晨星。筆者以管窺豹，以現存唐陵遺存，嘗試分析堪輿在唐陵中反應出

的一些具體現象。

　　其一，葬於北為尊。呂才在《敘葬書》論述：「今之喪葬吉凶，皆依五姓便利。古之葬者，並在國都之北，兆域既有常所，何取姓墓之義？」其中「占之葬者、並在國都之北」的思想，應是出於《禮記》卷十〈檀弓下〉所云：「葬於北方，北首，三代之達禮也，之幽之故也。」呂才的論述，反應出唐初五姓便利葬法和古代葬式的衝突，最終唐政府認同了呂才的觀點，故陝西關中唐代帝陵皆營陵於國都長安城之北，而皇后、追謚皇帝和太子等人的陵寢，除陪葬帝陵外，剩餘大部分則選址於長安東、南等方向，充分體現出葬於北為尊的唐人觀念。從而也能理解為何昭宗被弒後，朱溫沒有選址洛陽城北「北邙山頭少閑土，盡是洛陽人舊墓」的北邙山，而在洛陽城東南為其營建陵寢的反常行為。

　　同時，根據關中各座帝陵的分布，能發現整個關中陵區並未按左昭右穆等制度進行總體規劃，其陵址除昭陵、泰陵為皇帝生前所定外，其他各陵陵址均應是通過擇地、卜筮等堪輿方式確定，在排列上沒有什麼規律可循。

　　其二，選址於北山南列山峰。「北山」全稱渭北黃土臺原北山自然區，是位於關中平原北部，同陝北黃土高原的一道分界線。山係分為南北兩列，北列山丘陵海拔 1500—1800 米，南列丘陵山地海拔 1000—1600 米，兩列間距 20—30 公里。而唐代山陵均分布在南列山峰，如乾陵梁山、昭陵九嵕山，貞陵北仲山、崇陵嵯峨山、光陵堯山、泰陵金粟山等等。如此選址，一因山南即為關中平原，有足夠空間安置陵寢南側大量的附屬建築、陪葬墓群；二則充分考慮從南向北的視覺效果，因其南側再無阻斷視線的山峰，遠可眺望秦嶺、近便俯瞰長安。

　　其三，所選陵山皆雄渾峻秀。擇晴朗之日，立於咸陽原古塚之上北望，昭陵之九嵕、貞陵之北仲、崇陵之嵯峨清晰可辨。事實上，僅憑各座陵山山勢而分辨出各陵名稱，並非難事，說明唐陵所選陵山各具特色，讓人印象深刻。另外，在筆者巡訪過程中，發現人工修飾陵山景觀的現象多次出現，如光陵、簡陵陵山經修整後呈現的圓潤光滑，簡陵在陵山東南、西南方向修整出山關，建陵神道大溝兩沿人工開鑿犬齒交錯的排水溝，均應是唐人審美之體現。

　　分析各座陵山，筆者發現在選定陵山上，唐人有一個從獨立山峰向東、西方向延展，再向北擴展的過程。唐初昭陵、乾陵的陵山均選址於獨立山峰，陵

山主峰東南、西南方向有如闕之山峰，現今乾陵乳闕建於此峰之上，較為明顯。而站於九嵕山南平原，從西南方向眺望昭陵陵山，如闕山峰亦可呈現。此後，陵南山闕逐漸消失，雖在簡陵陵山南側有所出現，但為人工修整，遠無天然形成之氣勢。

從中宗定陵起，陵山開始向東、西方向延展，如定陵以陵山為中心，向東西兩側平行伸出兩條山梁，隆起的陵山似鳳頭，其東、西兩峰猶如鳳凰展開的雙翼；橋陵在陵山主峰豐山東北側連趙家山，西側亦有海拔近700米的無名山峰；泰陵金粟山由主峰尖山和西南敬母山、東南臥虎山組成，宛如一張四平八穩的御座；建陵則由三條山脊和三條大溝組成，東神門和西神門位於東、西山脊，三條山脊交匯於陵山主峰北側，北神門即安置於此；元陵壇山東西排開，為彌補東側山脊長於西側，甚至將西神門闕台安置於陵山對面台原；崇陵號稱「九瓣蓮花穴」，東西一列排開近十個山峰，陵山主峰簇擁其中。豐陵陵山較為特殊，其陵山東側無山脊可連，西側則接有西北走向山脊，東、西神門均位於平原地帶。故1943年9月2日，西北藝術文物考察團對豐陵考察時登上陵山，可眺望各處神門。

從景陵開始，陵山再次向北擴張，陵山主峰北側出現群巒疊嶂的景象。計有景陵、光陵、貞陵和簡陵，其中以貞陵最為突出。此類陵山的特點就是，登上陵山之巔往往是只能見南神門，偶然可見東西神門，而北神門絕不得見。自然，營建於光陵和貞陵之間的章陵也屬特例，其陵山天乳山的情況同豐陵陵山較為相似，只不過其西側無山脊可接，而東側連有山峰，「兩山相對，類於乳形」，可視為陵山向東西擴展的類型。

唐代帝陵的祭祀

「陵寢」是由「陵」和「寢」組成，《後漢書》志第九〈祭祀下〉記載：

> 古不墓祭，漢諸陵皆有園寢，承秦所為也。說者以為古宗廟前制廟，後制寢，以象人之居前有朝，後有寢也……廟以藏主，以四時祭。寢有衣冠幾杖象生之具，以薦新物。秦始出寢，起於墓側，漢因而弗改，故陵上稱寢殿，起居衣服象生人之具，古寢之意也。

說明「寢」是由「廟」分出，設於陵旁，以便供奉逝者靈魂之所。具體

到唐陵中，寢即為下宮，多設於陵山或封土的西南方向，近則三五里，遠著十餘里，其主要建築即為寢殿，其內供奉逝者生前神座、衣冠、幾杖等物。

唐代帝陵的祭祀大致可分為三類規格，即皇帝謁陵、公卿巡陵和日常祭祀。

唐代有三位皇帝親自謁陵，分別是貞觀十三年（639）正月一日，太宗謁獻陵；永徽六年（655）正月一日，高宗謁昭陵；開元十七年（729）十一月十日、十二日、十三日、十六日、十九日，玄宗先後謁橋陵、定陵、獻陵、昭陵和乾陵。皇帝謁陵可大致分為兩個階段：第一階段祭祀的場所在「陵」，王公大臣、皇親國戚等列於陵前南神門內，皇帝素服哭拜於闕門；第二階段祭祀的場所轉換到「寢」，皇帝改服入寢宮，進太牢之饌，閱視先祖服御之物。而且「寢」祭的規格要高於「陵」祭，足以證明「寢」在陵園中不可或缺的重要地位。

公卿巡陵實為唐家之制。貞觀年間，太宗始以春、秋仲月（農曆二月、八月）派遣使者具鹵簿衣冠巡陵。武則天登基之後，遂行每年四季之月（農曆三月、六月、九月、十二月）及忌日、降誕日等節日，遣使往諸陵祭祀。《唐會要》卷二十〈陵儀〉記載，景龍二年（708）三月，左臺御史唐紹上表曰：「望停四季及忌日、降誕日並節日起居陵使。但准二時巡陵。」中宗手敕答曰：「乾陵歲冬至、寒食以外使，二忌以內使朝奉。它陵如紹奏。」因乾陵葬中宗父母，即所謂親陵，故每年多次巡陵，其他各陵恢復春秋兩次巡陵。

天寶六載（747）八月，玄宗令太常寺修撰巡陵儀式，送令管陵縣收掌，以便長期執行。之後巡陵儀式又有補充修改，其大致程式可參考《新唐書》卷十四〈禮樂四〉記載：

> 貞元四年，國子祭酒包佶言：「歲二月、八月，公卿朝拜諸陵，陵臺所由導至陵下，禮略無以盡恭。」於是太常約舊禮草定曰：「所司先撰吉日，公卿輅車、鹵簿就太常寺發，抵陵南道東設次，西向北上。公卿既至次，奉禮郎設位北門外之左，陵官位其東南，執事官又於其南。謁者導公卿，典引導眾官就位，皆拜。公卿、眾官以次奉行，拜而還。」

同皇帝謁陵即祭「陵」又祭「寢」不同，公卿巡陵祭祀的場所僅是設於「陵」南的次。同時，公卿巡陵還有一個責任，就是「春則掃除枯朽，秋則芟剃繁蕪」，

一則保持陵區整潔，二則防止火災。自然，巡陵公卿僅是持斧象徵性地擊樹三下而已，謂之告神。

　　《唐會要》卷二十五〈雜錄〉記載：貞元十五年（799）「二月丁亥，不視事，以公卿等朝拜諸陵故也。初，是月七日，拜陵官發。」能看得出皇帝對公卿巡陵的高度重視。同時，巡陵公卿亦為朝中重要官員，《新唐書》卷十四〈禮樂四〉記載：「顯慶五年（660），詔歲春、秋季一巡，宜以三公行陵，太常少卿貳之，太常給鹵簿，仍著於今。」隨著陵寢數量的持續增加，巡陵公卿的官職才逐步降低，《唐會要》卷二十〈陵儀〉記載：「長慶元年（821）六月二十七日，吏部奏：『公卿拜陵，通取尚書省及四品以上清望官、中書省及諸司五品以上清望官及京兆少尹充。』從之。」巡陵公卿確定之後，需向皇帝辭行，當日出城，率皆乘輅，太常給鹵簿，以備其儀。

　　唐代帝陵的日常祭祀，在文獻中記為「緣陵禮物」。《唐會要》卷二十一〈緣陵禮物〉記載：

> 永徽二年七月二十九日，有司言：「謹按獻陵三年之後，每朔、望上食，冬夏至、伏、臘、清明、社節等日，亦准朔、望上食，來月之後，始複平常。昭陵所司上食，請依獻陵故事。」從之。

　　說明三年喪期之後，帝陵除過每月朔、望祭祀外，每逢冬至、夏至、伏、臘、清明、社節等「四時八節」也會進行祭祀。如此以來，每座帝陵每年祭祀的次數高達三十多次。除此之外，親陵還有日祭。《唐會要》卷二十一〈緣陵禮物〉記載，神龍二年（706）二月，太常博士彭景直上疏，以為諸陵每日奠祭，乖於古禮。中宗曰：「乾陵宜依舊朝晡進奠，昭、獻二陵，每日一進，必若所司供辦辛苦，可減朕膳，以為常式。」說明在此之前，獻、昭、乾三陵均為每日兩祭，至此作為中宗親陵的乾陵堅持每日朝時（辰時）和晡時（申時）兩祭，而獻陵、昭陵則減為每日一祭，開始出現親陵於諸陵在日祭上的差異。隨著帝陵數量的逐漸增加，差異也日益擴大。《新唐書》卷十四〈禮樂四〉記載：「開元廿三年（735），詔獻、昭、乾、定、橋五陵，朔、望上食，歲冬至、寒食各日設一祭。若節與朔、望、忌日合，即准節祭料。橋陵日進半羊食。」從此之後只有親陵才進行日祭。另外，天寶二年（743）八月，玄宗下制：「自今已後，每至九月一日，薦衣於陵寢。」之後又常在寒食節薦餳粥，五月薦衣扇於諸陵，遠

方所進獻的甘橘、蒲桃、菱、梨等果實，也會遣使薦獻於諸陵。

唐代太廟簡介

東漢建武二年（26）正月，光武帝劉秀在洛陽建高廟，派遣大司徒鄧禹入長安，奉漢高祖以下至平帝十一帝神主，納於高廟，太廟「同堂異室」的雛形出現。光武帝崩逝後，明帝以其有撥亂中興之功，另起世祖廟。之後明帝臨終遺詔，遵儉不起寢廟，藏主於世祖廟光烈皇后更衣別室。章帝同樣遺詔不起寢廟，一如先帝法制……如此以來「同堂異室」之制得以鞏固。因為「同堂異室」的太廟制度在管理、祭祀等方面節省大量的財力、人力，故為後世王朝所沿用。

太廟中供奉神主。李賢注《後漢書》卷一上〈光武帝紀第一上〉云：「神主，以木為之，方尺二寸，穿中央，達四方。天子主長尺二寸，諸侯主長一尺。」神主葬前稱之為虞主，用桑木製作。葬後則稱為練主，會換成栗木製作，經虞祭後入祔太廟，而舊的桑木神主則被埋於太廟殿北兩階之間。

唐初，僅長安設有太廟，唐長安太廟本是隋太廟，位於今西安市書院門附近。武周時期，武則天於東都洛陽建七室太廟，奉武氏七代神主。神龍元年（705）正月，中宗復位。五月，以東都武氏故廟為唐太廟，於是唐代在長安、洛陽均設太廟。

長安太廟　義寧二年（618）三月二十三日，隋帝楊侑進封李淵為相國，總百揆，備九錫之禮。四月，李淵在長安城通義坊（今西安市大學南路以南、友誼西路以北、邊東街以西、太白路以東區域）舊宅給其高祖李熙、曾祖李天錫、祖父李虎、父李昺立廟。五月二十日，李淵即皇帝位於太極殿。六月六日，追諡高祖李熙為宣簡公，曾祖李天錫為懿王，祖父李虎為景皇帝、廟號太祖，父李昺為元皇帝、廟號世祖。備法駕於通義坊舊廟，奉迎四人神主祔於太廟四室。

貞觀九年（635），李淵崩後，圍繞其祔廟在朝中展開了一場爭論，爭論的第一個焦點就是增為幾室？諫議大夫朱子奢建議立七廟，「宜依七廟，用崇大禮。若親盡之外，有王業之所基者，如殷之玄王，周之後稷，尊為始祖。倘無其例，請三昭三穆，各置神主，太祖一室，考而虛位。」尚書等朝中高官則認為東晉以來的南北各朝宗廟均虛太祖東向之位，而立六親廟，最終決定「依晉、宋故事，立親廟六」。李淵加上之前已祔廟的四位先祖無法占滿六室，還需要增添一位先祖同李淵一並祔廟，那麼增添誰成為第二個爭論焦點。房玄齡等建

議以涼武昭王李暠為始祖，左庶子于誌寧以為武昭王非王業所因，不可為始祖。最終決定祔弘農府君李重耳。十一月十六日，李重耳、李淵神主祔於太廟。之後太宗神主祔廟遷弘農府君神主於西夾室、高宗神主祔廟遷宣簡公神主（已追諡為宣皇帝），維持六室不變。另外太宗欲在太原給高祖立廟，但祕書監顏師古認為「寢廟應在京師，漢世郡國立廟，非禮。」乃止。

天授元年（690）九月九日，武則天稱帝，十月二十八日，改唐太廟為享德廟，只祭高祖、太宗和高宗三室，其他各室閉門不享。神龍元年（705）正月，中宗復位，改享德廟依舊為京太廟。受到武則天立武氏七廟的影響，中宗下敕：「既立七廟，須尊崇始祖，速令詳定。」準備奉滿太廟七室。當時有朝臣又欲以涼武昭王為始祖，而太常博士張齊賢以為武昭遠世，非王業所因，特奏議以為不可，建議將已祧遷的宣皇帝再次祔廟，以便奉滿七室。但太常博士劉承慶、尹知章等人反對，最終追贈孝敬皇帝為義宗，祔廟為七室。之後中宗神主祔廟遷義宗神主。睿宗崩，遷中宗神主於別廟，均維持七室不變。

開元五年（717）正月二日，太廟四室壞，暫遷神主於太極宮太極殿。十月十日，太廟修繕完畢，十二日遷祔神主於太廟。

開元十一年（723），朝野對中宗神主祔於別廟頗有議論，玄宗將已祧遷的宣皇帝和中宗神主重新祔於太廟，形成九室之制。至德二載（757）九月二十八日，唐軍收復長安，太廟為安史叛軍所焚，十一月十六日，新作九廟神主，暫於長樂殿安置。乾元元年（758）四月十日，太廟成，備法駕自長樂殿迎九廟神主入太廟。寶應二年（763），玄宗、肅宗神主祔太廟，而遷宣皇帝、光皇帝神主於夾室。

會昌六年（846）五月，武宗神主將祔廟，原本應遷德宗神主，但因即位的宣宗輩分高，同德宗尚未親盡，不但未遷毀，而且將代宗神主也重新祔廟，於太廟東間添置兩室，形成十一室之制，並一直延續到唐亡。

光啟三年（887）三月，僖宗車駕自興元還京，宮室未備，詔宰相鄭延昌為修奉太廟使。是時，國力窘困，無力恢復太廟，權以少府監大廳五間添造成十一間，以備太廟十一室之數。天祐元年（904）正月，朱溫裏挾昭宗遷都洛陽，「毀長安宮室百司及民間廬舍，取其材，浮渭沿河而下，長安自此遂丘墟矣。」長安太廟亦完成其歷史使命，淪為廢墟。

洛陽太廟　天授元年（690）九月九日，武則天稱帝，九月十三日，立武氏七廟於東都，翌年正月九日納武氏神主於太廟。神龍元年（705）正月，中宗復位。五月四日，遷武氏七神主於西京崇尊廟，七日以東都武氏故廟為唐太廟，於是，東、西二都皆有太廟，歲時並享。八月二十八日，中宗親祔太祖景皇帝、獻祖光皇帝、世祖元皇帝、高祖神堯皇帝、皇祖太宗文武皇帝、皇考高宗天皇大帝、皇兄義宗孝敬皇帝七人神主於東都太廟。《唐會要》卷十七〈緣廟裁制上〉記載，天寶三載（744）四月五日，詔：「頃四時有事於太廟，兩京同日告享，雖卜吉辰，俱遵上日，而義深如在，禮或有乖。自今已後，兩京宜各別擇吉日告享。」改兩京太廟原本「同日告享」為「各別擇吉日告享」。

天寶十四載（755）十二月，安祿山陷洛陽，東都太廟毀為軍營，棄其神主，協律郎嚴郢收而藏之。史思明再陷洛陽，尋又散失。賊平，東京留守盧正己又募得之。但太廟已焚毀，乃寄神主於太微宮。建中元年（780）三月，禮儀使顏真卿上言：「東都太廟闕木主，請造以祔。」於是議者紛然，大旨三種意見。其一，必存其廟，遍立群主，時饗之；其二，建廟立主，存而不祭，若皇輿時巡，則就饗焉；其三曰，存其廟，瘞其主，駕或東幸，則飾齋車奉京師群廟之主以往。結果是議而不決。《唐會要》卷十七〈緣廟裁制上〉記載，貞元元年（785）四月十三日，德宗下敕：「準建中三年二月二十三日敕，東都祠祭既停，其郊社齋郎不合更置並停者，其東都太廟齋郎、室長，請準郊社例停廢。」東都太廟停止祭祀，是否再造神主已無討論意義。

穆宗繼位後，分司庫部員外郎李渤，於長慶元年（821）二月再次上奏：「東都太微宮神主，請歸祔太廟。」敕付東都留守鄭絪商量聞奏。群臣或云神主合藏於太微宮；或云並合埋瘞；或云闕主當作；或云輿駕東幸，即載上都神主而東。結果又是紛議不定，遂不舉行。

《舊唐書》卷二十六〈志第六・禮儀六〉記載，會昌五年（845）八月，宰相李德裕等奏：

> 東都太廟九室神主，共二十六座，自祿山叛後，取太廟為軍營，神主棄於街巷，所司潛收聚，見在太微宮內新造小屋之內。其太廟屋室並在，可以修崇，望以所拆大寺材木修建。李石既是宗室，官為居守，便望令充修東都太廟使，勾當修繕。

　　九月，詔修東都太廟，下群臣議論，皆言無兩都俱置太廟之禮，唯禮部侍郎陳商云：「周之文、武，有鎬、洛二廟，今兩都異廟可也。然不宜置主於廟，主宜依禮瘞廟之北墉下。」事未行而武宗崩。宣宗即位，會昌六年（846）四月，李石奏修奉太廟畢，詔有司迎太微宮寓主，祔之新廟。

　　但是關於洛陽新廟的地望，在文獻記載中出現歧義。前文所錄李德裕所奏為「其太廟屋室並在，可以修崇，望以所拆大寺材木修建。」但《舊唐書》卷十八下〈本紀第十八下‧宣宗〉卻記載：「會昌五年，留守李石因太微宮正殿圮陊，以廢弘敬寺為太廟，迎神主祔之。」筆者揣測，會昌五年（845）八月，李德裕奏請時，初步擬定拆大寺木材在原址修繕洛陽太廟，但在實施過程中或許出現經費、人員等問題，退而求其次將寺院改為太廟，終歸如此實施更加簡單。只是弘敬寺具體地望，失載於文獻，現今無法判斷其在洛陽城中方位。

　　之後，有關洛陽太廟的記載絕於文獻。天祐元年（904），昭宗被迫遷都洛陽，閏四月十日，車駕至洛陽。當日大風雨土，跬步不辨物色，日暝稍止。昭宗謁太廟，禮畢還宮。只是不好判斷此時太廟是原有的洛陽太廟，還是長安太廟遷於洛陽者。

唐代行廟的設立

　　行廟，即是天子巡幸或大軍出征臨時所立的廟，但本書所指實為唐朝皇帝被迫放棄長安後而於行在設立的臨時性太廟。天寶十五年（756）六月十三日黎明，因安祿山叛軍攻陷潼關，玄宗倉皇逃出長安城，開唐代皇帝棄守長安之先河。《資治通鑑》卷二二〇〈唐紀三十六〉記載：「上之在彭原也，更以栗為九廟主」，證明肅宗在靈武繼位後，即設立了臨時性的行廟以奉先祖。之後代宗、德宗也因種種原因放棄過長安城，但未留下設立行廟的文獻記載。中和元年（881）四月，黃巢犯長安，僖宗避於成都府，太常卿崔厚建議在成都設立行廟。遂以玄宗幸蜀時的道觀玄元殿架幄幕為十一室，翌年造神主以祔行廟。中和四年（884）七月廿四日，平定黃巢的捷書至成都，以黃巢首級獻於行廟。

　　光啟元年（885）十二月，僖宗出逃寶雞，專門攜帶太廟十一室、祧廟八室及孝明太皇太后等別廟三室神主，緣室法物，應是準備於行在再設行廟，可惜行至鄠縣，為賊所劫，神主、法物皆遺失。

從乾寧三年（896）起，昭宗被華州刺史韓建幽於華州近三年時間，《新唐書》卷十〈昭宗本紀〉記載，乾寧四年（897）二月十四日，立德王裕為皇太子，太赦，享於行廟。說明在昭宗時期依舊設立過行廟。

唐代太廟的祭祀

唐代太廟的祭祀可分為固定祭祀和臨時祭祀，固定祭祀主要有大祭、小祭和朔望祭食等，而臨時祭祀則是國家發生大事件時的告廟，如凱旋獻俘、冊立太子皇后、告受徽號等。本書著重論述分析唐代太廟的固定祭祀。

大祭亦稱「殷祭」，是每五年於四月舉行的禘祭和每三年於十月舉行的祫祭。唐初，祫祭太廟所奉祧遷、未祧遷之神主，皆合食於太廟，功臣配享於廟庭；而禘祭則祭於本室，功臣亦不配享。但是隨著時間的流逝，舉行禘祫的時間和形式均有所變化。《舊唐書》卷二十六〈禮儀六〉記載：

> 高宗上元三年（676）十月，將祫享於太廟。時議者以禮緯「三年一祫，五年一禘」，公羊傳云「五年而再殷祭」，議交互莫能斷決。太學博士史璨等議曰：「……如上所云，則禘已後隔三年祫，已後隔二年禘。此則有合禮經，不違傳義。」自此依璨等議為定。

說明在上元三年（676）之前舉行禘、祫祭祀的時間，因《禮緯》和《公羊傳》「議交互莫能斷決」，而較為混亂。經史璨論證，採用當年四月禘祭後隔三年後於十月祫祭，再隔二年後於四月禘祭的方案，將舉行禘、祫二祭的時間固定，以便循環舉行。但不知何因，隨後的禘祫並沒有按此方案嚴格執行，《舊唐書》卷二十六〈禮儀六〉記載：

> 開元六年秋，睿宗喪畢，祫享於太廟。自後又相承三年一祫，五年一禘，各自計年，不相通數。至二十七年，凡經五禘、七祫。其年夏禘訖，冬又當祫。

開元六年至二十七年舉行禘、祫祭祀時間表

年度	開元六年	七年	八年	九年	十年	十一年	十二年	十三年	十四年	十五年	十六年	十七年	十八年	十九年	廿年	廿一年	廿二年	廿三年	廿四年	廿五年	廿六年	廿七年
祭祀類型		四月禘					四月禘					四月禘					四月禘					四月禘
	十月祫			十月祫			十月祫			十月祫			十月祫			十月祫			十月祫			十月祫
間隔月分	6		30		30		6		36		18		18		36		6		30		30	6

實際上，禘、祫二祭同年舉行情況在開元十二年（724）即已出現，只是沒有引起重視罷了。出現此情況的原因就是沒有按照上元三年（676）史璨所議方案舉行祭祀，而是禘、祫二祭「各自計年，不相通數」。同時，史璨所定方案，禘祭至祫祭間隔四十二月，祫祭再至禘祭間隔僅十八月，存在兩祭之間間隔時間不均的問題。故太常議曰：

> 今請以開元二十七年己卯四月禘，至辛巳年十月祫，至甲申年四月又禘，至丙戌年十月又祫，至己丑年四月又禘，至辛卯年十月又祫。自此五年再殷，周而復始。

按此方案，有效避免一年同時舉行禘祫、兩祭的問題，而且禘祭和祫祭之間的間隔均為三十個月。

開元二十七年後舉行禘、祫祭祀時間表

二十七年 739 己卯	二十八年 740 庚辰	二十九年 741 辛巳	天寶元年 742 壬午	天寶二年 743 癸未	天寶三載 744 甲申	天寶四載 745 乙酉	天寶五載 746 丙戌	天寶六載 747 丁亥	天寶七載 748 戊子	天寶八載 749 己丑	天寶九載 750 庚寅	天寶十載 751 辛卯
四月禘祭		十月祫祭			四月禘祭		十月祫祭			四月禘祭		十月祫祭
兩祭間隔30月		兩祭間隔30月			兩祭間隔30月		兩祭間隔30月			兩祭間隔30月		

在禘、袷兩祭舉行時間變化的同時，祭祀的形式也在發生變化。《資治通鑑》卷二一三〈唐紀二十九〉記載，開元十七年（729）「四月，庚午，禘於太廟。唐初，袷則序昭穆，禘則各祀於其室。至是，太常少卿韋縚等奏『如此，禘與常饗不異；請禘袷皆序昭穆。』從之。」另外，《唐會要》卷十八〈雜錄〉記載，大中四年（850）五月，宗正少卿李從易奏：「……竊見今年四月十三日，禘享，功臣配食者，單席暴露，列在殿庭，雖有風雨，亦不移避。」證明禘祭時功臣亦同袷祭一樣，配享於廟庭。至於功臣開始配享禘祭的時間，《唐會要》卷十八〈雜錄〉記載，貞觀十六年（642）四月，將行禘祭，對功臣是否配享於廟庭，朝中發生一場爭論，其中秘書監顏師古議曰：

> 禘之為祭，自於本室，廟未毀者，不至太祖之庭。君既不來，而臣獨當祀列，對揚尊極，乃非所事……今請袷配功臣，禘即不及，依經合義，進退為允。

清楚地說出禘祭功臣不配享於廟庭的原因。從開元十七年（729）四月的禘祭起，太廟所奉神主在禘、袷兩祭時，均為合祭，故功臣應一同配享於廟庭。

綜上所述，從開元十七年（729）四月禘祭起，兩祭皆為合祭，功臣一同配享。《舊唐書》卷二十六〈禮儀六〉記載，天寶八年（747）閏六月六日玄宗下敕，文中將禘、袷兩祭的目的一併說為「禘袷之禮，以存序位」，已非之前的「袷謂合祭祖宗，禘謂審諦昭穆」，說明兩祭除名稱、舉行月分不同外，已無實際差異。至開元廿七年（739）四月禘祭起，禘、袷兩祭每隔三十個月舉行，遂成定制。

小祭亦稱「五享」，即每年在每季孟月（農曆正月、四月、七月和十月）舉行的春祠、夏禴、秋嘗、冬烝四時祭祀和臘月舉行的臘享。《舊唐書》卷二十五〈禮儀五〉記載：「唐禮：四時各以孟月享太廟，每室用太牢。季冬蠟祭之後，以辰日臘享於太廟，用牲如時祭。」天寶前，如果四月或十月的時祭同禘袷重疊，則停當月時祭。《唐會要》卷十三〈禘袷上〉記載，天寶八載（749）閏六月六日，玄宗敕曰：「……比來每緣禘袷，時享則停，事雖適於從宜，禮或虧於必備。已後每緣禘袷，其常享以素饌三焚香，以代三獻。」此後，如再遇時祭同禘袷重疊，只是簡化時祭程式，但依然會如期舉行。

　　除此之外，太廟還會舉行朔望祭。《舊唐書》卷九〈玄宗本紀〉記載，天寶十一載（752）三月「丙午，制今後每月朔望，宜令薦食於太廟，每室一牙盤，仍五日一開室門灑掃。」後遂為常。《唐會要》卷十七〈緣廟裁制上〉記載，貞元十二年（796）十月十三日，德宗敕令：

> 太廟九室及昭德皇后廟，每月朔望兩享，祭食共一十臺盤。先是尚食造供，今月八日，中書門下奉宣進止，宜令宗正與太常計會，各令所司辦集，不須更待尚食供送。

　　朔望祭祀最初是由殿中省尚食局負責準備祭品，而非光祿寺的太官、珍饈、良醞、掌醢等署；具體的祭祀也是由內侍省的宮闈令負責，而負責太廟祭祀的有司並不參與。德宗敕令之後，祭品不再由尚食局負責準備，而是由宗正寺與太常寺籌備，祭祀也由宮闈令與宗正卿共同負責。隨著參與單位的增多，該項祭祀也發展到「由是朔望不視朝，比於大祀故也」的程度。

　　對於每月在朔望兩日開展的祭祀，有些群臣認為並無依據，故陸續有人上書建議取締。《唐會要》卷十八〈緣廟裁制下〉記載，貞元十二年（796）十二月，太常博士韋彤、裴堪等議曰：

> 謹按禮經、前代故事，宗廟無朔望祭食之儀，園寢則有朔望上食之禮。國家自貞觀至開元，備定禮令，皆遵舊典。至天寶十一載三月，初別令上食，朔望進食於太廟，自太廟已下，每室奠饗。其進奠之禮，內官主之，在臣禮司，並無著令……伏願陛下遵開元萬世之則，省天寶權宜之制。園寢之上，得極珍羞；宗廟之中，請依正禮。臣等忝司禮職，敢罄愚衷。

　　但德宗以「是禮先帝裁定，遽更之，其謂朕何？」為由不廢太廟朔望祭食。

　　《舊唐書》卷一六〇〈李翱傳〉記載，元和十四年（819）二月，太常丞王涇再次上疏請廢除太廟朔望上食，詔令百官議。國子博士、史館修撰李翱奏議曰：

> 貞觀、開元禮並無宗廟日祭、月祭之禮，蓋以日祭、月祭，既已行於陵寢矣。故太廟之中，每歲五饗六告而已……今朔望上食於太廟，

豈非用常褻味而貴多品乎？……況祭器不陳俎豆，祭官不命三公，執事者唯宮闈令與宗正卿而已。謂之上食也，安得以為祭乎？……宗廟之禮，非敢擅議，雖有知者，其誰敢言？故六十餘年行之不廢。今聖朝以弓矢既櫜，禮樂為大，故下百僚，可得詳議。臣等以為貞觀、開元禮並無太廟上食之文，以禮斷情，罷之可也。

文中「故六十餘年行之不廢」之語，是指天寶十一載（752）至元和十四年（819），六十七年也。但最終結果還是「知禮者是之，事竟不行」，太廟朔望日祭祀的制度依舊得以執行。

太廟的每次祭祀，皇帝並非都會親祭，《唐會要》卷十三〈親饗廟〉統計唐朝各帝親饗太廟的次數為：太宗二次、高宗四次、中宗一次、睿宗一次、玄宗七次、肅宗二次、代宗一次、德宗四次、憲宗一次、穆宗一次、敬宗一次、文宗一次、武宗二次、宣宗一次、懿宗二次、僖宗一次、昭宗二次。證明皇帝親祭僅佔太廟舉行祭祀次數的一小部分，大部分的祭祀是由有司攝祭。《唐會要》卷十七〈緣廟裁制上〉記載：

開元十五年二月十五日敕：享宗廟，差左右丞相、尚書、嗣王、郡王攝三公行事，若人數不足，通取諸司三品以上長官。自餘祭享，差諸司長官及五品已下清官。至二十三年正月二十日，自今已後，有大祭，宜差丞相、特進、少保、少傅、尚書、賓客、御史大夫攝行事。至二十五年七月八日敕：太廟每至五饗之日，應攝三公，令中書門下及丞相、師傅、尚書、御史大夫、嗣王、郡王中揀擇德望高者通攝，餘司不在差限。至二十七年二月七日制：宗廟致敬，必先於如在，神人所依，無取於非族。其應太廟五享，宜於宗子及嗣王、郡王中揀擇有德望者，令攝三公行事。其異姓官，更不須令攝。

開元十五年（727）的敕書，並未明確區分大祭、小祭攝祭人員的身分。而開元二十三年（735）的敕書就已明確禘祫大祭的攝祭人員為丞相、特進、少保、少傅、尚書、賓客、御史大夫，而嗣王、郡王不再攝祭。開元二十五年（737）明確五享小祭由丞相、師傅、尚書、御史大夫、嗣王、郡王攝祭，至開元二十七年（739）五享小祭的攝祭人員則局限為宗子及嗣王、郡王，並且明確規定「其異姓官，更不須令攝」。

　　如此以來，禘祫大祭由丞相、特進、少保、少傅、尚書、御史大夫等代表國家的政府官員攝祭，而五享小祭則由宗子、嗣王、郡王等代表皇室的宗族成員攝祭，攝祭人員身分差異已將大祭和小祭的性質有所區分。

第三章　皇后陵廟模式

　　唐朝為「后」者，無外乎四類情況：第一，生前即冊為皇后者；第二，在其死後追冊為皇后者；第三，其子即位後或尊為或追為太后者；第四，其夫追贈皇帝後被追贈為皇后者。唐代成為前三類皇后或太后者共二十一位（不含被廢黜者），其中十五位陪葬帝陵、六位單獨建陵；十六位神主祔於太廟，四位神主置於別廟，一位神主安置狀況不明。其安葬和祔廟的具體情況如下：

　　高祖太穆皇后竇氏，薨於隋大業年間，武德元年（618）六月六日，高祖追贈為后，陵曰壽安陵。貞觀九年（635）十月廿七日，祔葬獻陵，神主祔太廟高祖室。

　　太宗文德皇后長孫氏，武德九年（626）八月二十一日，立為皇后。貞觀十年（636）六月廿一日崩，十一月四日安厝昭陵石室，後祔葬昭陵。神主先祔文德皇后廟，貞觀二十三年（649）八月，祔太廟太宗室。

　　高宗則天順聖皇后武氏，永徽六年（655）十月十九日，立為皇后。神龍元年（705）十一月廿六日崩，翌年五月十八日祔葬乾陵，神主祔太廟高宗室。

　　中宗和思皇后趙氏，上元二年（675）四月七日，被武則天幽禁而死。神龍元年（705）八月十五日，中宗追贈為后。景雲元年（710）十一月二日，以褘衣招魂祔葬定陵，神主祔太廟中宗室。

　　睿宗肅明皇后劉氏，長壽二年（693）正月三日，為武則天所殺。景雲二

年（711）正月十九日，睿宗追贈為后，葬惠陵。開元四年（716），遷祔橋陵。神主先祔儀坤廟，開元二十一年（733）正月六日，玄宗特令祔於太廟睿宗室。

睿宗昭成皇后竇氏，長壽二年（693）正月三日，為武則天所殺。景雲二年（711）正月十九日，睿宗追贈為后，葬靖陵。開元四年（716）十月廿八日，遷祔橋陵。神主先祔於儀坤廟，因其為玄宗生母，開元四年十一月十六日，祔於太廟睿宗室。

玄宗貞順皇后武氏，開元廿五年（737）十二月七日薨，十八日玄宗追贈為后，葬於敬陵，立廟安義坊。

玄宗元獻皇后楊氏，肅宗生母，開元十七年（729）薨，葬細柳原。至德二載（757）五月十三日，玄宗追冊為后，立廟於太廟之西，增其墓為永昌陵。廣德元年（763）閏正月十六日，啟舊陵，三月十八日陪葬泰陵，四月神主祔太廟玄宗室。

肅宗章敬皇后吳氏，代宗生母，開元廿八年（740）薨。寶應元年（762）四月，代宗繼位追尊為太后。廣德元年（763）閏正月五日，啟春明門外故窆，三月廿七日陪葬建陵、神主祔於太廟肅宗室。

代宗睿真皇后沈氏，德宗生母，乾元二年（759）九月，史思明陷洛陽，沈氏下落不明。建中元年（780）七月十九日，德宗遙尊為太后。永貞元年（805）十月，招魂祔葬元陵，十一月四日，神主祔於太廟代宗室。

代宗貞懿皇后獨孤氏，大曆十年（775）十月六日薨，七日代宗追贈為后，葬於莊陵。神主未祔太廟，具體情況不詳。

德宗昭德皇后王氏，貞元二年（786）十一月八日，冊為皇后，十一日崩，葬靖陵，改建元獻皇后舊廟為昭德皇后廟。永貞元年（805）十月十四日，改祔崇陵，神主祔太廟德宗室。

順宗莊憲皇后王氏，憲宗生母，永貞元年（805）八月四日，順宗為太上皇，廿五日誥冊王氏為太上皇后。元和元年（806）五月廿八日，憲宗尊為太后。元和十一年（816）三月四日崩，八月廿七日祔葬豐陵，神主祔太廟順宗室。

憲宗懿安皇后郭氏，穆宗生母，元和十五年（820）閏正月廿七日，尊為太后。大中二年（848）五月廿一日崩，十一月廿六日祔葬景陵。咸通六年（865）

正月十五日，神主祔太廟憲宗室。

憲宗孝明皇后鄭氏，宣宗生母，會昌六年（846）四月一日，宣宗尊為太后。咸通六年（865）十二月五日崩，翌年五月一日祔葬景陵。神主祔於別廟。

穆宗恭僖皇后王氏，敬宗生母，長慶四年（824）二月廿五日，敬宗尊為太后。會昌五年（845）正月十二日崩，五月十六日祔葬光陵東園。神主祔於別廟。

穆宗貞獻皇后蕭氏，文宗生母，寶曆二年（826）十二月十五日，文宗尊為太后。大中元年（847）四月十五日崩，八月七日祔葬光陵。神主祔於別廟。

穆宗宣懿皇后韋氏，武宗生母，早亡，卒年不詳。開成五年（840）二月七日，武宗追尊為太后，陵曰福陵，五月神主祔太廟穆宗室。

宣宗元昭皇后晁氏，懿宗生母，大中中期薨。大中十三年（859）九月，懿宗追贈為太后，增其墓為慶陵，神主祔太廟宣宗室。

懿宗惠安皇后王氏，僖宗生母，咸通七年（866）薨。咸通十四年（873）八月十五日，僖宗追贈太后。九月增其墓為壽陵，神主祔太廟懿宗室。

懿宗恭憲皇后王氏，昭宗生母，咸通十一年（870）七月十八日薨。文德元年（888年）四月三日，昭宗追贈為太后，增其墓為安陵，神主祔太廟懿宗室。

另外，玄宗廢后王氏，李隆基為臨淄王時，納為妃。先天元年（712）立為皇后。開元十二年（724）七月廢為庶人，十月卒，以一品禮葬於無相寺。寶應元年（762）五月十八日，復尊為皇后。但無陵寢增建、建廟享祀等記載。

本篇著重記述單獨營建的六座后陵，分別是：玄宗貞順皇后武氏之敬陵、代宗貞懿皇后獨孤氏之莊陵、穆宗宣懿皇后韋氏之福陵、宣宗元昭皇后晁氏之慶陵、懿宗惠安皇后王氏之壽陵和懿宗恭憲皇后王氏之安陵。

第一節　玄宗貞順皇后武氏之敬陵

墓主簡介

貞順皇后武氏（？—737），武則天侄孫女，父為恆安王武攸止，母為鄭國夫人楊氏。玄宗即位初封婕妤，得寵幸。王皇后廢，進冊惠妃，其禮秩比皇后。玄宗欲立其為后，御史潘好禮等因其為武氏後人，上疏反對而作罷。開元廿五

年（737）四月，武氏勾結權臣李林甫，構陷太子李瑛、鄂王李瑤、光王李琚，致使三人同日遇害。但其也因虧心害病，是年十二月七日，薨於興慶宮前院，年四十餘。十八日追諡為貞順皇后，翌年二月二十一日葬於敬陵。

《舊唐書》卷五十一〈后妃上〉記載：「立廟於京中昊天觀南」，但據《唐兩京城坊考》卷二〈西京・外郭城〉記載，貞順武皇后廟位於安義坊（今西安城南西北政法大學與楊家村一帶），而昊天觀則位於保寧坊（今西安城南西八里村與西北政法大學之間）。事實上，兩坊南北相臨，安義坊北鄰保寧坊，而昊天觀盡占一坊之地，故記載其廟位於昊天觀南並無錯誤。寶曆二年（826）二月，因乾元後其廟享祀已停，太常奏請瘞其神主於廟地。

開元八年（720）二月，玄宗第十五子、懷哀王李敏薨，剛滿周歲，窆於景龍觀。天寶十三載（754），改葬京城南，以祔其母敬陵。另外〈西安南郊龐留村的唐墓〉（《文物參考資料》1958年10期）記載，1958年1月在龐留村西北角古墓中出土一方墓誌，證明墓主為大唐壽王第六女，即武氏之孫。

敬陵簡介

元代駱天驤《類編長安誌》卷十〈石刻〉記載：「唐貞順皇后武氏碑，玄宗御製，御書八分字，太子亨題額。后姓武氏，終於惠妃，諡貞順。天寶十三年立。在龐留村南長勝坊塜墓前。」此碑已佚，但在今西安市長安區龐留村西確實存一封土高大的墓塚。

2004年，一夥盜墓賊盜挖該墓，並將墓內壁畫及重達二十餘噸的石槨盜賣至美國，隨後陝西歷史博物館、陝西省考古研究院、長安區文物局聯合組隊，於2006年1月起對古墓進行搶救性發掘。2007年3月，在一塊哀冊殘塊上，發現「貞順」兩個相連的字，其中「貞」字非常完整，「順」字雖殘存上部，但仍能辨別。正因哀冊殘塊的發現，再結合文獻記載、墓葬形製等情況，證實龐留村西古墓即為貞順皇后的敬陵。

敬陵盜案

《新唐書》卷六〈肅宗本紀〉記載，寶應元年（762）正月五日，盜發敬陵、惠陵，此時據貞順皇后下葬僅二十四年。千年以來，敬陵不知被盜墓賊光顧了多少次。2004年5月，西安當地一盜墓團夥頭目楊彬和手下再次進入古墓，墓

中僅剩壁畫和石槨，之後犯罪分子兩個月內先後六次進入古墓，將重達二十七噸的石槨，切成三十一塊盜走，並通過不法文玩商，盜賣到美國。2006 年 1 月 5 日，陝西省公安廳、西安市公安局對以楊彬為首的特大盜掘古墓、倒賣、走私文物犯罪團夥成立專案組立案偵查，2 月 13 日，在該犯罪團夥再次作案時一舉破獲此案，先後抓獲楊彬等犯罪嫌疑人十三名，收繳文物一百餘件，製式獵槍一枝，雷管二百八十餘枚，導火索近二十米以及大量盜墓作案工具，共查獲該團夥窩點五處，文物修復窩點一處。2007 年 10 月，主犯楊彬被判處死刑，緩期兩年執行。2010 年 6 月 17 日，陝西省公安機關將從美國追回的敬陵被盜石槨正式移交給陝西省文物部門。2011 年 5 月 11 日，西安市公安局將敬陵被盜的壁畫移交給陝西歷史博物館收藏保護，至此，敬陵被盜文物全部追繳到案，境外追索文物工作取得圓滿成功。

第二節　代宗貞懿皇后獨孤氏之莊陵

墓主簡介

貞懿皇后獨孤氏（？—775），左威衛錄事參軍獨孤穎之女，以秀美入宮，深得代宗寵愛，冊為貴妃，生韓王李迴和華陽公主。大曆十年（775）十月六日薨，七日追贈曰貞懿皇后，殯於內殿不葬，直至大曆十三年（778）十月二十五日才葬於莊陵。

貞懿皇后莊陵簡介

貞懿皇后殯於內殿近三年，代宗雖悼思不已，最後還是選擇入土為安。大曆十三年（778）七月，準備在章敬寺後給其營建陵寢。章敬寺為大曆二年（767）大宦官魚朝恩為代宗生母——章敬太后求陰福，獻出通化門外所賜莊宅修造。因其修得窮極壯麗，是遊人雲集之地。文武百官雖認為在此地營陵不妥，但多不敢諫言，獨有右補闕姚南仲上疏曰：「章敬寺北，當帝城寅上之地，陛下本命之所在，其可穿鑿興動，而建陵墓乎？」代宗方悟，另擇地為貞懿皇后營建陵寢。

貞懿皇后之女華陽公主，聰悟過人，韶秀可愛，深得代宗疼愛。大曆七年（772）因病出家，號瓊華真人。大曆九年（774）薨，追封華陽公主。公主先

葬於城東，因地卑濕，於是在貞懿皇后下葬後徙祔於莊陵。在門下侍郎、同平章事常袞所撰的《貞懿皇后哀冊文》中有「招帝子於北渚，從母后於東陵」等文字，大致指出貞懿皇后的莊陵應位於長安城東。同時，文獻記載宣懿皇后的福陵、元昭皇后的慶陵、惠安皇后的壽陵和恭憲皇后的安陵恰好就位於長安城東，即今西安市洪慶、邵平店一帶，貞懿皇后的莊陵很可能也位於該區域內。

第三節　福陵、慶陵、壽陵和安陵

墓主簡介

福陵墓主：穆宗宣懿皇后韋氏，身世不詳。穆宗為太子，得侍，生李瀍（即武宗李炎）。長慶時，冊為妃。武宗立，韋氏已亡，追冊為太后。在陪葬光陵和神主祔廟兩事之間，武宗頗難選擇，宰相李德裕認為光陵因山為固已二十年，墓室不可輕易打開，而且福陵已按太后陵寢的規製修葺，還是祔廟較妥，於是奉皇后韋氏合食穆宗室。

慶陵墓主：宣宗元昭皇后晁氏，不詳其世。年輕時入光王李怡府邸，頗受寵愛，生懿宗李漼、萬壽公主。宣宗即位，封美人。大中年間去世，追贈昭容，詔翰林學士蕭寘作墓誌銘。大中十三年（859）九月，懿宗追贈為太后，配主宣宗廟，建陵曰慶陵，置宮寢。按慣例，懿宗完全可以啟晁氏舊寢，陪葬貞陵，但不知為何沒有選擇此方案？

壽陵墓主：懿宗惠安皇后王氏，出身不詳。咸通年間，被冊封為貴妃。咸通三年（862），生普王李儼（即僖宗李儇），咸通七年（866）薨。咸通十四年（873），僖宗繼位，追尊其為太后，祔主懿宗廟，以其園為壽陵。和元昭皇后晁氏一樣，祔廟不陪陵。

安陵墓主：懿宗恭憲皇后王氏（845—870），太原人，昭宗李曄生母。因美色被選入宮，咸通年間封韓國夫人，生昌寧公主、壽王李傑（即昭宗李曄）和睦王李倚。咸通十一年（870）七月一日，薨於大內，年二十六歲，追贈德妃。昭宗立，追為太后，祔主懿宗室，以故葬號安陵。和元昭皇后晁氏、惠安皇后王氏一樣，皆祔廟不陪陵。

四座皇后陵簡介

關於四座唐末太后陵的位置，宋敏求《長安誌》卷十一〈縣一・萬年〉記載：

> 武宗母宣懿韋太后福陵，在縣東二十五里。昭宗母恭憲王太后安陵，在縣東二十五里。昭宗母恭憲王太后安陵，在縣東二十五里。僖宗母惠安王太后壽陵，在縣東北二十五里。

而元代駱天驤《類編長安誌》卷八〈山陵〉記載較詳：

> 武宗母宣懿韋太后福陵，在縣東四十里（宋誌二十五里）滻水東原鷦子嶺上。懿宗母元昭晁太后慶陵，在縣東二十五里霸陵東王家莊。僖宗母惠安王太后壽陵，在縣東北二十五里東陵鄉硯瓦里。昭宗母恭憲王太后安陵，在縣東二十五里東陵鄉霸水東原上。

文中所涉「縣」即唐代萬年縣。隋文帝營長安，以長安的南北中軸線朱雀大街為界，西設長安縣，東設大興縣，此為二縣分治長安之始。唐改「大興」為「萬年」，北宋宣和七年（1125）改稱「樊川」，金元又改稱「咸寧」，民國二年（1913）二月，咸寧縣並入長安縣，方結束千年以來兩縣分管一城的局面。

四座后陵據縣治的距離均為二十五里，都位於灞河東岸。桑原騭藏《考古遊記・長安之旅》記載：「出斜口鎮，行約五里，在道右可見一唐懿宗王后安陵、二唐宣宗晁后慶陵、三唐懿宗王后壽陵、四唐穆宗韋后福陵，均為乾隆丙申陝西巡撫畢沅所書之墓碑。」桑原騭藏從斜口鎮出發，由東向西，行走五里即到邵平店，道右即道路北側。桑原騭藏所見符合嘉慶二十二年（1817）《咸寧縣誌》中「福陵在邵平店西，慶陵在邵平店，安陵在慶陵北，壽陵在福陵西」的記載。畢沅碑立碑時間為乾隆丙申年（1776），嘉慶年間編寫《咸寧縣誌》時，四座陵寢的位置應是參考畢沅碑而記。事實上，今人對畢沅所立墓碑的準確性頗有微詞，就四座太后陵寢來說，畢沅只是依據四塚距縣治均為二十五里，忽略《類編長安誌》中記載的多個村名，而將四座陵寢錯置於邵平店一村。

附：四座皇后陵行記

2012 年 6 月 10 日，晴，當日氣溫高達 36℃。筆者早上七點出發，騎車一路先後巡訪萬壽寺藏經塔、慶華廠內的無名大塚、航太四院家屬院內古墓、洪慶堡村秦始皇坑儒遺址、秦東陵、邵平店兩座唐太后陵遺址和灞橋區小寨村東古墓，一日騎行下來幾近虛脫。

慶華廠古塚 慶華廠門禁制度很嚴，外人不易進去。當日運氣好，在和門衛軟磨硬泡時，遇到門衛領導，見我大汗淋漓的樣子，親自帶我到大塚前。古塚封土很大，應非一般人臣所有，現存邊長達 70 多米、高 20 多米。因封土的東、南、北三面全部被現代牆破壞，西面又臨廠區公路，原本形狀已看不出來，但從塚頂分析，應為覆斗形。慶華廠工人也將大塚稱為「拉為山」，說是早年援華蘇聯專家所起。

航太四院家屬院古塚 此塚位於向陽北路南側的航太四院家屬院第四區內，與西北方向的慶華廠大塚相距約 1.4 公里。社區物業在封土周圍建成綠地，已形成小區內公園景觀。墓塚規製很大，封土底面邊長約 80 米，高約 30 米，比慶華廠內古塚略大。大塚東 200 米，今有硯灣村，原名即硯瓦村，傳說是秦始皇在洪慶堡坑儒時，儒生投硯之處。「里」為元、明時對「村」的稱呼，元時硯瓦里即為今硯灣村。結合《類編長安誌》卷八〈山陵〉中記載「僖宗母惠安王太后壽陵，在縣東北二十五里東陵鄉硯瓦里」，此塚疑似僖宗母惠安王太后之壽陵。

邵平店慶陵碑 2003 出版的《灞橋區誌》記載：「慶陵位於灞橋鎮邵平店村南，唐代，懿宗母元昭晁太后墓，封土為半圓形，已夷平，面積 400 平方米，慶陵墓碑一通。」邵平店村分布在 108 國道兩旁，今路北一座二層小樓恰好就坐落在慶陵原封土之上，而畢沅所立墓碑那日就在放置在屋後簷下（後來拉回小雁塔東院保管）。村民告知就在此墓碑之北，約百米之外，原本還有一大塚，現也被平掉，兩塚大小差不多，只是沒有墓碑。以前西臨高速未通車時，回臨潼外婆家必過邵平店，在筆者孩童的記憶中依稀記著路邊有兩座大塚。

小寨村古塚 在邵平店村西沿一鐵路專用線向南騎行 10 餘分鐘，可見一古塚，而塚西側村莊即為小寨村。2003 出版的《灞橋區誌》載：「唐大香城寺禪師德寂禪師墓位於灞橋鎮小寨村東 300 米，唐代，墓為半圓形，高 15 米，面

積1500平方米，有石碑一通。」筆者在小雁塔東跨院見過大香城寺禪師德寂禪師碑，碑面絕大部分字跡已經剝泐，但從碑額形製分析並非唐碑。而且和尚圓寂後建如此規模大塚安葬者，聞所未聞，疑此塚也為唐末太后陵之一。

　　將以上四座古塚的位置在地圖標出，即發現四塚基本位於一南北線上。

第四節　唐代皇后陵廟模式小結

唐代皇后陵規製淺析

　　陪葬帝陵的十五位皇后，可分成三種情況：一是隨大行皇帝一並入葬帝陵玄宮，有高祖太穆皇后竇氏、太宗文德皇后長孫氏、高宗則天順聖皇后武氏、玄宗元獻皇后楊氏、肅宗章敬皇后吳氏和德宗昭德皇后王氏六位，其中五位崩於帝前，先葬他處，待帝崩後，再一並入葬玄宮。唯獨高宗皇后武則天崩在帝後，以卑擾尊，再開羨道，入葬玄宮。二是死於非常，不知其瘞所，不得已招魂祔葬帝陵玄宮，有睿宗昭成皇后竇氏、中宗和思皇后趙氏和代宗睿真皇后沈氏三位。三是在帝陵兆域內營建陵寢陪葬，有睿宗肅明皇后劉氏、順宗莊憲皇后王氏、憲宗懿安皇后郭氏、憲宗孝明皇后鄭氏、穆宗恭僖皇后王氏和穆宗貞獻皇后蕭氏六位。其中只有睿宗昭成皇后竇氏崩在帝前，其餘均崩於帝後。

　　前兩種情況無需再營建陵寢，而第三種情況則需在兆域內為皇后或太后營建單獨的陵寢，加上沒有陪葬帝陵而營建的六座后陵，大唐應有十二座后陵。千年之後，目前只能確定玄宗貞順皇后武氏的敬陵，但通過一些文獻記載和實地探訪，還是能窺視一些后陵的規製。如何正璜在〈唐陵考察日記〉中記載：「距景陵陵前約一里外之西南方有大塚一，塚前石獅一對，石翁仲一對，體範雖小，但必為后妃太子之尊。」說明在后陵中會設置唐代陵寢專屬石刻──石獅。再如《類編長安誌》卷十〈石刻〉記載，貞順皇后敬陵前立有玄宗御書碑，說明后陵應設立神道碑。另外，通過考古發掘，得知敬陵中安置有哀冊，葬具為石槨，亦可窺見后陵的部分細節……至於陵園的形製、石刻的種類數量等問題，還有待考古工作新的發現。

唐代皇后的祔廟

　　皇后的神主依規應隨著皇帝的神主一併祔於太廟，但並非每位皇后神主的

祔廟之路都會如此，期間也充斥著宮廷的明爭暗鬥和爾虞我詐。爭鬥尚屬一些人為的客觀因素，而遇皇后先崩、一帝多后等主觀因素，著實給唐人處理皇后祔廟問題時帶來不少困難。

唐初，高祖太穆皇后、太宗文德皇后和中宗和思皇后均早於皇帝崩逝，她們的神主是待皇帝崩後一並入祔太廟。而在此之前，三位皇后的神主安置於何處？《舊唐書》卷二十八〈音樂一〉記載，貞觀十四年（640），太宗敕令有司議定廟樂，八座議曰：

> 皇祖弘農府君、宣簡公、懿王三廟樂，同奏〈長髮〉之舞。太祖景皇帝廟樂，奏〈大基〉之舞。世祖元皇帝廟樂，奏〈大成〉之舞。高祖大武皇帝廟樂，奏〈大明〉之舞。文德皇后廟樂，奏〈光大〉之舞。七廟登歌，請每室別奏。

說明當時應建有文德皇后廟，但立廟地址、規製等，文獻記載語焉不詳。

景雲二年（711）正月，睿宗追贈被武則天殺害的妃子劉氏、竇氏分別為肅明皇后、昭成皇后，先招魂葬於洛陽城南，再於長安城親仁坊（今西安城南雁塔路瓦窯村至西安建築科技大學一帶）西南隅，以睿宗在藩舊宅置儀坤廟，先天元年（712）十月，祔兩人神主於儀坤廟。此後，大唐先後為玄宗貞順皇后武氏立廟安義坊，為玄宗元獻皇后楊氏立廟於太廟之西，為德宗昭德皇后王氏立廟於元獻皇后舊廟。除代宗貞懿皇后獨孤氏無立廟記載外，每位先逝皇后的神主均建別廟安置。

晚唐時期，面對皇帝生前均未立后，其子繼位即尊其母為太后，造成一帝多后的局面，也採用建別廟方式，安置未能祔太廟皇后的神主。如憲宗孝明皇后鄭氏在憲宗懿安皇后郭氏神主祔太廟憲宗室後，穆宗恭僖皇后王氏、穆宗貞獻皇后蕭氏在穆宗宣懿皇后韋氏神主祔太廟穆宗室後，均將神主祔於別廟。《唐兩京城坊考》卷四〈西京〉記載，恭僖、貞獻二太后廟位於長安城西南隅的永陽坊（今西安城西南木塔寨周圍地區）。

文德元年（888年），昭宗繼位，追贈其母王氏為太后，在懿宗惠安皇后王氏神主已祔太廟懿宗室的情況下，並未建別廟，而是祔其母恭憲皇后神主於懿宗室。事實上，早在開元廿一年（733）正月，玄宗就特令遷肅明皇后神主祔

於睿宗室，形成一室安置二位皇后神主的局面。開元四年（716）六月，睿宗崩，玄宗原本計劃將昭成、肅明皇后的神主皆祔睿宗室，但太常博士陳貞節等人提出反對意見，最終肅明皇后的神主依舊留於儀坤廟。《資治通鑑》卷二一一〈唐紀二十七〉記載：「肅明皇后，睿宗之元妃也。昭成后，次妃也，以生帝升祔睿宗，而肅明后祀於別廟，非禮也。」說明玄宗如此作法，朝中頗有議論，迫於輿論，開元廿一年，玄宗特令遷肅明皇后神主祔於睿宗室。

大順元年（890）將行祫祭，有司奏請將憲宗孝明皇后鄭氏、穆宗恭僖皇后王氏、穆宗貞獻皇后蕭氏，三位原本別廟安置的太后神主祔享於太廟。此年祫祭，太廟之中共安奉憲宗兩位皇后神主、穆宗三位皇后神主、懿宗二位皇后神主，達禮者譏其大謬。

第四章　追謚皇帝陵廟模式

　　除追謚先祖外，唐朝因總總緣由追謚為帝者還有五人，按追謚先後分別為：孝敬皇帝李弘、殤皇帝李重茂、讓皇帝李憲、奉天皇帝李琮和承天皇帝李倓，除李重茂陵寢無陵號外，其他人的陵號依次為恭陵、惠陵、齊陵和順陵，並依次立有孝敬皇帝廟、讓皇帝廟和奉天承天皇帝廟。

第一節　孝敬皇帝李弘之恭陵

恭陵簡介

　　恭陵為孝敬皇帝李弘和哀皇后裴氏的陵寢，位於河南省偃師市緱氏鎮東北 2.5 公里的景山。

　　李弘（653—675），高宗李治第五子，武則天長子。永徽四年（653），初封代王。顯慶元年（656），冊立為皇太子。上元二年（675）四月二十五日，猝死於洛陽合璧宮綺雲殿，年二十四歲。高宗悲痛不已，五月五日，追贈為孝敬皇帝。七月九日，洛州復置貞觀十八年（644）裁撤的緱氏縣，以奉孝敬皇帝恭陵。八月十九日，以天子之禮葬李弘於恭陵。神龍初年（705），中宗為其上義宗廟號。開元六年（718），撤義宗廟號，復用本謚孝敬為廟稱。

　　哀皇后裴氏（？—676），河東聞喜人，右衛將軍裴居道之女。咸亨四年（673）為太子妃，甚有婦德。儀鳳元年（676）去世，神龍元年（705）八月

十五日，追冊裴氏為哀皇后。開元六年（718）五月二日，祔哀皇后於恭陵。

李弘死因

李弘猝死後，高宗親撰〈孝敬皇帝睿德之紀〉，並自書之於石，樹於陵側。碑文中提及李弘的死因為「重致綿留，遂咸沈痼」所導致的病故。而《舊唐書》卷一一六〈承天皇帝倓傳〉記載，至德二載（757）李泌同肅宗談到建寧王李倓受誣賜死之事時說：「昔天后有四子，長曰太子弘，天后方圖稱制，惡其聰明，鴆殺之，立次子雍王賢。」

因李弘死因之撲朔，在《新唐書》卷八十一〈孝敬皇帝弘傳〉中甚至出現：

> 上元二年，從幸合璧宮，遇酖薨，年二十四，天下莫不痛之。詔曰：太子嬰沈瘵，朕須其痊復，將遜於位。弘性仁厚，既承命，因感結，疾日以加。宜申往命，諡為孝敬皇帝。

這樣自相矛盾的記載。「酖」是「鴆」的異體字，用毒酒害人之義，此為李泌「鴆殺」的說法；接著又云「太子嬰沈瘵」，「瘵」多指癆病，即今人常說的肺結核，轉而又成了高宗李治「遂咸沈痼」的解釋。

1995 年，陝西師範大學臧振教授徵集到一方「閻莊墓誌」，現藏於陝西師範大學博物館。誌主閻莊為唐代名臣閻立德之子，時任李弘太子家令，即太子府總管。墓誌記載：

> 積痾俄侵，纏蟻床而遘禍；浮暉溘盡，隨鶴版而俱逝。上元二年，從幸東都。其年九月廿一日遇疾，終於河南縣宣風里第，春秋五十有二。恩勅賵贈，有加恆禮，賜靈輦傳乘，遞送還京。

其中「蟻床」、「鶴版」等詞雖晦澀難通，但應該是在暗示墓主的死因應同李弘的猝死有關。以誌文推斷，閻莊之死要麼是被李弘所患肺結核傳染後病故，要麼是他知曉李弘真正死因而被滅口。而其後使用的「遘禍」、「俱逝」等詞，加之閻莊死於李弘下葬後一個多月，又讓人有一絲不祥之感。

恭陵為何營於洛陽

唐朝的陵寢多數營建於陝西關中，建於外省的只有河北的建初陵、啟運

陵，河南的和陵、恭陵。建初、啟運二陵早在唐朝建立前就已存在，後來只是追謚增建而已。和陵也是無奈之舉，朱溫挾昭宗至洛陽，何來再回關中為其營建陵寢之理？可恭陵卻為何也營在洛陽呢？

事實上，高宗親撰〈孝敬皇帝睿德之紀〉時，就已講明李弘安葬洛陽的原因，「意欲還京卜葬，冀得近侍昭陵，申以奉先之禮，順其既往之誌。但以農星在候，田務方殷，重歸關輔，恐有勞廢，遂割一己之慈□，便兆人之業□。」上元二年（675）正月，高宗下詔免除關中雍、同、華、岐、隴五州一年的賦稅徭役，說明關中百姓因去年的災情，生活已處於水深火熱之中。而就在李弘死前十余日，高宗還在因旱災避正殿、減膳、撤樂，詔百官言事，說明災情依舊蔓延並未有所緩解。同時，李弘猝死的四月又是個青黃不接的月分，如在關中營建陵寢，大旱、勞役再加上饑荒，恐關中百姓難以負擔。而洛陽因有貫通南北的大運河，東南各州糧食運輸到此較為便利，情況要較關中好許多，這也是唐初皇帝經常帶文武百官來洛陽就食的主要原因。

皇帝就食洛陽的現象，直到開元廿一年（733）十月，裴耀卿充任江淮河南轉運使後才有所好轉。裴耀卿沿黃河建置河陰倉、集津倉、三門倉等倉庫，作為漕運物資中轉儲存處，「節級轉運，水通則舟行，水淺則寓於倉以待，則舟無停留，而物不耗失。此甚利也。」同時，漕運實行分段運輸，「使江南之舟不入黃河，黃河之舟不入洛口。」既能解決船工水手不熟悉各地水情的缺陷，又能避免長驅直達，遇枯水舟阻，延誤時間的弊病。漕運經此改革，三年積存糧米七百萬石，省下運費三十萬緡（每緡一千文），困擾唐朝幾代皇帝的長安糧食供應難題得以解決。所以，自開元廿四年（736）十月，玄宗從洛陽返回長安後，再沒有出現過皇帝就食洛陽的情況。可就在玄宗回到長安的次月，在李林甫的狡計下，裴耀卿相位被罷，但玄宗並未將其貶黜外放，而是留在京城任尚書左丞相的虛職。開元廿九年（741）十一月，玄宗長兄李憲去世，追謚讓皇帝，裴耀卿出任監護使，這可能是他最後一次為大唐效力，天寶二年（743）七月，裴耀卿去世，追贈太子太傅，諡曰文獻。

恭陵盜案

根據〈洛陽恭陵盜寶案偵破始末〉（《公安月刊》1998 年 08 期）記載：1998 年 2 月 15 日 21 時左右，偃師市文物管理委員會黨支部書記樊有升向偃師

公安局刑警大隊報案：哀皇后墓被盜！在公安機關全力偵破下，2月20日凌晨，偃師市湯泉村村民劉江海落網，供出夥同張少俠、許爾興等八名同夥參與盜掘哀皇后陵的犯罪事實。2月21日晚，最後兩名犯罪嫌疑人張少俠、許爾興在洛陽火車站落網，至此，參與盜墓的八名犯罪嫌疑人全部歸案。審訊中，他們供述了「2·15」盜墓案的作案經過。

1月21日，來自洛陽、偃師、孟津等地經常從事盜掘古墓的不法分子張少俠、劉江海、劉克軍、宋彥軍、范為民、許爾興等六人在劉江海家密謀盜挖哀皇后墓。當夜，六人到哀皇后墓南側盜挖，但進展甚微。1月22日和23日晚上，他們再次盜挖沒成功，遂決定用炸藥炸墓。1月30日夜，六人攜帶電線、炸藥、雷管等物品在哀皇后墓南側實施爆破，但未炸到墓道。2月2日、3日夜，他們又糾集黃建剛、楊清斌前來幫忙挖墓，2月4日凌晨1時許炸出一個直徑約1米、深度約11米的盜洞，直達墓道。八人在墓道一壁龕內共盜出六十多件陶俑、香爐、雙系罐、三系罐、四系罐、盆、壺等文物。

之後，參戰民警又投入追繳被盜文物的工作，截至3月11日，經過二十多天連續作戰，共抓獲犯罪嫌疑人十一名，被盜的六十四件珍貴文物全部追回。其中，國家一級文物五件、二級文物三十三件、三級文物二十六件。

1998年6月15日，洛陽市中級人民法院以盜竊古墓葬罪判處張少俠、宋彥軍、劉克軍死刑，剝奪政治權利終身，並處沒收財產；判處許爾興、劉江海死刑，緩期二年執行，剝奪政治權利終身，並分別處二萬元、三萬元罰金；判處范為民無期徒刑、剝奪政治權利終身，並處二萬元罰金；判處楊清斌有期徒刑十五年，剝奪政治權利三年，並處罰金二萬元。其他犯罪嫌疑人也因倒賣文物罪，分別被判處二年至八年有期徒刑。

附：恭陵行記

2014年4月12—20日，筆者趁休年假之機同王堪、子風，從河南新安縣一路東行至鄭州，頗感中原文化遺存之深厚。4月16日是河南行的第五日，當日一早我們從白馬寺搭班車到南蔡莊後徒步巡訪西晉峻陽陵、崇陽陵和杜甫墓，後乘2路公交到偃師汽車站。簡單午飯後，換乘偃師至參駕店的長途車在姚窪下，西行出鎮不久，可見恭陵巨大封土，步行約3公里即至恭陵南側，現代新修「唐恭陵」大門處。

　　神道石刻　恭陵的鵲臺和乳臺未見文獻記載，在二十世紀六七十年代航拍照片上也無這兩處遺址蹤跡。進入「唐恭陵」大門後即為寬約50米的恭陵神道，神道由南至北分別設立：

　　石柱一對，覆盆蓮花礎的基座和八棱形的柱身同之後各陵無較大差別，其頂為蓮花頂，不同於之後桃形、寶球形的珠頂。

　　翼馬一對，位於石柱北側92米處。造型纖瘦，同關中帝陵翼馬差異較大，作為唐陵前設置的第一對翼馬，應尚處於探索階段。

　　石人一對，位於翼馬北側約40米處，均是雙手拄劍的武將，同乾陵石人一樣頭戴平巾幘，腳下蓮花座同昭陵李勣墓（李勣葬於669年、李弘葬於675年）前石人蓮花座如出一轍，應是該時期佛教得以興盛的表現。

　　石碑一通，即高宗親撰〈孝敬皇帝睿德之紀〉碑，位於神道東列第一、二尊石人間。碑首並非唐碑常見的螭龍碑首，而用陰線刻畫出三圈門拱圖案，最裡門拱內飛白書刻「孝敬皇帝睿德之紀」八字，而誌文則大部漫漶不清，不可卒讀。

　　石人二對，石人間相距約30米，形製同第一對石人。

　　陵園封土　恭陵陵園座北朝南，平面正方形，長寬均440米，四面中部各置神門。四周原有陵牆圍護，現今地面以上僅存四個角闕，原有陵牆遺跡已蕩然無存，有為保護陵寢而新砌的一圈磚牆。

　　孝敬皇帝封土位於陵園中部偏西，呈覆斗狀，東西現長150米、南北寬130米、殘高22米。經考古鑽探可知，封土四周經千餘年風雨侵襲及人為墾植，水土流失嚴重，每邊均被沖刷掉10餘米，原封土的長、寬應在160—180米之間，高度30米以上，如此規模甚至超過獻陵，符合「營陵費巨億」的記載。

　　哀皇后封土位於孝敬皇帝封土東北50米處，俗稱「娘娘塚」，底邊長、寬40—50米，上半部圓形，殘高13米。經千餘年自然沖刷和人為墾植，現存封土的形狀已不規整。

　　南神門　門闕雙闕具存且保存較好，石獅同絕大多數唐陵石獅位於闕內有所不同，位於闕外約10米處，可視為唐朝在帝陵規製確定前的嘗試。石獅在南神門為走獅，而其他三處神門則為蹲獅。兩只走獅均為卷鬃閉嘴，形製幾乎一

模一樣，但東側石獅胯下雕有雄性生殖器，應為雄獅，而西側石獅腿際無性別雕飾，雌獅無疑。

東神門　從南神門進入陵區，在陵區東牆上留有豁口，出去即可到達位於葡萄園中的東神門。現今門闕雙闕具存且保存較好，石獅為蹲獅，位於闕外十餘米處，雙獅均為卷鬃閉嘴。

北神門　同樣在陵區北牆上存有豁口，可達位於麥田中的北神門。其門闕和石獅的保存情況同東神門。據〈唐恭陵實測紀要〉（《考古》1986 年 05 期）介紹，在東側石獅左臀部有宋代治平元年（1064）題記「洛民閻永真、張士南、王惠，時治平元年十月一日至此」，時麥苗長勢過膝，沒忍心上前細尋。

西神門　陵區西牆沒有豁口，要去西神門還要從南神門外繞行，但牆上被人掏去兩磚，恰好能看到西神門雙闕雙獅的背影，加上陰雨路泥，想日後定會選一晴日再來，未到近前。2019 年 5 月 2 日，我和妻子再來恭陵，專程繞到西神門，但雙獅已被圍在果園之中，只能從後面看到鬃毛均為卷鬃，面部細節則不得見。

陪葬墓　在恭陵封土西南方向約 400 米處，現存一封土呈圓錐形的墓塚，應屬恭陵陪葬墓，只是已無法確定墓主身分。文獻記載，儀鳳二年（677），深受高宗器重的丞相張文瓘去世，年七十三，贈幽州都督，謚曰懿。以其經事孝敬皇帝，特敕陪葬恭陵。儀鳳四年（679），戶部尚書許圉師逝世，贈幽州都督，謚曰簡。因龍朔元年（661）李弘率領許圉師、許敬宗、上官儀等人在文思殿編修《瑤山玉彩》，故也得以陪葬恭陵。

第二節　殤皇帝李重茂陵

殤皇帝簡介

李重茂（？－ 714），中宗李顯第四子，生母是身分低微的宮人。聖曆三年（700），初封北海郡王。神龍元年（705），進封溫王。景龍四年（710）六月二日，中宗崩，韋后立重茂為帝，自己則臨朝稱制。六月二十日，臨淄王李隆基發動政變，誅殺韋后，六月二十四日李重茂讓位於安國相王李旦，復封溫王。景雲二年（711），改封襄王，遷於集州，令中郎將率兵五百守衛。開元二

年（714），出任房州刺史，七月二十二日薨，時年十七，追諡曰殤皇帝。十一月七日，葬於武功西原。

附：殤皇帝陵行記

　　李重茂雖被追諡為帝，但文獻中並未記載其陵寢的陵號，也沒有為其立廟的記載。《舊唐書》卷八十六〈殤帝重茂傳〉記載其「葬於武功西原」。文中「武功」即指今咸陽市武功縣武功鎮，從北周建德三年（574）起，其即為武功縣縣治所在，直到 1961 年 9 月 1 日才由此遷至隴海鐵路旁的普集鎮。

　　2001 年出版的《武功縣誌》記載：殤皇帝李重茂陵「墓址即今武功鎮羅家堡西、訛傳隋煬帝之墓，墓高 5 米、直徑十餘米。」2014 年 4 月 7 日，筆者按此記載巡訪殤皇帝李重茂陵。羅家堡位於武功鎮西約五六公里處，聽當地村民講，羅家堡實為「挪駕堡」的諧音，而在村西約 1 公里處有洛陽村，也是「落煬村」的諧音。兩村的諧音均同隋煬帝下葬有關，看來當地人已接受隋煬帝葬於此地的說法。墓塚就位於兩村之間的農田中，距西南方向的隋文帝太陵約七八公里。現僅存丘形土塚，高約 2 米、直徑 5 米左右。墓前原有畢沅書「隋煬帝之陵」石碑，今已不存。墓塚北側立有 1957 年 5 月 31 日公佈的陝西省重點文物保護單位文保碑，立碑時間是 1983 年 10 月，名稱依舊是「隋煬帝陵」。

　　大明弘治十五年（1502）狀元康海纂修的《武功縣誌》卷一〈地理志〉記載：「隋煬帝墓在縣西原。武德五年八月辛亥，唐高祖葬帝於此。」此為筆者查閱到關於隋煬帝葬於此的最早記載。而《資治通鑑》卷一九〇〈唐紀六〉記載：「武德五年八月辛亥，改葬隋煬帝於揚州雷塘。」同樣的時間，但兩書所記的隋煬帝葬地卻相差甚遠。

　　2013 年 3 月，在揚州市西湖鎮司徒村曹莊發現兩座磚室墓，其中一號墓出土兩顆男性牙齒骨以及一方墓誌、一套十三環蹀躞金玉帶、四件鎏金銅鋪首等百餘件隨葬品；二號墓室出土女性遺骸，以及玉器、銅器、鐵器、陶瓷器、木漆器等隨葬品二百餘件。據出土墓誌銘文中有「隨故煬帝墓誌」等文字，判斷一號墓主就是隋煬帝，二號墓主應是貞觀廿二年（648）三月去世的隋煬帝蕭后。《資治通鑑》卷一九八〈唐紀十四〉記載：「太宗詔復其位號，諡曰煬；使三品護葬，備鹵簿儀衛，送至江都，與煬帝合葬。」

　　此考古發現證明武功西原的墓葬並非隋煬帝陵，但也不能完全證明此處墓

葬就是李重茂的陵寢，但其陵寢應位於此區域附近。

第三節　讓皇帝李憲之惠陵

惠陵簡介

惠陵是讓皇帝李憲和恭皇后元氏的陵寢，位於渭南市蒲城縣三合村北 200 米處。

讓皇帝李憲（679—742），本名成器，睿宗長子，母為肅明皇后劉氏。初封永平郡王，文明元年（684），立為皇太子，時年六歲。及睿宗降為皇嗣，武則天冊授成器為皇孫。長壽二年（693），改封壽春郡王。中宗即位改封蔡王，景雲元年（710），睿宗即位進封宋王，讓太子之位於李隆基。開元四年（716），避昭成皇后尊號，改名憲，封為寧王。開元廿九年（741）十一月二十四日去世，年六十三。追諡為讓皇帝，及斂，出天子服一稱，詔右監門大將軍高力士以手書置靈坐。翌年五月十七日，讓皇帝李憲同恭皇后元氏合葬於惠陵。巧合的是，李憲生母肅明皇后原在洛陽的陵寢也號為惠陵，是無意巧合？還是有意為之？

恭皇后元氏（？—740），本姓拓跋，名不詳，河南洛陽人，北魏昭成帝拓跋什翼犍後裔，陝州長史元大簡之女。嫁寧王李憲，開元廿八年（740）去世，翌年追封皇后，諡號為恭，祔葬於惠陵。

《唐會要》卷二十一〈陪陵名位〉載：陪葬惠陵的有鄭王筠、嗣寧王琳、同安王珣和蔡國公主。其中「鄭王筠」，不知何人？蔡國公主為《唐會要》所記，而《新唐書》記為薛國公主，唐睿宗李旦女，母不詳，始嫁王守一，守一誅，更嫁裴巽。嗣寧王琳、同安王珣則均為李憲之子。現今在惠陵封土西南 450 米、三合村西邊沿處，有一座較大規模唐墓，墓主不詳，應為惠陵陪葬墓之一。

惠陵考古

《新唐書》卷六〈肅宗本紀〉記載，寶應元年（762）正月五日，盜發敬陵、惠陵，此時據讓皇帝下葬僅二十年。1999 年 10 月，惠陵再次被盜，盜墓賊在封土南側炸出一個深約 9 米的盜洞。陝西省考古研究所於 2000 年 3 月至 2001 年 1 月對惠陵進行搶救性發掘。經考古勘探發現，惠陵陵園內圍牆呈長方形，南北走向，東西寬 217.5 米，南北長 252.5 米，牆垣四角各設平面為曲尺形的角

關。1993 年出版的《蒲城縣誌》記載：「朱雀、玄武門外各有土闕遺址，高約 7 米，東西並列，周圍尚留有不少唐瓦碎片。」當地村民回憶，二十世紀五十年代初，兩道門遺址尚依稀可辨，並有石刻為憑。經考古鑽探，南門道及門外對應雙闕遺址尚存，北門道跡象不清。南神門雙闕從二十世紀六十年代資料照片上還清晰可見，現已遺失殆盡，鑽探得知雙闕位於封土南 140 米、南門外 45 米處，兩闕東西間距 30 米。外陵園門闕位於南神門南側 460 米處，二十世紀五十年代資料照片顯示，當初尚存兩座高 1.5 米左右的夯臺，今已平毀，只在地表發現較多唐代磚瓦殘片。鑽探得知兩闕東西間距 52 米，周圍未見牆垣遺跡。

封土位於陵園正中偏北，底部邊長 60 米，頂部邊長 5 米左右，高 14 米，所居地勢北高南低。

神道石刻只發現兩件。石柱殘段位於神道東側，距南門東闕 97.5 米，埋於地下 1.2 米處，通體呈八棱柱狀，上下部皆殘，殘長 2.31 米。面上陰刻縱向纏枝蔓草海石榴花、石榴紋樣，因常年受風雨侵蝕，表面斑駁不堪。殘翼馬位於神道西側，北距封土 236 米，東距殘石柱約 30 米，亦被埋於地下，僅存身部殘塊。

陵寢地下結構由斜坡墓道、天井、過洞、壁龕、甬道和磚券穹窿頂墓室六部分組成，坐北朝南，全長 59 米。墓道平面呈長方形，全長 18.9 米。天井共計七個，1—3 號上下貫通稱之為明天井，4—7 號下通至甬道頂部後被磚券甬道頂阻隔，故稱暗天井。明天井之間設立三個過洞。六個壁龕分別位於三個過洞東西兩壁正中。甬道位於第三天井與墓室之間，進深 20.8 米、寬 1.6—1.7 米、高 2.35—2.8 米。墓室平面呈外弧方形，南北長 5.7 米、東西寬 5.65 米、高 10.08 米。墓室西部置石槨一具，南北向，形製為廡殿式建築，由頂蓋、周壁和槨座三部分組成，通高 2.25 米、長 3.95 米、寬 2.35 米，在槨中發現少量已高度腐朽的頭骨、肢骨、肋骨等小殘塊。從墓室同時出土讓皇帝和恭皇后哀謚冊殘玉簡，推斷該墓確為夫妻合葬。墓中共出土八百六十餘件陪葬品，500 平方米的壁畫保存基本完整，色彩鮮艷、人物清晰。

附：惠陵行記

2013 年 4 月 9 日，筆者初來惠陵，陵區已被磚牆包圍，幸好柵欄門縫隙較大，尚可進出。籌建中的惠陵博物館不知為何停滯，建築材料隨意的堆積在封土前，最南側一座已建好的展館卻是四門緊閉，透過深茶色玻璃，看到院中樹

立三通高大的唐碑，應是從橋陵陪葬墓前搬遷來的鄎國公主碑、代國公主碑和金仙公主碑。

　　封土前所立畢沅碑保存完好，一截八棱石柱橫亙在墓道口前，是當日在陵區看到的唯一一件石刻。何正璜在〈唐陵考察日記〉中記載，1943 年惠陵神道存石獅和翼馬各一對，而沒有提及石柱。石柱南側有正在修復的「大唐涼國長公主碑」和體量巨大的贔屭碑座。

　　2018 年 2 月 2 日，我同党明放巡訪完泰陵，在去元陵的路上，順道參觀已於 2017 年 8 月 30 日正式開放的唐惠陵博物館。封土南側文物展廳為「讓皇遺蹤」——惠陵出土文物展，陳列惠陵出土的仕女俑、陶馬、陶駱駝與胡人等的文物。陶俑截然分成兩種規格，高大者達 7、80 釐米，矮小的僅有 40 釐米左右。党兄分析，李憲患病於開元廿八年（740）冬，至病故已有一年多的時間，存在生前營建陵墓的情況，那時李憲尚未追諡為帝，其陵墓和隨葬器物是按親王規製營建準備，應是矮小陶俑的來歷，至於高大陶俑，自然是其追諡為帝後的產物。

　　封土下的地宮也已正式對外開放，但下去後，我們都覺著地宮過於簡單，僅為一室墓，而且全長僅 50 來米，也就是懿德太子陵的一半。尤其是在壁畫中沒有找到列戟圖，讓我很是有些詫異。後來才知，始於六世紀北朝時期的墓道列戟圖壁畫，於八世紀中前葉已開始逐漸消失。唯一讓人感到有些和帝陵沾邊的也僅是多達七個的天井、甬道中部的石門和墓室西側安放的巨大石槨。

第四節　奉天皇帝李琮之齊陵

齊陵簡介

　　奉天皇帝李琮（？—752），本名嗣直，玄宗長子，母劉華妃。景雲元年（710）九月，封許昌郡王。先天元年（712）八月，進封郯王。開元十三年（725）三月，改封慶王，改名潭。開元廿一年（733），加太子太師，改名琮。天寶十一載（752）薨，贈靖德太子，葬於渭水之南細柳原。肅宗元年（762）建寅月（正月）三日，追尊其為奉天皇帝，妃竇氏為恭應皇后。同月十六日，備禮改葬於齊陵。

齊陵考古

1991 出版的《臨潼縣誌》記載，新豐西北隅之墓，實則奉天皇帝齊陵，訛傳為「秦子嬰墓」。1964 年西潼公路改道，在封土北側接近地面 0.5 米處，發現唐磚一層，有條磚和蓮花紋殘方磚，有的條磚上按有手印，有的條磚上則有「天七官塼」、「天七秋月軍製官塼」等文字，證實此墓是唐墓，而不非秦墓。

《臨潼縣誌》所載的齊陵位於新豐鎮鴻門村西堡組北側。2002 年 1 月至 2003 年 1 月，為配合新豐鎮火車站編組站第一次擴能改造工程，由省文物考古研究所與臨潼區文化局組成考古隊對齊陵進行搶救性發掘。考古發現齊陵由長方形斜坡墓道、甬道、天井、墓室和封土等部分組成。覆斗型封土，南北邊長 46.5 米、東西邊長 44 米、高 10.05 米。為單墓室，其長、寬、高分別為 4.38 米、4.73 米、7.6 米，墓室有石槨，可容雙人。此次共發掘出土文物二千餘件，其中哀冊平面為正方形，邊長 80 釐米，蓋文為「奉天皇帝恭應皇后哀冊之文」，計五百六十六字。出土的二件諡寶為漢白玉製成，均呈正方形，邊長約 10 釐米，分別篆刻「奉天口帝之寶」、「恭應皇后之寶」。其中諡寶、哀冊及列戟架鎦金飾件等重要文物均是首次發現。歷經一千三百多年的齊陵盜掘嚴重，六百餘件陶俑被打碎。此時，「安史之亂」尚未平息，國力大衰，三個壁龕都是空的，從營建粗糙程度上看，建造匆忙，且大部分隨葬品與追諡皇帝的等級不符。

2004 年，隨著新豐鎮站第一次擴能改造工程的完成，齊陵原本尚存的封土也被平毀。

第五節　承天皇帝李倓之順陵

李倓順陵簡介

承天皇帝李倓（？—757），肅宗第三子，母為宮人張氏。天寶中，封建寧郡王。安史之亂，玄宗幸蜀，李倓和其兄廣平王李豫支持父親李亨分道河朔，即位於靈武。肅宗以李豫為天下兵馬元帥，倓典親軍，征討叛軍。倓性忠謇，因屢言張良娣頗自恣，李輔國連結內外欲傾皇嗣，為張良娣、李輔國所構，至德二載（757）正月，被肅宗賜死。

寶應元年（762 年）四月，其兄李豫即位，是為代宗，追贈李倓為齊王。

大曆三年（768），李豫與李泌語及李俊，欲厚加褒贈，李泌建議效仿玄宗贈岐王李範為惠文太子、薛王李業為惠宣太子的先例，贈其為太子。代宗泣曰：

> 吾弟首建靈武之議，成中興之業，岐、薛豈有此功乎！竭誠忠孝，乃為讒人所害。向使尚存，朕必以為太弟。今當崇以帝號，成吾夙誌。

五月十二日，追謚為承天皇帝，贈興信公主亡女張氏為恭順皇后，祔葬。五月十七日葬承天皇帝於順陵。六月十六日，承天皇帝神主祔於奉天皇帝廟，同殿異室。

恭順皇后張氏，父為張說次子張垍，母為玄宗第八女興信公主，幼年夭折。

李俊順陵文獻記載

《資治通鑑》卷二二四〈唐紀四十〉考異記載：「〈鄴侯家傳〉曰：『命使自彭原迎喪，葬齊陵。』今從實錄，葬順陵。」可知李俊被殺後就近安葬於彭原（今甘肅西峰市北彭原鄉）。關於李俊順陵的具體位置，《唐會要》卷二十一〈諸陵雜錄〉記載：「承天皇帝順陵，在京兆府咸陽縣界。」；宋敏求《長安誌》卷十三〈縣三‧咸陽〉記載：「承天皇帝順陵，在縣東北二十五里長陵鄉，週二里。」《長安誌》同卷又有記載，武則天生母楊氏的順陵位於縣東北三十里，楊氏順陵位於今咸陽市陳家村西南，故李俊順陵應位於楊氏順陵西南方向約五里附近。

雖然在李俊遷葬時，楊氏順陵的陵號早在玄宗朝就已廢除，但在很小的範圍內，先後出現兩座陵號一樣的陵寢，多少有些蹊蹺。「柔德承天曰順」，所以說承天皇帝的陵寢稱之為順陵，也是順理成章的事情，但還是覺著代宗在楊氏順陵附近再營建一座新順陵，是否有他個人的欲念？

第六節　追謚皇帝陵廟模式小結

唐代追謚帝陵規製淺析

唐代五座追謚帝陵，今可供研究規製的僅有恭、惠二陵。

在營建恭陵時，大唐僅有營建獻陵和昭陵的經驗，作為同樣是堆土為陵的獻陵毋庸置疑成為恭陵參考的範本。兩陵陵園平面均呈正方形，獻陵南北長

451 米、東西寬 448 米，恭陵長寬均為 440 米，而且同樣在四牆中部闢門址、置門闕。兩陵封土均呈覆斗形，獻陵底邊東西長 140 米、南北長 110 米、高約 18 米；恭陵底邊東西長 150 米、南北寬 130 米、高 22 米。在石刻方面，恭陵四門以石獅取代獻陵石虎，以翼馬取代石犀，而且多出三對石人（獻陵神道長達 404 米，石犀至南門石虎間距 300 多米，很多文獻記載其間原存三對石人，但〈唐高祖獻陵陵園遺址考古勘探與發掘簡報〉未提及）和一通睿德紀碑。從以上數據不難看出恭陵幾乎就是獻陵的翻版，追謚帝陵和帝陵在規製上幾乎不存差距，甚至在某些方面恭陵還超過獻陵。

　　雖然恭陵有獻陵可鑒，可在實際建設中還是出現一些問題。如《新唐書》卷一百〈韋弘機傳〉記載：

> 太子弘薨，詔蒲州刺史李沖寂治陵，成而玄堂陋，不容終具，將更為之。役者過期不遣，眾怨，夜燒營去。帝詔弘機嗣作，弘機令開程左右為四便房，撙製禮物，裁工程，不多改作，如期而辦。

　　說明恭陵在獻陵的基礎上，還是有所創新。另外，獻陵為「同墳而異穴」的合葬方式，而恭陵卻採用在陵區內為哀皇后另起封土的方式。《新唐書》卷四〈本紀第四‧則天皇后〉記載，垂拱三年（687）四月「辛丑，追號孝敬皇帝妃裴氏曰哀皇后，葬於恭陵。」而《舊唐書》卷八〈本紀第八‧玄宗上〉則記載為，開元六年（718）「夏五月乙未，孝敬哀皇后祔於恭陵。」兩條文獻記載哀皇后陪葬恭陵的時間雖有矛盾，但均晚於孝敬皇帝下葬的上元二年（675）。故推測，哀皇后採用另起封土方式，應同其陪葬恭陵時間較晚有關。

　　至於惠陵，可同開元十二年（724）病逝，陪葬橋陵的惠莊太子陵作一比較。二陵的陵園均呈長方形，惠陵南北走向東西寬 217.5 米、南北長 252.5 米，惠莊太子陵南北長 144.5、東西寬 113.5 米。封土也均呈覆斗狀，惠陵封土底部邊長 60 米、高 14 米，惠莊太子陵底部邊長 32 米、高 7.5 米。惠陵地下結構由斜坡墓道、七個天井、三個過洞、六個壁龕、甬道和墓室組成，全長 59 米；惠莊太子陵由斜坡墓道、三個天井、三個過洞、六個壁龕、甬道和墓室組成，全長 54 米。惠陵葬具為石槨，而惠莊太子陵則是石棺床。

　　〈唐惠莊太子墓發掘簡報〉（《考古與文物》1999 年第 2 期）介紹，惠莊

太子陵第二過洞東壁列戟圖前後繪製兩次，第一次僅繪製七桿戟，後將第一次所繪以白灰掩蓋，重新繪製九桿戟。十四桿戟是親王規製，而十八桿則為太子規製，說明惠莊太子陵最初應是遵循親王規製營建。

通過惠陵出土大小兩種陶俑的情況，以及同惠莊太子陵的比較，不難看出惠陵最初也是遵循親王規製來營建的，陵墓的全長、過洞、壁龕和墓室等因素在被追諡之後無法改變，所以二陵幾乎一致。而能改變的陵園大小、門址數量、封土大小、葬具和石刻種類等因素，惠陵都比惠莊太子陵等級高，說明這些因素是依據李憲被追諡為帝的變化而增設。同時，惠陵比起同時期的帝陵，如橋陵的規製則有天壤之別，帝陵和追諡帝陵間較大的差異已經出現。

從恭陵到惠陵，雖規製大幅減少，但一些帝陵必有元素還是得以堅持。如神道石刻中帝陵使用的翼馬在兩陵中都得以設立。另外，雖惠陵經考古鑽探只發現南門道及門外雙闕遺址，但據何正璜〈唐陵考察日記〉記載：「惠陵四周陵垣闕門及角樓基址今仍可見。」並隨文插有惠陵平面圖，圖中陵園四牆中部各闢神門，推測四面陵牆開闢門址的帝陵規製在追諡帝陵中也得以延用。

《唐會要》卷二十〈陵儀〉記載，寶曆二年（826）二月，太常奏：

> 追尊孝敬皇帝以下四陵，宜停朝拜事。（孝敬皇帝恭陵、讓皇帝惠陵、奉天皇帝齊陵、承天皇帝順陵。）前件四陵，昔年追尊大號，皆是恩制，緣情而行，當時已不合經典。今乃二時朝拜，上擬祖宗，竊以情禮之差，過猶不及……敕旨：依奏。

以上奏請獨缺殤皇帝李重茂的陵寢，說明唐政府對待他的態度同其他四位追贈為帝者有所區別。另外，此記載還可證明，從上元二年（675）孝敬皇帝下葬恭陵至寶曆二年（826）的一百五十多年間，追贈帝陵同帝陵一樣，由朝廷在春秋兩季的仲月，派遣公卿巡陵。

唐代追諡皇帝廟簡介

孝敬皇帝李弘是大唐追諡的第一位皇帝，從其神主不斷變化的安置方式，能看出大唐對追諡皇帝神主供奉方式的探索過程。

《唐會要》卷十九〈孝敬皇帝廟〉記載：儀鳳二年（677）四月二日，高

宗敕曰：

> 孝敬皇帝神主，再期之後，宜祔於太廟之夾室。遷祔之日，神主遍
> 朝六廟。仍令禮官考核前經，發揮故實，具為儀製，副朕意焉。

「再期」亦作再朞，是指三年之喪過了第二個忌日後即可除去喪服。李弘
薨於上元二年（675）四月廿五日，至此即將兩年。從將李弘神主祔於太廟夾室
來看，大唐面對第一位追諡皇帝神主的祔廟多少有些無所適從，在唐人的意識
中，皇帝的神主就應祔於太廟，但李弘僅追諡為帝，沒有廟號，自然也不能像
高祖、太宗那樣獨享一室，那麼太廟夾室只能是當時不得已的選擇。

神龍元年（705）正月，中宗復位，受武則天立武氏七廟的影響，將太廟
擴為七室。八月廿八日，中宗躬行享獻之禮，以孝敬皇帝為義宗同太祖景皇帝、
懿祖光皇帝、世祖元皇帝、高祖神堯皇帝、太宗文武皇帝、高宗天皇大帝的神
主一併祔於東都太廟，李弘已儼然成為真正的皇帝，列於太廟正殿之中。

景雲元年（710）十月，中宗神主祔廟前，禮儀使姚元之、宋璟認為：

> 義宗未登大位，崩後追尊，至神龍之初，乃特令升祔。孝敬皇帝恭
> 陵既在洛州，望於東都別立義宗之廟，遷祔孝敬皇帝、哀皇后神主。

遂決定於東都從善里為其建別廟，在廟建成之前，李弘的神主再次暫時安
置於太廟夾室。《舊唐書》卷八十六〈孝敬皇帝傳〉記載：

> 開元六年，有司上言：「孝敬皇帝今別廟將建，亨祔有期，准禮，
> 不合更以義宗為廟號，請以本諡孝敬為廟稱。」於是始停義宗之號。

不難看出，孝敬皇帝廟的營建拖延了八年之久。翌年十月九日，祔孝敬
皇帝神主於東都從善里來庭縣廨新廟。開元十一年（723）三月，玄宗下旨將原
本也是祔於別廟的中宗神主再次回遷太廟，之後長安中宗廟被廢毀，而東都中
宗廟則改祔孝敬皇帝神主。

開元十八年（730）九月八日，玄宗敕曰：「緣袷享孝敬神主，當廟自為
享祭。」說明孝敬皇帝廟的祭祀同太廟一樣，既有每歲四享的小祭，亦有三年
一袷、五年一禘的大祭。到大曆十四年（779）十二月有司因孝敬皇帝廟在天寶

後已絕祠享，故上言：「孝敬皇帝尊非正統，且不列於昭穆，今廟廢而主存，請毀之。」遂瘞神主於廟地。

正是有了李弘神主曲折祔廟經歷所取得的經驗，到開元山九年（741）十一月，李憲去世追諡為讓皇帝後，大唐遂在長安城啟夏門內的立政坊（在今西安東南郊西影路之南西勘公司至北池頭村以東地區）為其立廟。《唐會要》卷十九〈讓皇帝廟〉記載：

> 廟制如德明，四時有司行事。至天寶三載四月，敕讓皇帝今後四祭，宜為大祀。上元二年，禮儀使太常卿劉晏奏，讓皇帝廟，請停四時享獻，每至禘祫月，則一祭焉。樂用登歌一部，牲牢樽豆之禮，同太廟一室之儀。

《大唐開元禮》卷一〈序例〉記載，凡國有大祀、中祀、小祀。昊天上帝、五方上帝、皇地祇、神州、宗廟皆為大祀。說明從天寶三載（744）四月起，讓皇帝廟的祭祀已列為大唐最高規格的範疇，雖在上元二年（761）停止四時祭祀，但每遇禘祫大祭，其祭祀規格依然等同於太廟。直到開成四年（839）三月，太常寺官員認為李憲讓皇帝的諡號屬於追尊，故別立廟祠，尤其是現在睿宗、玄宗的神主都已祧去，而其廟尚存，特奏請廢毀，得到文宗批准。

奉天皇帝李琮在天寶十一載（752）五月去世之後，先贈為靖德太子，文獻記載其廟位於啟夏門內，但當時應屬太子廟。寶應元年（762），肅宗又追尊其為奉天皇帝，備禮改葬於齊陵，但其廟是就地改建，還是異地遷建未見文獻記載。大曆三年（768）五月十二日，代宗追諡李倓為承天皇帝，六月十六日祔其神主於奉天皇帝廟，同殿異室。到寶曆二年（826）二月，在太常寺奏請下兩人神主瘞於廟地、廢廟。

綜上所述，唐代一共立有三座追諡皇帝廟，其中洛陽一座，為孝敬皇帝廟；長安兩座，分別是讓皇帝廟和奉天承天皇帝廟。《唐會要》卷十九〈讓皇帝廟〉記載：「讓皇帝追尊位號，恩出一時，別立廟祠，不涉正統。」所謂的「不涉正統」就是指他們未正式登基，故不能同太廟各帝神主一併列於昭穆，只能立別廟祭祀。如此一來，追諡皇帝廟中神主就不會像太廟所奉各帝神主那樣依序祧遷，均是在太常寺奏請下將其神主瘞於廟地、廢毀其廟。

第五章　太子陵廟模式

　　本篇所記述的太子可分為兩種情況，一種生前即為儲君，卻因種種原因而未能登基者；另一種為其死後追謚，以太子禮下葬者。

　　第一種情況者有：隱太子李建成、章懷太子李賢、節湣太子李重俊、惠昭太子李寧和莊恪太子李永等五位。第二種情況者有：懿德太子李重潤、惠莊太子李撝、惠文太子李範、惠宣太子李業、靖恭太子李琬、恭懿太子李佋、昭靖太子李邈、文敬太子李謜、懷懿太子李湊、悼懷太子李普、靖懷太子李漢和恭哀太子李倚等十二位。

　　另外，玄宗次子李瑛在開元三年（715）立為皇太子，開元廿五年（737）受到武惠妃等人的構陷，廢為庶人，賜死。寶應元年（762）五月十八日，追復為皇太子，但無追贈謚號、陵寢增建、建廟享祀等記載，故本章未涉。

第一節　李建成之隱太子陵

墓主簡介

　　李建成（589—626），大唐開國太子，高祖李淵嫡長子，母為太穆皇后竇氏。武德元年（618），立為皇太子。武德九年（626）六月四日，在玄武門事變中被二弟李世民射殺，年三十八。其子除長子太原王承宗早卒外，安陸王承道、河東王承德、武安王承訓、汝南王承明、鉅鹿王承義並坐誅。貞觀二年（628）

三月，追封為息王，諡曰隱，以禮改葬。葬日，太宗於宜秋門哭之甚哀，以皇子趙王福為建成嗣。貞觀十六年（642）六月，追贈皇太子，諡仍依舊。

隱太子妃鄭氏（599—676），諱觀音，滎陽人。隋朝潭州都督鄭繼伯之女，十六歲嫁李建成，唐朝建立，冊為太子妃。玄武門之變後，孀居於長樂門。高宗上元三年（676）正月三十日薨，年七十八歲，是年七月七日，祔葬隱太子陵側。

隱太子陵文獻記載

《唐會要》卷二十一〈諸陵雜錄〉記載：「息隱太子建成陵，在京兆府長安縣界。」駱天驤《類編長安誌》卷八〈山陵墓塚〉記載：「唐息隱太子建成陵在長安縣華林鄉。」宋敏求《長安誌》卷十一〈縣二 · 長安〉記載：「華林鄉在縣南一十五里管居安里。」

2013 年 7 月 5 日，西安市長安區檢察院對劉某某等四人倒賣文物案提起公訴。被告人劉某某是黑龍江省富裕縣人，長期勾結西安市長安區郭杜鎮盧某某、盧某某，涇陽縣王某某倒賣文物。從 2009 年至 2012 年 4 月，四名被告人從不法分子手中集中收購、倒賣國家禁止經營的唐代墓誌二百四十八件。其中，包括李建成和鄭觀音的墓誌。

李建成墓誌記載：「貞觀二年正月葬於雍州長安縣高陽原。」高陽原即今西安市西南，潏河北岸的一大片高地，今屬西安市長安區韋曲街道、郭杜街道一帶。據〈釋唐李建成及妃鄭觀音墓誌〉（《唐史論叢》第十八輯）介紹，該墓誌出土於郭杜街道西約 2 公里的羊村。為此，筆者專程去羊村巡訪，但未獲隱太子陵一絲線索。

李建成和鄭觀音墓誌

筆者第一次看到李建成墓誌是在為紀念西安博物院建立十周年，而於 2017 年 5 月 18 日至 9 月 18 日舉行的「十年藏珍——西安博物院新入藏文物精品展」。

墓誌方形，很小，邊長僅 52 釐米、高 11 釐米，正面刻有誌文，四周為素面，無紋飾。誌文用十字線界格布排，縱橫各九行，誌文隸書。筆力雋秀，開合自然，鐫刻刀法精練，一絲不苟。誌文連標題僅五十五字：

大唐故息隱王墓誌。王諱建成，武德九年六月四日薨於京師，粵以貞

觀二年歲次戊子正月己酉朔十三日辛酉，葬於雍州長安縣之高陽原。

以至於連八十一個界格都沒能填滿，留下近三分之一的空白。碑文中的「隱」字留有很明顯的修改痕跡，相較於平整的誌石表面，略顯凹陷，應是鏟去舊字而造成。《唐會要》卷八十〈諡法下〉記載：「貞觀二年三月，有司奏諡息王為戾，上令改諡議。杜淹奏改為靈，又不許，乃諡曰隱。」墓誌記載李建成葬於正月，而《唐會要》記載三月尚在議諡，貌似矛盾，但從墓誌存在諡號修改來看，原定正月舉行的葬禮，有可能因改諡而推遲至三月或更晚時間舉行。

2020 年 1 月 20 日，西安博物院策劃的「樂居長安——唐都長安人的生活」展正式開幕，李建成和太子妃鄭氏的墓誌同時展出。但開展不久，新冠肺炎大疫襲來，直到 8 月筆者方才得以參觀。鄭氏墓誌長寬均 71 釐米，誌文三十五行、行三十五字，共一千一百八十五字，楷書。誌文中「東望吾子，西望吾夫」等文字，說明其葬於李建成陵寢的東側，而李建成在玄武門事變中被殺的四個兒子也應葬於附近。

第二節　李賢之章懷太子陵

墓主簡介

章懷太子陵為高宗與武則天所生次子李賢與妃房氏的陵寢，位於乾陵東南約 3 公里的楊家窪村北側高地，今人習慣稱其墓而不稱陵。

李賢（655—684），字明允，高宗第六子，生母武則天。永徽六年（655），封潞王。龍朔元年（661），徙封沛王。咸亨三年（672），改名德，徙封雍王。上元元年（674），又依舊名賢。上元二年（675），孝敬皇帝薨，六月立其為皇太子。時正議大夫明崇儼以符劾之術為武則天所信任，私奏李賢不堪承繼帝位。調露二年（680），明崇儼為盜所殺，武則天疑李賢所為，詔令中書侍郎薛元超、黃門侍郎裴炎、御史大夫高智周與法官審問，於東宮馬坊搜得皂甲數百領，乃廢為庶人，幽於別所。永淳二年（683），遷於巴州。文明元年（684），武則天臨朝，令左金吾將軍丘神勣前往巴州檢校。二月二十日，丘神勣逼令李賢自殺，年三十二。垂拱元年（685）三月二十九日，追贈雍王，諡曰悼，葬於巴州化城縣境。神龍二年（706），中宗追贈其為司徒，遣使迎其樞，七月一日

陪葬於乾陵。景雲元年（710）七月七日，睿宗再追其為皇太子，謚曰章懷。

章懷太子妃房氏（658－711），貝州清河人，宋州刺史房先忠之女。上元元年（674），嫁雍王李賢。上元二年（675），冊立太子妃。調露二年（680），李賢廢為庶人後，房氏隨李賢貶往巴州。李賢自殺後，房氏仍留置巴州，數年後回京，幽入禁中十數年。聖曆年間，出禁中，與嗣子李守禮居於興化坊內。景雲元年（710），李守禮加封邠王，房氏為邠國太妃。景雲二年（711）六月十六日，房氏薨於興化坊之私第，年五十四。是年十月十九日，窆於章懷太子舊塋。

章懷太子陵考古

1971 年 7 月 2 日至 1972 年 2 月下旬，陝西省博物館和乾縣文教局組成唐墓發掘組，對章懷太子陵進行考古發掘。

陵園地面之上僅存封土、南門雙闕和闕內一對石羊，西、東、東北三面有部分陵牆殘存。據附近村民回憶，在石羊前還有石人兩對和石柱一對，因暴雨山洪，被埋入土中。在唐代，石柱、石人在帝陵和人臣王公墓前均可設立，而石羊只見於人臣王公墓前，應是在其以雍王身分下葬時所設立。根據以上石刻種類無法判斷在李賢被追謚太子後，石刻是否也有所增加。

地宮由墓道、過洞、天井、小龕、前墓室、甬道和後墓室組成。墓道水準長 20 米、寬 2.5—3.3 米，東西兩壁各有四組壁畫。過洞四個，呈拱券形，共有壁畫十組。天井四個。小龕六個，分布在第二至第四天井間的東西兩壁，放置三彩鎮墓獸、三彩立俑、騎馬俑、儀仗俑、陶立俑、陶馬等陪葬物品。前甬道在天井北，有木門一道，已朽壞；前墓室至後墓室為後甬道，南端有石門一道，後甬道口置「大唐故雍王墓誌之銘」，應是神龍二年（706）李賢棺槨由巴州遷回後，以雍王身分陪葬乾陵時所置。前墓室略呈正方形，穹隆頂繪銀河及日、月、星、辰，四壁共有八組壁畫。後墓室頂部日、月與部分星辰貼金，後室南端放置「大唐故章懷太子並妃清河房氏墓誌」，應是景雲二年（711）李賢被追贈太子後，房氏合葬時所置。西側有廡殿式石槨一座，在石槨內發現兩根腿骨和頭骨碎片，已經擾亂，葬式不明。甬道和墓室全系磚砌，方磚漫地。

附：章懷太子陵行記

2013 年 3 月 2 日，筆者巡訪僖宗靖陵後，開車沿陵北機耕土路向西穿過南陵村，再順著村西側公路向北，沒等到鐵佛鄉就沿一條向西的土路，三拐八撎來到章懷太子陵前。

章懷太子陵地面之上只存有南門雙闕和闕內一對石羊，墓道中的「打馬球圖」、「狩獵出行圖」、「客使圖」、「觀鳥捕蟬圖」皆為盛唐精品壁畫，其中尤以「客使圖」有名。通過與同年營造的懿德太子陵比較，從封土大小、天井數量等方面看，章懷太子陵的規模遜色很多。事實上，神龍二年（706），李賢是以雍王的身分陪葬乾陵，其墓葬遜於以太子身分營建的懿德太子陵，也合乎情理。但據〈對〈談節懷、懿德兩墓的形製等問題〉一文的幾點意見〉（《文物》1973 年 12 期）介紹，章懷太子墓的列戟圖位於第二過洞的東西兩壁，每側牆壁繪列戟架一架，每架列戟七桿。同時文章提及，在章懷太子墓發掘時，發現有兩層壁畫，推測為符合其追諡的太子身分，將其墓道至後室的壁畫重新繪製過，可何獨留下代表李賢原本雍王身分的十四桿列戟圖沒有重新繪製？至於那象徵太子身分的玉哀冊是已被盜？還是當年就沒放置？

第三節　李重潤之懿德太子陵

墓主簡介

懿德太子李重潤（682—701），本名重照，避武后諱改名。中宗李顯長子，生母韋皇后。開耀二年（682），生於東宮內殿，高宗甚悅，及滿月，大赦天下，改元永淳。是歲立為皇太孫，開府置官屬。及中宗遷房州，太孫府廢。聖曆元年（698），中宗為皇太子，封為邵王。大足元年（701），與其妹永泰郡主、妹夫武延基等竊議張易之兄弟何得恣入宮中，武則天令杖殺，年十九。神龍元年（705），中宗復位。四月二十九日，追贈為皇太子，諡曰懿德。神龍二年（706）四月二十三日，懿德太子梓宮啟自洛陽，並聘國子監丞裴粹亡女為冥婚，陪葬乾陵。

懿德太子陵考古

1971 年 7 月 2 日，陝西省博物館和乾縣文教局組成唐墓發掘組對懿德太子

陵進行考古發掘。

懿德太子陵位於乾陵陵山東南方向，韓家堡村北側。陵寢可分為地面和地下兩個部分。封土呈覆斗形，南北長 56.7 米、東西寬 55 米、高 17.92 米。陵園南北長 256.5 米、東西寬 214.5 米，陵園四角有夯土堆各一，南面有土闕一對。墓葬全長 100.8 米，由墓道、六個過洞、七個天井、八個小龕、前後甬道和前後墓室等部分組成。墓道寬 3.9 米、水準長 26.3 米，由南向北呈 28 度斜坡，墓道用紅褐色土夯築，兩側牆上繪壁畫。過洞六個，為券頂土洞，長、寬、高隨墓內坡度不同而異，兩壁亦繪壁畫。天井七個，墓內能見者五個，另兩個暗天井開在前甬道上部，在第一、第二天井東、西壁繪大型戟架四個，每架上插戟十二根，共計四十八桿。小龕八個，龕內分別放置陶俑和各類生活用器等隨葬品，其中兩個小龕隨葬品被盜竊一空。前甬道 20.3 米、寬 1.6 米、高 2.39 米，後甬道長 8.45 米、寬 1.68 米、高 2.29 米，全部磚砌，東西兩壁繪宮女像，前甬道西壁發現盜洞一個，後甬道口附近設一石門。前墓室長 4.54 米、寬 4.45 米、高 6.3 米，東、西壁略呈弧形，頂為穹隆頂，頂懸掛油燈的鐵鉤一個，四壁繪壁畫，頂繪天體，東是金烏（太陽），西是玉兔（月亮），深灰色天空，白色星點密佈在銀河兩邊。後墓室長 5 米、寬 5.3 米、高 7.1 米，東、西壁略呈弧形，頂為穹隆頂，頂懸掛油燈的鐵鉤一個，後室壁畫以東壁較完整，頂部繪天體，東是金烏，西是蟾蜍，還有銀河和星星。墓室西側置石槨一具，槨內殘存兩副被攪亂過的人骨架，其中有男性左肱骨、左右股骨、骨盆和女性左右肱骨、左右橈骨。經鑒定，在男骨盆上有條明顯的骨骺線，斷定其年齡不超過 20 歲。墓中出土各類文物一千餘件，其中玉冊殘片十一片，為大理石質，歐體字，陰刻，填金。

附：懿德太子陵行記

2013 年 3 月 2 日，筆者巡訪章懷太子陵後，先去永泰公主墓，再去懿德太子陵，最後奔乾陵陵山。

懿德太子陵給人的感覺就是規模可觀，但地面所存石刻的保存狀況卻略遜於永泰公主墓，西列從南到北依次存石柱、石羊（仰頭）、石羊、武將石人（現代製品）、武將石人（現代製品）、武將石人（肩部以上缺失、從膝部以上斷裂）、石獅（卷鬃張口）；東列從南到北依次存石柱、石羊（仰頭）、石羊、

武將石人（現代製品）、武將石人（現代製品）、武將石人（頭部缺失）、石獅（卷鬃閉口）。石獅北側存南神門雙闕。據〈唐懿德太子墓發掘簡報〉（《文物》1972 年 07 期）記載，發掘時「闕南有石獅一對，石人二對（一對只殘留底座），石柱一對（已殘，倒塌後埋入地下）」沒有提到石羊，依太子陵規製，陵前應不置石羊，不知現今陵前石羊來自何處？

〈懿德太子哀冊文〉載：「維神龍二年歲次景午，夏四月甲戌朔二十三日景申，懿德太子梓宮啟自洛邑，將陪窆於乾陵，禮也。」但沒有明確下葬時間，據〈大唐永泰公主誌銘〉載：「……粵二年歲次景午五月癸卯朔十八日庚申，有制令所司備禮，與故駙馬都尉合窆於奉天之北原，陪葬乾陵，禮也。」分析懿德太子下葬時間應在神龍二年（706）五月十八日前後。

第四節　李重俊之節湣太子陵

墓主簡介

節湣太子陵是節湣太子李重俊的陵寢，位於富平縣宮裡鎮南陵村西北 200 米處，距西北方向的定陵陵山約 2 公里。

李重俊（？—707），中宗李顯第三子，生母不詳。聖曆元年（698），封義興郡王；神龍元年（705），封衛王；神龍二年（706），立為皇太子。時武三思子崇訓尚安樂公主，常教公主凌辱重俊，以其非韋后所生，常呼之為奴。又勸公主請廢李重俊為王，自立為皇太女。神龍三年（707）七月六日，不勝忿恨的李重俊發動兵變，先誅殺武三思父子，後攻打宮城，但被阻於玄武門外，士卒倒戈，李重俊逃奔終南山，至鄠縣西十餘里被部下所殺。睿宗即位後，追謚為節湣太子，景雲元年（710）十月一日，其梓宮啟自鄠杜，陪葬定陵。

《新唐書》卷一二三〈蕭至忠傳〉記載，李重俊兵變失敗後，武三思黨羽宗楚客、冉祖雍等奏言相王李旦、太平公主亦與李重俊連謀舉兵。中宗欲嚴肅查辦，在蕭至忠的力勸下才作罷。李旦到底有沒有摻于李重俊的政變？宗楚客等人是否誣告？現已無定論，但《唐會要》卷四〈儲君〉記載：睿宗李旦在六月二十四日即位，「唐隆元年六月二十五日，贈太子。景雲元年七月，謚節湣。」李旦還親自作〈節湣太子謚冊文〉，並為參與兵變的李多祚、李千里等

人平反……

太子妃楊氏與武則天之母為同族，開元十七年（729）二月，薨於京師太平坊私宅，葬於新豐細柳原，並未同李重俊合葬。

節湣太子陵考古

1995 年 3 月至 12 月，經國家文物局批準，陝西省考古研究所在富平縣文管會的協助下，對節湣太子陵進行鑽探和發掘清理。陵園南北長 170 米，東西寬 143 米。四面圍牆環繞，南牆中部偏東設雙門闕，兩門闕間距約 20 米。四角有曲尺狀角闕。封土位於陵園的中部略偏北偏東處，呈覆斗狀，現高 10.2 米、邊長 30—35 米。在南門闕外原立有東西兩排石刻，現西部石獅座尚存，石獅已脫離原位。石獅南存挂劍石人一尊，原位置不可辨。考古發掘之後石獅、石人遷入富平文廟保管。

全墓水準長度為 54.25 米，座北向南，由露天斜坡墓道、天井、過洞、前後甬道和前後墓室組成。墓道平面長方形，總長 15 米，寬度由北向南為 2.55—2.61 米。過洞共有三個，各長約 3 米，與三個天井相間排列。天井五個，除三個明天井外，在前甬道和前室上部也各有一個暗天井，在第一、二天井東西兩壁分別開形製類似的小龕。前甬道位於第三天井之後，甬道口以內外六層磚封堵，頂部已被盜掘者起開；甬道總長 19.4 米、寬 1.4—1.5 米，內以木門為界，前為斜土坡底，後為平地，並鋪設大方磚。後甬道形製與前甬道相同，長 9.05 米。前室位於前後甬道之間、第五天井之下；穹窿形頂，底部南北長 1.36 米、東西寬 1.73 米、頂最高處為 3.8 米；底面亦鋪方磚，鋪設法同前甬道。後室位於後甬道之後，方形、穹窿頂、四壁微外弧，東西長 3.85—3.87 米，南北寬 3.82—3.85 米，中心最高處 5.2 米；底部原鋪設方磚，大部已不存；後室內僅見被撬起翻亂的棺床石條，復原後棺床北、西側靠壁，總長 3.47—3.5 米、寬 1.81—1.83 米、高 0.23 米，由九塊石條拼成，其中南北兩頭和東邊緣的四塊石條均線刻紋飾。墓室出土肢骨一節，很可能是太子本人骨殖。共出土謚冊和哀冊一百零四片。其中謚冊三十三片、一百四十六字，哀冊五十九片、二百一十二字，另外有十二片不知出處。謚冊和哀冊均用漢白玉做成，長條形片狀，長 27—27.3 釐米、寬 2.7—2.9 釐米、厚 0.4—0.6 釐米左右。上下橫穿孔，可用線連接。其上楷書陰刻，內填綠色，出土時均已脫落。玉片完整者每片九字。將出土謚冊和

哀冊內容與文獻記載對比，除個別字詞外，內容基本相同。

　　節湣太子陵與章懷太子陵相比，雖然全墓長度、封土體量等方面略遜，但大體還是依禮改葬。其陵園和墓葬規模在中宗時代已屬上乘，石人、石獅等陵前石刻的安置，哀冊、諡冊的使用都依照太子陵寢規製。唯墓室尺寸較小，未用石槨、石門等，稍嫌簡疏。

第五節　李捴之惠莊太子陵

墓主簡介

　　玄宗兄弟六人，雖非一母同胞，但兄弟感情很深，除六弟李隆悌早薨外，其他四人，一人追諡為帝，三人追諡為太子，天子友悌，近古無比。

　　李捴（？－724），本名成義，睿宗次子，母為柳宮人。初生，武后以母賤，欲不齒，幸高僧萬回曰：「此西土樹神，宜兄弟。」武后悅，始令列於兄弟之次。垂拱三年（687年），冊封恆王。武周時期，降封衡陽郡王。景雲元年（710），睿宗即位，進封申王。開元二年（714），為避昭成皇后名諱而改名。開元十二年（724）十一月二十四日薨，贈諡惠莊太子，閏十二月二十七日陪葬橋陵。

惠莊太子陵考古

　　惠莊太子陵位於蒲城縣北劉村西北約400米處，東北約70米處為惠文太子陵，是現存距橋陵最近的一座陪葬墓。由於惠莊太子陵多次被盜，經國家文物局批準，1995年10月9日至1996年5月30日，陝西省考古研究所、蒲城縣文體廣電局組成考古隊進行考古發掘。

　　陵園平面呈長方形，南北長144.5米、東西寬113.5米。在城牆的四個拐角處，各有一曲尺形角樓基址，形製大小相同，面積約10×10平方米。南面除東南、西南兩角樓外，沒有城牆相連，而在兩角樓之間保存有門闕基址一對，即闕、門合一；闕南側存石獅一對。

　　封土呈覆斗狀，位於城牆基址內東北部，底邊各長32米、頂邊各長4米、高7.5米。地宮由長斜坡墓道、三個過洞、三個天井、六個壁龕、甬道和磚券穹窿頂墓室組成。墓道水準長17.5米、寬2.2米。在三個天井的左右兩壁上各有一個形製、大小基本相同的壁龕。甬道及墓室均為磚券、鋪磚兩層。甬道以

石門為界分為前後兩段，前段長 2.7 米、後段長 14 米。墓室為單室穹窿頂，底部鋪磚兩層，平面呈孤方形，墓室寬 4.4—4.8 米、進深 4.4—4.76 米、通高 6 米。棺床置於墓室西部，長約 3.56 米、寬 1.82 米、高 0.55 米。葬式不明，僅在棺床西側與墓室西壁之夾縫處發現一段殘肢骨。

出土的遺物約一千三百件。其中哀冊二十七枚，均殘，可粘對二枚。長方形，寬 3 釐米、厚 0.9 釐米。漢白玉質，冊文均陰刻，行書，並有填金現象。墓道、過洞、天井、甬道和墓室均繪有壁畫，可惜大多已脫落。第二過洞左右兩壁各繪一列戟圖，東壁列戟圖可以看出前後繪製兩次，第一次僅繪製七桿戟，線條仍可看清，後將第一次所繪以白灰掩蓋，在此基礎上重新佈置繪製。戟架左右長 2.27 米、高 1.16 米，戟架由上下兩根平行橫木製成，共插九桿戟，戟之間距 20 釐米，戟長 145 釐米。西壁戟架及戟與東壁相同。列戟十四桿是親王規製，而十八桿為太子規製，說明惠莊太子陵最初應是遵循親王墓葬的規製營建，在其被追謚為太子前，墓葬營建已到壁畫繪製階段，整個陵寢大體結構已形成，只能通過改繪壁畫，增設特有石刻（如石獅）等形式來體現追謚。

第六節　李範之惠文太子陵

墓主簡介

惠文太子李範（？—726），睿宗第四子，母為崔孺人。本名隆範，後避玄宗名諱，改稱範。初封鄭王，尋改封衛王。長壽二年（693），徙封巴陵郡王。景雲元年（710），睿宗即位，進封岐王。先天二年（713），從玄宗討太平公主，以功加賜實封滿五千戶。開元初，拜太子少師，帶本官，歷絳、鄭、岐三州刺史。開元八年（720），遷太子太傅。開元十四年（726），病逝於洛陽，冊贈為惠文太子，陪葬橋陵。蘇頲〈惠文太子哀冊文〉記載：

> 維開元十四年歲次景寅四月己酉朔十九日丁卯，太子太傅岐王薨於洛，冊謚惠文太子，殯於正寢之西階，仲夏景申，將祔於橋陵，禮也。

「仲夏」即五月，而「景申」則為「丙申」，是為避元皇帝李昺名諱，即十九日。從薨到葬，僅一月時間，依當時交通狀況，從洛陽回到長安尚需二十日左右，故斷定在其生前已營建好陵寢。應同惠莊太子陵一樣，先遵親王墓葬

規製營建，追謚太子後，有所增設。

葬禮挽郎

　　《舊唐書》卷一九〇〈賀知章傳〉記載，惠文太子薨後，詔由禮部負責選取挽郎，但禮部侍郎賀知章取捨不公，被門蔭子弟圍攻於院庭。知章以梯登牆遁走，時人皆嗤之，由是改授工部侍郎。挽郎即出殯時一邊牽引靈柩一邊詠唱挽歌的少年，在唐朝，皇帝、皇后、太子逝世後，會在六品以上的子弟中，經禮部考核遴選出一批少年充當挽郎。

　　唐代雖然實行科舉選士制度，但門蔭也是一條很重要的入仕途徑，而選上挽郎更是天賜入仕的良機。如唐朝中期名臣韋皋就是以建陵挽郎的身分調補華州參軍，最後出任劍南西川節度使，出鎮蜀地二十一年。事實上，選上挽郎也僅是拿到官場入場券而已，葬禮結束後可能要等候相當長的時間才能出任官職。1972 年 2 月，在位於永泰公主墓東南約 700 米處的薛元超墓中出土「大唐故中書令贈光祿大夫秦州都督薛公墓誌銘」，據墓誌記載，貞觀十二年（638），十六歲的薛元超「補為神堯皇帝挽郎」，直到貞觀十七年（643），才出任太子通事舍人。即便如此，世家子弟還是對遴選挽郎趨之若鶩，僧多粥少，賀知章稍有偏袒，自然會被群起而攻之。但也有人為證明自己，即使選上了挽郎，也會放棄入仕機遇。如名相姚崇，充孝敬皇帝李弘挽郎，事後卻通過參加制科考試，入仕濮州司倉參軍。

惠文太子陵文獻記載

　　宋敏求《長安誌》卷十八〈縣八‧蒲城〉記載：

> 宣化鄉積善邨封內四十里陪葬太子三。惠莊太子陵在橋陵東南三里，惠文太子陵在東三里，惠宣太子陵在東六里，並在柏城內。

　　惠莊太子陵已出土哀冊可證明位置，在其東北方向約 70 米處，一座封土同惠莊太子陵大小相似的覆斗型大墓即被認定為惠文太子陵。目前該墓葬地面僅存封土，2011 年 8 月 15 日，北劉村村民耕地時在封土南側發現一個石柱柱頭，橋陵文管所得到通知後趕赴現場進行查看，發現該石刻埋於地面下，距地表 70 釐米，為更好保護田野文物，文管所將石刻拉回保護。

第七節 李業之惠宣太子陵

墓主簡介

惠宣太子李業（？—735），睿宗第五子，母為王德妃。本名隆業，後避玄宗名諱，改名業。垂拱三年（687），封趙王。長壽二年（693），改封中山郡王，尋改封彭城郡王。景雲元年（710），睿宗即位，進封薛王。玄宗討太平公主，以翊從之功，加實封五千戶。開元初，歷太子少保、同涇豳衛虢等州刺史。開元廿一年（733），進拜司徒。開元廿二年（734）七月十日，薨於洛陽，冊贈惠宣太子，八月二日陪葬橋陵。

惠宣太子陵文獻記載

宋敏求《長安誌》卷十八〈縣八‧蒲城〉記載：「惠宣太子陵在（橋陵）東六裡」，1993出版的《蒲城縣誌》記載其具體位置在「三合鄉王堯學校東北」，但筆者巡訪，現地並無封土。據韓休〈惠宣太子哀冊文〉記載：

> 維開元二十二年歲次甲戌七月庚申朔十日己巳，司徒薛王薨於洛，冊諡惠宣太子。翌日，殯於正殿之西階。粤八月二日庚寅，將陪葬於橋陵，禮也。

從薨於洛陽到陪葬橋陵，前後不足一個月，同惠莊太子、惠文太子一樣，存在生前依親王規製營造陵寢，追贈太子後，陵寢有所增設的可能性。

第八節 李琬之靖恭太子陵

墓主簡介

靖恭太子李琬（？－755），玄宗第六子，母劉華妃，初名嗣玄。開元二年（714）三月，封為甄王。開元十二年（724）三月，改名滉，封為榮王。開元十五年（727），授京兆牧，又遙領隴右節度大使。開元廿五年（737），改名琬。天寶元年（742）六月，授單于大都護。天寶十四載（755）十一月，安祿山反於範陽，當月以其為征討元帥，高仙芝為副，但十二月二十六日薨，贈靖恭太子，葬於見子西原。

靖恭太子陵文獻記載

見子西原的地名由見子陵而來。由《史記》卷六〈秦始皇本紀〉記載：

> 昭襄王享國五十六年。葬茝陽。〈索隱〉：十九年而立，葬芷陵也。
> 〈正義〉：括地誌云「秦莊襄王陵在雍州新豐縣西南三十五里，俗
> 亦謂為子楚。始皇陵在北，故亦謂為見子陵。」

按此記載，秦莊襄王陵即為「見子陵」，位於芷陵，即秦東陵內。秦東陵
位於驪山西麓的山坡地帶，其西側即為灞河東岸的高地。又據宋敏求《長安誌》
卷十五〈縣五・臨潼〉記載：「靖恭太子陵在見子西原。中宗嘗幸見子陵獵，
今按灞橋近東三里有大陵鄉，俗語訛呼為建子陵。」故靖恭太子陵應位於秦東
陵西側、灞河東岸之間區域。

靖恭太子李琬的死亡屬於「忽然殂謝」，故其生前不可能營建陵寢，而且
在其病故後的翌年六月，安史叛軍就攻克潼關，玄宗倉惶出逃四川，從時間緊
迫、時局動蕩等方面推測，推測其陵寢規模不大。

第九節　李侶之恭懿太子陵

墓主簡介

恭懿太子李侶（752—760），肅宗第十二子，母張皇后。至德二載（757），
始封興王，上元元年（760）六月二十六日薨，年僅八歲，八月三十日冊贈為皇
太子。張皇后原本欲以其為儲君，屢危太子，其薨而止。

恭懿太子陵文獻記載

李揆〈恭懿太子哀冊文〉記載：

> 維上元元年，太歲庚子，六月己未朔二十六日甲申，皇第十二子、
> 持節鳳翔等四州節度觀察大使興王侶，薨於中京內邸，殯於寢之西
> 階。八月丁亥，冊贈皇太子，廟號恭懿。冬十一月庚寅，詔葬於長
> 安之高陽原，禮也。

高陽原即今西安市西南，潏河北岸的一大片高地，今屬西安市長安區韋曲

街道、郭杜街道一帶。

第十節　李邈之昭靖太子陵

墓主簡介

昭靖太子李邈（745—773），代宗次子。上元二年（761），始封益昌郡王。寶應元年（762），代宗即位，進封鄭王。大曆初，代皇太子為天下兵馬元帥。大曆八年（773）薨，年二十八，冊贈昭靖太子。

昭靖太子陵文獻記載

〈新見唐昭靖太子墓誌淺識〉（《中原文物》2015 年第 3 期）介紹，該文作者王金文在洛陽得墓誌拓片一方，誌主即為昭靖太子李邈，墓誌出土情況不詳，保存狀況不詳。從拓片看，墓誌長寬均 88 釐米，四周刻有不甚清晰的裝飾性花紋圖案。誌文處於行楷之間，全文三十一行，滿行三十一字，共計七百六十七字。墓誌記載：

> 享年廿有八，大曆八年五月十八日薨於內第。聖情惻悼，輟朝累日，追諡昭靖太子……命攝太尉、黃門侍郎、平章事王縉持節即柩前冊命。大曆十年十二月廿六日，益以澥旗綏章，輅車秉馬之數，京兆尹兼御史大夫黎幹監護喪事，戶部侍郎趙縱宣恩百於國門，贈奠葬於細柳原，禮也。

蕭昕〈昭靖太子哀冊文〉也有記載：

> 維大曆八年歲次癸丑五月乙亥朔十七日辛卯，開府儀同三司元帥鄭王薨，旋殯於內侍省。二十七日甲午，冊諡曰昭靖太子。洎十年歲在乙卯十二月庚申朔二十六日乙酉，遷窆於萬年縣細柳之北原。乃詔京兆尹黎幹監護喪事，展飾終之儀，禮也。

二條記載，除病故日期相差一日外，其餘均符。但哀冊文所載「萬年縣細柳之北原」錯誤，宋敏求《長安誌》卷十二〈縣二‧長安〉記載：「細柳原在縣西南三十三里。」故細柳原應位於長安縣。

　　昭靖太子墓誌沒經考古發掘而出土，估計再想確定其陵寢位置已非可能。墓誌留下兩個謎團：其一，既然追諡為太子，為何還使用墓誌？墓中是否還有哀冊？其二，從昭靖太子病故到下葬歷時二年半，在此期間，其靈柩一直被權厝於內侍省，其中又發生了什麼？

第十一節　李謜之文敬太子陵

墓主簡介

　　文敬太子李謜（781—799），順宗之子。德宗愛之，命為子。貞元四年（788），封邕王，授開府儀同三司。貞元十五年（799）十月薨，時年十八，贈文敬太子。是年十二月，葬於昭應。發引之日，百官送於通化門外，列位哭送。

　　通化門為唐長安外郭城東面最北側一門，故址在今西安市東郊長樂西路同西二環什字附近。此門是長安到潼關官道的起點，出門七里即是著名的長樂驛，白居易曾在這裡送友感懷而作〈長樂坡送人賦得愁字〉。由於此門西對皇城承天門大街，臨近長安城太極宮和大明宮，故唐代皇帝也會經常在此餞別東去大臣。其中，最有名的應是元和十二年（817）八月憲宗在此送裴度赴淮西平吳元濟之亂，《舊唐書》卷十五〈本紀第十五・憲宗下〉記載：「庚申，裴度發赴行營，敕神策軍三百人衛從，上御通化門勞遣之。度望門再拜，銜涕而辭，上賜之犀帶。」

文敬太子陵文獻記載

　　昭應縣，天寶七載（748）改會昌縣而置，北宋大中祥符八年（1015）改為臨潼縣，治今西安市臨潼區。宋敏求《長安誌》卷十五〈縣五・臨潼〉記載：「唐文敬太子、惠昭太子二陵在縣東一十五里旌儒鄉。」惠昭太子陵位於臨潼區椿樹村與郭王村之間，文敬太子陵應位於附近。通過已確定位置的惠昭太子陵，二座太子陵應位於臨潼縣西，而非《長安誌》文中所載的「縣東」。

第十二節　李寧之惠昭太子陵

墓主簡介

　　惠昭太子李寧（794—812），憲宗李純長子，母為紀美人。貞元廿一年

（805），受封平原郡王。是年八月，憲宗即位，進封鄧王。元和四年（809）閏三月，冊封為皇太子，改名宙，不久復初名。原定於四月舉行冊禮，但因雨延期至七月，亦雨，直到十月方行冊禮。元和六年（811）閏十二月二十一日薨，年十九，諡曰惠昭。當時國典無太子薨禮，國子司業裴茝於西內定儀，茝奏：「故事無皇太子薨禮，請輟視朝十三日。」蓋用期服易月之製。鄭余慶撰〈惠昭太子哀冊〉，翌年二月二十五日，葬於驪山之北原。

惠昭太子陵考古

　　1990 年 11 月至 1992 年 2 月，陝西省考古研究所秦陵工作站與臨潼縣文管會等單位，聯合對郭王村北側古墓進行搶救性發掘清理，從墓內出土的玉冊文字得知，此墓為惠昭太子陵，校勘《唐會要》卷二十一〈陪陵名位〉記載惠昭太子陪葬景陵之誤。

　　〈唐惠昭太子墓清理簡報〉（《考古與文物》1992 年第 4 期）記載，惠昭太子陵地面現存覆斗形封土，底邊東西 30 米、南北 30 米、高 20 米許。陵墓座北面南，墓道殘長 35 米、寬 2.5—3.2 米，由於盜掘破壞，原形製結構不清。但破壞後的壁面，仍殘留著部分帶有彩繪的白灰皮，說明墓道原有壁畫。墓室為磚石結構的方形穹窿頂式，高 8.5 米、東西寬 4.6 米、南北長 4.8 米。四隅收剎抹角，室底用青石條塊墁鋪。墓室南壁中間有寬 2 米、高 3.4 米的券頂式墓門，頂部已破壞。室內淤土厚達 5 米，所有壁畫破壞殆盡，僅見畫彩的白灰牆皮。棺床靠墓室北側，長 4.6 米、寬 2 米、高 0.6 米。此外，從室內淤土中清理出殘石門框一件。出土物計有銅、鐵、陶、三彩、石、玉各類器物一百八十件，但大多殘破。最重要的是漢白玉冊文和哀冊，共計出土一百九十五段，經修復為一百三十六節段，其中完整的十七件，存字一百五十四個。

附：惠昭太子陵行記

　　2020 年 5 月 23 日，新冠肺炎疫情已有緩解，被封在家中數月的人們開始陸續走出家門。當日和妻子駕車前往臨潼區郭王村，巡訪惠昭太子陵。村口原本設立的防疫崗遺跡尤在，但已無人員值守，在村中找合適位置將車停好。〈唐惠昭太子墓清理簡報〉記載，惠昭太子陵位於臨潼區椿樹村與郭王村之間，故也未找村民問路，出村北行不遠，惠昭太子陵僅存的封土就出現在路的東側。圍著封土巡訪一圈，考古報告記載封土高 20 米許，但當日目測僅 10 米左右，

且已被蠶食的看不出當初形狀。除此之外，現地再無其他遺存。

第十三節　李普之悼懷太子陵

墓主簡介

悼懷太子李普（823—828），敬宗長子，母郭妃。寶曆元年（825），封晉王。寶曆二年（826）十二月，敬宗為宦官劉克明等所弑，文宗即位，愛之若己子，嘗欲為嗣。太和二年（828）薨，文宗惻念不已，冊贈悼懷太子。

悼懷太子陵文獻記載

《唐會要》卷二十一〈陪陵名位〉載：「莊陵陪葬名氏，悼懷太子普。」年僅五歲的孩子陪葬在自己父親身邊，算是一個好的歸屬。據〈唐敬宗莊陵陵園遺址考古勘探發掘簡報〉（《考古與文物》2021 年第 1 期）記載，莊陵陵園外南部臨近臺地緣邊，無空間放置陪葬墓，僅於陵園外東北發現四座，三座墓道朝東，一座墓道朝南，地表可見封土。其中墓道朝南的墓葬（勘探編號M51），位於陵園北部太和堡村東南約 200 米處，距離莊陵封土約 920 米，為斜坡墓道洞室墓，平面呈「甲」字形，由墓道、過洞、天井、墓室四部分組成，推測為唐墓，但其形製偏小，是否為悼懷太子墓，尚待證實。

第十四節　李湊之懷懿太子陵

墓主簡介

懷懿太子李湊（？—834），穆宗第六子。長慶元年（821），始封漳王。太和五年（831），遭到鄭註誣陷，黜為巢縣公。太和八年（834）薨，追贈齊王。鄭註伏誅，文宗思其被誣陷，於開成三年（838）正月八日，追贈為皇太子，次月於惠昭太子廟中添置一室以祔懷懿太子神主。

懷懿太子最初下葬時的身分，僅是被廢黜的巢縣公，追贈太子已是其逝去七年後的事情，而文獻中未見為其遷址改葬的記載，分析其陵寢應該不會位於驪山北原、高陽原和細柳原，這幾個唐代太子陵區之內。

第十五節　李永之莊恪太子陵

墓主簡介

莊恪太子李永（？－838），文宗李昂長子，生母王德妃。太和四年（830）正月，冊封魯王。太和六年（832）十月，冊為皇太子。開成三年（838），因楊賢妃讒言，文宗以皇太子宴遊敗度，不可教導，將議廢黜，在群臣勸解下，怒意稍解。詔太子還少陽院，以中人護視。十月十六日，太子暴薨於少陽院，諡曰莊恪，十二月十二日，葬於驪山之北原。

莊恪太子陵文獻記載

莊恪太子陵的具體位置已經失考，但兵部尚書王起所撰〈莊恪太子哀冊文〉中有「葬於驪山之北原莊恪陵」的記載。此記載除指出莊恪太子陵的大致範圍外，還說明唐代太子陵在沒有陵號的情況下，應是以太子的諡號來命名陵寢。莊恪太子十月暴薨，應不存在生前營陵的可能，但十二月即葬，歷時僅二個月時間。北宋宋敏求所撰《長安誌》卷十五〈縣五‧臨潼〉記載：

> 唐文敬太子、惠昭太子二陵在縣東一十五里旄儒鄉，恭哀太子陵在縣境，莊恪太子莊恪陵在驪山北原。

文中所指的「縣」為臨潼縣，旄儒鄉位於縣西，故文敬太子、惠昭太子二陵應在縣西，而非縣東。惠昭太子、文敬太子同莊恪太子均「葬於驪山之北原」，一可說明莊恪太子陵應位於惠昭太子陵附近；二可說明「驪山北原」是唐代中晚期的太子陵區。

第十六節　李漢之靖懷太子陵

墓主簡介

靖懷太子李漢（？－852），宣宗李忱次子。會昌六年（846）始封雍王，大中六年（852）薨，冊贈靖懷太子。

靖懷太子陵無文獻記載，情況不詳。

第十七節　李倚之恭哀太子陵

墓主簡介

恭哀太子李倚（？—897），懿宗第八子，昭宗弟，生年不詳。咸通十三年（872），初封睦王。乾寧四年（897）八月，為劉季述所殺，天復元年（901），昭宗殺劉季述，追諡其為恭哀太子。

恭哀太子陵無文獻記載，情況不詳。但其經歷同懷懿太子頗為相似，均為死後數年方得以追贈太子，其葬地應不會位於唐代太子陵區之內。

第十八節　太子陵小結

唐代太子陵的主要陵區

本篇記述大唐十七座太子陵寢的大致情況，其中除懷懿太子陵、靖懷太子陵和恭哀太子陵三座外，其餘十四座陵寢的大致位置明確，可大致判斷出唐代太子陵基本營建於三處：其一，陪葬帝陵，分別有章懷太子陵、懿德太子陵、節湣太子陵、惠莊太子陵、惠文太子陵、惠宣太子陵和悼懷太子陵七座。其二，葬於長安城東面的臺原地帶，如驪山北原、見子西原。分別有惠昭太子陵、莊恪太子陵、靖恭太子陵和文敬太子陵四座。其三，葬於長安城南、西南方向的臺原地帶，如高陽原、細柳原。分別有隱太子陵、恭懿太子陵和昭靖太子陵三座，另外，李琮追贈為靖德太子後，亦葬於細柳原，追諡為奉天皇帝後改葬於昭應縣齊陵。

唐代太子陵規製淺析

章懷太子陵、懿德太子陵、節湣太子陵、惠莊太子陵和惠昭太子陵已進行考古發掘，通過考古報告，可大致推測出唐代太子陵的一些規製。

太子陵陵園基本呈南北長、東西短的長方形，並僅在南陵牆正中闢神門、設門闕。其中，惠莊太子陵南門的情況明確，東南、西南兩角樓間並沒有城牆相連，而在其間保存有門闕基址一對，即闕、門合一。各陵封土均呈覆斗型。石刻除了在人臣墓前也會出現的石柱、石人外，南門外設立的石獅，則是只能在「陵」前才能使用的獨有石刻。翼馬未有發現，說明翼馬的使用等級更高，

只有帝陵和追諡帝陵才能使用，至於皇后陵是否也能使用翼馬，尚無文獻記載和考古發現。同時，對比五座太子陵的數據，發現陵園、封土的大小，在唐代中期以後有所減小，墓室也由二個減為一個，應是玄宗開元中期，進一步提倡薄葬的反映。

《舊唐書》卷十四〈憲宗本紀〉記載，元和元年（806）十二月，太常奏：

> 「隱太子、章懷、懿德、節湣、惠莊、惠文、惠宣、靖恭、昭靖以下九太子陵，代數已遠，官額空存，今請陵戶外並停。」從之。

事實上大唐在此時共有太子陵十一座，除過文中所記九座外，還有恭懿太子陵和文敬太子陵。文敬太子李謜薨於貞元十五年（799）十月，至此僅七年，而且李謜實為順宗子、憲宗弟，自然不和「代數已遠」的條件。但是恭懿太子李佋薨於上元元年（760），早於大曆八年（773）薨逝的昭靖太子，而且恭懿太子為肅宗子，輩分也高於為代宗子的昭靖太子，為何要留下恭懿太子陵呢？筆者分析，恭懿太子生母為肅宗廢后張氏，張氏為使其當上太子，數次欲撼代宗的太子地位，至其薨方止。寶應元年（762），肅宗大漸，張氏又謀立越王以阻代宗繼位，最終廢為庶人後被殺，其禍可能殃及其子，以致恭懿太子陵署早被裁撤。

唐代五座已考古發掘太子陵同比表　（單位：米）

墓主	營造時間	陵墓全長	陵園面積	封土（長寬高）	天井數量	前墓室（長寬高）	後墓室（長寬高）	葬具
章懷太子	神龍二年（706）	71	南北 180 東西 143	覆斗型 43×43×18	4 個	4.5×4.5×6	5×5×6.5	石槨 4×3×2
懿德太子	神龍二年（706）	100.08	南北 56.5 東西 214	覆斗型 56×55×18	7 個	4.45×4.54×6.3	5×5.3×7.1	石槨 3.75×3×1.87
節湣太子	景雲元年（710）	54.25	南北 170 東西 143	覆斗型 30×35×10.2	5 個	1.36×1.73×3.8	3.8×3.8×5.2	石棺床 3.5×1.8×0.23
惠莊太子	開元十二年（724）	54	南北 44.5 東西 13.5	覆斗型 32×32×7.5	3 個	無	4.6×4.6×6	石棺床 3.56×1.82×0.55

惠昭太子	元和六年（811）	殘長35	不詳	覆斗型 30x30x20	不詳	無	4.8x4.6x8.5	石棺床 4.6x2x0.6

唐代太子廟簡介

唐代初期的各太子廟，分布在長安城中諸坊，如隱太子廟在永和坊（西安城西南郊甘家寨及其以南地區）、章懷太子廟在常安坊（西安城西南郊南窯頭東村東南地區）、節湣太子廟在待賢坊（西安城西南郊蔣家寨西南與甘家寨以北地區）、懿德太子廟在永崇坊（西安城南陝西省委至長安大學地質學院之間），其中待賢坊、永和坊和常安坊是長安城西南隅、由北至南相連的三個坊，加之後來的文敬太子廟也立於常安坊，永陽坊中還有恭僖、貞獻二太后廟，長安城的這個區域應是一個陵廟相對集中的區域。

隨著時間的推移，太子廟的數量日益增多，建廟修飾以及四時奠享的費用極大且人力勞煩。開元廿二年（734），敕令太子有後代子孫者可自祭，由此造成子孫自祭時或時物有闕、或禮儀不備的混亂局面。天寶六載（747）正月十二日，玄宗下詔：「京城章懷、節湣、惠莊、惠文、惠宣太子，與隱太子、懿德太子同為一廟，呼為七太子廟，以便於祀享。」遂將諸太子神主遷移至位於永崇坊中、神龍初年所立的懿德太子廟，同堂而異室。靖恭太子李琬薨於天寶十四載（755）十二月，翌年六月，玄宗即棄長安而幸蜀，無時間為其建廟，後於大曆三年（768）五月，於七太子廟中加一室祔其神主。

這種一廟多室的太子廟模式在唐末再次出現，大中六年（852）十一月，太常博士白宏儒奏：

> 伏以惠昭太子廟（元和七年立），悼懷太子廟（太和四年立），懷懿太子廟（開成三年入惠昭太子廟），莊恪太子廟（開成三年立），前件太子四室，共置三廟。且今太廟九室，尚在一處，太子各置廟宇，禮實非宜。伏以莊恪太子廟，地實高敞，建立又新，只添一間，可容三室。請待修理畢，擇日備禮，遷諸太子神主，皆祔莊恪廟中。

此建議被宣宗採納，如此一來，原莊恪太子廟又形成一廟四室的格局，加上七太子廟中供奉的八位太子神主，兩座太子廟已祔十二位太子神主。

　　文獻記載，文敬太子廟先於貞元十五年（799）九月立於常安坊，後遷至通軌坊（西安城西南郊沙井村之南）。如前文所述，恭懿太子廟，有可能也受到其母殃及，同陵署一併裁撤。至此，唐代十七位太子，只剩昭靖、靖懷、恭哀三座太子廟情況不明。

　　唐代對太子廟的管理很是重視。《唐會要》卷十九〈諸太子廟〉記載：「諸贈太子廟令各一人，從八品上；丞一人，正九品下；錄事以下，准隱陵署例。」《新唐書》卷二百〈陳貞節傳〉記載，開元三年（715），右拾遺陳貞節以隱、節懷、懿德、節湣四太子廟不合守供祀享，奏請將祭祀交於其子孫，自修其事。禮部尚書鄭惟忠等二十七人議稱：「隱太子等四廟，請祠如舊。陵廟既在，官不可削，其府史等各請減半。」於是，四太子陵廟唯減吏卒半，其他如舊。

　　關於太子廟的祭祀。《大唐開元禮》卷一〈序例〉記載，凡國有大祀、中祀、小祀，其中太子廟為中祀。在開元三年（715）右拾遺陳貞節所上奏章中有「四時祭享，物須官給，人必公差，合樂登歌，咸同列帝」等文字，說明太子廟每年在四個孟月（農曆正月、四月、七月、十月）舉行四時祭祀，祭品、樂懸等全部由官方負責。開元二十二年（734）七月廿六日，玄宗敕令：「其諸贈太子有後者，但官置廟，各令子孫自主祭，其署及官悉停。若無後者，宜依舊。」將一部分祭祀交於太子後代進行。在後文將會提及的公主廟和太子廟一樣，都出現了「子孫自祭」的現象，至於原因，玄宗在敕文中已說明，「蒸嘗之時，子孫不及，若專令官祭，是以疏間親，遂此為常，豈為敦孝？」通過《唐會要》卷十九〈諸太子廟〉記載：「四時獻奠，太子家令為祭主，牲牢樂饌，所司供備，太常博士一人相禮。」說明四時獻奠雖由後代子嗣自祭，但所需祭品還是由官方供給，主要是為了體現唐代「孝治天下」的治國理念。

　　上元二年（761）二月，禮儀使、太常卿杜鴻漸奏曰：「讓帝、七太子廟等，停四時享獻，每至禘祫之月，則一祭焉。樂用登歌一部，時獻俎樽之禮，同太廟一室之儀。」雖然停止了太子廟每年在四個孟月進行的四時祭祀，但還是採取一視同仁的態度，對待太子廟和追謚皇帝廟的禘祫大祭。

　　同追謚皇帝廟一樣，太子廟也面臨廢止的問題。《唐會要》卷十九〈諸太子廟〉記載，寶曆二年（826）二月，太常奏：

　　「追贈文敬太子廟在常安坊，惠昭太子廟在懷真坊，各置官吏，四

時置享，禮經無文⋯⋯及永崇坊隱太子以下七室，同為一廟，並贈靖恭太子，亦祔在此廟。其神主望準故事，瘞於廟地。請下太常禮院與百官議。」起居郎劉敦儒議曰：「臣伏詳開元中，敕諸贈太子有後者，咸令自主其祭，今請複行此制，各使子孫，奉迎神主，歸祔私廟，庶別子為祖，符列國不祧之尊。其無後之廟，及貞順皇后神主，即請依太常所奏。」制從之。

《唐會要》卷十九〈諸太子廟〉記載，太和四年（830）四月，太常寺奏：

文敬太子廟，準太和元年十一月二十三日敕，停祼獻。從太和二年，四時享獻並停，伏準七太子及靖恭太子例，廟享既絕，神主理合埋瘞。從之。

通過以上記載分析：其一，寶曆二年（826）二月，太常寺所上「瘞主廢廟」的奏章，很可能直到太和元年（827）十一月才得以批復。其二，截至太和四年（830），隱太子到文敬太子十一位太子的神主應已被埋瘞，而廟廢。其三，元和七年（812），惠昭太子廟方建，僅十餘年，故在之後並入由莊恪太子廟改建的四太子廟，未在此次廢廟之列。至於後來的四太子廟和靖懷、恭哀太子廟的廢止情況，則未見文獻記載。

第六章　公主陵廟模式

　　《資治通鑑》卷二〇八〈唐紀二十四〉記載，景龍元年（707）七月，節潛太子李重俊發動兵變，殺武三思、武崇訓父子後：

> 安樂公主請用永泰公主故事，以崇訓墓為陵。給事中盧粲駁之，以為：「永泰事出特恩，今魯王主婿，不可為比。」上手敕曰：「安樂與永泰無異，同穴之義，今古不殊。」粲又奏：「陛下以膝下之愛施及其夫，豈可使上下無辨，君臣一貫哉！」上乃從之。公主怒，出粲為陳州刺史。

　　以上記載明確，依大唐規製，公主墓不能稱之為「陵」，但也有個別公主承恩特葬，出現「號墓為陵」的情況。

第一節　新城公主墓

墓主簡介

　　新城公主（633－663），太宗幼女，母文德皇后。貞觀十六年（642）八月，封衡山公主。貞觀十七年（643），許配魏徵長子魏叔玉，後因太宗懷疑魏徵群黨而取消婚事，貞觀廿三年（649）二月六日，下嫁長孫詮。永徽三年（652）五月二十三日，改封新城長公主。顯慶四年（659），長孫詮受長孫無忌謀反影響，流放巂州後被殺。公主改嫁韋正矩，而韋正矩遇主不以禮，龍朔三年（663）

二月，公主暴薨於長安通軌坊南園，年三十。《新唐書》卷八十三〈列傳第八・諸帝公主〉記載「以皇后禮葬昭陵旁。」面對胞妹的暴薨，高宗詔三司會審，韋正矩不能辯，三月二十二日伏誅。

新城公主墓考古

1994 年 10 月下旬至 1995 年 6 月，陝西省考古研究所、陝西歷史博物館和昭陵博物館組成聯合考古隊，對新城公主墓進行考古發掘。

封土夯築，呈覆斗形，底邊南北約 40 米、東西約 42 米、南側高約 15 米。封土堆南北各有一排四個並列的土闕，南北土闕距封土分別約 60 米和 38 米。墓碑位於封土南約 40 米處，略向西偏離墓道中軸線。碑座為龜形，頭殘缺。碑身倒撲在南面，斷成兩截。碑首雕六螭，碑額、碑面因日久浸蝕已看不出一點字跡，僅於側面隱約可見線刻花紋。石人兩個，位於封土南約 5—7 米的墓道兩側，皆已倒伏。石座均為方形。東側石人上身殘缺，西邊石人高 1.94 米，頭戴小冠，方臉長鬚髯，身穿博袖長袍，腰束寬帶，雙手於胸前相交持劍。還有石虎兩個，石羊兩個，石柱一個。

該墓為長斜坡墓道單磚室墓，由斜坡墓道、過洞、天井、壁龕、甬道和墓室組成，總長 50.8 米。墓道現殘長 14.8 米、寬度為 2.5—2.6 米。過洞五個，均為拱頂土洞式。天井五個，從第二天井開始至第五天井均被壓在封土下，第三天井西南角和東南部各有一個盜洞。壁龕八個，分別位於第二至第五天井東西壁下部。甬道為磚券，進深 4.86 米，南部殘存磚封門牆，緊挨磚封門為安裝石門的位置，石門已被破壞。甬道內距南口約 2.1 米處緊貼東壁放置墓誌，墓誌蓋被擾至墓室南部棺床處，誌文中亦有「葬事宜依后禮」之語。甬道兩壁及頂部均保存有較大面積的白灰牆皮，並繪有壁畫。甬道內地面有一層鋪地磚。墓室亦為磚券，平面為外弧方形，南北 4.74 米、東西 4.7 米，穹窿頂，高 4.84 米。四壁及頂部均在草拌泥層上抹有白灰牆皮，並繪有壁畫。石棺床位於墓室西側，南北長 4.12 米、東西寬 2.08—2.12 米，高出磚鋪地面 0.22—0.24 米。石棺床部位及它處清理出棺朽木和棺釘，木棺被破壞，形製不明。人骨架亦被擾至墓室各處，僅清理出少許頭骨殘片及脊椎骨、肋骨和肢骨等，葬式亦不明。在墓道、過洞、天井四壁下部及甬道和墓室壁面均保存有較大面積的壁畫，列戟圖繪於第一天井，東、西兩壁各繪赭紅色雙層戟架，每架隱約可看出各插六根黑色戟桿。

除新城公主墓列戟十二桿外，「號墓為陵」的永泰公主墓也是僅列戟十二桿，而且在昭陵陪葬墓中，身分僅為邳國夫人的段簡璧墓中列戟亦為十二桿。《唐會要》卷三十二〈戟〉記載：「景龍三年七月，皇后表請，婦人不因夫子而加邑號者，請見同任職事官，聽子孫用蔭，門施棨戟。制從之。」說明在景龍三年（709）前，公主列戟的數量是以其夫、其子官職而定。

附：新城公主墓行記

新城公主墓位於禮泉縣煙霞鎮東坪村西側一小山坡上，西北距昭陵九嵕山主峰約 1.5 公里。

2014 年 1 月 14 日，幾位熱衷巡古的朋友相約登九嵕山南麓，在陵山上有人指著山下一處前後各有四個夯臺的墓塚告訴我，那就是新城公主墓，這是筆者第一次知道那個苦命的公主就葬在那裡。其實開車來昭陵北司馬門，新修的昭陵旅遊路就從公主墓東側經過，擡頭就能看到封土，但一直也沒停下車來到墓塚前。2020 年 3 月 22 日，新冠疫情稍稍緩解，我和妻子來東坪村巡訪新城公主墓。

陵園坐落於山坡之上，地勢南側略高，而且陵園並非端正的坐北朝南，偏西北的角度較大，讓人有些迷失方向，面對八個夯臺，頗費一番周折才分辨出位於四角的夯臺是角樓遺址，剩下四個則分別是南、北門闕遺址。正因有八個夯臺，當地村民形象的將新城公主墓稱之為「八擡橋墓」。從南北夯臺基本位於一線分析，門闕並非向帝陵那樣，位於門址外側，而是直接同兩側陵牆相連，兩闕間門址情況不明。覆斗型封土保存較好，位於陵園略北側。而原本位於封土南側的神道碑和石刻均已遷至昭陵博物館保管。

第二節　永泰公主墓

墓主簡介

永泰公主李仙蕙（685－701），中宗李顯第七女，生母韋皇后。久視元年（700）封永泰郡主，嫁魏王武承嗣之子武延基。大足元年（701），同其兄李重潤和夫君武延基私議武則天與張易之、張昌宗兄弟內幃之事，為武后所殺。中宗復位後，追贈永泰公主，以神龍二年（706）五月十八日、武則天下葬同日

與武延基陪葬於乾陵，號墓為陵。

武延基（？—701），武承嗣之子，武元爽之孫，初封南陽郡王。武承嗣逝世，武延基襲爵魏王。大足元年（701）遇害後，爵位改由其弟武延義承襲。

永泰公主墓考古

永泰公主墓於 1960 年 8 月 4 日至 1962 年 4 月 16 日發掘。陵園南北長 275 米，東西 220 米。覆斗形封土，底邊長 56 米、高 17 米。墓前留有土闕一對，雙闕以南 14 米有石獅一對，高 1.85 米，張口蹲踞，牙齒、耳朵殘損。石獅以南 14.75 米處有高 2.41 米的武侍石人兩對，東西相對，南北相距 29.5 米，雙手握劍，著襆頭及寬袖長袍服，四個冠飾稍異。石人南 14.7 米處立有石柱一對，東西分置，柱身為八棱體，頂上仰蓮寶珠，基座雕鋪地蓮花，柱徑 0.64 米，通高 10.25 米，柱身每面均用線紋陰雕回折花紋，西邊柱頂殘缺補修。

墓葬南北水準距離為 87.5 米，地下結構可分為墓道、過洞、天井、小龕、甬道、前室、後室等部分。墓道南北水準長 23.35 米，南寬 4.5 米、北寬 3.5 米。過洞五個，各洞高 2.1 米、寬 2.7 米，在第五過洞處出土「大唐故永泰公主誌銘」。天井共有六個，第一至第四天井均直下通至墓底，第五與第六天井下部為磚砌券洞。六個小龕。甬道可分二段，第一段南接第五過洞，北邊繼續一段墓道的斜坡，至第六天井下的北邊斜坡盡處至前室為平底；第二段在前後室之間，中部、偏南側設石門一道。墓室為前後兩室。前室平面呈方形，四壁向外略有弧度，南北兩壁正中券有門洞，室內東西寬 4.9 米、南北長 4.7 米、高 5.35 米；後室位於最北部，建築結構形式與前室相同，略呈方形，各邊亦有弧度，東西寬 5.45 米、南北長 5.3 米、高 5.5 米，西側安置石槨。前甬道、前後兩室均用磚砌築，用方磚鋪地。

永泰公主死因

《新唐書》卷四〈則天皇后本紀〉載：「九月壬申，殺邵王重潤及永泰郡主、主婿武延基。」但是隨著「大唐故永泰公主誌銘」的出土，讓其死因變得有些撲朔迷離。墓誌記載：

> ……珠胎毀月，怨十里之無香；玉萼雕春，忿雙童之秘藥。女娥席曲，乘碧煙而忽去。弄玉簫聲，入彩雲而不返。嗚呼哀哉！以大足元年

九月四日薨，春秋十有七……

第一，墓誌記載的死亡時間比《新唐書》所記三日壬申，晚一日；第二，「珠胎」暗喻胎兒，讓人懷疑公主可能死於難產或流產。考古人員將永泰公主墓出土的十一塊骨盆碎片送至當時的西安醫學院進行科學測量與鑒定，主持負責該項工作的閻文斗在 1981 年第 5 期《視野》雜誌上發表〈千古懸案——永泰公主死亡之謎〉，其中說到：

> 永泰公主骨盆各部位較之同齡女性骨盆都顯狹小，顯然如此狹小的骨盆，即使一般胎兒也難順產……結合墓誌銘「珠胎毀月」句，斷定永泰公主死於難產。

在此基礎上，又有學者衍生出武則天借機投毒殺害永泰公主的新死因。最終結果是死因沒有確定，可送檢的十一塊骨盆碎片卻下落不明。不論是殺害說、毒殺說還是難產說，都無法掩蓋永泰公主短暫且悲催的人生。

誰是「號墓為陵」

《新唐書》卷八十一〈懿德太子傳〉記載：「神龍初，追贈皇太子及諡，陪葬乾陵，號墓為陵，贈主為公主。」同書卷八十三〈諸帝公主〉又載：「永泰公主，以郡主下嫁武延基。大足中，忤張易之，為武后所殺。帝追贈，以禮改葬，號墓為陵。」從字面意思看，懿德太子墓和永泰公主墓均為「號墓為陵」，但唐代太子陵以諡號曰陵，何需再號？《舊唐書》卷八十六〈懿德太子傳〉載：

> 中宗即位，追贈皇太子，諡曰懿德，陪葬乾陵。仍為聘國子監丞裴粹亡女為冥婚，與之合葬。又贈永泰郡主為公主，令備禮改葬，仍號其墓為陵焉。

如此看來，「號墓為陵」應僅指永泰公主墓而已。

附：永泰公主墓行記

2013 年 3 月 2 日，筆者巡訪章懷太子陵後，開車沿陵前東西走向旅遊路西行至 312 國道，向南一拐即到永泰公主墓。當日陵前東、西兩列石刻保存情況一致，從南到北分別是石柱、武將石人每列各兩尊（均完整，頭帶襆頭，不同

於乾陵石人所帶的平巾幘）、石獅（均為卷鬃張嘴、面向南）。石刻之北存南門雙闕遺址。總之就感覺整個墓區中規中矩，沒能給人留下什麼特別的印象。發掘靖陵時發現僖宗棺床竟然是用陪葬乾陵楊再思和豆盧欽望的墓碑拼就，當日兩塊墓碑就置於院中。

地宮之下給筆者留下較深印象的是列戟圖壁畫和巨大的石槨。列戟圖位於墓道最後側，紅色戟架前為兩個馬夫各牽一匹駿馬，架上各列戟六桿，白刃黑柄。石槨位於後墓室西側，廡殿頂，上雕脊瓦、勾頭、滴水。石槨四周線刻花鳥、人物精美絕倫。

第三節　公主陵廟模式小結

唐代公主陵規製淺析

不論是新城公主的以皇后禮葬，還是永泰公主的號墓為陵，皆屬「事出特恩」，故其墓葬的營造只能參照同時代其他唐陵的規製。

新城公主墓闢有南、北兩處門址，而太子陵僅在南牆闢一處門址，其規製是否高於太子陵？事實上，貞觀十七年（643），長樂公主陪葬昭陵，其陵園同樣也是闢有南、北兩門，所以闢南、北兩門的作法應是貞觀時期公主墓常用規製，並未逾越太子陵。

新城公主墓和長樂公主墓相比，兩者相差不大，新城公主在封土大小和墓葬全長方面略勝一籌，但長樂公主卻有三道石門。總之，從墓葬大小、葬具使用以及壁畫繪製等方面，看不出以皇后禮下葬的新城公主墓同皇后陵寢規製有什麼聯繫。但葬禮包括喪、葬等方面，「喪」的過程大部分在人世間開展，同發生在地下的「葬」相比，更易為世人所見，不排除新城公主在「喪」的過程中使用了皇后葬禮的議程，這可能才是「以皇后禮葬昭陵旁」的初衷。

再將同時營建的懿德太子陵和永泰公主墓相比較。懿德太子陵陵園南北長256.5米、東西寬214.5米。封土底邊南北長56.7米、東西寬55米、高17.92米。墓葬全長100.8米，由墓道、六個過洞、七個天井、八個小龕、前後甬道和前後墓室等組成。永泰公主墓陵園南北長275米、東西220米。封土底邊長56米、高17米。墓葬全長87.5米，由墓道、五個過洞、六個天井、六個小龕、前後

甬道和前後墓室等組成。發現永泰公主墓除全長略短外,其陵園、封土和石刻等規製,應是按照懿德太子陵的規製營建。所以說,永泰公主墓「號墓為陵」實際上是「號」同時代唐代太子陵規製。

唐代公主廟簡介

公主神主的歸處,應是駙馬家族所立家廟,但在唐朝也出現過朝廷為公主立廟的現象。《唐兩京城坊考》卷二〈西京・外郭城〉載,長安城光福坊(西安城南長安北路與朱雀大街之間省體育場一帶)東南隅有永壽公主廟,景雲中廢,其地賜給姜皎為蹴鞠場。永壽公主(?─685年),中宗之女,母為韋后。初封永壽郡主,下嫁右金吾將軍韋鑯,早薨。武周長安初年,追贈永壽公主。

另外,《唐會要》卷十九〈公主廟〉記載:

> 貞元十五年七月十五日,追冊故唐安公主為韓國貞穆公主,故義章公主為鄭國莊穆公主。後詔令所司擇地置廟,祔祭之日,官給牲牢禮物,太常博士一人贊相。四時仲月,則子孫自備其禮。(貞穆廟在靖安里,貞元十七年十一月十四日,追祔神主於廟;莊穆廟在嘉會里,貞元十七年三月二十九日,追祔神主於廟。莊穆、貞穆二主,德宗皇帝愛女,悼念甚深,特為立廟。權制也。)

靖安坊位於西安城南長安大學至興善寺東街之間,屬萬年縣;嘉會坊位於西安城南蔣家寨、徐家莊及其以南地區,屬長安縣。唐安公主為德宗長女,母昭德皇后。興元元年(784),德宗從幸梁州,三月十九日公主薨於城固。德宗下令造塔厚葬,宰相姜公輔認為尚在逃難途中,喪事節儉可慰軍心,德宗大怒,貶姜公輔為左庶子。七月十三日,德宗自梁州至長安,十月廿二日,遷唐安公主棺槨葬於長安城東龍首原。其墓位於西安市長纓路東段、西北電力職工醫院院外,1989年發掘出土「唐故唐安公主墓誌銘」。義章公主是德宗第三女,母不詳。貞元十五年(799)公主薨,徵召車牛載土築墳,妨百姓農務,葬送之禮極奢,用錢四千萬,並於墓所造祠堂一百二十間。從兩位公主薨逝時間上分析,應是義章公主薨時,德宗權制特恩為兩人一併立廟。

公主廟祭祀的主體是其後代子嗣。除祔廟當日祭祀由官方負責並派遣太常博士一人充當司儀外,之後每年四時祭祀均由其後代家人自行開展。而且舉行

祭祀的時間也非每年孟月（農曆正、四、七、十月），而是改為在仲月（農曆二、五、八、十一月）舉行，應是有意規避於孟月在太廟、祖廟等處舉行的祭祀。

　　綜上所述，三座公主廟均是因皇帝哀悼愛女而臨時制訂措施的產物，其中永壽公主廟的立廟時間應在神龍元年（705）中宗復位之後，景雲元年（710），睿宗登基後即廢廟。唐安、義章兩公主廟，立廟後再也不見文獻記載，說明為公主立廟的作法應不會得到皇位繼承者的認可。

第七章　外戚陵廟模式

　　唐朝外戚的專權幹政，遠不如兩漢嚴重，但因武則天稱帝，使外戚在朝中的勢力達到高潮。在武則天的影響下，其兒媳韋后也欲覬覦九鼎，從而積極培育外戚勢力。可以說，從弘道元年（683）高宗駕崩到唐隆元年（710）韋氏被誅殺的二十七年間是唐代外戚影響最嚴重的時期，其強盛之勢自然也通過追贈先祖陵廟的方式體現出來。

　　永昌元年（689）二月十四日，武則天尊生父武士彠為周忠孝太皇，生母楊氏為忠孝太后，武士彠在文水的墓為章德陵，楊氏在咸陽的墓為顯義陵。天授元年（690）九月九日，武則天稱帝，翌年二月二十二日，武后追贈武氏始祖墓為德陵、睿祖墓為喬陵、嚴祖墓為節陵、肅祖墓為簡陵、烈祖墓為靖陵、顯祖墓為永陵，並改章德陵為昊陵，顯義陵為順陵。並先後於洛陽、長安立武氏太廟。

　　神龍元年（705）正月二十五日，中宗即位，復國為唐。翌年四月十二日，贈韋后父故上洛郡王韋玄貞為酆王，謚文獻，廟曰褒德，陵曰榮先。武氏外戚未清，韋氏又已躍躍欲試。

第一節　武士彟之昊陵

墓主簡介

武士彟（577—635），並州文水人，武則天之父。大業十三年（617），助李淵晉陽起兵，以其為大將軍府鎧曹。從平長安功，拜光祿大夫，封太原郡公。武德中，累遷工部尚書，進封應國公，又歷利州、荊州都督。貞觀九年（635）卒於官，年五十九歲。贈禮部尚書，諡曰定。顯慶元年（656），高宗冊武則天為皇后，追贈其為司徒，改封周國公。顯慶四年（659）三月七日，配享高祖廟廷，列功臣上。咸亨元年（670），贈太尉、太原郡王。文明元年（684），再追為魏王。武則天稱帝後，追諡為無上孝明高皇帝，廟號太祖。先天二年（713）七月二十八日，玄宗制削武士彟帝號，依舊為太原郡王。

昊陵簡介

貞觀九年（635），武士彟卒於荊州都督任上，遺令歸葬文水，李嶠〈攀龍臺碑〉文中記述當初墓葬規模僅為「因山為墳，穿足容棺，斂以時服。」咸亨元年（670）九月，武后生母楊氏卒，閏九月十二日贈武士彟為太原郡王，其墓升格為王墓。永昌元年（689）二月十四日，武后尊其父曰周忠孝太皇，陵曰章德陵。天授二年（691）二月二十二日，改章德陵為昊陵，陵號由「二字」減為「一字」，表示其陵寢已達陵寢最高規製。景雲元年（710）六月，睿宗即位，七月二十六日，廢武氏崇恩廟，去昊陵陵號。但翌年五月六日，因太平公主所請，又復昊陵陵號，仍置官屬。先天二年（713），玄宗削武士彟帝號，墓稱太原王墓。

從咸亨元年（670）追贈武士彟太原郡王起，經四十三年榮辱變遷，武士彟的身分又回到起點，但其陵寢的變化應是巨大的，可惜昊陵遺存多已消散，只能透過為數不多的文獻記載來窺探其模糊的輪廓。北宋樂史《太平寰宇記》卷四十〈河東道・並州〉「文水縣條」記載：「太原王墓在縣西北十五里。即唐則天父武士彟也，雙闕與碑石存。」其中所提碑石即「大周無上孝明高皇帝碑」，又稱「攀龍臺碑」，宰相李嶠撰文、相王李旦書，碑文六千七百餘字，長安元年（701）十二月立。《永樂大典》卷五二〇四記載：

唐武士彟墓在文水縣城北十里，唐則天皇后父也，則天革命改墓曰

陵，舊有碑二通，太原王碑高宗撰並書，今已不見。只有高皇帝碑，高五丈，闊九尺，厚三尺。其碑地埋一半，文亦剝落，只有碑額「大周無上孝明高皇帝碑」。

之後，關於此碑的記載日漸湮埋，甚至未見拓本傳世。

據 2021 年 4 月 11 日《呂梁日報》第 3 版〈昊陵石獅〉一文介紹，2011 年冬，村民挖砂時在南徐村村東地下 14 米處出土唐代石獅一對。出土時，兩獅一南一北，相隔約 60 米，面東背西，每尊通高 4.47 米，重 26 噸，獅身和底座皆用整塊青石雕成，體量宏大，雕刻精美。經山西省考古所和多位考古專家認證，石獅屬唐代文物，應是武士韄昊陵石獅，是山西現存唐代石獅中最大的一對。石獅的出土，第一次以實物的形式佐證了昊陵的存在。相關學者推測，昊陵就在南徐村東，北至神堂會（中舍交界處）南至龍泉北，也正好在龍泉溝石虎溝之間，東至石獅出土處，而「攀龍臺碑」就應位於南徐村與龍泉村交界地。

附：昊陵行記

2019 年「五一」假期，我和妻子踏上了橫跨太行南北的巡陵之旅。5 月 1 日，洛陽古墓博物館和所謂的東漢原陵；5 月 2 日，唐和陵、唐恭陵、北宋諸陵和漢獻帝禪陵；5 月 3 日，文水劉胡蘭墓和則天聖母廟。

昊陵出土石獅現存文水縣南徐村北側的則天聖母廟。該廟是國家重點文物保護單位，也是全國唯一祭祀武則天的祀廟。則天廟正殿是廟內建築的中心，原建於唐代，現存結構是金皇統五年（1145）重建的，但在殿內仍保存一對唐代金柱與部分唐瓦唐磚。石獅安置在大殿院前兩側的大玻璃罩中，雙獅均為蹲獅，卷鬃張口。造型不如關中唐獅敦實，卻顯得高挑許多，終歸 4.47 米的高度比乾陵石獅高出 1 米多。石獅昂首挺胸、瞋目闊口、揚頸後蹲、四爪有力，具有典型的唐代石獅特徵。底座四周刻有祥雲、仙鶴等吉祥圖案。

在廟裡打聽石獅出土的準確位置，人云亦云不得要領，但從地圖上分析，南徐村東 2 公里即有文峪河，挖砂應該就在河岸附近，石獅出土時面向東方，應是東神門雙獅，那麼南神門會不會同順陵一樣為走獅？再加上那通消失的「攀龍臺」巨碑，昊陵遺存讓人期待。

第二節　武則天母楊氏之順陵

墓主簡介

　　武則天之母楊氏（579—670），係隋朝宰相楊達之女。武士彠原配相裡氏去世後，由李淵作主、桂陽公主撮合，年逾四十的楊氏嫁武士彠。育有三女，長女嫁賀蘭越石，次女武則天，三女嫁郭姓，早歿。永徽六年（655），武則天冊為皇后，楊氏先後被封為代國、榮國、鄭國夫人。「大周無上孝明高皇后碑」記載：「咸亨元年八月二日，崩於九成宮之山第，年九十二。」而《舊唐書》卷五〈高宗本紀〉則記載，「九月甲申，衛國夫人楊氏薨，贈魯國夫人，謚曰忠烈。」甲申即十四日，從亡到葬僅一月餘，故薨日依碑記。閏九月十二日，贈武士彠太原郡王、楊氏為太原王妃。閏九月二十一日，葬楊氏於咸陽縣洪瀆原鄭恭王舊塋之左，京官文武九品已上及外命婦，送至便橋宿次。文明元年（684），武則天追謚其父為魏王、其母為魏王妃。永昌元年（689）二月十四日，尊其父為周忠孝太皇，其母為忠孝太后。天授元年（690）九月九日，武則天改唐為周。九月十三日，追尊其母為孝明高皇后。先天二年（713），玄宗制削武士彠帝號，楊氏依舊為太原王妃。

順陵簡介

　　據「大周無上孝明高皇后碑」記載，楊氏之所以葬於雍州咸陽縣之洪瀆原鄭恭王舊塋之左，而沒有陪葬武士彠，完全是楊氏生前留有遺願「以為合葬非古，禮貴從宜，將追罔極之悲，願在先塋之側」。武則天「遂命大使備法物，自昊陵迎魂，歸於順陵焉。」現今順陵的封土、內陵園和封土南側現存的二對石虎、二對石羊和一對石人應是楊氏最初下葬時墓葬的部分規製，依據考古發現和文獻記載當初應該還有石柱一對和一通「官為立碑，親紆御筆」的高宗禦筆石碑。永昌元年（689）二月十四日，尊楊氏為忠孝太后，陵曰顯義陵，陵園內城最南側的八對石人應是此次追贈的產物。天授二年（691）二月二十二日，改顯義陵為順陵，並將順陵所在的咸陽縣升為赤縣。這次追封後，對順陵進行大規模的擴建，增建更為寬闊的外陵園，外陵園南、北神道及神道兩側石刻，外陵園四門及四門石獅和最南端的乳闕。並於長安二年（702）在順陵前豎立由武三思撰文、相王李旦書寫的「大周無上孝明高皇后碑」。景雲元年（710）六月，睿宗即位，七月二十六日廢武氏崇恩廟，去順陵陵號。但翌年五月六日，

又復順陵。先天二年（713），制削武士彠帝號、楊氏后號，稱其墓為太原王妃墓，但習稱順陵至今。

順陵位於陝西省咸陽市陳家村西南，尚存的內城四角角闕、內城南門闕、外城乳闕，再加上外城四門外尚存的石獅，能在地圖上清晰地勾畫出順陵的範圍和規製。整個陵園由外城和內城組成。外城南北長 1264 米、東西寬 866 米，南門前並列兩個土闕，相距 50 米。內城位於外城偏北部，南牆長 286 米、東牆長 291 米、西牆長 294 米、北牆長 282 米。南牆中段有門闕遺址，相距 22 米。覆斗形封土位於內城北部略偏西，底部平面呈正方形，每邊長 48.5 米、高 12.6 米。1962 年 3 月，陝西省社科院考古研究所對順陵進行考古勘查，發現墓道呈斜坡形，長 28.5 米、寬 2 米。墓道兩壁用石灰粉刷，繪有壁畫。

附：順陵行記

順陵距西南方向的西安咸陽國際機場約 3 公里，是筆者來的最多的一座唐代陵寢。

外城南神門和南神道石刻　隨著順陵不斷追封，陵寢等級也相應提高，形成內外兩重陵園都設有神道的特殊形製，其中 1—5 號石刻，位於外城南神門和南神道兩側，設立年代為天授二年（691），改顯義陵為順陵之後，這批石刻不僅是順陵石刻之冠、也可說是整個唐陵石刻之魁首。

1 號石刻：南神道東側華表。華表頂為唐時遺

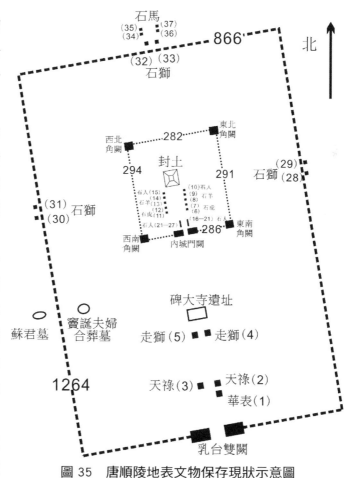

圖 35　唐順陵地表文物保存現狀示意圖

物，其他為現代修復。

　　2—3 號石刻：南神道東側雄性天祿和西側雌性天祿，兩件天祿為圓雕，雄性高 415 釐米、長 420 釐米、寬 190 釐米。雌性體型略小。

　　4—5 號石刻：南神門東側雄性走獅和西側雌性走獅，東側雄獅高 305 釐米、長 345 釐米、寬 100 釐米，卷鬃張口，胯下雕飾雄性生殖器官；雌獅略小，直鬃閉口，胯下無雕飾。雙獅突眼隆鼻，豐頤利齒，尤以雄獅闊口半開，令人如聞吼聲。整體雕刻氣勢磅礡、比例勻稱、極富質感，為唐代諸陵中最具代表性的石刻之一。

　　天祿和走獅間原本設有三對石人，今僅存石座。

　　內城神道石刻　順陵內城神道石刻的設立也分為兩個時期，其中距離封土最近的 6—15 號石刻為楊氏最初下葬時設立，現今地面所存分別為東列 6、7 號石虎，四肢為現代修復；8 號石羊為現代補刻，9 號石羊完整；10 號石人，現代補刻。西列 11、12 號石虎，均完整；13、14 號石羊，均完整；15 號石人完整。

　　而 16—27 號武將石人推測為永昌元年（689）二月始稱顯義陵時增設，現今地面所存分別為東列 16、17、18、19、21 號石人，均完整，20 號石人缺失頭部；西列 23、24、25、27 號石人均完整，22、26 號石人缺失頭部。六對石人並不是對稱排列，其中東側第五和第六個石人之間有兩個空缺；西側第三和第四個石人之間有一個空缺，最北邊與東側第六個石人相對處有一個空缺。推測最初設立石人的數量最少應是八對。

　　其他三處門址石刻　28—37 號石刻為外城東、西、北三處門址外所立石刻，共計十件，其中蹲獅六件，石馬四件。石刻設立年代應同外城神道石刻一樣，為天授二年（691）之後。其中 28 號外城東門南側石獅鬃毛披散，不同於其他五尊石獅鬃毛捲曲，是唐陵中最早出現的一尊直鬃石獅，表示蹲獅以鬃髮樣式區分雌雄肇始於此。34 號為外城北門西側南石馬，四肢為現代修復。35 號為外城北門西側北石馬，四肢為現代修復。36 號為外城北門東側南石馬。37 號為外城北門東側北石馬，四肢為現代修復，嘴部殘缺。

　　大周無上孝明高皇后碑　1962 年 3 月，陝西省社會科學院考古研究所對順陵進行勘查，在內城南側前 241 米處發現一廢墟，當地人稱其為碑大寺或碑塔寺，或許順陵碑原立於此。碑於明嘉靖三十四年（1555）地震時倒僕，斷為數節，

後被修砌水渠，現發現九塊，藏於咸陽市博物館。有學者根據殘塊所存文字大小推算，此碑寬約 3.2 米、高約 6 米，加上碑首、碑座，通高達 10 米以上。

順陵殘碑從清初陸續被發現，其中一塊殘碑上原有同治五年（1866）題刻，記錄此塊殘碑被發現、保存的過程，但今字跡已泐，幸留有民國時期拓片，可知全文如下：

> 同治丙寅春，重修文廟於牆陰得此石，計二十九字，字尚完好，因取置署中並嵌東壁，以補石墨鐫華金石記之未逮。署咸陽令白門馬毓華菽裴氏識。

陪葬墓　二十世紀五六十年代，在順陵附近曾發現鎮墓石一合。蓋上刻「大唐景龍元年歲次丁未十一月乙未朔八日壬寅謹為梁王鎮」，誌文中有「大唐梁王滅度五仙，託質太陰，今陪順陵。」文獻記載，景龍元年（707）七月，武三思、武崇訓父子被節潛太子殺後，中宗追贈武三思為太尉、梁宣王，武崇訓開府儀同三司、魯忠王。武崇訓的妻子安樂公主請用永泰公主故事，號墓為陵，遭到給事中盧粲反對而作罷，但在兩人墓所置守戶多於親王五倍。景雲元年（710）七月二十六日，追削武三思、武崇訓爵諡，斫棺暴屍，平其墳墓。因無法確定鎮墓石原置地點，故難以確定武三思墓的具體位置。

現今陵園西南隅有封土兩座，東西並列，相距 120 米，經考古發掘，已確定西側為蘇君墓（學界推測墓主為蘇定方），東側為襄陽公主和竇誕合葬墓，其下葬時間分別為乾封二年（667）和貞觀廿二年（648），均早於楊氏下葬的咸亨元年（670）。

第三節　韋玄貞之榮先陵

墓主簡介

韋玄貞（？—684），京兆杜陵人，中宗廢后韋氏生父。初為普州參軍，以女為太子妃，擢拜豫州刺史。李顯即位，欲以其為侍中。於是，武則天廢李顯為盧陵王，遷於房陵。韋玄貞配流欽州而死，韋后母崔氏，為欽州首領寧承兄弟所殺，玄貞四子洵、浩、洞、泚皆客死異鄉，獨二女逃竄獲免，間行歸長安。神龍元年（705），中宗復位，韋氏復為皇后。追贈韋玄貞為上洛郡王。尋又追

贈為太師、雍州牧、益州大都督。遣使迎玄貞及崔氏喪柩歸葬長安。神龍二年（706），加贈酆王，謚號文獻。

榮先陵簡介

神龍元年（705）正月，中宗復位，九月即準備「其儀皆如太原王故事」改葬韋玄貞，太原王即武則天生父武士彠。《新唐書》卷二○六〈韋溫傳〉記載：韋玄貞「柩至，帝與后登長樂宮望而哭。」韋玄貞的靈柩應是從長安城西面而來，故中宗和韋后登上漢長安故城中的長樂宮眺望痛哭。又遣廣州都督周仁軌率兵討斬寧承兄弟，以其首級祭崔氏。

神龍二年（706）四月十二日，贈韋玄貞為酆王，謚文獻，號廟曰褒德，陵曰榮先，陵置六品令、八品丞各一員，給百戶掃除。韋后四個弟弟皆贈郡王，韋洵為吏部尚書、汝南郡王，韋浩為太常卿、武陵郡王，韋洞為衛尉卿、淮陽郡王，韋泚為太僕卿、上蔡郡王，並葬於京師。睿宗即位後毀韋玄貞、韋洵等人墓。天寶九載（750），玄宗下詔復發韋氏塚而平之。差長安縣尉薛榮先負責此事，薛榮先見墓中墓誌，發塚日月與葬日月相同，而陵號又與薛榮先名同。自建及毀四十五年，其中寶玉已盜發罄矣，而柩櫬狼狽，徒生嘆嗟。

榮先陵考古

1958 年 2 月，今長安區南里王村農民在村西打井修渠時，發現韋玄貞三子韋洞的墓葬，1959 年 1 月發掘清理。二十世紀八九十年代，考古部門配合城市建設先後在南里王村、北里王村附近發現並清理了韋玄貞長子韋洵、次子韋浩、四子韋泚、九女韋城縣主和十一女衛南縣主等人的墓葬，雖然至今未發現榮先陵的蛛絲馬跡，但其大致範圍應該也在附近。可惜隨著城市發展，該區域已成為高樓林立、車水馬龍的繁華鬧市，也許榮先陵將永遠消失在人聲鼎沸之中。

在南里王村、北里王村附近，先後發現清理韋玄貞之子的墓葬均為前後兩室墓，前室約 3x3 米見方，後室略大，約為 4x4 米見方。其中，韋洵和韋洞墓報道略為詳細。

韋洵墓位於長安區韋曲 171 工地，二十世紀九十年代初考古發掘，出土墓誌一合，現藏長安區博物館，誌蓋篆書「大唐贈益州大都督汝南王韋君墓誌銘」，墓誌銘撰者李嶠，誌文摘錄如下：

> 春秋廿，以如意元年三月十三日薨於欽州之旅館……冥婚蕭氏，即
> 銀青光祿大夫、行中書侍郎同中書門下三品、監修國史、上柱國鄷
> 國公至忠之第三女也……即以景龍二年十一月十四日合葬於京城南
> 韋曲之舊塋，禮也。

與墓誌一同出土的還有石槨一套，外形為歇山式房屋狀，分頂、幫、底三部分，外刻線畫，以仕女為主，計有雙仕女一對，男侍一對，單仕女四個，欞窗一對。

韋泂墓位於在長安區韋曲原上南里王村。1959年考古發掘，墓由前後二室、甬道、天井、小龕、墓道等部分組成。墓道全長 16 米，前甬道南接墓道，北通前室，中間有天井二個，小龕四個。前室四角攢尖頂，長 3.3 米、寬 3.4 米、高 4.5 米。後甬道連接前、後二室，甬道南部有石門一道。後室形製與前室相同，室長 4.3、寬 4.2、高 5.5 米，西側設一棺床，高出墓底一磚，底上置石槨。石槨由底、壁、頂三部分組成。壁畫分布在墓道、甬道、墓室及天井的下部，大部分因潮濕已脫落。墓中出土「大唐贈並州大都督淮陽王韋君墓誌銘」，記載：

> 年一十有六，以如意元年　月　日薨於客府。……景龍二年歲次戊
> 申十一月己末朔日陪葬於榮先陵。……並按古之遺禮，冥婚太子家
> 令清河崔道猷已亡之第四女為妃而合葬。

韋浩墓位於長安區南里王村，1987 年陝西省考古研究所對韋浩墓進行發掘，墓中出土的壁畫精美且別具特色，《陝西新出土唐墓壁畫》一書中選錄該墓壁畫近三十幅。

第四節　外戚陵廟模式小結

唐代外戚陵規製淺析

同唐代公主陵「事出特恩」一樣，唐代的三座外戚陵也屬特例，也是遵循某一模式唐陵規製來進行營建或增建。

在外戚陵園中沒有發現石犀或鴕鳥、蕃酋這類只能在帝陵中使用的石刻，說明其規製低於帝陵。將現存遺跡最多的順陵同恭陵作一比較就會發現，兩座

陵寢的規製高度相似，首先陵園四面陵牆中部均闢有門址，而且門前設置石獅；其次南神道石刻的數量和種類一樣，均有石柱一對、翼馬或神獸一對、石人三對、石碑一通；第三均有陪葬墓，恭陵有張文瓘、許圉師等，而順陵則有武三思父子。雖然昊陵的遺存幾乎消散殆盡，但昊陵石獅出土時面向東方，推測其為東神門石獅，如此一來，昊陵應也是在陵園四面陵牆中部闢門址，門前設置石獅。同時文獻記載昊陵也設置石碑，最重要的是昊陵增建的時間、原因同順陵相同，故其應和順陵遵循同樣的規製。綜上所述，順陵、昊陵很可能是依照同時期追贈帝陵的規製來進行增建。

　　榮先陵在唐代就遭到兩次官方毀墓，故遺存幾乎消失殆盡，但文獻記載「其儀皆如太原王故事」，而非如「孝明高皇帝昊陵故事」，推測其營造時，應是採用了低於追贈帝陵的規製。加之榮先陵同祖陵一樣為二字陵號，故依祖陵規製營造的可能性較大。另外，韋洞墓誌中明確記載「景龍二年歲次戊申十一月己未朔日陪葬於榮先陵」，說明榮先陵也擁有陪葬墓。

唐代外戚廟簡介

　　《新唐書》卷七十六〈則天皇后傳〉記載：「儀鳳三年，羣臣、蕃夷長朝后於光順門。即並州建太原郡王廟。」儀鳳三年（678）距高宗崩逝尚有五六年，武則天能接受蕃君長的朝賀，說明其已可代表唐帝國行使外交權，這也是其為武士彠立太原郡王廟於並州的基礎。文明元年（684）八月，葬高宗於乾陵，九月武承嗣請武后追其祖，立武氏七廟，在裴炎的苦諫下，武則天退而求其次，於九月廿一日追尊其五代祖，並在文水立五代祠堂。四年後的垂拱四年（688），武則天再次拿立武氏廟試探朝局，正月五日，於東都立高祖、太宗、高宗三廟，四時享祀如太廟之儀，再於長安道德坊立崇先廟以享武氏祖考，最後再命有司議崇先廟室數。武則天如此操作，一要表明自己對大唐繼承的態度，二要借機觀察朝中局勢。結果，司禮博士周悰不但請為七室，還要減唐太廟為五室；而春官侍郎賈大隱堅持「天子七廟，諸侯五廟，百王不易之義。」武后又止。天授元年（690）九月九日，武則天稱帝，十三日立武氏七廟於東都。天授二年（691）正月九日，改長安崇先廟為崇尊廟，其享祀如太廟之儀。萬歲通天元年（696）正月廿六日，又改長安崇尊廟為太廟，至此武周在長安、洛陽均立太廟。

　　神龍元年（705）正月廿五日，中宗復位。翌年四月十二日，中宗詔贈韋

后父故上洛郡王韋玄貞為酆王，諡文獻，立褒德廟，置六品令、八品丞。此為唐朝政府為外戚所立的第二座，也是最後一座外戚廟。

在武后、韋后時期，外戚勢力囂張跋扈、凌鑠皇室，外戚廟就是不正常政治環境下的產物，肆意僭越的現象必然體現在其中。景龍元年（707）二月，武攸暨、武三思詣乾陵祈雨，既而雨降，中宗制武氏崇恩廟依舊享祭，仍置五品令、七品丞，又詔崇恩廟齋郎取五品子充。太常博士楊孚認為：「太廟皆取七品已下子為齋郎，今崇恩廟取五品子，未知太廟當如何？」中宗命太廟亦準崇恩廟。楊孚又道：「以臣準君，猶為僭逆，況以君準臣乎！」中宗乃止。景龍三年（709）三月，太常博士唐紹以韋氏褒德廟衛兵多於太廟，上疏請量裁減，中宗置之不理。

隨著權力中心的偏移，外戚勢力勢必會受到其他政治勢力的打擊，其陵廟必然首當其衝。神龍元年（705）五月四日，中宗遷武氏七神主於長安崇尊廟中，改號崇恩廟。景雲元年（710）七月廿六日，睿宗徹底廢除武氏崇恩廟，從儀鳳三年（678）於文水立武氏廟到此歷三十二年。至於褒德廟的廢止時間應不晚於景雲元年（710）睿宗即位後毀榮先陵的時間，從立到廢僅四年有餘。

附錄　唐代陵廟大事記

武德元年（618）

四月，李淵在長安通義坊舊宅，立高祖李熙、曾祖李天錫、祖父李虎、父李昺四廟。

五月甲子（廿日），李淵即皇帝位於太極殿。

六月己卯（六日），李淵追諡高祖李熙為宣簡公；曾祖李天錫為懿王；祖父李虎為景皇帝、廟號太祖，祖母梁氏為景烈皇后；父李昺為元皇帝、廟號世祖，母親獨孤氏為元貞皇后；其妻竇氏為穆皇后、葬園為壽安陵。備法駕於通義坊舊廟，奉迎宣簡公、懿王、景皇帝、元皇帝神主，祔於太廟。

十一月甲子（廿三日），秦王李世民平薛仁杲，凱旋，獻俘太廟。

武德三年（620）

四月丁巳（廿四日），秦王李世民破宋金剛，收復並州，凱旋，獻俘太廟。

武德四年（621）

七月甲子（九日），秦王李世民平定東都洛陽，俘王世充、竇建德，凱旋，獻於太廟。

武德六年（623）

四月己未（十四日），以通義坊舊宅為通義宮，李淵於舊寢祭父元皇帝、母元貞皇后。

貞觀二年（628）

正月辛酉（十三日），太宗李世民追封李建成為息王，諡曰「隱」，以王禮改葬於雍州長安縣之高陽原。

貞觀三年（629）

正月戊午（十六日），太宗謁太廟。

貞觀四年（630）

三月甲午（廿九日），張寶相俘頡利可汗，獻俘太廟。

九月壬午（廿日），下令自古明王聖帝、賢臣烈士墳墓禁芻牧，春秋致祭。

貞觀九年（635）

五月庚子（六日），高祖崩於太安宮之垂拱前殿，年七十。甲辰（十日），群臣請太宗準遺誥視軍國大事，不許。乙巳（十一日），詔太子李承乾於東宮平決庶政。

六月己丑（廿五日），群臣複請聽政，太宗許之，其細務仍委太子。

七月辛亥（十八日），詔禮官詳議宗廟制度。諫議大夫朱子奢請立三昭三穆而虛太祖之室。房玄齡等請以涼武昭王李暠為始祖與高祖同祔太廟，但左庶子于誌寧以為李暠未創唐朝王業，不可為始祖。太宗最終決定祔弘農府君李重耳及高祖神主於太廟，並舊神主為六室。甲寅（廿一日），下詔增修太廟為六室。

七月丁巳（廿四日），詔：「山陵依漢長陵故事，務存隆厚。」秘書監虞世南先後兩次上疏，諫言簡葬。太宗乃以世南疏授有司，房玄齡等認為：「漢長陵高九丈，原陵高六丈，今九丈則太崇，三仞則太卑，請依原陵之製。」太宗從之。

九月，太宗欲自詣獻陵陵園，群臣固諫而止。

十月二日，太穆皇后梓宮啟自壽安陵，將祔獻陵。其日，太宗親奉奠於太安宮，並遣使設祭於行宮。（李百藥〈太穆皇后哀冊文〉記梓宮啟日為「十月辛丑朔二日壬寅」，但是月朔為甲子，且無壬寅日，故取只二日）

十月庚寅（廿七日），葬李淵於獻陵。群臣上謚曰大武皇帝，廟號高祖。秘書監虞世南撰哀冊文。以穆皇后祔葬，加謚太穆皇后。

十一月戊申（十六日），祔高祖神主於太廟。

十一月庚戌（十八日），詔議於太原立高祖廟。秘書監顏師古認為：「寢廟應在京師，漢世郡國立廟，非禮。」乃止。

十一月，特進李靖上書請依遺誥，御常服，臨正殿；太宗不許。

貞觀十年（636）

正月甲午（三日），太宗始聽政。

六月己卯（廿一日），皇后長孫氏崩於立政殿，年三十六。

十一月庚寅（四日），文德皇后靈柩暫厝昭陵。太宗親撰碑文，立碑於陵左。

是年，因置昭陵於九嵕山，故析雲陽、咸陽二縣置醴泉縣。

貞觀十一年（637）

二月丁巳（二日），太宗自為終制，以九嵕山為陵。並賜功臣、密戚陪塋地及棺槨。

六月甲寅（一日），尚書右僕射、虞國公溫彥博薨於洛陽旌善坊私第，年六十四。增特進，謚曰恭，詔陪葬昭陵，成為陪葬昭陵第一人。（其薨於一日甲寅為《舊唐書》卷三所記，而岑文本撰〈唐故特進尚書右僕射上柱國虞恭公溫公碑〉記為四日丁巳薨）

七月丙午（廿四日），修老君廟於亳州，宣尼廟於兗州，各給二十戶奉享。複涼武昭王近墓戶二十以守衛，禁芻牧樵采。

十月癸丑（二日），賜先朝謀臣、武將及親戚亡者塋地，陪葬獻陵。

是年，丘和卒，年八十六，贈荊州總管，謚曰襄，陪葬獻陵。

是年，姚思廉卒，贈太常卿，謚曰康，陪葬昭陵。

貞觀十二年（638）

四月，敕：「每薦新於太廟，令太常卿及少卿一人行事。」

五月廿五日（壬申），銀青光祿大夫、永興縣公虞世南卒，年八十一。贈禮部尚書，諡曰文懿，詔陪葬昭陵。

是年，秦叔寶卒，贈徐州都督，陪葬昭陵。詔墓前立石人、石馬，以旌戰功。

貞觀十三年（639）

正月乙巳（一日），太宗朝於獻陵。是日，曲赦三原縣及從官衛士等。丁未（三日），還宮。己酉（五日），朝於太極殿。

十二月己巳（一日），楊恭仁卒於京城安定坊私第，年七十二。冊贈開府儀同三司、潭州都督，諡曰孝。翌年三月十二日陪葬昭陵。其墓位於禮泉縣山底村東 1500 米，1978 年秋出土〈大唐故特進觀國公楊君墓誌〉。

貞觀十四年（640）

十月己卯（十五日），敕，贈司空淮安靖王李神通，贈司空河間元王李孝恭，尚書右僕射郹國公殷開山，贈民部尚書渝國公劉政會配饗高祖廟庭。

是年，李孝恭暴薨，年五十。贈司空、揚州都督，諡曰元，陪葬獻陵。

是年，李靖妻卒。詔墳塋製度，依漢衛、霍故事，築墓象突厥內鐵山、吐谷渾內積石山形於昭陵，以旌殊績。

是年，太宗敕令有司議定廟樂，群臣議曰：「皇祖弘農府君、宣簡公、懿王三廟樂，同奏〈長髮〉之舞。太祖景皇帝廟樂，奏〈大基〉之舞。世祖元皇帝廟樂，奏〈大成〉之舞。高祖大武皇帝廟樂，奏〈大明〉之舞。文德皇后廟樂，奏〈光大〉之舞。七廟登歌，請每室別奏。」制可之。

貞觀十五年（641）

初，太宗幸芙蓉園，薛萬均坐清宮不謹下獄。是年，憂憤卒，帝驚悼，為舉哀，詔陪葬昭陵。

貞觀十六年（642）

四月己酉（廿四日），光祿大夫、宗正卿、紀國公段綸卒。太宗甚傷悼，欲弔唁，太常奏，禘祫祭致齋不得哭，乃止。詔陪葬昭陵。

四月甲寅（廿九日），將行禘祭，依《貞觀禮》，祫享功臣配饗於廟庭，禘享則不配。而當時令文，祫禘之祭功臣並將配享。太常卿韋挺等人認為：「今禮禘無功臣，誠謂禮不可易。」乃詔從《貞觀禮》。

六月庚寅（六日），詔追復李建成為皇太子，諡依舊為「隱」。（六日庚寅為《資治通鑑》卷一九六所記，而《舊唐書》卷三記為七日辛卯）

十月丙申（十四日），殿中監、郢縱公宇文士及卒。贈左衛大將軍、涼州都督，陪葬昭陵。先諡曰恭，黃門侍郎劉洎駁之曰：「士及居家侈縱，不宜為恭。」改諡曰縱。

是年，段誌玄卒，贈輔國大將軍、揚州都督，諡曰壯肅，陪葬昭陵。

貞觀十七年（643）

一月戊辰（十七日），魏徵薨，陪葬昭陵。太宗親自撰寫碑文，之後太宗疑其阿黨，推到所撰墓碑。貞觀十九年（645），遼東之役後復立碑。

四月庚寅（十一日），太宗親謁太廟，以謝太子李承乾之過。（是月六日乙酉廢皇太子李承乾為庶人）

七月丁酉（廿日），房玄齡以母喪罷，特敕賜以昭陵葬地。

八月丁巳（十日），長樂公主李麗質薨，年廿三。九月廿一日，陪葬昭陵。長樂公主墓位於禮泉縣陵光村南，1986 年秋出土〈大唐故長樂公主墓誌銘〉。

十二月庚戌（四日），太宗乳母、彭城國夫人劉娘子終於私第，年七十四。翌年二月五日，陪葬昭陵。劉娘子墓位於禮泉縣官廳村西南約 400 米處，1972 年出土〈大唐故彭城國夫人劉氏墓誌〉。

貞觀十八年（644）

十二月辛丑（一日），武陽懿公李大亮卒於長安，年五十九。贈兵部尚書、秦州都督，諡曰懿，陪葬昭陵。

十二月壬寅（二日），廢太子李承乾卒於黔州，太宗為之廢朝，以國公禮下葬。（二日壬寅為《資治通鑑》卷一九七所記，《舊唐書》卷三記為一日辛丑）

貞觀十九年（645）

四月丁未（十日），岑文本遇暴疾薨於征討高麗軍中。贈侍中、廣州都督，諡曰憲，陪葬昭陵。

四月，征討高麗大軍至蓋牟城，姜確中流矢卒。贈左衛大將軍、郕國公，諡曰襄，陪葬昭陵。

五月壬申（五日），太宗親征高麗至遼陽，遇高祖忌日，群臣奏言：「今陛下親御六軍，已登寇境，庶務繁擁，伏待剖決。望請所有軍機要切，百司依式聞奏。」手詔答曰：「今既戎旅大事，不可失在機速，所以仰順古風，俯從今請。」

六月戊午（廿二日），王君愕與高麗戰於駐蹕山，力戰而死，年五十一。贈左衛大將軍、幽州都督、邢國公，陪葬昭陵。王君愕墓位於禮泉縣莊河村南約 650 米處，1972 年 10 月出土〈大唐故幽州都督邢國公王君之墓誌銘〉以及其夫人〈唐故贈左衛將軍幽州都督上柱國邢國公王君愕妻義豐縣夫人張氏（廉穆）墓誌銘〉，記其夫人「以永徽五年三月十五日卒於京安眾里隆政第，以六年歲次乙卯二月辛丑朔九日己酉合葬於雍州醴泉縣神跡鄉常豐里昭陵之舊塋。」

是年，錢九隴卒，贈左武衛大將軍、潭州都督，諡曰勇，陪葬獻陵。

貞觀二十年（646）

八月丁亥（廿八日），詔許陪陵者子孫從葬。

十月辛未（十三日），紫府觀道士薛頤屍化於紫府之觀，十二月十四日陪葬於昭陵之所。薛頤墓位於禮泉縣西頁溝村西南約 500 米處，1974 年 4 月出土的〈大唐故中大夫紫府觀道士薛先生墓誌銘並序〉記載：「有詔特授中大夫……別於昭陵之左創築紫府觀以居之……」

是年，累遣使臣左驍衛府長史長孫尊師與邢州刺史李寬、趙州刺史杜敖等檢謁河北祖陵塋域，畫圖進上。

貞觀廿一年（647）

正月壬辰（五日），高士廉薨於京師崇仁里私第，時年七十二。贈司徒、並州都督，諡曰文獻。二月廿八日陪葬昭陵，墓而不墳。

三月壬寅（十六日），李思摩卒於居得里第，年六十五。贈兵部尚書、夏州都督。四月廿八日陪葬昭陵，築墳像白道山。李思摩墓位於禮泉縣莊河村西北，1992 年 10 月出土〈唐故右武衛將軍贈兵部尚書李君銘誌〉和其夫人〈唐故李思摩妻統毗伽可賀敦延迤墓誌〉，記其夫人「年五十有六，貞觀廿一年遘疾薨於夏州……奉詔合葬於思摩之塋。」

十月，褚亮卒，年八十八。贈太常卿，諡曰康，陪葬昭陵。夫人柳氏，亦同安厝。（〈大唐故散騎常侍弘文館學士贈太常卿陽翟侯褚府（亮）君碑〉載：「貞觀廿一年□月一日景申，寢疾而薨。」文中景申即丙申。《新唐書》卷六十一載：「貞觀廿一年，十月癸丑，遂良以父喪罷。」是年九月三十日為癸丑，而十月無癸丑，推測九月三十日褚遂良因父病重奏請去職，其父薨於十月。另十月一日為甲寅非景申，故只取薨於十月。）

是年，楊師道卒，贈吏部尚書、並州都督，諡曰懿，陪葬昭陵，詔為立碑。

貞觀廿二年（648）

正月庚寅（九日），中書令馬周卒於萬年縣之隆慶坊私第，年四十八，贈幽州都督。三月四日陪葬昭陵。

六月癸酉（廿四日），特進、宋國公蕭瑀卒，年七十四。詔贈司空、荊州都督，陪葬昭陵。太常諡曰肅，帝以其性忌，改諡貞褊。

七月癸卯（廿四日），司空、梁國公房玄齡薨，年七十一。贈太尉、並州都督，諡曰文昭，陪葬昭陵。

九月丙申（十八日），孔穎達薨於萬年縣平康里第，年七十五，贈太常卿，諡曰憲，陪葬昭陵。

貞觀廿三年（649）

正月辛亥（六日），阿史那社爾執龜茲王訶利布失畢及其相那利等，獻於社廟。

五月辛酉（十八日），開府儀同三司衛景武公李靖薨，年七十九。贈司徒、並州都督，謚景武。陪葬昭陵。

五月己巳（廿六日），太宗崩於翠微宮含風殿，年五十二。遺詔皇太子即位於柩前，喪紀宜用漢制。秘不發喪。庚午（廿七日），遣舊將統飛騎勁兵從皇太子先還京，太宗遺體御馬輿還京師，從官侍御如常。壬申（廿九日），發喪。禮部尚書許敬宗奏言：「伏奉遺詔，臣下喪服，以日易月，皆從三十六日之限。但大行在殯，皇帝主喪，山陵事畢，方釋衰絰。依禮，近臣君服斯服。敢緣斯義，請延至葬畢後除。」從之。

六月甲戌（一日），太宗殯於太極殿。張行成、高季輔侍皇太子李治即位於柩前，是為高宗。

七月己酉（六日），于闐王伏闍信隨行軍長史薛萬備入朝，詔入謁梓宮。

八月丙子（四日），百僚上謚曰文皇帝，廟號太宗。中書令褚遂良撰哀冊文。庚寅（十八日），葬太宗於昭陵。丁酉（廿五日），禮部尚書許敬宗奏毀弘農府君廟，請藏主於西夾室，從之。庚子（廿八日），太宗文皇帝祔於太廟。太尉長孫無忌、侍中于誌寧議太宗廟樂曰：「請樂名〈崇德〉之舞。」制可之。而文德皇后廟停〈光大〉之舞，惟進〈崇德〉之舞。

八月庚子（廿八日），詔曰：「宜令所司，於昭陵南左右廂，封量取地，仍即標誌疆域，擬為葬所，以賜功臣。其有父祖陪陵，子孫欲來從葬者，亦宜聽許。」

九月丙寅（廿四日）敕，贈太尉梁文昭公房玄齡、贈司徒申文獻公高士廉、贈尚書左僕射蔣忠公屈突通配饗太宗廟庭。

永徽元年（650）

正月，太宗幼女衡山公主和長孫詮原定今秋成婚。侍中于誌寧上言：「漢文立制，本為天下百姓。公主服本斬衰，縱使服隨例除，豈可情隨例改，請俟三年喪畢成婚。」高宗從之。

四月辛卯（廿三日），樊興終於雍州長安縣懷遠里第，年六十三。贈左武候大將軍、洪州都督，七月九日陪葬獻陵。

五月，吐火羅遣使獻大鳥如駝，食銅鐵，高宗遣人獻於昭陵。

六月辛未（四日），豆盧寬薨於京城之弘德里第，年六十九。贈特進、並州都督，謚曰定，陪葬昭陵。

九月癸卯（七日），高侃擒車鼻可汗詣闕，獻於社廟及昭陵。

九月癸丑（十七日），高士廉之子高昱遘疾卒於任所，年廿八。翌年二月廿六日，窆於醴泉縣安樂鄉昭陵之側。

是年，太宗嬪妃徐惠卒，年二十四，贈賢妃，陪葬昭陵石室。

是年，公孫武達卒，贈荊州都督，謚曰壯，陪葬昭陵。

是年，劉弘基卒，年六十九。贈開府儀同三司、並州都督，謚曰襄，陪葬昭陵。

永徽二年（651）

正月庚戌（十六日），牛進達薨於雍州萬年縣宣陽里之私第，年五十七。贈左驍衛大將軍，使持節、都督幽易媯檀平燕六州諸軍事、幽州刺史。四月十日陪葬昭陵。牛進達墓位於醴泉縣石鼓村西北約1000米處，1976年4月出土〈大唐故左武衛大將軍上柱國瑯琊郡開國公牛府君墓誌之銘〉。

四月丁卯（四日），高祖第四女、高密公主和紀國公段綸之女段蕑璧卒於長安縣頒政里第，年三十五。賜塋地於其父段綸之墓左，八月廿三日，窆於昭陵之南原。段蕑璧墓位於醴泉縣張家山北側山梁上，1978年10月出土〈大唐故那邠國夫人段氏墓誌銘〉。

四月乙酉（廿二日），進獻、昭二陵令由七品下為從五品，丞由九品為從七品。

七月庚申（廿九日），有司言：「謹按獻陵三年之後，每朔、望上食，冬夏至、伏、臘、清明、社節等日，亦準朔、望上食，來月之後，始複平常。昭陵所司上食，請依獻陵故事。」從之。

是年，禮部尚書許敬宗議曰：「祭祀籩、豆，以多為貴，宗廟之數，不可踰郊。今請大祀同為十二，中祀同為十，小祀同為八。釋奠準中祀，自餘從座，並請依舊式。」從之。

是年，襄邑郡王李神符薨，年七十三，贈司空、荊州都督，諡曰恭，陪葬獻陵。

是年，太宗長女、襄城公主薨於恆州，高宗遣工部侍郎丘行淹弔祭，詔陪葬昭陵。

永徽三年（652）

正月丙子（十八日），高宗親饗太廟。

四月甲午（七日），灃州刺史、彭思王李元則薨。贈司徒、荊州都督，諡曰思，陪葬獻陵。

是年，劉德威卒，年七十一。贈禮部尚書、幽州都督，諡曰襄，陪葬獻陵。

永徽四年（653）

二月乙酉（三日），以房玄齡次子遺愛反，罷其配饗太宗廟庭。

九月壬戌（十三日），張行成卒於尚書省，年六十七。贈開府儀同三司、並州都督。弘道元年（683）詔以其配饗高宗廟庭。

永徽五年（654）

十二月戊午（十七日），高宗啟程謁昭陵，武則天途中生皇子李賢。

永徽六年（655）

正月壬申（一日），高宗謁昭陵。赦醴泉及行從，免縣今歲租、調，陵所宿衛進爵一級，令、丞加一階。癸酉（二日），以少牢祭陪葬者。甲戌（三日），還宮，於陵側建佛寺。

八月庚申（廿三日），薛收贈太常卿，陪葬昭陵。（卒於貞觀七年）

十一月己巳（三日），皇后武則天見於廟（十月十三日廢皇后王氏為庶人，十九日立宸妃武氏為皇后）。

是年，詔：「其祖、父先陪獻陵，子孫欲隨葬。亦宜聽許。」

是年，阿史那社眾卒，贈輔國大將軍、並州都督，諡曰元。起塚以象蔥山，陪葬昭陵。

是年，高密公主薨，遺命：「吾葬必令墓東向，以望獻陵，冀不忘孝也。」（段蘭璧為高密公主之女，據〈唐昭陵段蘭璧墓清理簡報〉記載：在段蘭璧墓東北二百多米處，原有一座封土已平唐墓，在墓南發現一段東南、西北走向的墓道，對著位於昭陵之東的獻陵，推斷此墓即高密公主之墓。）

顯慶元年（656）

六月辛亥（十八日），禮官奏停太祖、世祖配祀，以高祖配昊天於圜丘，太宗配五帝於明堂，從之。

八月丙申（四日），固安昭公崔敦禮薨，年六十一。贈開府儀同三司、並州大都督，諡曰昭。十月十八日，陪葬昭陵之南安鄉平美里。

九月己巳（八日），太宗昭容韋尼子薨於崇聖宮，年五十。十月十八日陪葬昭陵。韋尼子墓位於禮泉縣陵光村長樂公主墓北 200 米處，1974 年 8 月出土〈大唐故文帝昭容一品韋氏墓誌之銘〉。

十月甲午（三日），唐儉薨於安仁里第，年七十八。贈開府儀同三司、並州都督，諡曰襄，十一月廿四日陪葬昭陵。唐儉墓位於禮泉縣西頁溝村南約 400 米處，1978 年 3 月出土〈大唐故開府儀同三司特進戶部尚書上柱國莒國公唐君墓誌〉。

是年，閻立德卒，贈吏部尚書、並州都督，諡曰康，陪葬昭陵。

顯慶二年（657）

閏正月乙卯（廿六日），昭陵宮侍奉宮人、亡宮五品卒於昭陵宮，二月十四日陪於昭陵。亡宮五品墓位於禮泉縣東坪村新城公主墓前，1974 年 8 月出土的〈大唐故亡宮五品墓誌銘〉記載：「亡宮五品者，不知何許人也。」

六月庚申（三日），張士貴終於河南縣之顯義里第，年七十二。贈荊州都督，諡曰襄公，十一月十八日陪葬昭陵。張士貴墓位於禮泉縣馬寨村西南約 300 米處，1972 年 1 月出土〈大唐故輔國大將軍荊州都督虢國公張公墓誌銘〉和其妻〈大唐故虢國夫人岐氏墓誌銘〉蓋。

十一月癸巳（九日），嘉川郡公周護薨於私第，年七十五。翌年四月九日，陪葬昭陵。

十一月甲寅（三十日），太宗第七子蔣王李惲正妃元氏陪葬昭陵。其墓位於禮泉縣煙霞鎮西周村西 100 米處。（2002 年在封土正南微偏西 76 米處出土八棱石柱及石座，一面正書：「蔣王故妃元氏墓石柱一雙，顯慶元年十一月卅日葬」）

顯慶三年（658）

正月戊子（五日），太尉長孫無忌等上《顯慶禮》一百三十卷、二百二十九篇。編修時，蕭楚材、孔誌約、李義府、許敬宗等人以為豫備凶事，非臣子所宜言，遂焚國恤一篇，由是天子凶禮遂缺。至國有大故，則臨時采掇附比從事。

正月庚寅（七日），張後胤薨，陪葬昭陵。

十一月甲午（十五日），獻俘阿史那賀魯於昭陵。丙申（十七日），獻俘阿史那賀魯於太廟。

十一月乙巳（廿六日），開府儀同三司、鄂忠武公尉遲敬德終於長安隆政里私第，年七十四。冊贈司徒、並州都督，諡曰忠武，翌年四月十四日陪葬昭陵。尉遲敬德墓位於禮泉縣煙霞鎮鎮政府門前，1971 年 10 月出土〈大唐故司徒並州都督上柱國鄂國忠武公尉遲府君墓誌之銘〉和其妻蘇斌〈大唐故司徒並州都督上柱國鄂國忠武公夫人蘇氏墓誌之銘〉，記載其妻「大業九年歲次癸酉五月丁丑朔廿八日甲辰，終於馬邑郡平城鄉京畿里之第，年廿有五……粵以顯慶四年歲次己未四月丁未朔十四日庚申合葬於昭陵東南十三里安樂鄉普濟里之所。」（廿六日乙巳為其墓誌所記，《舊唐書》卷六十八記其卒於廿五日甲辰）

顯慶四年（659）

三月甲申（七日）敕，贈司徒、周國公武士彠配饗高祖廟廷，列功臣上。

八月壬戌（十八日），太宗第十九女、蘭陵長公主李淑薨於雍州萬年縣之私第，十月廿九日陪葬於昭陵東南十里安樂原。

顯慶五年（660）

二月乙未（廿四日），詔歲以春、秋仲月巡陵，宜以三公行事，太常少卿副之，太常給鹵簿。

九月戊午（二十日），賜英國公李勣昭陵陪葬墓塋一所。

龍朔二年（662）

四月乙亥（十六日），許洛仁薨，年八十五。贈代州都督，諡曰勇。十一月十七日，陪葬於昭陵安樂鄉之原。

十月辛亥（廿五日），杜君綽薨於禁廡，年六十二，諡曰襄公。翌年二月十八日，陪葬於昭陵東南一十里。

龍朔三年（663）

二月，太宗幼女、新城公主暴薨於長安縣通軌坊南園，年三十，以皇后禮葬昭陵旁。新城長公主墓位於禮泉縣東坪村北，1994 年 10 月出土〈大唐故新城長公主墓誌銘〉，惜薨、葬日缺失。

十一月戊辰（十九日），鄭仁泰薨於涼州官舍，年六十三，翌年十月廿三日陪葬昭陵。鄭仁泰墓位於禮泉縣馬寨村西南，1971 年 9 月出土〈大唐右武衛大將軍使持節都督涼甘肅伊瓜沙六州軍事涼州刺史上柱國同安郡開國公鄭府君墓誌銘並序〉。

是年，張延師卒官，贈荊州都督，諡曰敬，陪葬昭陵。

麟德元年（664）

四月，高祖第十六子、道王李元慶薨，贈司徒、益州都督，諡曰孝，陪葬獻陵。（《資治通鑑》卷二〇一記其卒日為壬子，檢曆書，是月無壬子日）

十月丁酉（廿三日），太宗第十一女、清河公主李敬，陪葬於昭陵南十一里。（〈清河長公主李敬碑〉葬月缺失，但據《昭陵碑石》圖錄記載，該碑「麟德元年十月立」）

麟德二年（665）

二月己卯（七日），程知節薨於懷德里第，年七十七。贈驃騎大將軍、益州大都督，陪葬昭陵。程知節墓位於禮泉縣上營村西 50 米處，1986 年 4 月出土〈大唐故驃騎大將軍盧國公程使君墓誌〉，記載「前夫人孫氏，年三十有一，貞觀二年六月廿一日薨於懷德里第。後夫人清河崔氏，顯慶三年十二月廿一日

終於懷德里，時年六十有七。粵以麟德二年歲次乙丑十月己亥朔廿二日庚申，合葬於陵南十三里。」

三月，李勣長子李震薨於梓州，年四十九。十一月葬於昭陵舊塋（顯慶五年已在昭陵賜李勣墓塋一所）。李震墓位於禮泉縣煙霞鎮李勣墓東 50 米處，1973 年 5 月出土〈大唐故梓州刺史使持節定國公之墓誌〉和其妻王氏〈□□故贈□□□李定公夫人王氏墓誌之銘〉。

六月丙寅（廿六日），太宗第十子紀王李慎王妃陸氏薨於澤州之館舍，年三十五。翌年十二月九日，陪葬於昭陵南二十三里。

七月己丑（十九日），高祖第十七子、兗州都督、鄧康王李元裕薨。贈司徒、益州大都督，陪葬獻陵。

九月丁酉（廿八日），太宗貴妃韋珪薨於河南敦行里第，年六十九。翌年十二月廿九日陪葬於昭陵。韋貴妃墓位於禮泉縣陵光村北冶姑嶺上，1990 年出土〈大唐太宗文皇帝故貴妃紀國太妃韋氏銘〉。

十二月，太宗婕妤、三品尼卒。其墓位於禮泉縣陵光村長樂公主墓東北 170 米處，1974 年 4 月出土的〈大唐故婕妤三品尼墓誌銘〉記載：「宮人諱字，不知何許人也」。

是年，丘行恭卒，年八十，贈荊州刺史，諡曰襄，陪葬昭陵。

乾封元年（666）

三月癸未（十七日），高宗至亳州，謁老君廟，上尊號曰太上玄元皇帝。創造祠堂，其廟置令、丞各一員。

四月甲辰（八日），高宗封禪泰山，車駕還長安，先謁太廟而後入宮。

五月乙未（三十日），李孟常暴疾，薨於靜安坊里第，年七十四。十一月廿八日陪葬於昭陵東南十三里。李孟常墓位於禮泉縣巖崿村東南約 500 米處，1964 年冬出土〈大唐故右威衛大將軍上柱國漢東郡開國公李公碑銘〉，1975 年移入昭陵博物館。

六月戊午（廿三日），詔：自今已後，宗廟薦享，爵及簠、簋、甑、鉶，各宜別奠。其餘牢饌，並依常典。

乾封二年（667）

是年，太宗第六子、蜀王李愔薨。咸亨初，贈益州大都督，諡曰悼，陪葬昭陵。

總章元年（668）

十月壬申（廿一日），李勣平高麗還，高宗令先以高藏等獻於昭陵，後獻於太廟。

十月庚辰（廿九日），吳黑闥薨於雍州萬年縣勝業里第，年七十八。翌年五月廿五日，同夫人河南陸氏陪葬於昭陵安樂鄉。

十二月己巳（十九日），高宗謁太廟。

總章二年（669）

二月乙亥（廿六日），駙馬都尉王大禮卒於歙州之官第，年五十七。翌年十月四日，陪葬昭陵。王大禮墓位於禮泉縣山底村溝東村北 100 米，1964 年出土〈大唐故歙州刺史駙馬都尉王君墓誌銘〉。

十二月戊申（三日），司空、太子太師、英國公李勣卒於私第，年七十六。贈太尉、揚州大都督，諡貞武。陪葬昭陵。起塚象陰、鐵、烏德鞬山，以旌功烈。1971 年 8 月出土於禮泉縣昭陵博物館內李勣墓中的〈大唐故司空太子太師贈太尉揚州大都督上柱國英國公李公墓誌之銘〉記載：「粵以三年歲次庚午二月甲辰朔六日己酉陪葬於昭陵。」墓中同時出土其妻墓誌蓋，上陽文篆書「大唐英國夫人墓誌銘」。

咸亨元年（670）

五月丙申（廿四日），斛斯政則薨於九成宮之第，年八十一。詔賜陪葬昭陵。十一月十日葬醴泉縣安樂鄉。斛斯政則墓位於禮泉縣上營村西 1000 米，1979 年 4 月出土〈大唐故斛斯君墓誌銘〉。

八月壬寅（二日），武則天生母楊氏薨於九成宮之山第，年九十二。閏九月廿一日，遷窆於雍州咸陽縣之洪瀆原鄭恭王舊塋之左。

九月癸未（十三日），太宗第十三子、趙王李福薨於梁州之官第，年

三十七。贈司空、並州都督，翌年十二月廿七日陪葬昭陵。李福墓位於禮泉縣下嚴峪村西北 800 米處，1972 年 5 月出土〈大唐故贈司空荊州大都督上柱國趙王墓誌銘〉和其妃宇文修多羅〈大唐趙王故妃宇文氏墓誌銘〉。

咸亨二年（671）

七月辛酉（廿七日），越國故太妃燕氏薨於鄭州之傳舍，年六十三。十二月廿七日陪葬昭陵。燕妃墓位於禮泉縣東坪村東，1990 年出土〈大唐越國故太妃燕氏墓誌銘〉。

九月丙申（二日），司徒、潞州刺史、徐王李元禮薨。贈太尉、冀州大都督，陪葬獻陵。

九月廿日（甲寅），宦官張阿難陪葬昭陵。（張阿難墓在禮泉縣煙霞鄉馬寨村，〈張阿難碑〉尚存。墓主隋文帝仁壽間任事，武德間，參秦王李世民幕府，從平諸雄。貞觀間，歷任謁者監、內給事，封汶江縣侯，累左監門將軍。）

咸亨三年（672）

八月壬午（廿四日），特進高陽郡公許敬宗卒，年八十一。冊贈開府儀同三司、揚州大都督，陪葬昭陵。太常博士袁思古議諡曰繆，其孫彥伯訴思古有嫌，詔尚書省議，更諡曰恭。

咸亨四年（673）

正月丙辰（廿九日），絳州刺史、鄭惠王李元懿薨。贈司徒、荊州大都督，陪葬獻陵。

閏五月丁巳（三日），唐高祖第六女、房陵大長公主薨於九成宮之山第，年五十五。十月四日陪葬於獻陵。房陵大長公主墓位於富平縣雙寶村北約 250 米處，1975 年出土〈大唐故房陵大長公主墓誌銘〉。

八月己酉（廿七日），大風落太廟鴟尾。

上元元年（674）

八月壬辰（十五日），追尊太祖李虎之祖、宣簡公李熙為宣皇帝，妣張氏為宣莊皇后；太祖之父、懿王李天賜為光皇帝，妣賈氏為光懿皇后；太武皇帝

為神堯皇帝，太穆皇后為太穆神皇后；文皇帝為太宗文武聖皇帝，文德皇后為文德聖皇后。皇帝稱天皇，皇后稱天后，以避先帝、先后之稱。

九月癸丑（七日），詔追復長孫晟、長孫無忌官爵，以無忌曾孫翼襲爵趙公。初，長孫無忌已於昭陵封內造墳墓，至是許還葬。

十二月癸未（八日），箕州錄事參軍張君澈等誣告刺史、蔣王李惲謀反，高宗派遣通事舍人薛思貞前去調查。李惲自縊死，高宗知其非罪，斬君澈等四人。贈惲司空、荊州大都督，陪葬昭陵。

十二月甲辰（廿九日），高祖第十五子、虢王李鳳薨於東都懷仁里第，年五十二。贈司徒、揚州大都督，諡曰莊。翌年十二月三日陪葬獻陵之北原。李鳳和妻劉氏合葬墓位於富平縣呂村正西約 250 米處，1973 年 9 月出土的〈大唐故使持節青州諸軍事青州刺史上柱國贈司徒揚州大都督虢莊王李鳳墓誌銘並序〉記載：「其妃劉氏上元二年五月十四日薨於西京之邸第，年卅有九……粵以其年十二月庚午朔三日王子合窆於獻陵之側。」

上元二年（675）

四月辛巳（七日），周王李顯妃趙氏以罪幽死。（中宗李顯復位，追封為恭皇后。中宗崩，諡曰和思，招魂祔葬於定陵。）

四月己亥（廿五日），太子李弘猝死於合璧宮綺雲殿。

五月戊申（五日），高宗下詔：「朕方欲禪位皇太子，而疾遽不起，宜申往命，加以尊名，可諡為孝敬皇帝。」百官從權制三十六日釋服。

五月丁卯（廿四日），阿史那忠薨於洛陽尚善里之私第，年六十五。贈鎮軍大將軍，諡曰貞。十月十五日陪葬昭陵。阿史那忠墓位於禮泉縣西周村西300 米處，1972 年 6 月出土的〈大唐故右驍衛大將軍贈荊州大都督上柱國薛國公阿史那貞公墓誌銘〉記載：「夫人又紀王慎之同母姊也……封定襄縣主……昔以永徽四年薨，先葬於昭陵之下……」

七月辛亥（九日），洛州複置貞觀十八年（644）裁撤的緱氏縣，以奉孝敬皇帝恭陵。

八月庚寅（十九日），葬孝敬皇帝於恭陵。

儀鳳元年（676）

九月壬申（七日），左威衛大將軍權善才、右監門中郎將范懷義誤砍昭陵柏樹，高宗詔誅之。狄仁傑奏不應死，二人遂免死，除名流嶺南。

十月丁酉（三日），祫享太廟，用太學博士史璨議，禘後三年而祫，祫後二年而禘。

十一月丁卯（三日），敕：新造上元舞，圓丘、方澤、享太廟用之，餘祭則停。

儀鳳二年（677）

正月丁丑（十四日），高宗親饗太廟。

二月辛酉（廿九日），太常以仲春告祥瑞於太廟，高宗詢問依據。太常博士賈大隱對曰：「古者祭以首時，薦用仲月，近代相承，元日奏祥瑞，二月然後告太廟，蓋緣告必有薦，便於禮也。又檢貞觀已來，敕令無文，禮司因循。不知所起。」高宗令依舊行事。

四月癸巳（二日），敕：「孝敬皇帝神主，再期之後，宜祔於太廟之夾室。遷祔之日，神主遍朝六廟。仍令禮官考核前經，發揮故實，具為儀制，副朕意焉。」

五月壬戌（一日），追封獻祖宣皇帝李熙陵曰建昌陵，懿祖光皇帝李天賜陵曰延光陵。

十二月甲寅（廿六日），葬故亡宮七品典燈於長樂公主墓園之西。1975 年村民平整坡地時挖出〈大唐故亡宮七品誌銘〉一合。墓葬已遭破壞，根據方位判斷，墓葬位置靠近長樂公主墓北西闕的西側。墓誌載「亡典燈者，不知何許人也……以儀鳳二年十二月廿六日葬於城西，禮也。」

是年，契苾何力卒，贈輔國大將軍、并州都督，諡曰烈，陪葬昭陵。

儀鳳三年（678）

正月癸亥（六日），唐儉之子唐河上卒於西都大寧里之官舍，年六十五。二月十四日，與夫人元氏合葬於昭陵之唐儉舊塋。唐河上墓位於禮泉縣西頁溝村南 150 米、唐儉墓旁，1978 年 1 月出土〈大唐故殿中少監上柱國唐府君墓誌銘〉

和其妻元萬子〈大唐尚衣奉御唐君妻故河南縣君元氏墓誌銘〉。其妻「顯慶二年十二月三日終於萬年縣之安仁里第,以三年正月十四日,殯於萬年之南原。」

九月癸亥(九日),侍中張文瓘卒,年七十三。贈幽州都督,諡曰懿。以其經事孝敬皇帝,特敕陪葬恭陵。

十月丙午(廿三日),高祖第二十一子、徐州刺史、密王李元曉薨。贈司徒、揚州都督,諡曰貞,陪葬獻陵。

十月,豆盧寬之長子豆盧仁業陪葬昭陵。

調露元年(679)

正月,戶部尚書、平恩縣公許圉師卒。贈幽州都督,諡曰簡,陪葬恭陵。(《舊唐書》卷五記其卒于辛未,但正月無辛未。)

永隆元年(680)

七月丙申(廿四日),高祖第二十子、鄭州刺史、江王李元祥薨。贈司徒、並州大都督,諡曰安,陪葬獻陵。

永淳元年(682)

五月癸丑(廿一日),太宗之女、臨川長公主李孟姜薨於幽州公館,年五十九。十二月廿五日,陪葬於昭陵之左。臨川長公主墓位於禮泉縣新寨村北200米處,1972年3月出土〈大唐故臨川郡長公主墓誌銘〉。

八月甲申(廿四日),太宗嬪妃、西宮二品昭儀卒於宮所,年八十一。十月十一日葬於昭陵。其墓位於禮泉縣東坪村新城公主墓南,封土不存,1979年出土〈大唐故西宮二品昭儀誌銘並序〉記載:「昭儀者,不知何許人也。」

弘道元年(683)

七月丁亥(二日),李謹行卒於鄯州河源軍,年六十四。贈幽州都督,垂拱元年(685)七月十七日陪葬乾陵。李瑾行墓位於永泰公主墓西南1500米處,1971年出土〈大唐故右衛員外大將軍燕國公墓誌銘〉。

八月己未(四日),安元壽薨於東都之私第,年七十七。翌年十月廿四日陪葬昭陵。安元壽墓位於禮泉縣新寨村東南約1000米處,1972年12月出土〈大

唐故右威衛將軍上柱國安府君墓誌銘〉和其妻翟六娘〈唐故新息郡夫人墓誌〉。其妻「以聖曆元年十月十六日薨於京懷遠里第之小寢，年八十有九……以開元十五年歲次丁卯二月甲辰朔廿九日壬申，敢奉遷祖妣神柩，窆於祖考墓之玄堂。」

十二月丁巳夜（四日），高宗崩於東都貞觀殿，年五十六。甲子（十一日），皇太子李顯即皇帝位，是為中宗。

光宅元年（684）

正月，高宗第三子、澤王李上金、高宗第四子、許王李素節，義陽、宣城二公主聽赴哀。

二月壬申（廿日），高宗第六子、武后次子李賢薨於巴州之別館，年三十一。垂拱元年（685）三月廿九日，恩制追贈雍王，諡曰悼，葬於巴州化城縣境。神龍二年（706）七月一日陪葬乾陵。（此卒日據1972年出土《大唐故雍王墓誌銘》，而《舊唐書》卷六記其卒於三月，從墓誌。）

四月，開府儀同三司、高祖第二十二子、梁州都督、滕王李元嬰薨。贈司徒、冀州都督，陪葬獻陵。

五月癸巳（十二日），以高宗大喪禁射獵。丙申（十五日），高宗靈駕西還長安。陳子昂詣闕上書，言關中旱儉，靈駕西行不便，請以東都安置山陵。武后召見，拜其麟臺正字，但不納其言。

八月庚寅（十一日），葬高宗於乾陵。天后武氏撰哀冊文。甲午（十五日），以乾陵置奉天縣，隸京兆府。是月，奉高宗神主祔於太廟，遷宣皇帝神主於夾室，高宗廟樂以〈鈞天〉為名。

九月己巳（廿一日），追尊武后五代祖克己為魯靖公，妣為夫人；高祖居常為太尉、北平恭肅王；曾祖儉為太尉、金城義康王；祖華為太尉、太原安成王；考士彠為太師、魏定王。祖妣皆為妃。作五代祠堂於文水。初，武承嗣請太后立武氏七廟，裴炎苦諫，太后方止。

九月，冊玄元皇帝妻為先天太后。

十月丁酉（十九日），因李敬業反，追削祖考官爵，發其祖李勣陪葬昭陵

墓塚，複姓徐氏。

十二月己卯（二日），前中書令薛元超卒於洛陽豐財里之私第，年六十二。贈光祿大夫、秦州都督，翌年四月廿二日，陪葬乾陵。薛元超墓位於永泰公主墓東南 100 米處，1971 年出土崔融撰〈大唐故中書令兼檢校太子左庶子戶部尚書汾陰男光祿大夫使持節都督秦成武渭四州諸軍事秦州刺史薛公墓誌銘〉。（《舊唐書》卷七十三記其卒於弘道元年，從墓誌。）

垂拱元年（685）

正月戊辰（廿二日），文昌左相、同鳳閣鸞臺三品劉仁軌薨，年八十五。贈開府儀同三司、並州大都督，諡曰文獻，陪葬乾陵。

垂拱二年（686）

正月壬子（十一日），敕：贈太尉、貞武文公李勣，贈開府儀同三司、北平定公張行成，贈揚州大都督、高陽恭公許敬宗，贈尚書右僕射、高堂忠公馬周配饗高宗廟庭。（光宅元年十月十九日，方削李勣官爵，發塚斫棺，故推測李勣配饗高宗廟庭為訛。）

垂拱三年（687）

四月辛丑（八日），追號孝敬皇帝妃裴氏曰哀皇后，葬恭陵。（此為《新唐書》卷四〈本紀第四 ‧ 則天皇后〉所記，而《舊唐書》卷八〈本紀第八 ‧ 玄宗上〉則記載為，開元六年、718 年「夏五月乙未，孝敬哀皇后祔於恭陵。」）

垂拱四年（688）

正月甲子（五日），武后於東都立高祖、太宗、高宗三廟，四時享祀如太廟之儀。又於長安立崇先廟以享武氏祖考。武后命有司議崇先廟室數，司禮博士周悰請為七室，並減唐太廟為五室。春官侍郎賈大隱奏：「禮，天子七廟，諸侯五廟，百王不易之義。其崇先廟室應如諸侯之數，國家宗廟不應輒有變移。」太后乃止。

永昌元年（689）

二月丁酉（十四日），尊魏忠孝王武士彠曰周忠孝太皇，妣曰忠孝太后，

文水陵曰章德陵，咸陽陵曰顯義陵。置崇先府官。

九月己卯（三十日），詔太穆神皇后、文德聖皇后宜配皇地祇，忠孝太后從配。

十一月庚辰（一日），太后享萬象神宮，改服袞冕，搢大圭，執鎮圭，睿宗亞獻，太子終獻。以高祖、太宗、高宗配，引武士䕶從配。赦天下，改元載初。以周、漢之後為二王後，舜、禹、成湯之後為三恪，周、隋之嗣同列國。

是年，改稱玄元皇帝為老君。

天授元年（690）

九月壬午（九日），武則天改國號周，大赦，改元天授。丙戌（十三日），立武氏七廟於東都。追尊周文王曰始祖文皇帝，妣姒氏曰文定皇后；四十代祖平王少子武曰睿祖康皇帝，妣姜氏曰康惠皇后；太原靖王曰嚴祖成皇帝，妣曰成莊皇后；趙肅恭王曰肅祖章敬皇帝，妣曰章敬皇后；魏義康王曰烈祖昭安皇帝，妣曰昭安皇后；周安成王曰顯祖文穆皇帝，妣曰文穆皇后；忠孝太皇曰太祖孝明高皇帝，妣曰孝明高皇后。

天授二年（691）

正月辛巳（九日），納武氏神主於太廟；唐長安太廟，更命曰享德廟。四時唯享高祖、太宗、高宗，餘室皆閉。改長安崇先廟為崇尊廟，以享武氏祖考，其享祀如太廟之儀。

正月乙酉（十三日），大享明堂，祀昊天上帝，百神從祀，武氏祖宗配饗，唐三帝亦同配。

正月己亥（廿七日），廢唐興寧、永康、隱陵署官，唯酌量安置守戶。

二月甲子（廿二日），武則天命始祖墓曰德陵，睿祖墓曰喬陵，嚴祖墓曰節陵，肅祖墓曰簡陵，烈祖墓曰靖陵，顯祖墓曰永陵，改其父章德陵為昊陵，其母顯義陵為順陵。咸陽因順陵在其界，升為赤縣。

八月壬子（十四日），姜行本之子姜遐薨於東都明義里，年四十。十月十日，葬昭陵神跡鄉之舊塋。

長壽二年（693）

正月癸巳（三日），李成器生母劉氏與玄宗生母竇氏朝武則天於洛陽嘉豫殿，同時被殺，瘞於宮中，無人知其葬處。

八月辛酉（四日），乾陵宿衛左千牛衛將軍龐同本薨於留守所，年六十九。

九月庚子（十四日），武則天追尊其曾祖昭安皇帝為渾元昭安皇帝，祖父文穆皇帝為立極文穆皇帝，父親孝明高皇帝為無上孝明高皇帝；皇后從帝號。

天冊萬歲元年（695）

正月庚子（十六日），武則天以明堂火告廟。

十二月甲午（廿一日），武則天封嵩山回，親謁太廟。

萬歲通天元年（696）

一月己巳（廿六日），改長安武氏崇尊廟為太廟（垂拱四年正月立崇先廟，以享武氏祖考；天授二年正月改稱崇尊廟，禮視如太廟；今改為太廟）。

是月，改太廟署為清廟臺，加官員，崇其班秩。

神功元年（697）

正月，乾陵令獨孤思貞卒於乾陵衙署官舍，年五十六。

七月，武攸宜破契丹凱還，欲詣闕獻俘。內史王及善以為將軍入城，例有軍樂，但今為武則天生父武士彟忌月，請備而不奏。王方慶奏曰：臣按禮經，但有忌日，而無忌月。軍樂是軍容，與常不等，臣謂振作於事無嫌。

聖曆元年（698）

四月庚寅（一日），武則天祀太廟。

聖曆二年（699）

三月甲戌（十九日），以隋、唐為二王後。

四月，武則天親祀太廟，曲赦東都城內。

九月庚子，文昌左相王及善薨，年八十二。贈益州大都督，諡曰貞，陪葬乾陵。（王及善卒日《資治通鑑》卷二〇六記為九月庚子，是月無庚子。《舊唐書》卷六記為十月乙亥，但十月也無乙亥日，而十月十四日為庚子。）

久視元年（700）

是年，制曰：「吉凶禮儀，國家所重，司禮博士，未甚詳明。成均司業韋叔夏、太子率更令祝欽明等，博涉禮經，多所該練，委以參掌，冀弘典式。自今司禮所修儀註，並委叔夏等刊定訖，然後進奏。」

神龍元年（705）

正月癸亥（廿二日），皇太子率左右羽林軍桓彥範、敬暉等，入禁中誅張易之與弟張昌宗。甲辰（廿三日），皇太子監國，改享德廟依舊為京太廟，命地官侍郎樊忱往長安告廟陵。己巳（廿四日），武則天傳皇帝位於皇太子。丙午（廿五日），中宗復位。戊申（廿七日），上后號曰則天大聖皇帝。

二月甲寅（四日），復國號依舊為唐。老君依舊為玄元皇帝。

三月辛巳（二日），追復故司空、英國公李勣官爵，令所司為其起墳改葬。

四月戊寅（廿九日），追贈故邵王李重潤為懿德太子。

五月壬午（四日），遷武氏七神主於西京崇尊廟。乙酉（七日），以東都武氏故廟為唐太廟，於是東西二都皆有廟，歲時並享。

五月戊子（十日），制依舊以周、隋為二王後。

五月，復清廟臺為太廟署。

八月壬戌（十五日），中宗追冊妃趙氏為恭皇后，孝敬皇帝妃裴氏為哀皇后。

八月乙亥（廿八日），中宗躬行享獻之禮，祔太祖景皇帝、懿祖光皇帝、世祖元皇帝、高祖神堯皇帝、太宗文武皇帝、高宗天皇大帝、義宗孝敬皇帝神主於東都太廟。初，欲以涼武昭王為始祖，以備七代之數。太常博士尹知章、張齊賢等以武昭王非王業所創，奏議不可。遂以孝敬皇帝為義宗，列於廟為七室。西京太廟亦如之。

九月，下詔改葬韋皇后父、上洛王韋玄貞，其儀皆如太原王故事。

十一月戊寅（二日），加皇帝尊號曰應天，皇后尊號曰順天。壬午（六日），皇帝、皇后親謁太廟，告受徽號之意。

十一月壬寅（廿六日），武則天崩於洛陽上陽宮，年八十二。上居諒陰，以魏元忠攝塚宰三日。

十二月，給事中嚴善思上疏：「乾陵玄宮以石為門，鐵鍸其縫，今啟其門，必須鑴鑿。神明之道，體尚幽玄，動眾加功，恐多驚黷。況合葬非古，漢時諸陵，皇后多不合葬，魏、晉已降，始有合者。望於乾陵之傍更擇吉地為陵，若神道有知，幽塗自當通會；若其無知，合之何益！」中宗不納。

神龍二年（706）

正月丙申（廿一日），武則天靈駕還西京。駙馬都尉王同皎與周憬等潛謀以靈駕發引日誅武三思。但李悛等告密，三思反誣同皎等謀反，中宗信之，斬同皎於都亭驛前。

二月乙亥（一日），敕：停許敬宗配饗高宗廟庭。

二月，太常博士彭景直上疏，以為諸陵每日奠祭，乖於古禮。中宗謂曰：「乾陵宜依舊朝晡進奠，昭、獻二陵，每日一進，必若所司供辦辛苦，可減朕膳，以為常式。」

四月乙酉（十二日），詔贈韋后父故上洛郡王韋玄貞為酆王，諡文獻，號廟曰褒德，陵曰榮先，陵置六品令、八品丞各一員，給百戶掃除。韋后之弟韋洵贈吏部尚書、汝南郡王，韋浩贈太常卿、武陵郡王，韋洞贈衛尉卿、淮陽郡王，韋泚贈太僕卿、上蔡郡王，陪葬榮先陵。

四月丙申（廿三日），懿德太子梓宮啟自洛邑，聘國子監丞裴粹亡女為冥婚，陪葬乾陵。

五月庚申（十八日），葬則天大聖皇后於乾陵。崔融撰武后哀冊，絕筆而死。

五月庚申（十八日），永泰公主李仙蕙與故駙馬都尉武延基陪葬乾陵。

七月壬寅（一日），雍王李賢靈柩遷於巴州，令陪葬乾陵。敕廟號陟岡，嗣雍王守禮奏請安國相王書額。

十月己卯（九日），中宗車駕還京師。改長安武氏崇尊廟為崇恩廟。

　　是年，高宗第四子、許王李素節追故封，又贈開府儀同三司、許州刺史，以禮改葬，陪於乾陵。

景龍元年（707）

　　正月庚子（一日），因則天皇后喪，不受朝會。

　　正月己巳（三十日），遣武攸暨、武三思往乾陵祈雨於則天皇后。

　　二月丙戌（十七日），武攸暨、武三思詣乾陵祈雨，既而雨降，中宗制武氏崇恩廟依舊享祭，仍置五品令、七品丞，其昊陵、順陵置令、丞如廟。

　　二月甲午（廿五日），褒德廟、榮先陵置六品令、八品丞。又詔崇恩廟齋郎取五品子充。太常博士楊孚曰：「太廟皆取七品已下子為齋郎，今崇恩廟取五品子，未知太廟當如何？」中宗命太廟亦準崇恩廟。孚曰：「以臣準君，猶為僭逆，況以君準臣乎！」乃止。

　　七月庚子（五日），太子李重俊率羽林千騎兵三百餘人，誅武三思、武崇訓，遂引兵自肅章門斬關而入。中宗登玄武樓臨軒諭之，眾遂散去，重俊出奔至鄠縣。辛丑（六日），李重俊為左右所殺。中宗以其首獻太廟及祭三思、崇訓之柩，然後梟之朝堂。安樂公主請用永泰公主故事，以崇訓墓為陵，因給事中盧粲據理反對，未能得逞。

　　九月甲辰（九日），特進魏元忠因受李重俊通謀牽連，左授務川尉。元忠至涪陵，卒，年七十餘。景龍四年（710），睿宗詔其陪葬定陵。

　　十一月壬寅（八日），武三思陪葬順陵。

景龍二年（708）

　　二月庚寅（廿七日），贈兵部尚書房仁裕之子、贈左金吾衛大將軍、章懷太子岳父房先忠陪葬於昭陵房仁裕之舊塋。房仁裕墓在禮泉縣煙霞鎮嚴峻村東南近 1000 米處，房先忠墓亦當在附近。

　　三月甲辰（十一日），敕：「諸陵所使來往，宜令所支，預料所須，送納陵署。仍令署官檢校，隨事供擬，不得差百戶私備支承。」

　　三月，右臺侍御史唐紹上書：「望停四季及忌日、降誕日並節日起居陵使。但准二時巡陵。」中宗手敕曰：「乾陵歲冬至、寒食以外使，二忌以內使朝奉。

它陵如紹奏。」

十一月己未（一日），韋后三弟、淮陽王韋洞陪葬於榮先陵。韋洞墓位於長安區南里王村西，1959 年出土的〈大唐贈並州大都督淮陽王韋君墓誌銘〉。

十一月壬申（十四日），韋后長弟、汝南王韋泂陪葬於京城南韋曲之榮先陵。二十世紀九十年代初出土李嶠奉敕撰〈大唐贈益州大都督汝南王韋君墓誌銘〉。

景龍三年（709）

三月癸酉（十六日），太常博士唐紹以武氏昊陵、順陵置守戶五百，數同昭陵，梁宣王武三思、魯忠王武崇訓墓守戶多於親王五倍，韋氏褒德廟衛兵多於太廟，上疏請量裁減，疏奏不納。

六月戊申（廿三日），右僕射、同中書門下三品楊再思薨於勝業里之私第。贈特進、並州大都督，謚曰恭，陪葬乾陵。

十一月甲戌（廿二日），開府儀同三司、平章軍國重事豆盧欽望薨於長安頒政里私第，年八十六。贈司空、並州大都督，謚曰元，翌年二月二十八日陪葬乾陵。

景雲元年（710）

六月壬午（二日），安樂公主與韋后合謀進鴆，毒殺中宗於神龍殿，年五十五。皇后秘不發喪，矯詔立溫王李重茂為皇太子。甲申（四日），發喪於太極殿，宣遺制。皇太后臨朝，大赦，改元唐隆。丁亥（七日），太子李重茂即帝位於柩前，時年十六。

六月庚子（廿日）夜，臨淄郡王李隆基率萬騎兵入北軍討亂，誅韋后、安樂公主及韋巨源、馬秦客、駙馬都尉武延秀、光祿少卿楊均等。

六月甲辰（廿四日），李重茂禪位睿宗，復以重茂為溫王。

七月丙辰（七日），則天大聖皇后依舊號為天后。追謚雍王李賢為章懷太子，庶人李重俊曰節愍太子。

七月甲子（十五日），右僕射許國公蘇瑰、兵部尚書姚元之、吏部尚書宋璟、右常侍判刑部尚書岑羲並充使冊定陵。

七月乙亥（廿六日），廢武氏崇尊廟，去昊陵、順陵陵號。追削武三思、武崇訓爵謚，斫棺暴屍，平其墳墓。

九月丁卯（十九日），百官上謚曰孝和皇帝，廟號中宗。

十月戊寅（一日），節湣太子梓宮自鄠杜，陪葬定陵。

十月甲申（七日），禮儀使姚元之、宋璟奏：「大行皇帝神主，應祔太廟，請遷義宗神主於東都，別立廟。」從之。

十月乙未（十八日），追復天后尊號為大聖天后。

十月丁酉（廿日），招和思皇后趙氏魂歸於仙靈宮寢殿。

十月癸卯（廿六日），出義宗神主於太廟正殿，暫入太廟夾室安置。擬於東都從善里建廟以奉其神主。

十一月己酉（二日），葬孝和皇帝於定陵。工部侍郎徐彥伯撰哀冊文。韋后有罪，不宜祔葬。追謚故英王妃趙氏曰和思皇后，求其瘞，無人知曉，乃以褋衣招魂，覆以夷衾，祔葬定陵。

是年，太宗第十四子、曹王李明喪柩自黔州歸於京師，陪葬昭陵。

是年，追贈睿宗皇后劉氏之父劉延景為尚書右僕射，陪葬乾陵。

景雲二年（711）

正月丁未（一日），睿宗以中宗方葬，不受朝賀。

正月乙丑（十九日），睿宗追贈李成器生母劉氏曰肅明皇后，陵曰惠陵；李隆基生母竇氏曰昭成皇后，陵曰靖陵。不知葬處，皆招魂葬於洛陽城南。

四月甲辰（廿九日），作玄元皇帝廟。

五月庚戌（六日），因太平公主所請，復武氏昊陵、順陵，酌量安置官屬。

六月庚寅（十六日），章懷太子妃清河房氏薨於京興化里之私第，年五十四。十月十九日窆於太子之舊塋。

先天元年（712）

正月辛未（一日），睿宗親謁太廟。

正月癸酉（三日），睿宗始釋慘服，御正殿受朝賀。

六月乙卯（十七日），追號則天皇后曰天后聖帝。

八月庚子（三日），睿宗傳位於皇太子李隆基，自稱太上皇帝。

八月壬寅（五日），追號天后聖帝為聖后。

十月庚子（四日），玄宗享於太廟，大赦。

十月壬寅（六日），祔昭成皇后、肅明皇后神主於長安親仁坊儀坤廟。

開元元年（713）

七月己丑（廿八日），制削武士矱帝號，依舊追贈太原王，妻楊氏亦削后號，依舊為太原王妃。昊陵、順陵並稱太原王及妃墓。

開元二年（714）

三月甲辰（十七日），貶表州刺史韋安石為沔州別駕，至沔州，姜晦又奏其嘗檢校定陵，盜隱官物，下州征贓。安石憤恚而卒。

四月辛未（十五日），停諸陵供奉鷹犬（高宗時置）。

七月丁未（廿二日），房州刺史、襄王李重茂薨，年十七，追諡曰殤皇帝。

十一月辛卯（七日），葬殤帝於武功西原。（七日辛卯為《資治通鑑》卷二一一所記，《舊唐書》卷八記為六日庚寅）

是年夏，敕，靖陵建碑，韋湊、蘇頲等以自古園陵無建碑之禮，又遇大旱，飛表極諫，工役乃止。

開元三年（715）

初，隱、章懷、懿德、節湣四太子並建陵廟，分八署，置官列吏卒，四時祠官進饗。右拾遺陳貞節奏請將祭祀交於其子孫，自修其事。禮部尚書鄭惟忠等二十七人議稱：「隱太子等四廟，請祠如舊。陵廟既在，官不可削，其府史等各請減半。」於是四陵廟惟減吏卒半，其他如舊。

開元四年（716）

正月丁亥（十日），宋王李成器避昭成皇后尊號，改名憲，申王李成義改

名捻。

六月癸亥（十九日），太上皇帝崩於百福殿，年五十五。時睿宗實錄留東都，詔吳兢馳驛取進梓宮。

七月壬辰（十八日），太常博士陳貞節、蘇獻以太廟七室已滿，請遷中宗神主於別廟，奉睿宗神主祔太廟。從之。

八月乙巳（二日），敕儀坤廟隸入太廟，不置官屬。立中宗廟於長安太廟之西，洛陽太廟之北。

八月壬子（九日），敕，肅明皇后依舊於儀坤廟安置。初，欲同祔肅明、昭成皇后神主於太廟睿宗室，太常博士陳貞節等據理反對，惟留肅明神主於儀坤廟。

八月庚申（十七日），昭成皇太后梓宮啟自靖陵，將陪葬橋陵。玄宗遣使設祭於行宮。

十月庚午（廿八日），葬太上皇於橋陵。諡曰大聖元真皇帝，廟號睿宗。紫微侍郎蘇頲撰哀冊文。改同州蒲城縣為奉先縣，以奉橋陵，隸京兆府。

十一月丁亥（十五日），遷中宗神主於中宗廟。

十一月戊子（十六日），睿宗、昭成皇后神主祔於太廟。

十二月，太常卿姜皎與禮官陳貞節等上表曰：「太廟中則天皇后配高宗，題云『天皇聖帝武氏』。神龍之初，已去帝號，除『聖帝』之字，直題云『則天皇后武氏』。」從之。

開元五年（717）

正月壬寅（一日），玄宗以睿宗喪，不受朝賀。

正月癸卯（二日），太廟四室壞，遷神主於太極殿，素服避正殿，輟朝五日。己酉（八日），玄宗享於太極殿。

正月辛亥（十日），玄宗行幸東都。初，將幸東都，而太廟屋壞，玄宗問宰相，宋璟、蘇頲同對曰：「三年之喪未終，不可以行幸。陛下宜停東巡，修德以答至譴。」姚崇對曰：「臣聞隋取符堅故殿以營廟，而唐因之。且山有朽壤乃崩，況木積年而木自當蠹乎。且陛下以關中無年，因以幸東都，請車駕如

行期。舊廟難複宗，盍奉神主舍太極殿？更作新廟，申誠奉，大孝之德也。」
玄宗曰：「卿言正契朕意。」

十月癸酉（七日），伊闕人孫平子上言：「今遷中宗於別廟而祀睿宗，若
以兄弟同昭，則不應遷兄置於別廟。願下群臣博議，遷中宗入廟。」太常博士
陳貞節、馮宗、蘇獻議為：「七代之廟，不數兄弟……今睿宗之室當亞高宗，
故為中宗特立別廟。中宗既升新廟，睿宗乃祔高宗，何嘗躋居中宗之上？」玄
宗以為然。

十月丙子（十日），京師修太廟成。戊寅（十二日），祔神主於太廟。

十一月乙卯（十九日），定陵寢殿火。（此為《新唐書》卷三十四所記，《新
唐書》卷五記去年十二月乙卯十三日火）

開元六年（718）

正月丙申（一日），玄宗以未經大祥，不受朝賀。

正月辛酉（廿六日），將作大匠韋湊上疏，孝敬皇帝神主已暫遷太廟夾室，
將建別廟侍奉，請以本諡孝敬為廟稱。於是停義宗之號。

正月辛酉（廿六日），太宗第八子、越王李貞陪葬昭陵。李貞墓位於禮泉
縣興隆村東，1972 年 9 月出土的〈大唐故太子少保豫州刺史越王墓誌銘〉記載：
「以垂拱二年九月十一日遇害，薨於州館，年六十二……以開元五年五月廿日
舊封建，諡曰敬。王以開元六年正月廿六日詔陪葬於昭陵，禮也 。」

六月乙酉（廿二日），敕，侍中、譙國公桓彥範，侍中、平陽湣王敬暉，
中書令、漢南郡王張柬之，贈太尉、博陸文獻王崔元暐，中書令、南郡王袁恕
己配饗中宗廟庭。

六月丙戌（廿三日），敕，贈司空、許文貞公蘇瑰，尚書左丞相、徐文獻
公劉幽求配饗睿宗廟庭。

十月，睿宗喪畢，祫享於太廟。自後又相承三年一祫，五年一禘，各自計
年，不相通數。

十月，敕睿宗廟奏〈景雲〉之舞。

十一月丙申（六日），玄宗還京，行親祔之禮。時有司撰儀註，以祔祭之

日車駕發宮中，玄宗謂宋璟、蘇頲曰：「祭必先齋，所以齊心也。據儀註，祭之日發大明宮，又以質明行事，縱使侵星而發，猶是移辰方到，質明之禮，其可及乎？又朕不宿齋宮，即安正殿，情所不敢。宜於廟所設齋宮，五日赴行宮宿齋，六日質明行事，庶合於禮。」璟等稱聖情深至，請即奉行。詔有司改定儀註。六日，玄宗自齋宮步詣太廟，入自東門，就立位。樂奏九成，升自阼階，行裸獻之禮。至睿宗室，俯伏嗚咽，侍臣莫不流涕。

開元七年（719）

十月癸巳（九日），祔孝敬皇帝神主於東都從善里來庭縣廨新廟。

開元八年（720）

正月甲寅（一日），皇太子加元服；乙卯（二日），皇太子謁太廟。

二月，玄宗第十五子、懷哀王李敏薨，未滿周歲，權窆於景龍觀。天寶十三載（754），改葬京城南，以祔其母貞順皇后敬陵。

四月癸未（一日）敕：「諸陵主衣、主輦、主藥，每色各八員，分為四番季上，其考第，仍隸太常寺。其陵署若更有執掌，亦於此三色內通融驅使。」

五月甲戌（廿二日），契苾氏終於居德里私第，年六十六。翌年二月廿五日歸厝陪於昭陵舊塋。契苾氏墓位於禮泉縣興隆村，1973 年 4 月出土〈唐故契苾夫人墓誌銘〉。契苾氏，鎮軍大將軍、涼國公契苾何力之第六女，右金吾將軍、常山縣公史氏之妻。其夫先逝，據誌文「仰惟同穴之義，敬遵合祔之典」「陪於昭陵舊塋」，當係與夫合葬。

六月己酉（廿八日），贈秦州都督李思訓陪葬橋陵。

開元十年（722）

正月，制，今中宗神主，猶居別處，詳求故實，當寧不安，移就正廟，用章大典。仍創立九室，宜令所司擇日啟告移遷。

七月庚寅（廿一日），執失善光薨於洛陽私第，年六十。翌年二月十三日陪葬於昭陵。執失善光墓位於禮泉縣興隆村南，1976 年 7 月出土〈大唐朔方公執失府君墓誌銘〉。

開元十一年（723）

三月庚午（五日），玄宗還京師，下制曰：「宜用八月十九日祗見九室。」於是追尊宣皇帝為獻祖、光皇帝為懿祖。復遷獻祖於正室，並還中宗神主於太廟。

四月丙辰（廿二日），遷祔中宗神主於太廟。（此日期為《舊唐書》卷八所記，《新唐書》卷五和《唐會要》卷十二記為五月一日乙丑。）長安中宗廟，毀拆之；洛陽中宗廟，移孝敬神主祔焉。從善里孝敬舊廟，亦令毀拆。

八月戊申（十五日），獻祖宣皇帝祔於太廟九室。玄宗將親祔之，而遇雨不克行，乃命有司行事。

開元十二年（724）

八月辛巳，睿宗第五女、涼國公主李㛍薨於京邸永嘉里第，年三十八。其年十一月廿六日，陪葬於橋陵。（「辛巳」出自《全唐文》卷二百五十八〈大唐涼國長公主神道碑〉，但八月無辛巳）

十月，玄宗廢后王氏卒。詔令以一品禮葬於無相寺。

十一月辛巳（廿五日），睿宗次子、司徒申王李捴薨，贈諡惠莊太子。陪葬橋陵。（廿五日辛巳為《資治通鑑》卷二一二所記，《舊唐書》卷八記為廿四日庚辰）

開元十三年（725）

二月庚午（十六日），睿宗第七女、鄎國公主薨於河南縣之修業里，年三十七。四月陪葬橋陵。

開元十四年（726）

四月丁卯（十九日），睿宗第四子、岐王李範病薨。冊贈惠文太子。五月十九日，陪葬橋陵。

七月甲辰（廿九日），敕：「宗廟祭享，籩、豆宜加獐、鹿、鶉、兔、野雞等料，夏秋供臘，春冬供鮮。仍令所司祭前十日，具數申省，準料令殿中省供送。」

開元十五年（727）

二月戊午（十五日），敕：「享宗廟，差左右丞相、尚書、嗣王、郡王攝三公行事，若人數不足，通取諸司三品以上長官。自餘祭享，差諸司長官及五品已下清官。」

二月丁卯（廿四日），敕：「每年春秋二時，公卿巡陵，初發準式。其儀仗出城，欲至陵所十里內，還具儀仗。所須馬，以當界府驛馬充。其路次供遞車兩，來載儀仗，推轂三十人，餘差遣並停。所司別供，須依常式。」又敕：「宣皇帝、光皇帝陵，以縣令檢校，州長官歲一巡。」

七月戊寅（八日），虢莊王李鳳孫嗣虢王李邕薨於東都嘉善里之私第，年五十。十二月廿九日，祔富平縣宜成原李鳳之塋。李邕與夫人合葬墓位於富平縣呂村西北 300 米處、西南距李鳳墓 250 米處，2004 年 3 月出土〈大唐故嗣虢王墓誌銘〉、〈唐故虢王妃扶餘氏誌銘〉。開元廿六年（738）八月九日，其夫人薨於崇賢之王第，年四十九，十一月十六日合葬先王之塋。

開元十七年（729）

三月甲寅（廿四日），朔方節度使、信安王李禕攻克吐蕃石堡城，獻俘於太廟。

四月庚午（十日），禘於太廟。唐初，祫則序昭穆，禘則各祀於其室。至是，太常少卿韋紹等奏「如此，禘與常饗不異；請禘祫皆序昭穆。」從之。

六月壬戌（三日），劉仁軌之子劉濬薨於道政里之私第，年七十九。翌年五月十九日，合葬於文獻公劉仁軌陪乾陵之舊塋西次。1960 年乾縣楊家窪村村民犁地時發現〈大唐故劉府君墓誌銘〉，可確定劉濬墓東邊的封土、即距楊家窪村西北 300 米處的墓葬為劉仁軌墓。是據永泰公主、章懷太子、懿德太子、薛元超、李謹行墓之後確定具體位置的第六座乾陵陪葬墓。

十一月庚寅（四日），玄宗享於太廟，告巡陵。辛卯（五日），玄宗車駕發京師。丙申（十日），玄宗拜橋陵。制奉先縣同赤縣，以所管萬三百戶供陵寢，三府兵馬供宿衛，曲赦縣內大辟罪已下。至金粟山，觀岡巒有龍盤鳳翔之勢，謂左右曰：「吾千秋後，宜葬於此地。」戊戌（十二日），拜定陵。己亥（十三日），拜獻陵。壬寅（十六日），拜昭陵。又令寢宮門外設奠，以祭陪陵功臣

將相蕭瑀、房玄齡等數十人。乙巳（十九日），拜乾陵。戊申（廿二日），玄宗車駕還宮。大赦天下，流移人並放還，左降官移近處。百姓無出今年地稅之半。每陵取側近六鄉供陵寢。

是年，肅宗生母楊氏薨，葬細柳原。

開元十八年（730）

九月己未（八日）敕：「緣祫享孝敬神主，當廟自為享祭。」

開元十九年（731）

五月壬戌（十五日），五嶽各置老君廟。

開元二十年（732）

五月辛亥（九日），金仙長公主薨於洛陽道德坊開元觀，年四十四。開元廿四年（736）七月四日，啟舊塋而自洛陽陪於橋陵。金仙長公主墓位於蒲城縣武家村北，1974年發掘出土〈大唐故金仙長公主誌石之銘〉。（九日辛亥為《舊唐書》卷八所記，〈大唐故金仙長公主誌石之銘〉記薨於十日辛巳，檢曆書十日為壬子，不取。）

開元廿一年（733）

正月乙巳（六日），玄宗特令遷肅明皇后神主祔於睿宗之室，毀舊儀坤廟為肅明觀。

二月庚午（二日），敕：「宗廟所奉，尊敬之極，因以名署，情所未安。宜令禮官，詳擇所宜奏聞。」至五月十六日，太常少卿韋縚奏曰：「謹按經典，竊尋令式，宗廟享薦，皆主奉常，別置署司，事非稽古。其太廟署望廢省，本寺專奉其事。」太廟隸太常寺之緣由。

二月戊寅（十日），敕：「太廟九室，室長各三人，於見任齋郎中揀擇有景行、諳閑儀註者，送名禮部奏補，仍給廚食，滿十年與官。」

開元廿二年（734）

正月辛巳（十八日），敕：「宗廟致享，務在豐潔；禮經沿革，必本人情。籩、豆之薦，或未能備物。宜令禮官、學士詳議具奏。」韋縚奏：「請每室加籩、

豆各六，每四時異品，以當時新果及珍羞同薦。」制可之。又酌獻酒爵，玄宗令用龠升一升，合於古義，而多少適中。自是常依行焉。

正月，詔：「古聖帝明王、嶽瀆海鎮，用牲牢，餘並以酒脯充奠祀。」

四月，廢太廟署，以太常寺奉宗廟。少卿一人知太廟事。

六月廿九日（戊午），睿宗第四女、代國公主李華薨於河南修業里第，年四十八。翌年二月三日陪葬橋陵。

七月己巳（十日），睿宗第五子、薛王李業薨。贈諡惠宣太子，八月二日陪葬橋陵。

七月乙酉（廿六日），敕：「贈太子頃年官為立廟，並致享祀，雖欲歸厚，而情且未安。蒸嘗之時，子孫不及，若專令官祭，是以疏間親，遂此為常，豈為敦孝？其諸贈太子有後者，但官置廟，各令子孫自主祭，其署及官悉停。若無後者，宜依舊。」

開元廿三年（735）

正月丁丑（廿日），敕：「自今已後，有大祭，宜差丞相、特進、少保、少傅、尚書、賓客、御史大夫攝行事。」

四月，敕：「獻、昭、乾、定、橋、恭六陵，朔望、上食，歲冬至、寒食日，各設一祭。如節祭共朔、望日相逢，依節祭料。橋陵除此日外，仍每日進半口羊食。」

十二月甲寅（三日）敕：「諸陵使至先立封，封內有舊墳墓，不可移改。自今以後，不得更有埋葬。」

開元廿五年（737）

正月辛巳（七日）敕：「諸陵廟並宜隸宗正寺，其齋郎遂司封補奏。」濮陽王李徹為宗正卿，恩遇甚厚，建議以宗正司屬籍，乃請以陵寢、宗廟隸宗正。

七月庚辰（八日），敕：「太廟每至五饗之日，應攝三公，令中書門下及丞相、師傅、尚書、御史大夫、嗣王、郡王中揀擇德望高者通攝，餘司不在差限。」

十二月丙午（七日），惠妃武氏薨於興慶宮前院，年四十餘。移殯春宮麗正殿之西階。丁巳（十八日）追諡為貞順皇后。時慶王琮等請製齊衰之服，有司請以忌日廢務，玄宗皆不許。

十二月八日（丁未），御史大夫李適之，李承乾之孫也，以才幹得幸於玄宗，數為承乾論辯，詔贈李承乾恆山湣王，陪葬昭陵。

是年，李憲第五子、同安郡王李珣薨，贈太子少保。葬事官給，陪葬橋陵。

開元廿六年（738）

二月己未（廿一日），葬貞順皇后於敬陵（廿一日己未為《資治通鑑》卷二一四所記，《舊唐書》卷九記為廿二日庚申）。立廟於京中昊天觀南，乾元之後，享祀乃停。

五月丙申（廿九日），李承乾與妃蘇氏陪葬於昭陵柏城內，西北去陵十八里。從承乾而葬者六人，分別為：承乾長子李象、李象子李玭、李靜；承乾次子李厥、李厥子李昶、李旭。李承乾墓位於禮泉縣東周新村西，1972 年 10 月出土〈唐故恆山王墓誌銘〉。

六月，幽州節度使副大使張守珪大破契丹林胡，遣使獻捷，擇日告廟。

十一月丙申（二日），故宗正卿李道堅薨，贈禮部尚書，諡曰貞，陪葬獻陵。其墓位於富平縣朱家道村南約 500 米處，距獻陵東北約 1.7 公里，2017 年出土〈大唐故宗正卿贈禮部尚書嗣魯王墓誌〉，記其「薨於宣陽之私第，年五十四。」

開元廿七年（739）

二月己巳（七日），制：「宗廟致敬，必先於如在，神人所依，無取於非族。其應太廟五享，宜於宗子及嗣王、郡王中揀擇有德望者，令攝三公行事。其異姓官，更不須令攝。」

二月，蓋嘉運俘吐火仙骨啜獻太廟。

八月壬申（十二日），敕：「古者分命公卿，巡謁陵寢，率皆乘輅，以備其儀……宜令太僕寺司，每陵各支輅兩乘，並儀仗等，送至陵所貯掌，既免勞煩，無虧肅敬。其公卿出城日如常儀，至陵所準此。」

十月，初，睿宗喪既除，祫於太廟；自是三年一祫，五年一禘。是歲，夏

既禘，冬又當祫。太常議以為祭數則瀆，請停今年祫祭，自是通計五年一祫、一禘。從之。

開元廿八年（740）

四月丁巳（一日），寧王李憲妃元氏薨於西京之第，翌年十一月廿四日寧王薨，製冊為讓皇帝，追諡妃為恭皇后。天寶元年（742）五月十七日，合葬惠陵。

七月壬寅（十八日），追尊宣皇帝陵名曰建初，光皇帝陵名曰啟運。準興寧陵例，置署官及陵戶。建初、啟運、興寧、永康四陵，每年四時八節，委所司判與陵署相知，造食進獻。

八月甲戌（廿日），敕：「幽州節度奏破奚、契丹，宜擇日告廟。」

開元廿九年（741）

正月己丑（七日），詔兩京及諸州各置玄元皇帝廟一所，並置崇玄學。其生徒令習《道德經》及《莊子》、《列子》、《文子》等，每年準明經例舉送；禁厚葬。

六月，太常奏：享太廟也，迎神用〈永和〉之樂；獻祖宣皇帝酌獻用〈光大〉之舞，懿祖光皇帝酌獻用〈長髮〉之舞，太祖景皇帝酌獻用〈大政〉之舞，世祖元皇帝酌獻用〈大成〉之舞，高祖神堯皇帝酌獻用〈大明〉之舞，太宗文皇帝酌獻用〈崇德〉之舞，高宗天皇大帝酌獻用〈鈞天〉之舞，中宗孝和皇帝酌獻用〈太和〉之舞，睿宗大聖貞皇帝酌獻用〈景雲〉之舞。

十一月辛未（廿四日），寧王憲薨，追冊為讓皇帝，其妃元氏為皇后。

天寶元年（742）

正月甲寅（八日），陳王府參軍田同秀言：「玄元皇帝降於丹鳳門通衢，告賜靈符在尹喜之故宅。」玄宗遣使就函谷關尹喜臺西發得之。癸亥（十七日），獻靈寶符於含元殿。置玄元廟於太寧坊西南隅，東都於積善坊臨淄舊邸。

二月辛卯（十五日），玄宗親享玄元皇帝於新廟。甲午（十八日），親享太廟。丙申（廿日），南郊合祭天地，並敕：「自今已後，每有薦新，先獻玄元廟。其緣告享所奏樂，宜令所司詳定奏聞，並差宗正寺官一員及差戶灑埽。兩京崇

玄學各置博士、助教一員，學生一百人，資蔭正同國子學例。每祠享所齋郎，便以學生充當。」

四月，命有司定玄元皇帝廟告享所奏樂，降神用〈混成〉之樂，送神用〈太一〉之樂。

五月辛酉（十七日），讓皇帝李憲同恭皇后元氏合葬於惠陵。既發引，大雨，玄宗詔長子、慶王李琮等涉塗泥，步送十里。立廟於京城啟夏門內立政坊，四時有司行事。

九月丙寅（廿四日）敕：「兩京玄元廟，改為太上玄元皇帝宮，天下準此。」

天寶二年（743）

正月丙辰（十六日），追尊玄元皇帝為大聖祖玄元皇帝。

二月甲戌（四日），以門下侍郎陳希烈兼崇玄館學士。壬午（十二日），敕兩京玄元宮及道院等，並委崇玄館學士都檢校。

三月辛亥（十一日）敕：「自今已後，每聖祖宮有昭告，宜改用卯時已前行禮。」

三月壬子（十二日），玄宗親祠太清宮。改西京太上玄元皇帝宮為太清宮，東京為太微宮，天下諸郡為紫極宮。追尊玄元皇帝父周上御史大夫為先天太上皇，母益壽氏號先天太后；追尊皋陶為德明皇帝，涼武昭王為興聖皇帝，立廟於長安修德坊，每歲四季月享祭。

八月，制：自今已後，每至九月一日，薦衣於陵寢。

九月辛酉（廿五日），譙郡紫極宮宜準西京為太清宮，先天太皇及太后廟亦並改為宮。

天寶三載（744）

三月，兩京及天下諸郡於開元觀、開元寺，以金銅鑄玄元等身天尊及佛各一軀。

四月戊戌（五日）詔：「頃四時有事於太廟，兩京同日告享，雖卜吉辰，俱遵上日，而義深如在，禮或有乖。自今已後，兩京宜各別擇吉日告享。」

四月，敕：「讓皇帝今後四祭，宜為大祀。」

是年，拔悉蜜等殺烏蘇米施，傳首級於京師，獻太廟。

天寶四載（745）

四月甲辰（十七日），敕：「比太清宮行事官，皆具冕服，及奏樂未易舊名，並告獻之時仍陳策祝……自今已後，每太清宮行禮官，宜改用朝服，兼停祝版，改為青詞於紙上。其告獻辭及新奏樂章，朕當別自修撰，仍令所司具議儀註奏聞。」

八月癸巳（八日），睿宗賢妃王芳媚薨，年七十三。十二月七日陪葬橋陵。王賢妃墓位於橋陵東約 5 公里、憲宗景陵正南約 2 公里的西南莊東側，1976 年 8 月出土〈大唐睿宗大聖真皇帝賢妃王氏墓銘〉。

十月丁未（廿三日）詔：「其墳籍中有載玄元皇帝及南華真人舊號者，並宜改正。其餘編錄經義等書，宜以道德經在諸經之首，南華等經不宜編列子書。」

天寶五載（746）

二月乙未（十三日），太清宮使、門下侍郎陳希烈奏：「大聖大祖玄元皇帝以二月十五日降生，既是吉辰，請四月八日佛生日，準令休假一日。」從之。

四月戊戌（十六日）詔：「其已後享太廟，宜料外每室加常食一牙盤，仍令所司，務盡豐潔。」

天寶六載（747）

正月丁亥（十一日），玄宗親享太廟。

正月戊子（十二日），詔：「京城章懷、節湣、惠莊、惠文、惠宣太子，與隱太子、懿德太子同為一廟，呼為七太子廟，以便於祀享。太廟配饗功臣，高祖室加裴寂、劉文靜，太宗室加長孫無忌、李靖、杜如晦，高宗室加褚遂良、高季輔、劉仁軌，中宗室加狄仁傑、魏元忠、王同皎等十一人。大祭祀，騂犢減數。」

八月甲辰（一日），敕：「每年二時，巡謁諸陵，差公卿各一人，奉禮郎一人，右校署令一人。其奉禮郎、右校署令，自今以後宜停。至陵所差縣官及

陵官攝行事。其巡陵儀式，宜令太常寺修撰一本，送令管陵縣收掌，長行需用。仍令博士、助教習讀，臨時贊相，永為常式。」

天寶七載（748）

五月壬午（十三日），以魏、周、隋為三恪。

天寶八載（749）

閏六月丙寅（四日），玄宗朝太清宮，冊聖祖玄元皇帝尊號為聖祖大道玄元皇帝。高祖、太宗、高宗、中宗、睿宗五帝，皆加「大聖」二字；太穆、文德、則天、和思、昭成皇后，皆加「順聖」二字。

閏六月戊辰（六日），敕：「自今已後，每至禘祫，並於太清宮聖祖前設位序昭穆……比來每緣禘祫，時享則停，事雖適於從宜，禮或虧於必備。已後每緣禘祫，其常享以素饌三焚香，以代三獻。」

天寶九載（750）

九月辛卯（六日），處士崔昌上《五行應運曆》，以國家合承周、漢，請廢周、隋不合為二王後。

十一月己丑（四日）敕：「自今已後，每親告獻太清、太微宮及太廟，改為朝獻，有司行事為薦獻，巡陵為朝拜，有司行事為拜陵。告宗廟與祭天地饗祀祝文，改昭告為昭薦，以為告者臨下之制故也。」

十一月辛丑（十六日），立周武王、漢高祖廟於京城，司置官吏。

是年，詔復發韋氏榮先陵而平之。差長安縣尉薛榮先專知。及見銘誌，發塚日月與葬日月同；舊為陵號榮先，又與專知官薛榮先名同。自閉及開，凡四十五年。其中寶玉已盜發罄矣，柩櫬狼狽。

天寶十載（751）

正月壬辰（八日），玄宗朝獻於太清宮。癸巳（九日），親享於太廟。甲午（十日），有事於南郊，合祭天地，禮畢，大赦天下。

正月甲午（十日），制：「自今已後，攝祭薦享太廟，其太尉行事，前一日致齋，具羽儀鹵簿公服引入，親授祝版，仍赴齋所。太廟宜制內官，以備嚴奉，

仍於廟外造一院安置，庶申罔極之恩，無忘事生之禮。宜於舊中宗廟院安置內官，其室長停，不須更補。」

天寶十一載（752）

三月丙午（廿九日），制：今後每月朔望，宜令薦食於太廟，每室一牙盤，仍五日一開室門灑掃。

五月戊申（三日），玄宗長子李琮薨，贈靖德太子，葬於渭水之南細柳原。

天寶十二載（753）

五月己酉（九日），複魏、周、隋為三恪，復封韓、介、酅等公。

五月辛亥（十一日），駙馬都尉張垍為太常卿，得幸，又以太廟諸陵署依舊隸太常寺。齋郎遂屬禮部。

天寶十三載（754）

正月甲辰（八日），太清宮奏：「學士李琪見玄元皇帝乘紫雲，告以國祚延昌。」戊申（十二日），令有司每至春日，太清宮薦獻上香之禮，仍永為常式。

二月壬申（六日），玄宗朝獻於太清宮，加玄元皇帝號曰大聖祖高上大道金闕玄元天皇大帝。癸酉（七日），玄宗朝享於太廟。上高祖謚曰神堯大聖大光孝皇帝，太宗謚曰太宗文武大聖大孝皇帝，高宗謚曰高宗天皇大聖大弘孝皇帝，中宗謚曰中宗太和大聖大昭孝皇帝，睿宗謚曰睿宗玄真大聖大興孝皇帝。

二月，制：獻、昭、乾、定、橋五署，改為臺，令各升一階。自後諸陵，例皆稱臺。永康、興寧二陵稱署如故。

是年，玄宗第十五子、懷哀王李敏改葬京城南，祔其母敬陵。

天寶十四載（755）

十二月辛亥（廿六日），玄宗第六子、榮王李琬薨。贈靖恭太子，葬見子西原。

至德二載（757）

五月庚申（十三日），上皇追冊肅宗母楊妃為元獻皇后。收復長安後，立

廟於太廟之西，四時薦享，皆准太廟一室之儀。

九月癸卯（廿八日），複京師。廣平王入京師，尚書左僕射裴冕告太清宮、郊廟、社稷、五陵，宣慰百姓。肅宗在鳳翔，遣左司郎中李選（「李選」為《新唐書》卷一五三記，《舊唐書》卷一二八記為「李巽」）告宗廟。顏真卿建言：「今太廟為賊毀，請築壇於野，皇帝東向哭，然後遣使。」不從。

十月丁卯（十三日），肅宗入長安。宗廟為賊所焚，設次光順門外，向廟而哭，輟朝三日。

十一月丙子（二日），復以陵廟隸宗正寺。

十一庚寅（十六日），新作九廟神主，於長樂殿安置，肅宗親享之。（十六日庚寅為《資治通鑑》卷二二〇記，《新唐書》卷六記為二十六日庚子）

十二月丁未（四日），太上皇玄宗自蜀至京師，詣長樂殿謁九廟神主。

乾元元年（758）

四月辛亥（十日），太廟成，備法駕自長樂殿迎九廟神主入太廟。甲寅（十三日），肅宗親享於太廟，有事於南郊祀昊天上帝。

四月己巳（廿八日），宗正卿李遵奏：「每室準格各置室長三人，至十年並皆與官。中間李彭奏停，伏望準格更置。」敕旨依。

乾元二年（759）

十一月壬辰（廿九日），肅宗親饗太廟。

上元元年（760）

六月甲申（廿六日），肅宗第十二子、興王李佋薨，年八歲。八月三十日，冊贈皇太子，諡號恭懿。十一月四日，葬長安之高陽原。

十一月，李光弼攻懷州，百餘日乃拔，生擒安太清、楊希仲，送之京師，獻俘太廟。

上元二年（761）

二月，禮儀使、太常卿杜鴻漸奏議曰：「讓帝、七太子廟等，停四時享獻，

每至禘祫之月，則一祭焉。樂用登歌一部，時獻俎樽之禮，同太廟一室之儀。」

九月，詔：「圓丘方澤，依恆存一太牢。皇廟諸祠，臨時獻熟。」今昊天上帝、太廟，一牢，羊豕各三，餘祭盡隨事辦供以備禮。明火、棧飼之禮，亦不暇矣。

寶應元年（762）

正月甲申（三日），肅宗追尊靖德太子琮為奉天皇帝，妃竇氏為恭應皇后。丁酉（十六日），葬奉天皇帝於齊陵。

正月丙戌（五日），盜發敬陵、惠陵。

四月甲寅（四日），上皇玄宗崩於神龍殿，年七十八。乙卯（五日），發哀於太極殿，蕃官剺面割耳者四百餘人。丙辰（六日），命苗晉卿攝塚宰，固讓曰：「大行遺詔，皇帝三日聽政，稽祖宗故事，則無塚宰之文，奉遺詔則宜聽朝。惟陛下順變以幸萬國。」肅宗不聽。後數日，代宗立，復詔攝塚宰，固辭乃免。

四月丁卯（十七日），肅宗崩於長生殿，年五十二。戊辰（十八日），發喪於兩儀殿，宣遺詔。己巳（十九日），皇太子即皇帝位於柩前，是為代宗。

五月庚寅（十一日），代宗追尊生母吳妃為皇太后。

五月辛卯（十二日），代宗欲守三年之喪，宰臣苗晉卿等三上表請依遺制，方聽政。

五月丁酉（十八日），追復玄宗廢后王氏為皇后，玄宗次子李瑛為皇太子。

六月己酉（一日），百僚臨於西宮，代宗不視朝。自是每朔望皆如之，迄於山陵。凡人臣有事辭見，先臨西宮，然後詣朝。

九月丙申（廿日），貶左僕射、山陵使裴冕為施州刺史。由上月方進京的來瑱接任山陵使。

十月壬戌（十七日），代宗密令刺殺李輔國於其宅，斷其首棄於廁所，斷其右臂，馳祭泰陵，中外莫測。

十二月庚申（十六日），以太祖代高祖，郊祀以配天地。

十二月，群臣以肅宗山陵有期，準禮以先太后祔陵廟。宰臣郭子儀等上表謹請為代宗生母吳太后上尊諡曰章敬皇后。

廣德元年（763）

正月己卯（五日），追諡代宗生母吳氏為章敬皇后。

正月壬寅（廿八日），削山陵使、山南東道節度使來瑱官爵，流放播州，賜死於路。郭子儀代充山陵使。

閏正月己酉（五日），啟大行章敬皇后春明門外故窆，將祔建陵。庚申（十六日），元獻皇太后啟殯於永昌之陵寢，安神於細柳之享宮，將遷祔泰陵。

三月甲辰（一日），因玄宗、肅宗將祔山陵，廢朝。先一日，百僚素服詣延英門。

三月辛酉（十八日），葬玄宗於泰陵。左散騎常侍王縉撰哀冊文。

三月庚午（廿七日），葬肅宗於建陵。兵部侍郎裴士淹撰哀冊文。

四月乙酉（十二日），高力士陪葬泰陵。高力士墓位於蒲城縣山西村西側，1999 年 7—10 月發掘出土〈唐故開府儀同三司贈揚州大都督高公墓誌〉。

四月，遷獻祖、懿祖於夾室，以祔玄宗、肅宗。此前，太祖尚在昭穆位，而今太祖居第一室，禘祫得正其位而東向，而獻、懿二祖則不合食。

六月，有司奏：玄宗廟樂請奏〈廣運〉之舞，肅宗廟樂請奏〈惟新〉之舞。

七月壬子（十一日），改元廣德，大赦。功臣皆賜鐵券，藏名太廟，畫像凌煙閣。

廣德二年（764）

正月甲寅（十六日），禮儀使杜鴻漸奏：「郊、太廟，大禮，其祝文自今已後，請依唐禮，板上墨書。其玉簡金字者，一切停廢。如允臣所奏，望編為常式。」敕曰：「宜行用竹簡。」

二月癸酉（五日），代宗朝獻太清宮；甲戌（六日），親享太廟；乙亥（七日），祀昊天上帝於圜丘。

永泰元年（765）

二月戊寅（十六日），党項寇富平，焚定陵寢殿。

大曆元年（766）

七月戊午（五日）敕：「南郊太廟祭器，令所司造兩副供用，一副貯庫。諸壇廟祭器，更別造一副。諸雜用者，亦宜別造，不得效廟及諸壇祭器。」

七月癸未（三十日），太廟二室芝草生。

十一月甲寅（二日），乾陵令於陵署得赤兔以獻。

大曆二年（767）

正月丁卯（十六日），斬首周智光於皇城之南街。命有司具儀奏告太清宮、太廟及七陵。

八月壬寅（廿五日），太常卿、駙馬都尉姜慶初得罪，賜自盡。敕：「陵廟宜令宗正寺檢校，其齋郎又司封收補聞奏。」初修建陵，詔姜慶初為之使，誤毀連岡，代宗怒，賜死。

大曆三年（768）

五月乙卯（十二日），追諡故齊王李倓為承天皇帝，興信公主亡女張氏為恭順皇后；庚申（十七日），承天皇帝棺槨自彭原遷葬順陵，恭順皇后祔葬。

六月戊子（十六日），承天皇帝祔奉天皇帝廟，同殿異室。

大曆四年（769）

十月辛酉（七日）敕，贈太師、韓文憲公苗晉卿配饗肅宗廟廷。（大曆四年為《唐會要》卷十八所記，《新唐書》卷一四〇、《舊唐書》卷一一三均記為大曆七年事。）

大曆五年（770）

三月丙戌（廿三日），以昭陵皇堂有光，赦京兆、關輔。

大曆八年（773）

四月戊申（三日），乾陵上仙觀天尊殿，有雙鵲銜泥及柴，補殿中縫隙十五處。

五月辛卯（十七日），代宗次子、鄭王李邈薨，殯於內侍省；甲午（廿七日），冊諡李邈曰昭靖太子。

大曆十年（775）

十月丙寅（六日），貴妃獨孤氏薨。帝悼思不已，殯內殿三年不葬；丁卯（七日），追贈貴妃獨孤氏曰貞懿皇后。

十二月乙酉（廿六日），葬昭靖太子於細柳之北原，詔京兆尹黎幹監護喪事。

大曆十三年（778）

七月，將葬貞懿皇后，命起陵寢於章敬寺後，群臣莫敢言，唯右補闕姚南仲上疏曰：章敬寺北，當帝城寅上之地，陛下本命之所在，其可穿鑿興動，而建陵墓乎？代宗方悟。

十月丁酉（廿五日），葬貞懿皇后於莊陵。其女華陽公主大曆九年（774）薨，先葬於城東，地卑濕，至是徙葬，祔於莊陵之園。（十月丁酉為《舊唐書》卷十一所記，《資治通鑑》卷二二五記為八月丁酉。兩月均有丁酉，但七月方議陵事，八月即葬，於情不符，故不取。）

大曆十四年（779）

五月癸卯（三日），代宗始有疾，不視朝；辛酉（廿一日），詔皇太子監國。是夕，代宗崩於紫宸殿，年五十二；壬戌（廿二日），遷代宗神柩於太極殿，發喪；癸亥（廿三日），皇太子即位於太極殿，是為德宗。以郭子儀攝塚宰，充山陵使，李涵充山陵副使，呂渭為判官，顏真卿為禮儀使。

閏五月壬申（三日），貶崔祐甫為河南少尹。初，群臣議喪服，常袞以為：「今遺詔云，『天下吏人，三日釋服。』古者卿大夫從君而服，皇帝二十七日而除，在朝群臣亦當如之。」祐甫以為：「遺詔無臣、庶人之別，是皇帝宜二十七日，而群臣三日也。」相與力爭，聲色凌厲，袞乃奏祐甫率情變禮，請貶潮州刺史，德宗以為太重，出為河南少尹。甲辰（十五日），制，貶常袞為

潮州刺史，以崔祐甫為門下侍郎、同平章事。祐甫至昭應而還，既而群臣喪服竟用袞議。

閏五月戊寅（九日），詔山南枇杷、江南柑橘，歲一貢以供宗廟，餘貢皆停。

六月癸丑（十五日），詔皇族五服等以上居四方者，家一人赴山陵，縣次給食。

六月，制：「應山陵制度，務從優厚，當竭帑藏以供其費。」刑部員外郎令狐峘上疏諫，其略曰：「臣伏讀遺詔，務從儉約，若制度優厚，豈顧命之意邪！」優詔從之。

七月，禮儀使、吏部尚書顏真卿奏：「列聖諡號，文字繁多，請以初諡為定。」兵部侍郎袁傪議：「陵廟玉冊已刻，不可輕改。」罷。傪妄奏，不知玉冊皆刻初諡。

九月，禮儀使顏真卿奏請：元陵除朔、望及節祭外，每日更供半口羊充薦，准祠部式供擬。泰陵、建陵則朔、望及歲、冬至、寒食、伏、臘、社日，各設一祭，每日更不合上食。制曰：「可。」

九月，崔寧入朝，進檢校司空、同中書門下平章事，兼山陵使。

十月，山陵近，禁人屠宰。郭子儀之僕隸潛殺羊，載以入城，右金吾將軍裴諝奏之。

十月庚子（四日），代宗靈駕發引，肅宗、代宗皆喜陰陽鬼神，事無大小，必謀之卜祝。德宗不信，山陵但取七月之期，事集而發，不復擇日。德宗號送於承天門，見輼輬不當道，稍指午未間。問其故，有司對曰：「陛下本命在午，故不敢當道」，上號泣曰：「安有枉靈駕而謀身利。」卒命直午而行；己酉（十三日），葬睿文孝武皇帝於元陵，廟號代宗，中書侍郎崔佑甫撰哀冊文。

十月，代宗神主將祔。禮儀使顏真卿議：「太祖、高祖、太宗皆不毀，而代祖元皇帝當遷。」於是，遷元皇帝而祔代宗。代宗廟樂請奏〈保大〉之舞。

十二月，有司言：「孝敬皇帝尊非正統，且不列於昭穆，今廟廢而主存，請毀之。」遂瘞主於廟。

建中元年（780）

正月己巳（三日），德宗朝獻太清宮。庚午（四日），親享太廟。辛未（五日），有事於南郊，大赦。

三月丙寅（一日），禮儀使上言：「東都太廟闕木主，請造以祔。」初，武后於東都立高祖、太宗、高宗三廟。至中宗已後，兩京太廟，四時並饗。安史之亂後，木主多亡缺未祔。議者紛然，而大旨有三：其一，必存其廟，遍立群主，時饗之。其二，建廟立主，存而不祭，若皇輿時巡，則就饗焉。其三，存其廟，瘞其主，駕或東幸，則飾齋車奉京師群廟之主以往。議者皆不決而罷。

七月辛巳（十九日），遙尊德宗生母沈氏為皇太后。

建中二年（781）

二月，復肅宗神座於寢宮。廣德元年（763）吐蕃犯京師，焚建陵之寢，至是始創複焉。

六月辛丑（十四日），汾陽忠武王郭子儀薨，年八十五。贈太師，諡曰忠武。陪葬建陵。一品墳崇丈八尺，詔特增丈，以表元功。

九月己未（四日），太學博士陳京請為獻祖、懿祖立別廟，至禘、祫則享。禮儀使顏真卿則議曰：「太祖景皇帝居百代不遷之尊，而禘、祫之時，暫居昭穆，屈己以奉祖宗可也？」

十月癸卯（六日），祫太廟。先是，太祖既正東向之位，獻、懿二祖皆藏西夾室，不饗；至是，復奉獻祖東向而饗之。由是議者紛然。

十一月，敕：贈太尉、汾陽忠武王郭子儀配饗代宗廟廷。

貞元元年（785）

正月戊戌（二日），敕：「薦享太清宮，亞獻太常卿充，終獻光祿卿充，仍永為常式。」

四月丁丑（十三日），敕：「準建中三年二月二十三日敕，東都祠祭既停，其郊社齋郎不合更置並停者，其東都太廟齋郎、室長，請準郊社例停廢。」

八月，詔：「九廟配饗功臣，封爵廢絕者，宜令紹封，以時饗祀。」

十月壬申（十日），德宗親饗太廟。

十一月，有事於郊廟。太常博士陸贄奏：「請準禮用祝板，祭畢焚之。」

貞元二年（786）

十一月甲午（八日），德宗立淑妃王氏為皇后。丁酉（十一日），王皇后崩。詔百官及宗室諸親舉哀兩儀殿。及大殮成服，群臣大臨三日，帝七日釋服。自天寶後中宮虛，卹禮廢缺，李吉甫草具其儀，德宗稱善。甲辰（十八日）之夕，帝釋服，文武六品以上非常參官及士庶等，各於本家素服哭弔，外命婦各於本家素縵朝夕哭弔五日。

十二月，有司以皇后在殯，請禁公私聲樂，詔曰：「大行皇后喪，庶民之間，並已除服。緣情制禮，須使合宜。其太常權停教習，京城及諸府，任舉樂音。」

貞元三年（787）

正月癸卯（十八日），德宗務簡約，預不立皇后廟，令於陵所祠殿奉安神主。太常博士李吉甫奏曰：「準國朝故事，昭成皇后、肅明皇后、元獻皇后並置別廟。若於大行皇帝陵所祠殿奉安神主，禮經典故，檢討無文。伏以元獻皇后廟在太廟之西，今請修葺，以為大行皇后別廟。」敕：「宜依，仍付所司。」

正月，群臣上尊諡曰昭德皇后。其諡冊文初令兵部侍郎李紓撰，德宗以謂皇后為「大行皇后」，非也，詔學士吳通元為之，又云「諡后王氏」，亦非也。按貞觀中，岑文本撰文德皇后諡冊文，曰「皇后長孫氏」，斯得之矣。

正月，詔中書、門下兩省及常參官，各宜撰〈大行皇后挽歌詞〉三首。詔內外諸親，設祭於大行皇后，並不假飾花果。已後公私集會，並宜準此。初，皇后母郕國夫人鄭氏等請設祭，可之。自是宗室諸親，及李晟、渾瑊、神策六軍大將皆請設祭。自啟攢宮後，日有數祭，至於將遷座乃止。

二月甲申（廿日），葬昭德皇后於靖陵，置令丞如它陵臺。皇后靈駕發引，梓宮進辭太廟於永安門，升輼輬車於安福門，從陰陽之吉也。

二月壬午（廿七日），翰林待詔楊季炎等奏：「奉進止，宜於兩儀殿虞祭畢，擇日祔廟。準經勘擇，用三月十八日，一時兩儀靈座便請除之。」詔下太常，詳求典故。太常卿董晉與博士李吉甫、張薦等奏曰：「聖朝典故，伏請遵仍，

今所司於今月十八日已前擇卒哭位，哭訖，以十八日祔廟。」制曰：「可。」

三月，以皇后廟樂章九首付有司，令議廟舞之號。禮官請號〈坤元之舞〉，從之。

三月，德宗坐宣政殿引見李晟，備冊禮，進拜太尉、中書令，罷其兵。詔晟乘輅謁太廟，視事尚書省。

九月丙子（廿六日），禮部尚書蕭昕奏：「太廟齋郎，準式禮部補。大曆三年後，被司封官稱管陵廟，便補奏齋郎，亦無格敕文。準建中元年正月五日製，每事並歸有司，其前件齋郎合於禮部補奏。」敕旨：「依，付所司準格式處分。」

貞元四年（788）

二月，國子祭酒包佶奏：「歲二月、八月，公卿朝拜諸陵，陵臺所由導至陵下，禮略無以盡恭。」於是太常約舊禮草定曰：「所司先撰吉日，公卿輅車、鹵簿就太常寺發，抵陵南道東設次，西向北上。公卿既至次，奉禮郎設位北門外之左，陵官位其東南，執事官又於其南。謁者導公卿，典引導眾官就位，皆拜。公卿、眾官以次奉行，拜而還。」

貞元五年（789）

八月，敕：「天下諸上州，並宜國忌日準式行香。」

貞元六年（790）

正月甲辰（七日），祭官有慘服，既葬公除，及聞哀假滿者，請許吉服赴宗廟之祭。其同宮未葬，雖公除者，請依前禁之。

九月己卯（十六日），詔：「十一月八日，有事於南郊太廟，行從官吏將士等，一切並令自備食物。其諸司先無公廚者，以本司闕職物充。其王府官，度支量給廩物。其儀仗禮物，並仰御史節製處分。」

十一月戊辰（六日），德宗朝獻太清宮。己巳（七日），親享太廟。庚午（八日），有事於南郊。

十一月庚辰（十八日），敕：「諸陵柏城四面，合各三里內不得葬，如三

里內一里外舊塋，須合祔者，任移他處。」

貞元七年（791）

十一月甲申（廿八日），太常卿裴鬱奏曰：「景皇帝始封唐公，實為太祖。中間世數既近，於三昭三穆之內，故皇家太廟，惟有六室。其弘農府君、宣、光二祖，尊於太祖，親盡則遷，不在昭穆之數。開元中，加置九廟，獻、懿二祖皆在昭穆，是以太祖景皇帝未得居東向之尊。今二祖已祧，九室惟序，則太祖之位又安可不正？請下百僚僉議。」但群臣多年爭論無果，直至貞元十九年（803），遷獻、懿二祖於德明、興聖廟，每禘祫，方正太祖東向之位。

貞元八年（792）

五月己未（五日），暴風發太廟屋瓦，毀門闕、官署、廬舍。

七月，將作監元亙當攝太尉享昭德皇后廟，以私忌日不受誓誡，為御史劾奏，坐罰俸。

貞元九年（793）

九月，制：「昭德皇后廟神座褥改用紫。」初，昭德廟褥出自禁中，因以赭黃。至是太常卿裴鬱奏請：「九室神座褥，並請用昭德色。」上謂以尊後卑，不許。

十月癸酉（廿七日），環王國獻犀牛，德宗令見於太廟。

十一月壬午（七日），敕：至廟行禮，不得施褥，至敬之所，自合履地而行，至南郊亦宜準此。

十一月癸未（八日），德宗朝獻太清宮；甲申（九日），親享太廟；乙酉（十日），有事於南郊，大赦。

貞元十一年（795）

十一月辛丑（八日），太常定馬燧諡曰「景武」，上曰：「景，太祖諡，改莊武可也。」

貞元十二年（796）

五月丁巳（廿七日），駙馬郭曖、王士平，曖弟煦、暄，坐代宗忌辰飲宴，貶官歸第。

十月庚午（十三日），敕：「太廟九室及昭德皇后廟，每月朔望兩享，祭食共一十臺盤。先是尚食造供，今月八日，中書門下奉宣進止，宜令宗正與太常計會，各令所司辦集，不須更待尚食供送。」

十月，朝廷欲以太學生令於郊廟攝事，將去齋郎，以從省便。太常博士裴堪因奏議，罷齋郎則失重祭之義。從之。

十月，祫祭太廟。近例，祫祭及親拜郊，皆令中使一人引伐國寶至壇所，所以昭示武功。德宗以伐國大事，中使引之非宜，乃令禮官一人，就內庫監領至太廟焉。

十二月，韋彤與博士裴堪議曰：「禮，宗廟朔望不祭，園寢則有之。貞觀、開元間，在禮若令，不敢變古。天寶中，始有進食事。願罷天寶所增，奉園寢以珍，奉宗廟以禮，兩得所宜。」德宗曰：「是禮先帝裁定，遽更之，其謂朕何？」而朔望食卒不廢。

貞元十四年（798）

四月乙丑（十五日），以左諫議大夫、平章事崔損為修奉八陵使。獻、昭、乾、定、泰五陵造屋五百七十間，橋陵一百四十間，元陵三十間，唯建陵修葺而已。所緣陵寢中帷幄床褥一事以上，德宗親自閱視，後送於陵所。

八月甲午（十七日），崔損修奉八陵寢宮畢，群臣於宣政殿稱賀。

貞元十五年（799）

二月丁亥（十三日），以公卿朝拜諸陵，不視事。是月七日，拜陵官發。

四月，膳部郎中歸崇敬上疏曰：「東都太廟，不合置木主。謹按典禮，虞主用桑，練主用栗，重作栗主，則埋桑主。」議者云：東都神主，已曾虔奉而禮之，豈可一朝廢之乎？且虞祭則立桑主而虔祀，練祭則立栗主而埋桑主，豈桑主不曾虔祀而乃埋之？又所闕之主，不可更作，作之不時，非禮也。

十月乙丑，邕王李諒薨，時年十八。太子之子也，德宗愛之，命為子。及

薨，諡曰文敬太子。十二月葬昭應。置文敬太子廟於常安坊，四時獻奠。（《資治通鑑》卷二三五記為十月乙丑，但當月五日乙亥、十五日乙酉、二十五日乙未。）

貞元十九年（803）

二月，鴻臚卿王權請遷獻、懿二祖於德明、興聖廟，每禘、祫就本室饗之，以正太祖景皇帝東向之尊，元皇帝以下依左昭右穆之列。從之。

三月丁卯（十六日），遷獻祖、懿祖神主祔德明、興聖廟之幕殿。敕曰：「奉遷獻祖、懿祖神主，正太祖景皇帝之位，虔告之禮，當任重臣。宜令檢校司空平章事杜佑攝太尉，告太清宮；門下侍郎平章事崔損攝太尉，告太廟。」

三月乙亥（廿四日），饗太廟。

四月戊戌（十八日），百官以祔廟畢，蹈舞稱賀。

永貞元年（805）

正月辛未（一日），諸王、親戚入賀德宗，太子獨以疾不能來，德宗涕泣悲歡，由是得疾，日益甚。癸巳（廿三日），德宗崩於會寧殿，年六十四。甲午（廿四日），遷神樞於太極殿。會群臣於宣政殿，宣遺詔，皇太子縗服見百官。以檢校司空、平章事杜佑攝塚宰兼山陵使，中丞武元衡為儀仗使，宗正卿李紓為按行山陵地使，刑部侍郎鄭雲逵為鹵簿使。辛秘為山陵及郊丘二禮儀使判官，柳晟累遷將作少監護作崇陵。丙申（廿六日），發喪。皇太子即位於太極殿，是為順宗。庚子（三十日），群臣上書請聽政。

二月，順宗命左金吾衛將軍、兼御史中丞田景度持節告哀於吐蕃，以庫部員外郎、兼御史中丞熊執易為副使。

八月庚子（四日），立皇太子為皇帝，順宗自稱太上皇。乙巳（九日），皇太子即皇帝位於宣政殿，是為憲宗。辛酉（廿五日）太上皇誥冊良娣王氏為太上皇后。

九月戊辰（二日），禮儀使奏：「皇太后沈氏厭代二十有七年，請因大行皇帝啟殯，詔群臣為皇太后發哀肅章內殿，中人奉褘衣置幄坐，宮中朝夕上食，告天地宗廟，上太皇太后諡冊，作神主祔代宗廟，備法駕，奉褘衣，納於元陵

祠室。」從之。

九月，禮儀使奏：「孫為祖母合服齊衰五月。漢魏以來，時君皆行易月之製。皇帝為曾太皇太后沈氏，合五日而除。內外百僚，並令從服，以五日為制。其在興慶宮嘗侍奉太上皇者，十三日而除。」從之。

十月丁酉（二日），集百僚發曾太皇太后沈氏哀於肅章門外，諡曰睿真皇后。

十月庚子（五日），南詔使趙迦寬來赴山陵；辛丑（六日），吐蕃使論乞縷勃藏來貢，助德宗山陵金銀、衣服、牛馬等。

十月己酉（十四日），葬神武聖文皇帝於崇陵，廟號德宗。昭德皇后王氏，改祔崇陵。

十一月己巳（四日），祔睿真皇后、德宗皇帝神主於太廟。禮儀使杜黃裳議：「高宗在三昭三穆之外，請遷主於西夾室。」從之。德宗廟樂請奏〈文明〉之舞。同日祔睿真皇后於元陵寢宮。

十一月，以衛尉少卿、兼御史中丞侯幼平充入蕃告冊立等使。

十二月，中書門下奏：「昭成皇后竇氏，按國史，長壽二年正月二日崩。其時緣則天臨御，用十一月建子為歲首。至中宗復舊用夏正，即正月行香廢務日，須改正，以十一月二日為忌。」

元和元年（806）

正月甲申（十九日），太上皇李誦崩於興慶宮，年四十六。遷殯於太極殿，發喪。乙酉（廿日），宰相杜佑攝塚宰，杜黃裳為禮儀使，右僕射伊慎為大明宮留守，視事於尚書省。辛卯（廿六日），群臣請聽政。

正月，禮儀使杜黃裳奏：「二月，公卿拜諸陵。準禮，太上皇升遐，惟祭天地社稷，其拜陵及諸享祀，並令權停。」制曰：「可。」

五月辛卯（廿八日），冊太上皇后王氏為皇太后。

六月，以奉先縣神泉鄉，櫟陽縣大澤鄉，美原縣義林鄉、族義鄉並隸富平縣，以奉豐陵。

七月壬寅（十一日），葬至德大聖大安孝皇帝於豐陵。廟號順宗。禮部侍

郎趙宗儒撰哀冊文，禮部侍郎崔汾撰諡冊文，太常寺少卿崔樞撰諡議。乙卯（廿四日），禮儀使杜黃裳奏曰：「順宗皇帝神主已升祔太廟，告祧之後，即合遞遷。中宗皇帝神主，今在三昭三穆之外，準禮合遷於太廟從西第一夾室，每至禘祫之日，合食如常。」於是祧中宗神主於西夾室，祔順宗神主焉。時而有司以則天革命，中宗為中興之主。博士王涇、史官蔣武皆認為中宗得失在己，非漢光武、晉元帝之比，不得為中興不遷之君。由是遷中宗而祔順宗。

七月，禮儀使杜黃裳奏：「引故事，豐陵日祭，崇陵唯朔、望、節日、伏、臘各設一祭。」制可。

十二月，太常奏：「隱太子、章懷、懿德、節湣、惠莊、惠文、惠宣、靖恭、昭靖以下九太子陵，代數已遠，官額空存，今請陵戶外並停。」從之。

是年，順宗廟樂請奏〈大順〉之舞。

是年，太常寺奏：「七太子廟，文敬、恭懿太子，兩京皆是旁親。伏詳禮經，無文享祀，官員所設，深恐非宜。其兩京官吏，並請勒停。其屋宇請令宗正寺勾當者。」敕旨依准。其見任官至考滿日停。其日，又敕：「文敬太子廟，量留令一員，府史一人，三衛二人，餘並停。」

元和二年（807）

正月己丑（一日），憲宗朝獻太清宮；庚寅（二日），親享太廟，憲宗初享諸室，備極誠敬，及享德宗、順宗，流涕嗚咽不自勝；辛卯（三日），祀昊天上帝於郊丘，是日還宮，御丹鳳樓，大赦天下。先是，將及大禮，陰晦浹辰，宰臣請改日，憲宗曰：「郊廟事重，齋戒有日，不可遽更。」享獻之辰，景物晴霽，人情欣悅。

正月，停諸陵留守。

九月，中書門下上言：「請每除太廟時饗及朔望上食，諸陵朔望奠，親陵朝晡奠外，餘享祀及忌日告陵等並停。其果實、甘橘、蒲桃、菱、梨，遠方所進，並請遣使於諸陵薦獻。果實之中，甘瓜時異，亦請至時上薦，其餘瓜果，四時新物，並委陵令與縣司計會，及時薦獻，其專使亦停。」制可。

十月，平浙西，擒逆賊李錡至闕下，命獻太清宮、太廟、太社。

元和三年（808）

四月，太常禮院上言：「……伏請每至時享及臘享，但行享禮，其月朔望薦食請停，餘月一準舊例。如告廟日與朔望薦食日同，伏請先行告禮，然後薦食，即冀疏數有節，合於禮令。」從之。

元和四年（809）

閏三月甲戌（廿八日）敕：「諸陵臺令，每季集，宜令正衙辭見。」

八月癸卯（三十日），贈太師裴冕宜配饗代宗廟庭，贈太師李晟、贈太尉段秀實宜配饗德宗廟庭。

九月，監察御史劉遵古奏：「太廟五享攝祭三公等，伏準開元二十五年七月八日敕，每至五饗之日，應攝三公，令中書門下，及丞相、師傅、尚書、御史兼嗣郡王，擇德望高者通攝，諸司不在差限者。伏以太廟攝祭公卿，準敕令先差僕射、尚書及師傅等，如無此色官，亦合次差諸司三品。比來吏部因循，不守敕文，用人稍輕。伏請起今年冬季已後，敕吏部準敕差定，如僕射、尚書等闕，即差京師三品職事官充。」敕：「宜依。」

是年，德宗韋賢妃薨於崇陵寢園。賢妃不知氏族所出，德宗崩，自表留奉崇陵園。

元和六年（811）

十一月，禮部奏：「準今年九月吏部所奏，敕『應補太廟齋郎，用蔭官並五品已上子，六品常參官子補』者。今詳節文，所用五品、六品蔭者，唯許子並不該孫。又節文其應補太廟齋郎、郊社齋郎，孫用祖蔭，子用父蔭，即孫之與子，並許收補，恐前後文字有所差錯。今格限已及，須守敕文，其孫用祖五品已上蔭者，恐須準舊例收補。」敕旨：「宜令準格收補。」

閏十二月辛亥（廿一日），憲宗長子、皇太子寧薨，年十九，諡曰惠昭。國典無太子薨禮，國子司業裴茝特賜於西內定儀，臣奏：「故事無皇太子薨禮，請輟視朝十三日。」蓋用期服易月之制也。惠昭太子墓位於臨潼區郭王村北800米處，1990年11月出土〈惠昭太子哀冊〉載：「□和六年歲次辛□十二月辛亥皇院……維元和七年歲次壬辰二月庚寅朔廿五丁酉葬於□□之北原。」

元和七年（812）

三月辛酉（三日），以惠昭太子葬，罷曲江上巳宴。

元和八年（813）

三月丙子（廿三），大風拔崇陵上宮衙殿西鴟尾，並上宮西神門六戟竿折，行牆四十間簷壞。

七月，宗正卿王涯奏：「永康、興寧、順三陵及諸太子陵，並許三百步外任人興墓。」從之。

元和九年（814）

正月，修撰官、太學博士韋公肅上言：「忌日不樂，而無忌月。今有司承前所禁，在二十五月限，有弛朝徹樂事……悉禁中外作樂，是謂無故而徹也。願依經誼，裁正其違。」有詔中書門下召禮官、學官議，咸曰宜如公肅所請。制可。初，睿宗祥月，太常奏朔望綴朝，尚食進蔬具，止樂，後遂為常。

二月甲午（十六日），因振武軍亂，監軍駱朝寬坐寬縱亂者，杖八十，奪色，配役定陵。

四月庚寅（十三日），詔，贈太師、咸寧王渾瑊宜配饗德宗廟庭。（此為《舊唐書》卷十五所記，《唐會要》卷十八記為元和四年九月四日）

五月，左金吾衛大將軍郭釗奏：「亡祖故尚父子儀，陪葬建陵，欲於墳所種植楸、松。」敕：「如遇年月通便，陵寢修營，宜令所司。許其栽種。」

元和十年（815）

三月壬申（一日），御延英殿，召對宰臣。故事，朔望日，御宣政殿見群臣，謂之大朝。玄宗始以朔望陵寢薦食，不聽政，其後遂以為常。今之見宰臣，特以淮西吳元濟事召也。

十一月戊寅（十一日），李師道遣盜焚獻陵寢宮永巷。

十一月，盜斷建陵門戟四十七桿。

元和十一年（816）

正月甲申（十八日），宗正寺奏：「建陵黃堂南面丹景門，去年十一月，被賊斫破門戟四十七竿。」詔曰：「所由闕於周防，敢爾侵犯，各據事狀，宜有科懲。知山門押官決六十，削一任官；驍騎三衛，並決四十；陵令馬敘，罰一季俸料；陵丞李建，罰一月俸；宗正卿李上公，罰一月俸。」

三月庚午（四日），憲宗母、皇太后王氏崩於興慶宮咸寧殿，發喪於太極宮兩儀殿，以宰臣裴度為禮儀使，吏部尚書韓皋為大明宮留守；五日（辛未），敕諸司公事，宜權取中書門下處分，不置攝家宰；七日（癸酉），分命朝臣告哀於天下；八日（甲戌），憲宗見群臣於紫宸門外廡下；十三日（己卯），以宰臣李逢吉充大行皇太后山陵使。出內庫繒帛五萬匹充奉山陵。

三月，李逢吉上言：「伏請準元和元年二月敕，用樂如舊，三年之內，不祭宗廟山陵。祔廟後四時饗祀如式。」制曰：「可。」

四月壬寅（七日），西川節度使李儀簡遣使往南詔告皇太后哀。凡天子之喪，嗣天子以卿大夫告於四夷，太后皇后之喪，則方鎮告之。

六月辛酉（廿七日），群臣上大行皇太后諡曰莊憲。太常少卿韋縚進諡議，公卿署定，欲告天地宗廟，禮院奏議曰：「皇后之諡，則讀於廟。今請準禮。集百官連署諡狀訖，讀於太廟，然後上諡於兩儀殿。既符故事，允合禮經。」從之。

七月，禮儀使奏：「自秦漢以來，天子之后稱皇后，母稱皇太后，祖母稱太皇太后。加『太』字者，所以加尊稱也。國朝典禮，皆稱舊制。今百司文牒及奏狀，參詳典故，恐不合除『太』字。如諡冊入陵，神主入廟，即當去之。」奏可。

八月庚申（廿七日），葬莊憲皇太后於豐陵。李翛為莊憲太后山陵橋道使，不治道，轀車留渭橋，久不得進。

十一月甲戌（十三日），元陵火。李師道起兵於鄆州，遣人縱火。

元和十二年（817）

十一月，李愬平淮西，擒逆賊吳元濟，憲宗御興安門受俘，獻於太廟、太

社，遂斬於獨柳之下。

元和十四年（819）

二月，太常丞王涇上疏請去太廟朔望上食，詔百官議，事竟不行。

元和十五年（820）

正月甲戌（一日），憲宗不豫，罷元會；庚子（廿七日），憲宗暴崩於大明宮中和殿，年四十三；辛丑（廿八日），遺詔皇太子即皇帝位於柩前，司空兼中書令韓弘攝塚宰，令狐楚為山陵使；壬寅（廿九日），移仗西內太極殿。

閏正月丙午（三日），皇太子即皇帝位於太極殿東序，是為穆宗；丁未（四日），輟西宮朝臨，集群臣於月華門外；戊申（五日），穆宗始聽政；丁卯（廿四日），穆宗與群臣皆釋服從吉；戊辰（廿五日），群臣始朝於宣政殿。

閏正月庚午（廿七日），冊穆宗生母、大行皇帝貴妃郭氏為皇太后。

閏正月，時宰相公卿商議，憲宗皇帝山陵前敕用十二月二十八日。待詔僧惟英，請改用五月十九日。太常博士王彥威複奏曰：「葬畢而虞，虞而卒哭，卒哭而祔，皆卜日。今葬卜歲暮，則畢祔在明年正月，是改元慶賜皆廢矣。臣謹參詳禮文，用六月為便。」有詔更用五月。

二月，山陵使令狐楚奏：「準崇陵例，當使合置副使兩員。李翶官是宗卿，職奉陵寢，按行陵地，公事已終，便請兼充副使。專於陵所勾當。」從之。

二月，以秘書少監兼御史中丞田洎入吐蕃告哀，並告冊立。

四月，禮儀使奏：「群臣告天，請大行皇帝謚，準禮及故事，合集中書門下、御史臺五品以上，尚書省四品以上，於南郊告天畢。議定，然後連署聞奏。」丁酉（廿六日），禮部侍郎李建奏上大行皇帝謚曰聖神章武孝皇帝，廟號憲宗。先是，河南節度使李夷簡上議：「大行皇帝戡翦寇逆，累有武功，廟號合稱祖。」遂詔公卿與禮官共議。太常博士王彥威奏議：「今宜本三代之定制，去魏、晉之亂法，守貞觀、開元之憲章，而擬議大名，垂以為訓。大行廟號，宜稱宗。」從之。

四月，禮儀使奏：「按禮文、令、式，皇祖以上至太祖陵寢，朔、望上食，其元日、寒食、冬至、臘、社日，各設一祭。皇考陵朔、望及節祭外，每日進食。

今豐陵合停日祭，景陵日祭如式。」制曰：「可。」

四月，禮部奏：「準貞觀故事，遷廟之主，藏於夾室西壁南北三間。第一間代祖室，第二間高宗室，第三間中宗室。伏以山陵日近，睿宗皇帝祧遷有期，夾室西壁三室外，無置室處。今請於夾室北壁，以西為上，置睿宗皇帝神主石室。」制從之。

四月，以美原縣龍原鄉、櫟陽縣萬年鄉隸奉先，以奉景陵。

五月壬子（十一日），詔：「入景陵玄宮合供千味食，魚肉肥鮮，恐致薰穢，宜令尚藥局以香藥代食。其酒依舊供用。」

五月庚申（十九日），葬聖神章武孝皇帝於景陵。門下侍郎令狐楚撰哀冊文，戶部侍郎楊於陵撰諡冊文，權知禮部侍郎李建撰諡議。

五月，太常禮院奏：「睿宗神主祧遷，其六月二十日忌，並昭成皇后十二月二日忌，準禮合廢。」從之。

六月己卯（九日），放京兆府今年夏青苗錢八萬三千五百六十貫，宜委令狐楚，楚以山陵用不盡綾絹，準實估付京兆府，代所放青苗錢。

六月，憲宗祔廟禮畢，執政令有司再告祔享禮畢於太極殿。故事，祔廟之禮，先告於太極殿，然後奉神主赴太廟。祔禮畢，不再告於太極殿。故太常博士王彥威執議以為不可，執政怒。會宗正寺進祝版，誤以憲宗為睿宗。執政銜其強，奏祝版參差，博士之罪，彥威坐削一階，奪兩季俸。

七月丁卯（廿七日），以門下待郎、平章事令狐楚為宣州刺史、兼御史大夫，充宣、歙、池觀察使。令狐楚為山陵使，部屬貪汙，又不給工匠工錢，收其錢十五萬緡為羨餘獻之，怨訴盈路，故貶之。次月三十日，再貶衡州刺史。

十二月，將有事於南郊。穆宗問禮官：「南郊卜日否？」禮院奏：「伏準禮令，祠祭皆卜。自天寶已後，凡欲郊祀，必先朝太清宮，次日饗太廟，又次日祀南郊。相循至今，並不卜日。」從之。

是年，憲宗廟樂請奏〈象德〉之舞。

長慶元年（821）

正月己亥（二日），穆宗薦獻太清宮；庚子（三日），親饗太廟；辛丑（四

日），有事於南郊。

二月，分司庫部員外郎李渤奏：「東都太微宮神主，請歸祔太廟。」敕付群臣集議，或云神主合藏於太微宮，或云並合埋瘞，或云闕主當作，或云輿駕東幸，即載長安太廟神主而東。紛議不定，遂不舉行。

四月甲午（廿八），以張弘靖入幽州，受朝賀。中書門下奏，燕、薊八州平，準禮宜告陵廟。從之。

六月辛卯（廿七日），吏部奏：「公卿拜陵，通取尚書省及四品以上清望官、中書省及諸司五品以上清望官及京兆少尹充。」從之。

七月，監察御史路群奏：「今月九日孟秋，享太廟。攝太尉國子祭酒韓愈，準式於太廟致齋，今於本寺監省，有違格式。」敕：「宜罰一季俸」。

九月，吐蕃遣使請盟，穆宗許之。宰相欲重其事，請告太廟，太常禮院奏曰：「謹按肅宗、代宗故事，與吐蕃會盟，並不告廟。唯德宗建中末，與吐蕃會盟於延平門，欲重其誠信，特令告廟。至貞元三年，會於平涼，亦無告廟之文。伏以事出一時，又非經制，求之典禮，亦無其文。今謹參詳，恐不合告。」從之。

長慶二年（822）

三月丙辰（廿五日），守司徒裴度正衙受冊訖，謁太廟，赴尚書省上，宰臣百僚皆送。

六月乙丑（六日），大風落太廟鴟尾。

長慶三年（823）

正月，御史臺奏：「應差定拜陵公卿，伏請除準式假外，如吏部差定奏下後，稱疾患事故者，望同臨祭出齋例論罰俸。應拜陵公卿，正衙辭後，並合當日出城。近來因循，轉不遵守，動經累日，止宿於家，受命不恭，莫甚於此。臣請申明舊製，因事酌宜，計其道程，前後辭發。」奏可。

長慶四年（824）

正月庚午（廿日），穆宗疾複作；辛未（廿一日），以皇太子勾當軍國政事；壬申（廿二日），穆宗崩於清思殿，年三十；癸酉（廿三日），詔門下侍郎、

平章事李逢吉攝塚宰；丙子（廿六日），皇太子即皇帝位於太極殿東序，是為
敬宗，時年十六。

二月辛巳（一日），群臣五次上章，敬宗始聽政，縗服見群臣於紫宸門外；
己亥（十九日），尊郭太后為太皇太后；辛丑（廿一日），敬宗始御紫宸殿受朝；
乙巳（廿五日），尊上母王妃為皇太后。

五月乙卯（七日），敬宗好治宮室，欲營別殿，制度甚廣，李程諫，請以
所具木石回奉山陵，敬宗從之。

五月己未（十一日），割富平縣之豐水鄉、下邽縣之翟公鄉、澄城縣之撫
道鄉、白水縣之會賓鄉，以奉景陵。

五月，禮儀使牛僧孺奏：「今以新主入廟，玄宗明皇帝在三昭三穆之外，
是親盡之祖，雖有功德，禮合祧遷，禘祫之歲，則從合食。」制從之。

十一月庚申（十五日），葬睿聖文惠孝皇帝於光陵，廟號穆宗。右僕射、
平章事李逢吉撰哀冊文，中書侍郎、平章事牛僧孺撰謚冊文。

寶曆元年（825）

正月己酉（五日），敬宗朝獻於太清宮。庚戌（六日），親享太廟。辛亥（七
日），有事於南郊。

九月，禮部奏：「太廟齋郎，準開元六年九月敕，取五品已上子孫。六品
清資常參官子補充。郊社齋郎用祖蔭官階，並須五品以上，用父蔭須六品以上
常參官，及兩府司錄判司、詹事府丞、大理司直並有五品階者。所補齋郎皆用
五保，其保請以六品已上清資官充，其一家不得周年保兩人。仍不得頻年用蔭，
並請準兩館生例處分。」敕旨：「依奏。」

寶曆二年（826）

二月，太常奏：「追尊孝敬皇帝恭陵、讓皇帝惠陵、奉天皇帝齊陵、承天
皇帝順陵，宜停朝拜事。」敕旨：「依奏。」

二月，太常奏：「追贈文敬太子廟在常安坊，惠昭太子廟在懷真坊，各置
官吏，四時置享，禮經無文。況九廟遞遷，族屬彌遠，推恩降殺，祼獻宜停。
又贈奉天皇帝廟，贈貞順皇后廟，及永崇坊隱太子以下七室，同為一廟，並贈

靖恭太子，亦祔在此廟。其神主望準故事，瘞於廟地。請下太常禮院與百官議。」起居郎劉敦儒議曰：「臣伏詳開元中，敕諸贈太子有後者，咸令自主其祭，今請複行此制，各使子孫，奉迎神主，歸祔私廟，庶別子為祖，符列國不祧之尊。其無後之廟，及貞順皇后神主，即請依太常所奏。其贈奉天皇帝、承天皇帝神主，既有常號，禮不可黷，蓋王者不享於下士，諸侯不敢祖天子之義，縱有主後，法不當祭，亦請依太常所奏。」制從之。

四月，前京兆尹崔元略任橋道使，造東渭橋時，屬下鄭位、鄭複採用虛長物價，抬估給用等手段，貪贓二萬一千七百九貫。敕云：「元略不能檢下，有涉慢官，罰一月俸料。」

十一月，中官李奉義、王惟直、成守貞各杖三十，分配諸陵。

十二月辛丑（八日），敬宗夜獵還宮，宦官劉克明、蘇佐明等弒上於室內，年十八，矯詔召翰林學士路隋作遺詔，命絳王領軍國事；壬寅（九日），內樞密使王守澄、楊承和，神策護軍中尉魏從簡、梁守謙奉江王而立之，率神策六軍、飛龍兵誅劉克明，殺絳王；乙巳（十二日），江王李昂即皇帝位於宣政殿，是為文宗；丁未（十四日），宰臣百僚上表請聽政，三表，許之；戊申（十五日），尊文宗母蕭氏為皇太后。

太和元年（827）

二月乙巳（十三日），大赦，改元。免京兆今歲夏稅半。賜九廟陪位者子孫二階，立功將士階、爵，始封諸王後予一子出身。

七月癸酉（十三日），葬睿武昭湣孝皇帝於莊陵，廟號敬宗。遷肅宗神主而祔敬宗神主於太廟。

太和二年（828）

六月辛酉（七日），敬宗長子、晉王普薨，年五歲。諡悼懷太子。

六月，修玉牒官、屯田郎中李衢等奏：「竊以聖唐玉牒，與史冊並驅，立號建名，期於不朽。伏乞付宰臣商量，於玉牒之上，特創嘉名，以光帝籍。」敕旨：「宜以皇唐玉牒為名。」

是年，時饗宗廟於敬宗室，祝板稱皇帝孝弟。太常博士崔龜從議曰：「臣

審祥孝字，載考禮文，義本主於子孫，理難施於兄弟。今臣上考禮經，無兄弟稱孝之義；下征晉史，有不稱傍親之文。臣謂饗敬宗廟，宜去孝弟兩字。」從之。

太和三年（829）

十一月壬辰（十六日），文宗朝獻於太清宮；癸巳（十七日），親享太廟；甲午（十八日），有事於南郊，大赦。

太和四年（830）

四月，太常寺奏：「文敬太子廟，準大和元年十一月二十三日敕，停裸獻。從大和二年，四時享獻並停，伏準七太子及靖恭太子例，廟享既絕，神主理合埋瘞。」從之。

四月，鎮州王廷湊請修建初、啟運二陵，從之。

太和五年（831）

五月辛丑（四日），太廟第四室、六室缺漏，踰年不修，文宗怒，罰宗正卿李銳、將作監王堪，乃詔中使補葺之。左補闕韋溫諫曰：「國家置百官，各有所司，苟為墮曠，宜黜其人，更擇能者代之。今曠官者止於罰俸，而憂軫所切即委內臣，是以宗廟為陛下所私而百官皆為虛設也。」上善其言，即追止中使，命有司葺之。

太和七年（833）

三月敕：「準令，國忌日惟禁飲酒舉樂。至於科罰人，吏部無明文。但緣其日，不合厘務，官曹即不得決斷刑獄；大小笞責，在禮律固無所妨。起今後，縱有此類，臺府更不要舉奏。」均王傅王堪男損，國忌日於私第決責從人，為御史臺所奏，遂下此敕。

太和八年（834）

正月丙寅（十四日），修太廟。令太常卿庾承宣攝太尉，遍告九室，遷神主於便殿。

五月己巳（十九日），修奉太廟畢，以吏部尚書令狐楚攝太尉，遍告神主，復正殿。

七月辛酉（十二日），定陵臺大風雨，震，東廊之下地裂一百三十尺，其深五尺。詔宗正卿李仍叔啟告修之。

太和九年（835）

九月癸亥（廿一日），令中使齊抱真於青泥驛決殺前襄州監軍陳弘誌，以有殺逆憲宗之罪也。

十月辛巳（九日），遣中使李好古齎酖賜王守澄死。又逐西川監軍楊承和、淮南韋元素、河東王踐言於嶺外，已行，皆賜死。而崔潭峻前物故，詔剖棺鞭屍。弒殺憲宗逆黨幾盡。

開成三年（838）

正月丁卯（八日），追贈穆宗第六子、故齊王李湊為懷懿太子。

正月，宗正卿李批奏：「宗子諸親、齋郎、室長選人，準格，每年遣諸陵廟丞等充保識官。今請選人自於諸司求覓清資，及在任宗子京官充保識，以憑給解。伏乞編入吏部選格，以為久例。」敕旨：「依奏。」

二月，兵部尚書、判太常卿事王起等奏：「今懷懿太子以姪祔叔，享獻得宜，請於惠昭太子廟添置一室，擇日升祔。」從之。

五月乙亥（十九日）詔：「諸道有瑞，皆無得以聞，亦勿申牒所司。其臘饗太廟及饗太清宮，元日受朝奏祥瑞，皆停。」

十月庚子（十六日），文宗長子、皇太子薨於少陽院，諡曰莊恪。詔王起為哀冊文，文曰：「十七日辛丑，遷座於大吉殿。十一月乙卯朔二十四日戊寅，命冊使太子太師兼右僕射、門下侍郎、國子祭酒、平章事鄭覃，副使中書侍郎、平章事楊嗣複，持節冊諡曰莊恪。十二月乙酉朔十二日丙申，葬於驪山之北原莊恪陵。」

十月，中書門下奏：「皇太子今月十六日薨，自十六日舉哀，二十八日公除。臣等參詳惠昭太子例，蓋緣在公除內。今從舉哀日數至二十八日，十三日滿，合公除，不合更待輟朝日滿。臣等商量，望令百僚二十九日概行參假，便赴延英奉慰。」敕旨：「宜依。」

十月，太常禮院奏：「皇太子薨，禮儀至重，諸祠祭除天地、社稷之外，

並合權停。其天地、社稷祭日，懸而不樂。虞祭已後，卻依常式。」從之。

開成四年（839）

三月，太常寺奏議曰：「臣等伏以讓皇帝追尊位號，恩出一時，別立廟祠，不涉正統。今睿宗、玄宗，既已祧去，又文敬等七太子，其中亦有追贈奉天、承天皇帝之號，皆已停廢。則讓皇帝之廟不宜獨存。臣等參詳，伏請準中書門下狀，便從廢毀，沿情定禮，實為協宜。」制從之。

四月壬戌（十一日），有獐出太廟，獲之。

五月，太常寺奏：「今月二十二日，祀先農於東郊，其日與穆宗皇帝忌日同。大和七年十二月八日季冬，蠟祭百神，與敬宗皇帝忌日同。準其年十二月六日敕，近廟忌辰，奏樂非便，冬季蠟祭，又不可移。變禮從宜，古有明據，宜令其日懸而不樂，庶協典經。今月二十二日祀先農，欲準先敕，懸而不樂。」從之。

十月，戶部侍郎崔蠡上疏論國忌日設僧齋，百官行香，事無經據。詔曰：「其兩京、天下州府，以國忌日為寺觀設齋焚香，從今已後，並宜停罷。」

十二月乙卯（七日），乾陵寢宮火。

開成五年（840）

正月戊寅（一日），文宗不康，不受朝賀；己卯（二日），左右神策軍護軍中尉魚弘誌、仇士良立穎王瀍為皇太弟，廢皇太子李成美為陳王，是夜，仇士良統兵士於十六宅迎皇太弟赴少陽院，百官謁見於東宮思賢殿；辛巳（四日），文宗崩於大明宮之太和殿，年三十三，宰相楊嗣複攝塚宰，王起為章陵鹵簿使、東都留守；癸未（六日），仇士良以皇太弟名義，賜楊賢妃、安王溶、陳王成美死；辛卯（十四日），文宗始大斂，皇太弟受冊於正殿，是為武宗。

二月丙寅（七日），追尊武宗生母韋妃為皇太后，謚曰宣懿。武宗欲啟穆宗陵祔葬，中書門下奏曰：「園寢已安，神道貴靜。光陵葬已二十餘載，福陵近又修崇，竊惟孝思，足彰嚴奉。今若載因合祔，須啟二陵。或慮聖陵不安，未合先旨；又以陰陽避忌，實有所疑。不移福陵，實合典禮。」從之。乃詔就舊陵增築，依舊名曰福陵。

二月壬午（十五日），敕，玄元皇帝降生日宜為降聖節，休假一日。

五月，太常禮院奏：宣懿皇太后祔廟，伏惟開元禮，有皇后祔廟牲牢樂懸典，太廟享一室。皇太后寶冊函，准國朝故事，隨神主於廟中安置。敕旨：「宜依。」

六月，敕，割送富平縣，充奉章陵。

八月甲寅（十一日），雨，文宗靈柩發引，龍輴陷不能進；壬戌（十九日），葬元聖昭獻孝皇帝於章陵，廟號文宗，中書侍郎平章事崔鄲撰哀冊文，中書侍郎平章事李珏撰謚冊文，太常少卿楊敬之撰謚議；庚午（廿七日），門下侍郎、同平章事李珏坐為山陵使龍輴陷，罷為太常卿，貶京兆尹敬昕為郴州司馬。

是年，禮儀使奏：「今文宗元聖昭獻皇帝升祔有時，代宗睿文孝武皇帝是親盡之祖，禮合祧遷，每至禘祫，合食如常。」從之。

會昌元年（841）

正月己卯（七日），武宗朝獻太清宮；庚辰（八日），親享太廟；辛巳（九日），有事於南郊，大赦，改元。

二月丙辰（十五日），敕：「今太清宮薦告皆用朝謁之儀，即降誕昌辰，理難停廢。宜改為降神聖節，休假百官，庶表貽謀之慶，以申嚴敬之誠。」

三月壬申（一日），宰相李德裕、陳夷行、崔珙、李紳等奏：「憲宗皇帝有恢復中興之功，請為百代不遷之廟。」帝曰：「所論至當。」續議之，事竟不行。

六月，制：「當以宣懿皇太后祔在穆宗睿聖文惠孝皇帝廟。宜盡令宣示中外，咸使聞知。」由是奉后合食穆宗室。

七月，京兆府奏：「得三原縣申，當縣仁化鄉，開成五年六月敕，割送富平縣，充奉章陵訖。準承前流例，合於陵近縣界接近割還當縣，以奉莊陵。今請割高陵縣青平鄉。」從之。

會昌二年（842）

四月丁亥（廿三日），敕節文：「諸陵柏栽，今後每至歲首，委有司於正月、二月、七月、八月四個月內，擇動土利便之日，先下奉陵諸縣，分明榜示百姓，至時與設法栽植。畢日，縣司與守塋使同檢點，據數牒報，典折本戶稅錢。」

會昌三年（843）

二月甲申（廿五日），太和公主至京師，改封安定大長公主。公主詣光順門，去盛服，脫簪珥，謝回鶻負恩、和親無狀之罪。上遣中使慰諭，令所司告憲宗、穆宗二室，詔宗正卿李仍叔、秘書監李踐方等告景陵。

會昌四年（844）

八月戊戌（十八日），澤潞鎮逆賊劉稹首級傳京師。先告宗廟社稷畢，御安福門受獻。

會昌五年（845）

正月己酉（一日），群臣上尊號曰仁聖文武章天成功神德明道大孝皇帝，朝獻於太清宮；庚戌（二日），親享太廟；辛亥（三日），有事於南郊，祀昊天上帝，大赦。

正月庚申（十二日），義安太后王氏崩。遺令皇帝三日聽政，十三日小祥，二十五日大祥，二十七日釋服。兵部尚書歸融奏：「事貴得中，禮從順變，配祔之禮，宜有等差。請服期，以日易月，十二日釋服。內外臣僚，亦請以其日釋服。陵園制度，請無降殺。」從之。

二月，翰林待詔楊士端奏：「義安殿大行皇太后陵地，準今月五日敕，奉光陵。準經，今年太歲在己丑，季土王年，不宜於光陵柏城內興工動土，宜於光陵封外東西北三面，有地平穩處，別擇置陵吉。」制曰：「可。」

三月，太常寺博士崔立上言：「伏準正月二十九日敕，除陵寢外，其並約莊憲皇后山陵制度者。伏以莊憲皇后。合祔豐陵，不別置宮殿。今義安皇太后於光陵東別擇陵地，與莊憲皇后祔禮不同。其宮寢並諸色官員等，今與詳定官等同商量，伏恐合議建置。」敕旨：「宜並不要置。」

五月壬戌（十六日），葬恭僖皇后於光陵柏城之外東園。（十六日壬戌為《資治通鑑》卷二四八所記，《新唐書》卷七十七記為六日壬子葬。）

八月，李德裕等奏：「東都太廟九室神主，共二十六座，自祿山叛後，取太廟為軍營，神主棄於街巷，所司潛收聚，見在太微宮內新造小屋之內。其太廟屋室並在，可以修崇，望以所拆大寺材木修建。李石既是宗室，官為居守，

便望令充修東都太廟使，勾當修繕。」

九月，敕取東都宏聖寺改修太微宮。詔修東都太廟。

十一月，東都留守奏：「太微宮畢，玄元館真容即欲移就，玄宗真像便合從遷。伏以聖祖尊崇，嚴奉須備，移動之日，宜擇良辰。伏乞天恩，降敕有司擇日。」奉敕：「宜令所司擇日聞奏。」

會昌六年（846）

正月，東都太微宮修成玄元皇帝、玄宗、肅宗三聖容，遣右散騎常侍裴章往東都薦獻。

三月壬寅（一日），武宗不豫，改名炎；壬戌（廿一日），左神策軍護軍中尉馬元贄立光王怡為皇太叔，權勾當軍國政事；甲子（廿三日），武宗崩於大明宮，年三十三，以李德裕攝塚宰，李讓夷進司空、門下侍郎，為大行山陵使。未複土，拜淮南節度使。李回充山陵使，祔廟畢，出為成都尹、劍南西川節度使。丁卯（廿六日），宣宗即皇帝位於柩前。

三月，太常博士鄭路等奏：「東都太微宮神主二十座……謹具分析如後：獻祖宣皇帝、宣莊皇后、懿祖光皇帝、光懿皇后、文德皇后、高宗天皇大帝、則天皇后、中宗大聖大昭孝皇帝、和思皇后、昭成皇后、孝敬皇帝、孝敬哀皇后已前十二座，親盡疊毀，宜遷諸太廟，祔於興聖廟。禘祫之歲，乃一祭之。東都無興聖廟可祔，伏請且權藏於太廟夾室。未題神主十四座，前件神主既無題號之文，難伸祝告之禮。今與禮官等商量，伏請告遷之日，但瘞於舊太微宮內空閒之地。」制可。

四月辛未（一日），釋服，宣宗始聽政，尊母鄭氏曰皇太后。

四月，東都留守李石奏修奉太廟畢，所司迎奉太微宮寓主祔廟訖。

六月，禮儀使奏：「請復代宗神主於太廟，以敬宗、文宗、武宗同為一代，於廟東增置兩室，為九代十一室。」從之。

八月辛未（二日），武宗靈駕次三原縣，夜大風，行宮幔城火；壬申（三日），葬至道昭肅孝皇帝於端陵。武宗崩，王才人即縊。宣宗嘉其節，贈賢妃，葬端陵之柏城。

十月，禮院奏：禘祭祝文於穆、敬、文、武四室，但稱「嗣皇帝臣某昭告」，從之。

十月，敕，贈司徒、宣懿公杜黃裳，贈太師裴度配饗憲宗皇帝室。

十一月，敕：「李愬有平蔡之績，高崇文有收蜀之功，較量二臣，勳勞最重。宜以李愬、高崇文同配饗憲宗廟庭。」

大中元年（847）

正月壬子（十五日），宣宗朝獻太清宮；癸丑（十六日），親享太廟；甲寅（十七日），有事於南郊，大赦，改元。

四月己酉（十五日），文宗生母、積慶太后蕭氏崩，謚曰貞獻。

八月庚子（七日），葬貞獻皇太后於光陵之側。

大中二年（848）

五月己卯（廿一日），穆宗生母、太皇太后郭氏崩於興慶宮。

六月，禮院檢討官王皞貶句容令。初，宣宗不欲以郭太后祔憲宗，有司請葬景陵外園，王皞請合葬景陵，以主祔憲宗室，帝不悅，令宰相白敏中讓之。皞曰：「后乃憲宗東宮元妃，事順宗為婦，歷五朝母天下，不容有異論。」敏中亦怒，皞終不橈，故貶之。

七月，群臣上太皇太后郭氏尊謚曰懿安皇太后。

十一月壬午（廿六日），葬懿安太皇太后於景陵之側。

大中三年（849）

十二月甲戌（廿五日），以河湟既複，追順宗謚曰至德夕道大聖大安孝皇帝；憲宗謚曰昭文章武大聖至神孝皇帝。詔曰：「太常博士李稠所進狀，言追尊順宗、憲宗謚號，禮官請別造神主，及改題事，請集通儒詳定者，宜令都省集議聞奏。」右司郎中楊發、都官郎中盧搏、都官員外郎劉彥謨等議，以謂：「古者已祔之主無改作，加謚追尊，非禮也，始於則天，然猶不改主易書，宜以新謚寶冊告於陵廟可也。」敕旨：「宜依。」

大中四年（850）

五月，宗正少卿李從易奏：「故自武德已來，功臣列在祀典三十八人。竊見今年四月十三日，禘享，功臣配食者，單席暴露，列在殿庭，雖有風雨，亦不移避。仰惟國之大典，卑褻至此。臣本官宗司，專奉廟事，庶修職業，不敢因循。伏請自今已後，敕有司先事修備幕次，及新潔席褥，以申如在之敬，用展報功之思。」

大中五年（851）

正月甲戌（一日）敕，兩京天下州府，起大中五年正月一日已後，三年內不得殺牛。如郊廟享祀合用者，即以諸畜代。

十二月，景陵有賊驚動，斫損神門戟架等。

大中六年（852）

四月，詔曰：「景陵神門，盜傷法物，其賊既抵極法，官吏等須有懲責。宗正卿及陵令、縣令，已從別敕處分。京兆尹韋博不能肅清，封部責帥之義，其何以逃？宜罰兩月俸料。」貶宗正卿李文舉為睦州刺史，陵令吳閎為嶽州司馬，奉先縣令裴讓為隨州司馬，權知縣事主簿張行之為邵州司戶，陵丞李咸停見任，仍殿三選，所由節級等科責。

六月，宣宗長子、雍王李漢薨，追諡靖懷太子。

十一月，太常博士白宏儒奏：「伏以惠昭太子廟（元和七年立），悼懷太子廟（太和四年立），懷懿太子廟（開成三年入惠昭太子廟），莊恪太子廟（開成三年立），前件太子四室，共置三廟。且今太廟九室，尚在一處，太子各置廟宇，禮實非宜。伏以莊恪太子廟，地實高敞，建立又新，只添一間，可容三室。請待修理畢，擇日備禮，遷諸太子神主，皆祔莊恪廟中。」奉敕：「宜依。」

大中七年（853）

正月丙午（十五日），朝獻太清宮；丁未（十六日），朝享太廟；戊申（十七日），有事於南郊，大赦。

大中九年（855）

九月乙亥（廿九日），貶李訥為朗州刺史，監軍王宗景杖四十，配恭陵。仍詔「自今戎臣失律，並坐監軍。」

大中十年（856）

十月，吏部尚書李景讓上言：「穆宗乃陛下兄，敬宗、文宗、武宗乃兄之子，陛下拜兄尚可，拜姪可乎！是使陛下不得親事七廟也，宜遷四主出太廟，還代宗以下入廟。」詔百官議其事，不決而止。

大中十二年（858）

二月甲子（一日），罷公卿朝拜光陵及忌日行香，悉移宮人於諸陵。以陳弘誌弒逆之罪歸穆宗也。

大中十三年（859）

八月庚寅（七日），宣宗崩於咸寧殿，年五十；王辰（九日），左神策軍護軍中尉王宗實立鄆王李溫為皇太子，更名漼；癸巳（十日），宣遺制，以門下侍郎、平章事令狐綯攝塚宰，夏侯孜進司空、為貞陵山陵使；丙申（十三日），皇太子李漼即位，是為懿宗；庚子（十七日），懿宗始聽政。

九月，釋服，懿宗追尊生母晁氏為太后，諡曰元昭，配主宣宗廟，自建陵曰慶陵，置宮寢。

咸通元年（860）

二月丙申（十五日），葬聖武獻文孝皇帝於貞陵，廟號宣宗。中書侍郎蔣伸撰哀冊文，門下侍郎、平章事夏侯孜撰諡冊文，兵部侍郎鄭顥撰諡議。

閏十月乙亥（廿九日），懿宗朝獻太清宮。

十一月丙子（一日），親享太廟；丁丑（二日），有事於南郊，大赦，改元。

咸通四年（863）

正月戊辰（五日），懿宗朝獻太清宮；己巳（六日），親享太廟；庚午（七日），有事於南郊，大赦。

二月庚子（七日），穆宗歷拜十六陵。（《通鑑考異》曰：拜十六陵，非

一日可了，而舊史無還宮之日。）

咸通五年（864）

十月，貞陵隧道摧陷。

十一月戊戌（十五日），貞陵山陵使夏侯孜，坐隧壞，出為河中節度使，猶同平章事。

咸通六年（865）

正月丁巳（十五日），始以懿安皇后配饗憲宗室。時王皞複為禮院檢討官，更申前議，朝廷竟從之。

十二月王子（五日），宣宗生母、太皇太后鄭氏崩，諡曰孝明，移仗西內。

咸通七年（866）

正月戊寅（一日），以太皇太后喪罷元會。

五月甲辰（一日），葬孝明太皇太后鄭氏於景陵之園，神主祔別廟。

是年，僖宗生母王氏薨。

咸通十年（869）

八月，有彗星出於大陵。

咸通十一年（870）

七月辛亥（一日），昭宗生母王氏薨於大內，時年廿六，追贈德妃。

咸通十三年（872）

五月乙亥（六日），國子司業韋殷裕於閣門進狀，論淑妃弟郭敬述陰事。上怒甚，即日下京兆府決殺殷裕，籍沒其家；閣門使田獻銛奪紫，配於橋陵。

十二月，制追諡宣宗為元聖至明成武獻文睿智章仁神聰懿道大孝皇帝。

咸通十四年（873）

七月戊寅（十六日），懿宗疾大漸；庚辰（十八日），左右神策護軍中尉

劉行深、韓文約立普王為皇太子，權勾當軍國政事；辛巳（十九日），懿宗崩於咸寧殿，年四十一，以司空、門下侍郎、平章事韋保衡攝塚宰；壬午（廿日），皇太子即皇帝位於柩前，是為僖宗，時年十二。

八月癸巳（一日），僖宗始聽政。

八月丁未（十五日），僖宗追尊生母王貴妃為皇太后。

八月，皇帝釋服。河南大水，自七月雨不止，至釋服方霽。

九月，有司上先太后王氏諡曰惠安。祔神主懿宗廟，其園為壽陵。

乾符元年（874）

二月甲午（五日），葬昭聖恭惠孝皇帝於簡陵，廟號懿宗。中書侍郎、平章事崔彥昭撰哀冊文，門下侍郎、平章事王鐸撰諡冊文，禮部侍郎崔沆撰諡議。

十一月庚寅（五日），僖宗親享宗廟，禮畢，御丹鳳門，大赦，改元為乾符。

乾符二年（875）

正月己丑（五日），僖宗朝獻太清宮；庚寅（六日），親享太廟；辛卯（七日），有事於南郊，大赦。

中和元年（881）

四月，黃巢犯長安，僖宗避於成都府。左丞崔厚為太常卿，遂議立行廟。以玄宗幸蜀時道宮玄元殿之前，架幄幕為十一室。又無神主，題神版位而行事。達禮者非之。明年，乃特造神主以祔行廟。

中和二年（882）

十二月，詔以王徽為大明宮留守、京畿安撫製置修奉園陵使。時黃巢猶據京師，以此職命授徽，以俟收復。

中和四年（884）

七月癸酉（十五日），賊將林言斬黃巢、黃揆、黃秉三人首級，降徐州節度使時溥；壬午（廿四日），捷書至行在，帝受俘，以黃巢首級獻行廟。

光啟元年（885）

三月丁卯（二日），僖宗車駕入長安，素服哭於廟而後入。

十二月乙亥（廿五日），僖宗再幸寶雞。其太廟十一室並祧廟八室及孝明太皇太后等別廟三室等神主，緣室法物，宗正寺官屬奉之隨駕鄠縣，為賊所劫，神主、法物皆遺失。

光啟三年（887）

三月甲申（十日），僖宗車駕自興元還京，時宮室未備，權駐鳳翔。

六月丙辰（十四日），太常禮院奏：「太廟十一室，並祧廟八室，孝明太后等別廟三室，自車駕再幸山南，並經焚毀，神主失墜。今大駕還京，宜先葺宗廟神主，然後還宮。」遂詔修奉太廟使宰相鄭延昌修奉。是時，宮室未完，國力方困，延昌請權以少府監大廳為太廟。太廟凡十一室，二十三間，間十一架，今監五間，請添造成十一間，以備十一室之數。敕曰：「敬依典禮。」

文德元年（888）

二月壬午（十日），僖宗還長安；庚寅（廿二日），謁於太廟，大赦，改元。

三月庚子（三日），僖宗暴疾；壬寅（五日），僖宗大漸；癸卯（六日），立壽王傑為皇太弟，知軍國事，是夕皇帝崩於武德殿，年二十七；乙巳（八日），壽王即皇帝位於柩前，是為昭宗。以司空韋昭度攝塚宰，以左僕射、平章事孔緯充山陵使。

四月庚午（三日），昭宗追諡生母王氏為皇太后，諡曰恭憲。祔主懿宗廟，陵號安陵。

四月，將行禘祭，有司引舊儀，禘德明、興聖二廟，及獻祖、懿祖神主。時黃巢之亂，廟已焚毀。太常博士殷盈孫議曰：「臣以德明等四廟，仍非創業，義止追封。且於今皇帝年代極遙，昭穆甚遠，可依晉韋泓屋毀乃已之例，因而廢之。」從之。

十月辛卯（廿七日），葬惠聖恭定孝皇帝於靖陵，廟號僖宗。中書侍郎、平章事孔緯撰哀冊文，門下侍郎、平章事韋昭度撰諡冊文，右丞、權知禮部侍郎柳玭撰諡議。

十一月，昭宗謁郊廟，兩中尉、內樞密請朝服。所司申前例，宦官無朝服助祭之禮。中尉怒，立令製造。禮官舉故事，亦稱無中尉朝服助祭之文，諫官亦論之。天子召諫官謂之曰：「大禮日近，無宜立異，為朕容之。」於是宦官以朝服助祭。

龍紀元年（889）

二月己丑（廿七日），汴州行軍司馬李璠監送逆賊秦宗權並妻趙氏以獻，上御延喜門受俘，告廟社。

十一月丁未（十九日），昭宗朝獻太清宮；戊申（廿日），親享太廟；己酉（廿一日），有事於南郊，大赦。

大順元年（890）

是年，將行祫祭，有司請以宣宗母、孝明太皇太后鄭氏，敬宗母、恭僖皇太后王氏，文宗母、貞獻皇太后蕭氏神主祔享於太廟。

乾寧元年（894）

八月，韓建獻楊守亮於闕下，執獻太廟。

乾寧三年（896）

十二月，太常禮院奏請立行廟，以備告享，從之。是年七月，昭宗被華州刺史韓建幽於華州，近三年，故立行廟。

乾寧四年（897）

二月己未（十四日），立德王李裕為皇太子，大赦，饗於行廟。

光化三年（900）

四月辛未（十四日），皇后及皇太子享於太廟。

天復元年（901）

二月，贈諡故睦王李倚曰恭哀太子。

四月甲戌（廿二日），昭宗親享太廟。

天復二年（902）

二月己亥（廿二日），盜發簡陵。

天復三年（903）

正月己巳（廿七日），昭宗車駕自鳳翔入京師，素服哭於太廟，禮畢。御長樂樓，大赦。

天祐元年（904）

閏四月甲辰（十日），昭宗車駕至洛陽，是日大風雨土，跬步不辨物色，日暝稍止。昭宗謁太廟，禮畢還宮。

八月壬寅（十一日），梁王朱全忠密令蔣玄暉等弒昭宗於椒殿，年三十八；癸卯（十二日），蔣玄暉矯皇后令，立昭宗第九子、輝王李祚為皇太子，更名柷。遷神樞於西宮；丙午（十五日），大行皇帝大殮，皇太子樞前即皇帝位；己酉（十八日），矯制曰：「昭儀李漸榮、河東夫人裴貞一，今月十一日夜持刃謀逆，懼罪投井而死，宜追削為悖逆庶人。」；庚戌（十九日），群臣上表請聽政；乙卯（廿四日），百僚赴西宮，殮訖，釋服；丙辰（廿五日），皇帝聽政，時年十三；丁巳（廿六日），敕：乾和節（昭宗誕日）方在哀疚，其內道場宜停；庚申（廿九日），敕：「乾和節文武百僚諸軍諸使諸道進奏官準故事於寺觀設齋，不得宰殺，只許酒果脯醢。」；辛酉（三十日），敕：伏以大行皇帝仙駕上升，三月二十三日嘉會節宜停（嘉會節後改稱乾和節）。

戊辰（七日），大行皇帝大祥，百官素服赴西內臨；己巳（八日），敕右僕射、門下侍郎、禮部尚書、平章事裴樞宜充大行皇帝山陵禮儀使，門下侍郎、平章事獨孤損宜充大行皇帝山陵使，兵部侍郎李燕充鹵簿使，權知河南尹韋震充橋道使，宗正卿李克勤充按行使；庚午（九日），皇帝釋服從吉；庚午（九日），中書門下奏：「大行皇帝皇后母臨四海，德冠六宮，望上尊號曰皇太后。」奉敕宜依；辛巳（廿日），山陵橋道使改差權河南尹張廷範，其頓遞陵下應接等使，並令廷範兼之。

十一月乙酉（廿五日），敕：「據太常禮院奏，於十二月內擇日冊太后者。朕近奉慈旨，以山陵未畢，哀感方纏。凡百有司，且虔充奉，吉凶之禮，難以並施。太后冊禮，宜俟山陵畢日，庶得橋山攀慕，彰盡節於群臣；蘭殿承榮，

展盛儀於朕誌。情既獲遂，禮實宜之。付所司。」

天祐二年（905）

正月甲子（五日），太常卿王溥上大行皇帝諡號、廟號，乃敕右僕射、平章事裴樞撰諡冊文，中書侍郎柳璨撰哀冊文；辛未（十二日），敕：「大行皇帝山陵發引日，朕隨太后親至陵所，付中書門下，宜體至懷。」群臣三表論諫，乃止。

正月丁丑（十八日），盜焚乾陵下宮。

二月丙申（七日），群臣告諡於西宮；己亥（十日），敕：「今月十一日，大行皇帝啟攢宮。準故事，坊市禁音樂，至二十日掩玄宮畢，如舊。」；庚子（十一日），啟攢宮，文武百僚夕臨於西宮；丁未（十八日），靈駕發引，濮王已下從，皇帝、太后長樂門外祭畢歸大內；己酉（廿日），葬聖穆景文孝皇帝於和陵，廟號昭宗，中書侍郎、平章事柳璨撰哀冊文，右僕射、平章事裴樞撰諡冊文，太常卿王溥撰諡議；丙辰（廿七日），左僕射裴贄等人奏：「祧順宗一室，入祔昭宗神主。」從之；己未（三十日），昭宗皇帝神主祔太廟，禮院奏昭宗廟樂，曰〈咸寧之舞〉。

四月壬辰（四日），敕河南府緱氏縣令宜兼充和陵臺令，仍升為赤縣。

四月癸卯（十五日），太清宮使柳璨奏修上清宮畢，請改為太清宮，從之。

五月己巳（十一日），太清宮使柳璨奏：「近敕改易宮殿門名，竊以玄元皇帝廟，西京曰太清宮，東京曰太微宮，其太清宮請複為太微宮，臣便給入官階。」從之。

六月辛卯（四日），太微宮使柳璨奏：「前使裴樞充宮使日，權奏請玄元觀為太清宮，又別奏在京弘道觀為太清宮，至今未有制置。伏以今年十月九日陛下親事南禋，先謁聖祖廟，弘道觀既未修葺，玄元觀又在北山，若車駕出城，禮非便穩。今欲只留北邙山上老君廟一所，其玄元觀請拆入都城，於清化坊內建置太微宮，以備車駕行事。」從之；丙午（十九日），朱全忠奏：「得宰相柳璨記事，欲拆北邙山下玄元觀移入都內，於清化坊取舊昭明寺基，建置太微宮，準備十月九日南郊行事。緣延資庫鹽鐵並無物力，令臣商量者。臣已牒判六軍諸衛張全義指揮工作訖。」優詔嘉之。

八月甲午（八日），太常禮院奏：「今月十三日，昭宗皇帝忌辰，其日，百官閣門奏慰後，赴寺行香，請為永式。」從之。

十月甲午（九日），起居郎蘇楷帥起居郎羅袞、起居舍人盧鼎上言：「諡號美惡，臣子不得而私。先帝諡號多溢美，乞更詳議。」事下太常；丁酉（十二日），張廷範奏改諡恭靈莊愍孝皇帝，廟號襄宗，詔從之；丁未（廿二日），所司改題昭宗神主，輟朝一日。

十二月戊申（廿四日），朱全忠令知樞密王殷害皇太后何氏於積善宮；己酉（廿五日），敕以太后喪，廢朝三日，又敕：「皇太后位承坤德，有愧母儀。其遣黃門收所上皇太后寶冊，追廢為庶人，宜差官告郊廟。」；庚戌（廿六日），敕：「朕以謬荷丕圖，禮合親謁郊廟，先定來年正月上辛用事。今以宮闈內亂，播於醜聲，難以慚惡之容，入於祖宗之廟。其明年上辛親謁郊廟宜停。」

天祐四年（907）

三月甲辰（廿七日），唐昭宣帝降御箚禪位於梁。

天祐五年（908）

二月癸亥（廿二日），帝為朱全忠所害，時年十七，諡曰哀皇帝，以王禮葬於濟陰縣定陶鄉。後唐明宗時就故陵置園邑，有司請諡曰昭宣光烈孝皇帝，陵曰溫陵，廟號景宗。中書覆奏少帝行事，不合稱宗，存諡而已。

後　記

　　唐朝的魅力延綿千載，至今依舊讓人癡迷。我也是在 2012 年某個晴朗冬日下午，立於禮泉煙霞袁家村北牆下撇了一眼九嵕山，就被昭陵的恢弘吸引，沉迷其中、不能自拔。這些年來，我們夫妻用腳步丈量了每一座尚存的唐陵，收集了能收集到的每一篇有關唐陵的文獻，隨著對唐陵的瞭解愈深，學習王子雲、何正璜、劉慶柱、李毓芳這些前輩伉儷，用文字記錄唐陵的念頭就愈濃。

　　我們夫妻著手寫這本《唐代陵廟模式研究》之初，原本是想寫一本關於唐陵的行記，蘭臺出版社駐北京總編輯、《中國文化研究叢書》總編纂党明放先生提議可加深研究層次，党兄亦師亦友又為蒲城同鄉，在他悉心指導鼓勵下，逐步形成現今框架，而原本行記部分則作為各陵附錄呈現給讀者。同時在尋訪唐代各陵的過程中党明放、曹紅衛等朋友，不辭辛苦、不懼艱辛陪我們尋訪多座唐陵；寫作過程中又得到習通源、王勘等好友的支持，在此一併致謝！

2021 年 3 月起稿於長安昌明舊坊求是齋

2021 年 12 月結稿於鎮安縣山水隔離酒店

國家圖書館出版品預行編目資料

中國文化研究叢書. 第一輯2,唐代陵廟模式研究 / 鄭茂良. 陳濱著. -- 初版. -- 臺
北市 : 蘭臺出版社, 2024.06
　　冊 ; 公分. -- (中國文化研究叢書. 第一輯 ; 2)
ISBN 978-626-96643-9-9(全套 : 精裝)

1.CST: 中國文化 2.CST: 文化史 3.CST: 中國史

630　　　　　　　　　　　　　　　　　　　　　112008792

中國文化研究叢書第一輯2

唐代陵廟模式研究

作　　　者：鄭茂良　陳濱
總 編 纂：党明放　盧瑞琴
主　　編：沈彥伶
編　　輯：沈彥伶　凌玉琳
美　　編：陳勁宏
校　　對：楊容容　盧瑞容　古佳雯
封面設計：陳勁宏
出　　版：蘭臺出版社
地　　址：臺北市中正區重慶南路1段121號8樓之14
電　　話：(02)2331-1675或(02)2331-1691
傳　　真：(02)2382-6225
E - MAIL：books5w@gmail.com或books5w@yahoo.com.tw
網路書店：http://5w.com.tw/
　　　　　https://www.pcstore.com.tw/yesbooks/
　　　　　https://shopee.tw/books5w
　　　　　博客來網路書店、博客思網路書店
　　　　　三民書局、金石堂書店
經　　銷：聯合發行股份有限公司
電　　話：(02) 2917-8022　　傳真：(02) 2915-7212
劃撥戶名：蘭臺出版社　　　　帳號：18995335
香港代理：香港聯合零售有限公司
電　　話：(852) 2150-2100　　傳真：(852) 2356-0735
出版日期：2024年6月 初版
定　　價：全套新臺幣18000元整（精裝，套書不零售）
ISBN：978-626-96643-9-9

版權所有・翻印必究

近代中日關係史

一套10冊，陳鵬仁編譯　　定價：12000元（精裝全套不分售）

精選二十世紀以來最重要的史料、研究叢書，從日本的觀點出發，探索這段動盪的歷史。是現今學界研究近代中日關係史不可或缺的一套經典。

第一輯
ISBN：978-986-99507-3-2

第二輯
ISBN：978-626-95091-9-5

中國藝術研究叢書第一輯 党明放 總編纂

從考古和人類學的角度看，各種生活內涵形成特有文化，藝術是其中之一。中國藝術博大精深是文化根源，在民族綿延數年中，因歷史悠久數量繁多且內容豐富，有大量珍貴的古籍文獻留存。今蘭臺出版社廣邀海內外各藝術領域研究專家，將藝術文獻普查、整理和研究成果，出版成《中國藝術研究叢書》，每輯十冊；擬以第一、第二輯、第三輯，陸續出版，除發揚前人文獻成果外，並期待文化藝術有所增益。

作者：
陳雪華、易存國、
柏紅秀、賀萬里、
張　耀、張文利、
李浪濤、黃　強、
劉忠國、羅加嶺

全套10冊不分售 精裝本
定價：新台幣18000元
ISBM：978-626-95091-6-4

《臺灣史研究名家論集》

　　這套叢書是四十三位兩岸台灣史的權威歷史名家的著述精華，精采可期，將是臺灣史研究的一座豐功碑及里程碑，可以藏諸名山，垂範後世，開啓門徑，臺灣史的未來新方向即孕育在這套叢書中。展視書稿，披卷流連，略綴數語以説明叢刊的成書經過，及對臺灣史的一些想法，期待與焦慮。

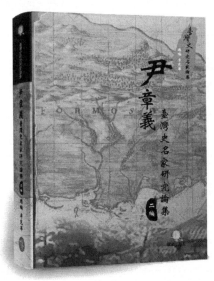

一編　ISBN：978-986-5633-47-9

臺灣史研究名家論集（套書）定價：28000

王志宇、汪毅夫、卓克華、
周宗賢、林仁川、林國平、
韋煙灶、徐亞湘、陳支平、
陳哲三、陳進傳、鄭喜夫、
鄧孔昭、戴文鋒

二編　ISBN：978-986-5633-70-7

臺灣史名家研究論集二編《精裝》NT$：30000

尹章義、李乾朗、吳學明、
周翔鶴、林文龍、邱榮裕、
徐曉望、康　豹、陳小沖、
陳孔立、黃卓權、黃美英、
楊彥杰、蔡相輝、王見川

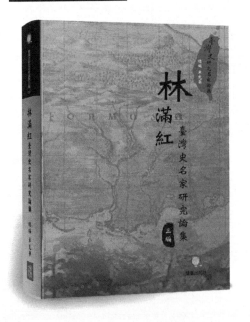

三編　ISBN:978-986-5633-70-7

尹章義、林滿紅、林翠鳳、
武之璋、孟祥瀚、洪健榮、
張崑振、張勝彥、戚嘉林、
許世融、連心豪、葉乃齊、
趙祐志、賴志彰、闞正宗

臺灣史名家研究論集二編《精裝》NT$：30000

古月齋叢書系列
李正中 編輯

ISBN:978-986-6231-07-0
（全套共四冊：精裝）
定價新臺幣 6800 元

古月齋叢書 共四冊 定價：6800元

　　孫中山先生為了培養國家棟樑人才樹百年大計，於民國二年（1913）成立「中國大學」。
　　李正中先生是中國大學最後一屆學生，就讀時期即致力精進學科外，並精心搜集該校名教授講義並記錄課堂筆記，共十餘部。先生終身以「讀書、藏書、寫書、教書」為其「四書生活」。此部《中國大學名師講義》是歷經文革等，劫後餘存的搜集珍本。
　　這套叢書集當時文法哲和經濟學的講義精華，不僅對當時學科進行系統性闡述，更可窺見民國時期高校百花盛開的學術生態，對當前學術研究極具參考價值。

王國維年譜 增訂版

25開圓背精裝
定價新臺幣 800 元
ISBN:978-986-6231-42-1

蘭臺年譜叢刊 定價：800元

鄭板橋年譜 增訂本

25開圓背精裝 上下冊
定價新臺幣3000元（兩冊）
ISBN:978-986-6231-47-6

蘭臺年譜叢刊 定價：3000元

蘭臺國學研究叢刊
第一輯

● 《論語會通、孟子會通》 ● 《增補諸子十家平議述要》 ● 《異夢選編》
● 《齊諧選編》 ● 《中國傳記文述評》 ● 《中庸人生學》 ● 《論語核心思想探研》
● 《國文文法纂要》 ● 《當僧人遇上易經》 ● 《神祕文化本源──河圖洛書象理解讀》

ISBN:978-986-6231-56-8
25開圓背精裝 全套十冊
定價新臺幣 12000 元

蘭臺國學研究叢刊 共十冊 定價：12000元

錢穆著作選輯最後定稿版

本版特色

1. 全書在觀點上和研究成果上已多不同於其他書局所出的同名書。
2. 對原書標點進行整理，全書加入私名號、書名號及若干引號，以顯豁文意，方便讀者閱讀。
3. 字體加大，清晰明顯，以維護讀者之視力。
4. 《經學大要》為首次出版；《中國學術思想史論叢》原八冊，新增了（九）、（十）兩冊，補入現代部份，選輯四十九本書，共新增文章二百三十餘篇，在內容上，本選輯是錢先生畢生著作最完整的版本。

ISBN:957-0422-00-9
錢穆叢書系列套書 定價：2550元
一、中國學術思想史小叢書（套書）定價：2850元

ISBN:957-0422-12-2
錢穆叢書系列套書 定價：1230元
二、孔學小叢書（套書）定價：1230元

ISBN:957-0422-17-3
錢穆叢書系列套書 定價：1780元
三、中國學術小叢書（套書）定價：1780元

ISBN:957-9154-64-3
錢穆叢書系列套書 定價：1460元
四、中國史學小叢書（套書）定價：1460元

ISBN:957-9154-62-7
錢穆叢書系列套書 定價：880元
五、中國思想史小叢書甲編（套書）定價：880元

ISBN:957-9154-63-5
錢穆叢書系列套書 定價：1860元
六、中國思想史小叢書乙編（套書）定價：1860元

ISBN:957-9154-61-9
錢穆叢書系列套書 定價：2390元
七、中國文化小叢書（套書）定價：2390元

ISBN:957-0422-11-5
八十憶雙親‧師友雜憶合刊本 定價：260元
《八十憶雙親‧師友雜憶合刊本》定價：290元

勞榦先生學術著作選集

勞榦是居延漢簡研究的先驅，他的相關考證和專題論文也開啟了此後研究的先河。漢代邊塞遺留下來的這些簡牘文書，內容十分豐富。它們直接、生動地記錄了大約從西漢中晚期至東漢初，當地軍民在軍事、法律、教育、經濟、信仰以及日常生活各方面活動的情形，為秦漢代史研究打開了一片新天地。

《勞榦先生選集1~4冊》，收錄其論著十一類一百二十四種，共分四冊出版，展現了勞榦先生畢生的研究成果，突出了論著之精華，為廣大學仁提供了研究之便利，更是對勞榦先生學術風範的繼承和發揚，意義非凡。

16開圓背精裝 全套四冊不分售
定價新臺幣 18000 元
ISBN：978-986-99137-0-6